国家软科学重大项目（2011GXS2D026）
国家自然科学基金项目（41171443）
教育部人文社科规划项目（10YJA79099）

中国区域经济发展

动力机制研究系列

中国区域经济发展动力机制研究系列
China's Dynamic Mechanism of the Regional Economy Development Series

中国区域经济协调发展的动力机制

——以中原经济区为样本

DYNAMIC MECHANISM OF REGIONAL ECONOMIC
COORDINATED DEVELOPMENT IN CHINA

李新安　王占波　史自力／著

社会科学文献出版社
SOCIAL SCIENCES ACADEMIC PRESS (CHINA)

前　言

2011年10月，《国务院关于支持河南省加快建设中原经济区的指导意见》正式发布，意味着这一区域规划正式上升为国家战略。以河南为主体的中原经济区既是中原崛起、河南振兴的载体和平台，也是河南探索一条不以牺牲农业和粮食、生态和环境为代价的"三化"协调、科学发展路子的载体和平台。中原经济区建设的内在要求必须遵循区域经济发展规律，要从区域经济发展全局出发，推进中原经济区的一体化协调发展，以建设全国"三化"协调发展示范区。

与长三角、珠三角、环渤海三大经济区不同，中原经济区整体上并非严格意义上的一个经济板块，而是经济发展水平处于同一层次的经济区域。目前，中原经济区空间分化占主导地位，空间融合尚处于较为初级的阶段。推进中原经济区的一体化协调发展，不仅包括交通、基础设施、生态环境保护的一体化和产业布局、城乡建设的一体化，还包括诸如5个省30个市之间的招商引资政策的协调问题等诸多难题。中原经济区一体化协调发展的最大特点就是区域内部各利益主体未来如何通过竞争与互补及统筹分工合作，为一体化协调发展格局的形成提供内生动力，以促进区域共同发展。为了顺应区域一体化协调发展这一趋势，中原经济区在"十二五"及以后较长时间内应通过相应的谋划来加以推进。本书在基于国内外典型经济区一体化发展案例分析的基础上，对"十一五"时期中原经济区一体化联动发展的主要客观基础及现实制约因素进行了梳理，科学分析了构建一体化协调发展的市场调节动力机制、自主创新动力机制、产业链接动力机制和空间组织动力机制的可行性及必要性，研究并提出了"十二五"时期中原经济区的一体化协调发展的主要原则、着力点和保障措施等政策建议。

中原经济区的一体化协调发展既是一个十分复杂的现实问题，又是一个十分深奥的理论问题。我们对此的研究仅仅是开始，对许多问题的认识尚需深入，加上时间及数据获得性等原因，分析不一定到位，有些观点可能尚需进一步推敲。由于课题组成员的资浅学短，本研究难免有错谬陋见，敬请专家学者不吝赐教。

目　　录

基础篇——机制溯源

理论篇——机制机理

实践篇——机制作用

政策篇——机制优化

CONTENTS

Part of Foundation—The Origin of Mechanism

5

Part of Theory—The Principle of Mechanism

Part of Practice—The Effect of Mechanism

Part of Policy—The Optimization of Mechanism

绪　　论

　　区域经济协调发展是国民经济持续、高效运行的前提。在经济全球化和世界城市化进程加速的背景下，一个国家的经济社会发展在很大程度上取决于区域经济一体化的进程和水平。谁能在区域经济一体化的形成中占有先机，谁就能在经济全球化的竞争中获胜。能够在中国形成众多牵引经济持续增长的一体化经济区，是中国赢得 21 世纪全球经济一体化下激烈的国际竞争、获得持续的社会经济发展的关键所在。2011 年 10 月，《国务院关于支持河南省加快建设中原经济区的指导意见》（以下简称《指导意见》）正式发布，意味着这一区域规划正式上升为国家战略。关于我国区域经济协调发展问题的研究虽多，但大多集中于东、中、西和东北四大板块的宏观层面，而从一个经济区的中观层面如何促进其一体化发展在理论研究方面仍然存在不足。以河南为主体的中原经济区既是中原崛起、河南振兴的载体和平台，也是河南探索一条不以牺牲农业和粮食、生态和环境为代价的工业化、城镇化和农业现代化"三化"协调、科学发展路子的载体和平台。改革开放特别是近年来，河南经济社会持续、快速、健康发展，已经成为经济大省、新兴工业大省和有影响的文化大省，特别是在保障国家粮食安全方面发挥着日益重要的作用。与此同时，河南也面临粮食增产难度大、经济结构不合理、城镇化发展滞后、公共服务水平低等诸多挑战和问题。人口多、底子薄、基础弱、发展不平衡的基本省情没有根本改变。中原经济区是一个跨省区、涉及 30 个市、覆盖 1.79 亿人口、土地面积约 28.9 万平方公里的经济区（《中原经济区规划》2011 年底数据）。河南作为中原经济区的主体，如何与周边区域统一思想、消除壁垒、实现优势互补，已迫在眉睫。

第一节　中原经济区协调发展的背景

一　发展规律：区域经济一体化推动国家经济社会健康发展

进入第十二个五年计划时期以后，我国经济社会发展规划有了质的变化，"协调""统筹""和谐"已经成为各种发展计划和规划的关键词，并由此加快形成了众多国家战略层面的经济区开发建设。各地在经济、社会以及城市建设发展规划中，均强调提出把城市群、产业群的建设和发展作为区域发展的抓手和战略基地，以期在新型城市化、产业重构、区域一体化等区域发展重点、难点问题上率先破题，切实推进本地区经济社会的科学发展、协调发展。

因此，建设中原经济区，并把中原经济区纳入国家发展战略，对河南来说，是适应国内外经济发展形势、区域竞争形势的必然选择。通过中原经济区的一体化发展来助推中原崛起目标的实现，既有利于河南坚持走一条不以牺牲农业和粮食生产、生态和环境为代价的工业化、城镇化和农业现代化"三化"协调、科学发展的路子，也有利于遵循经济发展规律，特别是区域经济发展规律，更好地深入贯彻落实科学发展观，加快经济发展方式转变，破解河南经济社会发展中的一些瓶颈问题。诸如产业"三低"问题，即产业层次低、人均指标（水平）低、城镇化水平低；卢展工书记提出的"四难"问题，即钱从哪里来、人往哪里去、粮食怎么保、民生怎么办。

二　地位凸显：中原经济区已成为"三化"协调发展示范区的战略高地

中原经济区作为国家层面的重点开发区域，是指以河南为主体，包含河北、山东、山西、安徽部分地区的综合性经济区，是沿海地区发展的重要支撑，是中部崛起的重要基地。但由于城乡二元结构矛盾突出，"三化"发展滞后，主要人均指标落后于全国平均水平，中原经济区作为战略腹地，中华民族的内陆核心区域应有的辐射带动效应远未发挥。

随着发展方式的转变，东部企业向中西部转移，投资拉动转变为内需拉动。中原经济区作为全国重要的经济增长板块，拥有丰富的原材料、劳动力资源，作为粮食主产区，河南农产品加工水平较高，加上区位、交通、文化优势明显，发展后劲很大。2012 年 11 月获批颁布的《中原经济区规划》（2012～2020 年）将中原经济区的范围确定为：河南全省、安徽北部、山东西南部、河北南部和山西东南部，具体包括河南的 18 个省辖市，安徽的淮北、宿州、阜阳、亳州、蚌埠和淮南市凤台县，山东的菏泽、聊城和泰安市东平县，河北的邯郸、邢台，以及山西的晋城、长治、运城，共 30 个省辖市和 2 个县（见图 1）。中原经济区土地面积 28.9 万平方公里，区域内近 1.79 亿人口，占全国人口总数的 13.3%。全区共 1.9 亿亩耕地，占全国的 1/10 以上[①]。改革开放的前 30 年，我国经济发展主要依靠外向型，靠外需支撑，此发展模式在沿海有优势，沿海依靠内地的资源、人力等要素支撑其发展；改革开放 30 年后的发展。不只依靠外需，而是内需和外需相结合。在强化内需的条件下，中原经济区本身就是国内最大的市场，距离其他国内市场也很近，有自己的市场和地理优势，有望成为继长三角、珠三角、天津滨海新区之后新的经济增长极。中原经济区建设有助于发挥市场的力量，打破行政界限，打破市场分割。建设中原经济区，更有助于我国未来 30 年整体经济布局以及新的增长极的塑造，"三化"协调的实践将为全国其他同类地区提供示范。

　　"十二五"期间，中原经济区面临重要的发展机遇，其"三化"协调核心示范区的战略地位日益凸显。中原经济区一体化发展，既可以在构建国家粮食安全保障体系中发挥更大的作用，又可以探索"三化"协调、科学发展的新路径。粮食安全始终是关系我国国民经济发展、社会稳定和国家自立等的全局性重大战略问题，推进工业化和城镇化对于农业保障粮食及农产品供给、提供富余劳动力、开拓消费市场提出了更高的要求，如果不能实现农业现代化，工业化、城镇化的发展就会失去基础和支撑，现代化进程就会走弯路，甚至影响国家的长治久安。同样，如果不同步加速推进城镇化和工业化，国家整体实力不增强，各项支农、惠农政策就很难落实，农业特别是粮食生产的基础地位就难以巩固。只有加快中原经济区一体化发展，才能够通过加快推进工业化和城镇化，实现以新型工业化带动和提升农业现代化，以新型城镇化带动和推进新农村建设，建立工业反哺农业、城市支持农村的长效机制，加快转变农业发展方式，提高粮食综合生产能力，完善粮食流通

---

① 梁鹏：《中原经济区规划出台　"两不三新"描绘"中原梦"》，《人民日报》（海外版）2012 年 12 月 3 日。

图1 中原经济区的地域范围

资料来源：《中原经济区规划》（2012～2020年）。

体系，探索出一条不以牺牲农业和粮食生产为代价的"三化"协调、科学发展的路子。

从以往一些经济区的发展实际来看，许多经济区是以牺牲和削弱农业、破坏环境为代价的。怎样发挥河南的区位、人力资源、文化、粮食及后发优势？如何充分利用河南的区位独特、人力资源丰富、文化底蕴深厚、粮食主产区等比较优势？怎样破解"三化"协调难题，发展工业化、城镇化的同时保护土地和农民的利益？怎样把握统筹和协调发展的关系，实现平衡、协调、可持续发展和实现工业、农业现代化的目标，防止出现新的两极分化和新的矛盾？

从现实发展来看，河南是中国的缩影。河南是人口大省、粮食和农业生产大省、新兴工业大省，解决好"三化"协调发展问题具有典型性和代表性。改革开放特别是实施促进中部地区崛起战略以来，河南经济社会发展取得巨大成就，进入了工业化、城镇化加速推进的新阶段，既面临着跨越发展的重大机遇，也面临着粮食增产难度大、经济结构不合理、城镇化发展滞后、公共服务水平低等挑战和问题。实现中原经济区一体化发展，积极探索不以牺牲农业和粮食、生态和环境为代价的"三化"协调发展的路子已不只是河南的实践，而是一个区域经济发展的重大原则问题，将为全国其他同类地区提供示范。

三　曙光已现：社会经济发展面临重大的政策机遇

中原经济区作为一个特定的地域单元，是以全国主体功能区规划明确的重点开发区域为基础，以中原城市群为支撑，涵盖河南全省、延及周边地区的经济区域。中原经济区要实现跨越式发展，就必须进行经济区域结构的战略性调整，实现区域一体化协调发展。

《指导意见》明确指出，要促进中原经济区协调发展，通过加快中原城市群发展，实施中心城市带动战略，提升郑州作为我国中部地区重要的中心城市地位，发挥洛阳区域副中心城市作用，加强各城市间分工合作，推进交通一体、产业链接、服务共享、生态共建，形成具有较强竞争力的开放型城市群。支持郑汴新区加快发展，建设内陆开发开放高地，打造"三化"协调发展先导区，形成中原经济区最具活力的发展区域。推进教育、医疗、信息资源共享，实现电信、金融同城，加快郑汴一体化进程。加强郑州与洛阳、新乡、许昌、焦作等毗邻城市的高效联系，实现融合发展。推进城市群内多层次城际快速交通网络建设，促进城际功能对接、联动发展，建成沿陇海经济带的核心区域和全国重要的城镇密集区。

一体化协调发展的关键在于，通过强化区域发展分工与合作，构建联动发展新机制，实现优势互补，不断拓展发展空间。充分发挥中原城市群辐射带动作用，促进大中小城市和小城镇协调发展，以增强综合承载能力为重点，以特大城市为依托，形成大中小城市和小城镇协调发展的城镇化格局。各个城市通过分别承担各自不同的功能，如工业功能、商务功能、教育功能、休闲功能，实现分工与互补合作。各城市间通过便捷的交通网络连接，可以频繁往返进行商务活动，城市间有永久性的绿地空间相间隔，走城乡统筹、社会和谐、生态宜居的新型城镇化道路，支撑和推动"三化"协调发展。

国内外经济区的发展经验表明，资源集约高效利用是经济区一体化最为显著的特征。在经济区一体化初期，西方发达国家主要以单个城市的平面扩张为主。发展到一定阶段后，在市场机制的作用下，在更大范围内，逐步形成以一两个特大城市为龙头，中小城市集群协调分布，城镇间保留一定的农田、林地、水面等绿色空间，并通过高效便捷的交通走廊相连接的城市群（城市带、都市圈）。

中原经济区的一体化发展，首先要通过建立中原城市群城市与粮食主产县合作和利益补偿机制，增强城市群对区域内欠发达地区的辐射带动作用；其次要推进与毗邻地区在基础设施、信息平台、旅游开发、生态保护等重点领域的合作，加强在科技要素、人力资源、信用体系、市场准入、质量互认和政府服务等方面的对接；再次要通过完善与周边省份的区域合作机制，支持晋陕豫黄河金三角地区开展区域协调发展试验，鼓励焦作、济源、安阳、濮阳与晋冀鲁地区加强区域合作；最后要实现密切与长三角、山东半岛、江苏沿海、京津冀、关中－天水等区域的合作，进一步发挥连接东西南北的纽带作用。

第二节　中原经济区协调发展的地位和作用

中原经济区是国家发展整体战略布局中的重要组成部分。要实现中原经济区建设的目标，河南必须遵循区域经济发展规律，优化区域经济发展布局。党中央、国务院 2006 年颁布《关于促进中部地区崛起的若干意见》后，位于中原腹地的河南一直欲做中部崛起的"龙头"。但近年来，全国多个区域发展规划先后得到国家批复，仅在中部地区以明确的发展目标和功能定位上升为国家战略的就有湖北"武汉城市圈"、湖南"长株潭城市群"、安徽"皖江承接产业转移示范区"、江西"鄱阳湖生态经济区"、山西"国家资源型经济转型发展试验区"等。与河南相邻的山东、陕西，亦有上升为国家战略的"黄河三角洲高效生态经济区"和"关中－天水经济区"，而河南却一直未获垂青。2008 年，河南以"中原城市群"为载体，争取国家级"综合配套改革试验区"无果而终，而与其同时竞争的"武汉城市圈"和"长株潭城市群"却相继获得国家战略层面的支持。河南作为中国第一农业大省、人口大省，其粮食产量最大，但其经济总量、财政收入等主要经济指标相对落后，工业化、城镇化水平亦相对滞后，这些现实背景都迫使河南对如何加快实现中原崛起、河南振兴等问题进行不懈探索。历经两年多努力，中原经济区建设终于迎来了政策机遇。2011 年 3 月，中原经济区被列入国家主体功能区规划；2011 年 10 月 7 日，《指导意见》正式发布；2012

年11月，《中原经济区规划》（2012～2020年）获批颁发，意味着这一区域规划正式上升为国家战略。河南谋求将自身区域规划上升为国家战略的载体，历经多次扩充。从最早的"郑汴一体化"，到后来的"中原城市群"，最终到"中原经济区"，覆盖范围不断扩大。从当时已经批复的经济区来看，大而全的综合类试验区多集中在沿海，中西部地区多是具有明确指向、功能较为单一的试验区，如长株潭的两型社会、皖江城市带的承接产业转移、鄱阳湖的生态概念。国务院出台的《指导意见》肯定了中原经济区"辐射周边"的架构设计，"完善与周边省份区域合作机制，支持晋陕豫黄河金三角地区开展区域协调发展试验，鼓励焦作、济源、安阳、濮阳与晋冀鲁地区加强区域合作"。中原经济区之所以要涵盖周边，一个最基本的考虑是，这些区域与河南在历史、文化、经济上联系紧密，面临的问题类似，除晋南地区外，周边的山东、河北、安徽等邻近地市，也都是传统农业区，同样面临着如何走向现代化，如何实现工业化、城镇化和农业现代化"三化"协调发展的难题。

截至2010年12月，上升到国家战略的区域在全国版图中的位置见图2。

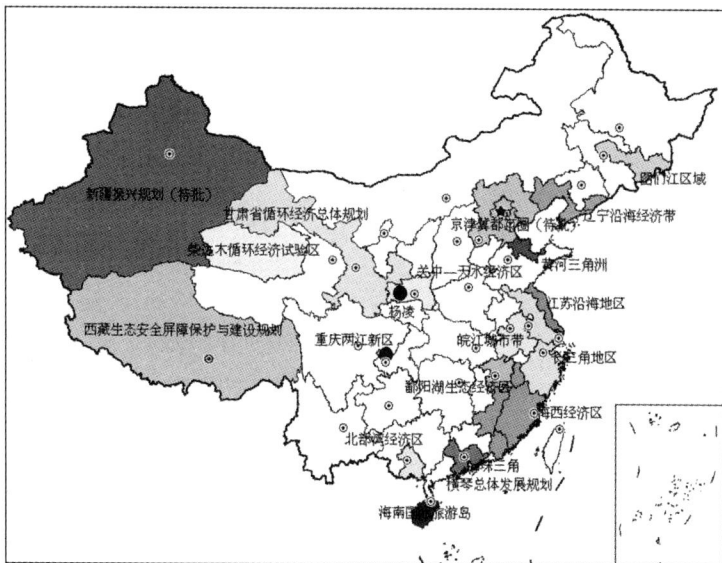

图2　国家战略层面区域在全国版图中的位置（截至2010年12月）

注：从图中可以清晰地看出，从北到南、从东到西，上升为国家战略的地区几乎布满了中国的版图，未上升到国家战略的区域已所剩无几。整个东中部地区，除东北的黑龙江外，也就只剩下中部的河南了。

中原经济区的范围框架迫使内部各区域必须跳出在传统行政区划内谋发展的理念，把眼光放远，在中国经济版图上找准各自的发展定位和空间布局，把工业化、城镇化、农业现代化"三化"与科学发展观要求的"协调"有机结合起来，以建设全国"三化"协调发展示范区。各地级市不能再搞小而全、大而全的城区经济，而是中原经济区内部各区域按经济板块进行功能分工，产业协作互补，走专业化、产业化的发展道路，按照"核心带动、轴带发展、节点提升、对接周边"的原则，努力构建放射状、网络化、板块式发展格局。按照这一理念，豫北的安阳、鹤壁、濮阳三市要联动发展，凸显在冀鲁豫毗邻地区的优势，成为与环渤海经济圈衔接联系的前沿。而豫西的洛阳、三门峡、焦作、济源四市则要协同发展，提升在陕晋豫毗邻地区的主导地位，发挥在与关中－天水经济区、太原城市群对接互动中的中坚作用。2011年1月22日，温家宝总理在河南调研时说："河南是中国的缩影，也象征着祖国的发展。我对中原经济区建设、对河南发展寄予厚望。河南这块古老的大地，一定能够通过中原经济区的带动焕发青春。"

中原经济区建设的内在要求是，从区域经济发展全局出发，推进中原经济区的一体化发展。如果仅从河南自身出发，则难以调动周边城市的积极性。推进中原经济区的一体化建设，不仅包括交通、基础设施、生态环境保护的一体化，也包括产业布局、城乡建设的一体化，还有5个省、30个市之间招商引资政策的协调问题等诸多难题。中原经济区内的各个利益主体未来如何通过竞争与互补及统筹分工合作，为一体化协调发展格局的形成提供内生动力，以促进区域共同发展，成为迫切需要研究的课题。

就目前来看，中原经济区内部各区域仍是一个较为松散的区域板块，行政分割严重、产业同质性强、区域协调性差、区域间的竞争明显多于合作，经济区内部各区域之间缺乏广泛的经济联系，导致中原经济区尚未形成完整意义上的经济区域。与长三角、珠三角、环渤海三大经济区不同，中原经济区整体上并非严格意义上的一个经济板块，而是经济发展水平处于同一层次的经济区域。目前，中原经济区空间分化占主导地位，空间融合尚处于较为初级的阶段。在中原经济区加快发展过程中，地方政府的行为与政策将对其内部地区空间格局产生重要影响。在招商引资、产业选择、园区规划方面政府发挥了重要作用，但政府行为也造成区域竞争加剧、市场分割严重、边界效应增强等问题。如何弱化内部竞争效应、加速区域分工体系形成，将对不以牺牲农业和粮食、生态和环境为代价，走新型工业化、新型城镇化、新型农业现代化"三化"协调、科学发展之路产生重大影响。随着国民经济的高速发展，我国区域发展不平衡，地区之间的差距日益明显，促进中原经济区一体化协调发展不仅是河南自身的发展需要，关系到全国经济社会发展的大局，也是带动中部地区崛起、促进区域协调发展的需要。

从大的背景认识推进中原经济区一体化发展的必要性。一是实现中原崛起的背景。"实现中原崛起"概念的提出已近 20 年，要谱写中原崛起新篇章，必须以大视角启迪大智慧，以大思路谋划大战略。二是促进中部崛起的背景。促进中部崛起，要求加快重点地区发展，形成"两横两纵"经济带。中原位于这一区域的交会地带，是中部人口最密集、优势最突出、最具发展潜力的区域。推进中原经济区一体化发展，可以在中部构筑具有强大集聚作用的增长极，促进中部崛起总体目标的实现。三是完善全国经济布局的背景。近年来，国家密集出台了一系列旨在促进区域转型、完善区域布局的指导性文件和规划。促进中原经济区一体化发展，有利于强化内陆战略支撑，完善全国经济布局。

从经济区域角度认识推进中原经济区一体化发展的可能性。其一，这是一个客观存在的经济区域。该区域联系密切，使命相近，为了协同发展，自 20 世纪 80 年代中期就先后成立了中原协作区、淮海经济协作区和黄河三角经济协作区。其二，这是一个相对独立的经济区域。该区域优势明显，功能特殊，但远离珠三角、长三角、环渤海等经济高地，受其辐射和影响较小。因此，这个区域的产业门类比较齐全，自我配套能力较强。其三，这是一个承载重大使命的经济区域。中原位于京广、陇海－兰新两大经济带主轴的交会区域，促进中原经济区一体化发展，发挥其战略腹地效应，可以为促进东中西互动、服务全国大局做出积极的贡献。

从全国区域发展大局认识促进中原经济区一体化发展的紧迫性。这是一个发展相对滞后、欠发达特征明显的区域。与全国比，该区域具有"三低"的特征，即人均收入水平低、产业层次低、城镇化水平低。克服"三低"，亟须谋划大战略。破解该区域人往哪里去、钱从哪里来、民生怎么办、粮食怎么保"四难"问题，呼唤构筑新平台。该区域也是中华民族主要发祥地，实现中原历史复兴需要寻求一个总抓手。所以，推进中原经济区一体化发展，是大势所趋、使命所在，十分必要，也十分紧迫。

第三节　中原经济区协调发展的国内外研究现状评析

建立全国统一开放的大市场是我国经济转型时期最重要的目标之一，基于此，我国对区域经济的研究大多集中在区域经济的发展方面。然而改革开放以来，我国地方市场分割问题一直比较突出（银温泉、才婉茹，2001）。20世纪80年代以来，随着中国区域经济冲突的加剧与合作的蓬勃发展，一些学者开始关注区域冲突与合作的某些问题。但近年来国内区域经济一体化（Regional Integration）的出现、增多已成为地区经济增长的主要推动力之一。国务院2009年初正式发布了《珠江三角洲地区改革发展规划纲要（2008~2020）》，把珠江三角洲地区[①]一体化发展提升到了国家发展战略范畴，如何实现区域经济一体化发展再次引起了学者们的关注。

一　区域经济联动的研究

有学者对区域经济联动与经济力量整合进行界定，认为二者均指过程内涵与作用的不同。前者指地域相连的各行政区政府、企业、社会中介组织和居民之间，依据相互需求、互惠互利原则和协议，主动把各种经济要素与对方的相关经济要素配合，实现资源互通、信息共享、交通运输等基础设施共用的行为，即区域之间彼此协调、相互促进、优势互补、共同发展的一个动态过程[②]。而区域经济力量整合则指在特定范围内，各区域经济主体之间以市场机制为主导，有效配置各种生产要素，增强相互之间的关联度，使之在市场竞争过程中动态调节，从而达到优化配置状态，产生整体聚合能效应的行为[③]。还有学者认为，区域整合是指重要机制，即相互毗邻、彼此联系（尤其是经济联系）的国家或地区之间，加强区域协调合作，发挥区域最佳效率的重要机制（冯年华，2004）。另有部分学者对特定区域的联动进行了研究，如阎兆万等（2008）以山东半岛为例，对多区港联动进行了理论分析和实地考察，提出了实施方案和政策设计。

国外对区域经济联系的研究观点认为，在市场经济发展过程中，各个区

---

①　参照《珠江三角洲地区改革发展规划纲要（2008~2020）》，这里的珠江三角洲地区包括广州、深圳、佛山、珠海、东莞、中山、惠州、江门、肇庆9个城市。
②　田禾：《区域互动与我国区域经济协调发展研究》，武汉理工大学博士学位论文，2007。
③　邓正琦：《渝鄂湘黔交界民族地区经济联动的体制障碍及破解》，《探索》2009年第3期。

域间相互依赖、相互制约。这种相互依赖的表现既具有全面性，包括物质领域和精神领域，又具有双向性，即区域间的联系不是单向的而是互利性的①。

二　区域经济一体化的研究

国内学者对区域经济一体化的界定有一国某些区域、某些国家之间、世界范围三个不同层面。有学者认为，区域经济一体化是指在一个主权国家范围内，地域上较接近或地理特征较相似的省区之间、省内各地区或城市之间，为谋求发展而在社会再生产的某些领域实行不同程度的经济联合与共同经济调节，形成一个不受区域限制的产品、要素、劳动力及资本自由流动的统一区域的动态过程，其目的是优化资源配置，实行区域内各地区合理分工，提高资源使用效率，促进联合体共同繁荣（景普秋等，2002）。其基本特征是各种生产要素的空间流动，作为空间状态是生产要素流动所形成的经济集聚核心和经济扩散点（安筱鹏，2003）。

而美国经济学家贝拉·巴拉萨（Bala Balasa）于1961年提出的区域经济一体化，既被看作一个过程，又作为一种状态而存在。就过程而言，包括旨在消除各国经济单位之间差别的种种举措；就状态而言，表现为各国之间各种形式的差别待遇的消失（舒宁，1998）。丁伯根（Tinbergen）从政府当局促进经济一体化的措施方面把经济一体化区分为"消极一体化"和"积极一体化"。前者指"取消各种规章制度"，即消除对有关各国的物质、资金和人员流动的障碍；后者指建立新的规章制度去纠正自由市场的错误信号，去强化自由市场正确信号的效果，从而加强自由市场的一体化力量（姬广坡，1999）。上述各种观点对于科学认识区域经济一体化内涵颇有借鉴和启迪意义。20世纪80年代末以来，国外对区域经济一体化理论研究的发展可以归结为三个方向：将规模经济和不完全竞争理论纳入区域经济一体化研究中、探讨内生化的区域经济一体化理论及区域经济一体化的外部问题②。

三　关于区域经济一体化运行机制的探讨

区域经济一体化协调发展是生产力社会化和区域分工协作发展的必然结

---

① 周英虎：《成渝经济区与广西北部湾经济区比较研究》，《创新》2011年第2期。
② 曲晨：《区域经济一体化研究动态述评》，《商业时代》2008年第4期，第28~30页。

果，开展区域经济合作，必须有良好的运行机制做保证。有学者提出应从四方面构建区域政府合作机制，即构建统一协调的大市场竞争规则、成立跨行政区的制度性组织协调机构、强化区域基础设施的统筹与管理、构建区域经济特色（陈剩勇等，2004）。还有学者从市场机制、合作机制、互助机制和扶持机制方面提出了推动我国区域互动与区域经济发展的新体系（田禾，2007）。而省际经济合作是我国建立统一市场、平衡地区利益的政策方向，也是省际政府化管理的制度创新（宋彪，2009）。一些学者探讨了大学校区、科技园区、公共社区"三区联动"的模式机制与整体系统，并以上海推进"三区联动"的案例提出了应遵循的相关原则和对策要点（李建强，2007）。

国内外关于严格意义上的区域经济协调联动研究并不多，但与区域经济联动紧密相关的研究有大量的文献材料和众多的研究成果，主要集中在区域经济合作、区域经济整合、区域经济一体化等方面。这些研究成果为本书的顺利完成提供了重要的理论铺垫和营养吸收。

四 关于经济区发展模式的分析

许多学者结合我国近域城市间、组群城市间、毗邻省间、不同体制框架区域或国家间等区域合作的实践，探讨了不同类型区域合作的模式。有些学者分析了弱弱联合开发模式、强弱资源及资金技术互补合作模式、强强技术互补协作模式三种省际毗邻地区合作开发的基本模式（刘玉亭等，1999）。针对泛珠三角经济区域合作存在的诸多制约因素，有些学者探讨了政府发挥作用、企业跟进和中间组织逐步形成的多头并举的区域合作模式演进路径（陈睿洁，2005）。一些学者提出了推动东亚经济一体化进程的"三位并列式"模式，即三个"东盟 10 + 1"次区域自由贸易区的并列式发展（刘宏松，2006）。部分学者以解决长江三角洲一体化发展的现实困境为出发点，对一体化发展进程中的城市与空间、产业发展、交通与基础设施、生态与环境、文化协调、协调发展等方面进行了分析研究（张颢瀚，2007）。对于我国在实施区域经济一体化的对策思路，有些学者强调建立有效的利益协调机制，发挥政府的引导作用[①]，形成领导层面共识、推动文化认同、解决法律

---

① 孙海燕：《区域合作国内研究综述》，《湖南文理学院学报》（社会科学版）2007 年第 1 期，第 120～124 页。

障碍、实施一体化规划、建立一体化市场、促进产业集群、落实组织保证的思路（王慧轩等，2008）。一些学者联系区域发展实际，针对渝、鄂、湘、黔交界民族地区区域经济联动与整合的客观必然性、现状对策及共建内容等方面进行了较为全面的实证研究（邓正琦、李碧宏，2009）。

上述研究成果对深入研究我国区域经济冲突与合作起到了十分重要的作用。但大多存在有些问题研究不够深入、有些重要的问题则被忽视的缺陷。首先，对区域经济冲突（有人称之为诸侯经济）的研究大多局限在行政区划框架内，对经济区框架的冲突的实证分析与规范研究不多见；其次，大量采用规范研究模式，而对这种对策的理论基础、实际操作方式以及内在机制缺乏深入探讨；再次，对转轨时期市场经济条件下的区域经济协调的利益机制缺乏深入研究；最后，经济学中的最新研究成果很少被用来分析我国区域经济利益冲突与合作问题，如新制度经济学、博弈论等领域的理论方法对研究我国区域经济冲突与协调十分有价值，但运用较少。

第四节　研究思路和框架

本书旨在探索以下问题：行政区经济与经济区经济发展有何区别？制约经济区一体化协调发展的因素主要有哪些？一体化协调发展对当前及未来一段时期中原经济区的发展有什么重要意义？中原经济区如何根据《指导意见》，凭借自身的区位自然资源优势获得充分发展？中原经济区的核心城市如何带动周边外围地区，又如何利用周边外围地区的资源特点调整自己的产业结构？在中原经济区一体化协调发展过程中，客观上存在哪些隐忧和问题？中原经济区应采取何种模式来推动经济一体化协调发展？中原经济区要形成一体化协调发展良性循环的长效机制，需要什么样的制度安排？中原经济区一体化发展的对策措施和政府相应采取的战略又是什么？

为展开相关问题的研究，本书首先对经济区域现有相关理论问题的研究进行回顾和梳理。在经济区域相关理论的结构下，对我国已有经济区域一体化发展的现象及动力机制进行研究和探索，进而总结提炼出中原经济区一体化协调发展的路径与政策。基本思路有以下几个方面。

一是经济区域一体化发展的相关理论，以及我国已有经济区域一体化发展的演变规律总结。在经济区域相关理论的结构下，讨论经济区域一体化发展与其他经济现象的联系和区别，继而从我国区域经济发展格局变动的轨迹，对我国已有经济区域一体化发展的相关机制进行多层面剖析和演变规律总结，进而对中原经济区一体化发展在实际中的动力机制及其影响作用进行研究和探讨。

二是经济区域协调发展动力机制发生的理论基础分析。在对已有经济区域一体化发展的动力机制有了基本认识和把握之后，接着总结和讨论经济区域一体化动力机制发生的理论基础。

三是从不同层面系统探讨经济区域一体化发展的动力机制。在一个开放的系统中，区域之间是相互作用、相互影响的。经济区域一体化发展有赖于内部各区域之间良性的互动关系。那么，在实现经济区域一体化发展的过程中，经济区域内部各区域之间如何发生作用（作用机制），在这种作用中，又如何调节（调节机制），以减少对经济区域一体化发展的损害，促进内部各区域的共同进步，并在不过多牺牲经济区总体经济发展效率的基础上，把区域经济发展差距控制在一个合理的范围内，是本书要探索的又一个重要问题。结合中原经济区经济运行的宏观特征及演进态势，本书分别从市场调节机制、自主创新机制、产业链接机制和空间组织机制等方面对中原经济区一体化发展的动力机制进行具体分析和研究。

四是将中原经济区一体化发展的理论应用于实际，对郑州新区三次产业一体化融合发展、中原城市群产业一体化发展等进行实证研究。

五是对中原经济区一体化发展的保障机制进行研究。

第五节　主要结论与核心观点

区域经济一体化协调发展的本质是内部各区域利益的协调。在区域利益发生冲突时，若简单地要求局部利益服从整体利益、短期利益服从长远利益，则在市场竞争的环境下会产生"激励不相容"的后果，最终使整体目标流于形式。市场经济演进史一再证明，经济的有效性与市场的开放性呈正相关，只要条件许可，各区域之间均会谋求更大范围的合作。所以，在经济区域一体化发展中，主要的是发挥市场机制的作用。但同时也应该看到，在市场经济下，合作是在竞争的基础之上开展的，如果缺乏对合作利益的正确评估和有效的分配机制，不能保障每个合作者都能得到大于合作成本的绩效（或补偿），则区域就没有合作的积极性。因此，要真正有效地推动区域走向一体化协调发展之路，必须建立相对完善的利益评判与分配、补偿机制，确保合作各方的综合收益大于合作成本。

第一，中原经济区应强化其内部各区域间及与外部其他经济区的联系，形成内陆对内对外开放的新格局，并通过多边及双边区域合作等方式，强化与长三角、珠三角等主要经济区的联系，促进中原经济区内部间及与东西部地区间形成合理的产业分工合作体系。

第二，增强中原经济区内部间的经济关联，以促进中原经济区内部合理分工，实现优势互补和共同发展。应通过支持大型企业集团在中原经济区跨区域、跨省域战略合作和兼并重组，形成合理的区域分工合作体系。

第三，加强中原经济区内部各区域间的政策协同。应根据《指导意见》强化中原经济区内部各区域合作平台，建立政策、产业、企业层面的合作协商机制，避免恶性竞争，降低区域协调成本，提高区域政策的执行效率，根据发展阶段的演进不断调整相应政策。

第四，适时推出中原经济区一体化发展规划。目前，长三角、珠三角均在强力推进一体化发展步伐，中原经济区也应适时推出区域一体化发展规划，避免经济发展中的重复建设、过度竞争等现象，加强地方利益协调，破解区域发展的"囚徒困境"。

Dynamic Mechanism of Regional Economic Coordinated Development in China

基础篇—机制溯源

第一章
经济区域协调发展的相关理论

中原经济区首先是作为一个经济区域而存在的。作为一个在时间序列上比较靠后的区域发展战略规划，在未来发展中如何突破原有的行政区域壁垒进行一体化协调发展是迫切需要探索的一个问题。这种探索可为全国其他的经济区发展战略及规划做出一些示范和贡献。

第一节　经济区域及其本质——空间经济组织

一　区域概念的理解

不同的学科对区域的含义有不同的理解。地理学把区域定义为地球表面的某种地域单元，这种地域单元按内部组成物质的连续性特征和均质性特征来划分，其边界是组成物质连续性和均质性遭到破坏的过渡带；政治学把区域看成国家管理的行政单元，这种行政单元是按行政权力覆盖面而划分的，其边界与国界或一国内的不同省市区、县界重合；社会学把区域看成相同语言、相同信仰和民族特征的人类社会聚落。因此，区域可以超过国界和行政边界，也可以包括不同的自然地理单元，如语系的划分、民族的分布等。

经济学中关于区域的概念至今尚未有明确的定义，目前，有关区域的定义影响较大的是胡佛于1984年给出的定义。他认为区域是"为了叙述、分析、管理、规划或制定政策等目的，视为客观实体来加以考虑的一片地区，它可以根据内部经济活动同质性或功能同一性加以划分"①。胡佛指出，"把

---

① Edgar M. Hoover & Frank Giarratani, *An Introduction to Regional Economics*, Alfred A. Knopf, 1984, p. 264.

区域视为一种聚集体，可以减少所要掌握并处理的数据和事件，有助于描述区域。在大多数情况下，人口普查区、县的统计总量和平均数所提供的信息量与大量的单项普查所提供的信息量同样丰富，但在分析、处理上，前者比后者容易得多。同样，聚集体能够简化对信息的分析过程，这对在一个地区内存在大量相互依赖的经济单元或经济活动，而这一整体又不仅仅是各个体的总和时尤其重要。出于同样的原因，这一聚集体对于管理、计划以及公共政策的制定和实施都是必需的。从以上可以看出，最适宜的区域划分应遵循行政区域疆界"①。胡佛还指出，每一个区域必须"包含至少一个'中心城市'组成的核心"②。综合胡佛关于区域概念的界定，我们可以对经济学的区域概念做如下理解。

第一，区域包括在某一主权国家的疆域内，中央政府对它拥有政治、经济方面的控制权。政府为该区域的经济发展提供各种公共产品，通过各种经济政策引导该区域的经济活动。

第二，从内部经济活动同质性或功能同一性角度来理解，某一区域在经济功能上具有同一性特征，区域内经济活动强度以及各行业的发展水平上的差距相对较小，在体制和经济政策上具有连续性和一致性特征。一国疆域内不同区域之间可能在对外经济功能、经济发展水平或收入水平以及经济活动强度上存在差异，甚至这种差异很大，但就某一区域内部而言，不管产业部门众多还是产业部门较少，其对外功能上都具有相对同一的特征，在其内部的发展差异较为均匀，在经济体制和各种政策上都具有连续性和一致性的特点。正因为某一区域在内部的均质性、政策上的连续性和一致性特征，任何区域在全国或更高一级的区域系统中担当某种专业化职能时，协调区域内各种经济活动或解决经济纠纷较为容易，区域内各种资源要素的流动也较少地受到限制，区域内各种交易活动也可以支付较少的交易成本，对外部显示出某种同一性或专业化分工特征。

第三，从胡佛的聚集体、管理和规划以及制定政策等角度来考虑，一国内不同区域都是相对独立的经济地域单元，它可以有效地组织区域内的经济活动和区域外的经济联系。独立地组织区域内的经济活动和区域外的经济联

---

① Edgar M. Hoover & Frank Giarratani, *An Introduction to Regional Economics*, Alfred A. Knopf, 1984，p. 243.

② Edgar M. Hoover & Frank Giarratani, *An Introduction to Regional Economics*, Alfred A. Knopf, 1984，p. 246.

系，意味着这些区域在经济上是比较完整的，也就是说具有比较完整的经济结构，具有能够独立地组织和协调区域内经济活动和区际经济联系的能力，而这些构成了区域的自组织能力。

第四，区域是相对独立的经济地域单元，它可以有效地组织区域内的经济活动和区域外的经济联系，任何区域都应包含核心城市或城市体系。因为区域作为相对独立的经济地域单元，必须具有较强的自组织能力，这种较强的自组织能力主要表现为金融银行业、贸易和批发业、信息产业、现代化的工业、现代化的服务业等所组成的"高级循环系统"，而这些"高级循环系统"主要集中在中心城市，这些中心城市充当区域经济的组织者和协调者的角色。

目前国内对区域概念的理解，大都趋向于上述解释。需要强调的是，如果在某一疆域内讨论区域问题，那么专业化与均质性、分层结构（交易的分层结构、城市等级系统、监管的分层结构）、自组织能力是区域概念的内核，而其本质是一种经济组织，这就是我们下面讨论的问题。

二　经济区域的本质——经济组织特征

区域的本质是一种经济组织。我们首先从制度经济学角度来理解经济组织的概念。诺思指出，组织是人们为一些共同的目标而结合到一起形成的团体或实体。科斯尽管对以企业为代表的经济组织的形成进行了开创性的研究，但他并没有对经济组织进行定义，而是直接对经济组织的形成原因进行了分析，提出了"交易成本"概念。因此，交易成本是理解经济组织的一个关键因素①。可以看出，从新制度经济学角度理解的经济组织的关键因素是交易成本和制度。

从新兴古典经济学角度理解经济组织的概念，是杨小凯在其《专业化与经济组织》一书中给出的。杨小凯指出，"市场除了有新古典微观经济学讨论过的配置资源功能以外，作为一种制度安排，它还能减少外生和内生交易费用并发现有效率的经济组织结构。这里的经济组织概念包括每个人的专业化水平、整个社会的分工水平、产品种数、生产迂回程度、企业内部组织、剩余权结构和合约、市场中的层系结构和企业内的层系结构、货币制度

---

① 贾旭东：《组织及其均衡与变革的制度经济学研究》，http：//www.sinoth.com，2007 年 5 月 23 日。

以及景气循环模式"①。根据这种理解，经济组织是可以演进的，而演进后的经济组织与演进前的经济组织是不同的，交易效率的提高是经济组织演进的原动力，而直接推动组织演进过程的是市场，市场可以选择更富有效率的经济组织。现在我们从经济组织的角度来考察区域的核心变量，也就是说这些反映区域概念的核心变量所反映的是什么，是否反映某种经济组织的特征。

（一）区域专业化分工与均质性

在现实中，区际分工是社会生产分工的空间形式，它不仅决定专门化部门、区际联系的性质和规模，同时也决定各区域内部部门间比例和一国国民经济整体结构的动态变化。区际分工与联系是一个事物的两个方面，其目的是实现区域经济效益或一国整体效益的最优。一般来讲，区际分工取决于比较优势，这较为容易理解，但资源禀赋相同或技术水平类似的两个区域（国家）之间也可以形成分工，这时的比较优势取决于两个因素，即规模经济和产品差异化。

区际分工和均质性特征是一个问题的两个方面，正因为区际分工，任何区域对外展现为承担某种专业化职能（有时具有多种专业化职能）。因为这种专业化与分工，区域内的生产和交易活动主要围绕一种或几种专业化部门进行，因而区域内人力资本结构的差异较小，区域内发展水平差异相对较小，区域内收入水平差异也相对较小，显现出某种程度上的均质性。如果两个或两个以上独立的区域所承担的专业化职能类同，发展水平上的差异也较小，则这些区域可以组成更高一级的区域系统，类似于我国把全国划分为东部、中部和西部。从区际角度来考虑，分工与专业化还具有空间特征。

区际分工具有发挥区域优势、提高劳动生产率的好处，但不同的分工形式对不同区域会产生不同的影响。第一，享受的利益不同。以初级产品和低附加值的中间产品为主要分工部门的一方，所获得的利益相对少或绝对少；而以高附加值的最终制造业产品为主要分工部门的一方，往往获得巨大利润。第二，对区域内经济发展的影响不同。在贫困落后地区，资本产品的出口对该区域经济发展的影响较小，劳动密集型产品出口往往面临产业结构滞后的问题；而发达地区高新技术产品的出口则有效地启动和带动该区域产业结构的升级，有利于区域内经济长期持续稳定的发展。第三，区际竞争的前

---

① 〔澳〕杨小凯、黄有光：《专业化与经济组织》，张玉纲译，经济科学出版社，2000，第134页。

景不同。以资源或劳动力丰富为基础的优势总是面临着淘汰的风险，而以现代科技为基础的优势则具有广阔的发展空间。但反过来，正是因为这种分工与联系的存在，促成了区际生产要素的流动，如资本可以转化、技术可以得到传播、制度创新或先进的管理经验可以相互借鉴等。不过，在一定时期内，分工与联系对不同经济系统的影响和作用的差异将继续存在下去，如果处理不好，则可能不断拉大差距。我国过去在传统体制下形成的内陆资源省区以能源、原材料和初级产品为主，沿海地区以加工制成品为主的垂直的生产和贸易格局，使内陆总是处于极为不利的位置上。尽管改革开放以后这种格局发生了一些变化，但至今仍没有发生根本性的变化。因此，如何形成既能够充分发挥各地的优势，又能够使各地获得大体相近的经济利益的新型的区际分工，将是我国区域经济学所面临的重要的研究课题。

（二）区域的自组织能力

生产活动和交易活动的组织结构，构成了区域的自组织能力，自组织能力存在与否是经济组织的重要特征。如何组织区域经济，也就是如何发展区域经济，是区域经济学最主要的研究内容之一。组织区域经济的过程，就是要回答区域的经济增长是如何发生或如何决定的、应选择何种发展模式、区域经济增长过程和趋势如何、一个区域根据其资源要素状况应选择何种产业结构、产业结构如何演进以及优化等问题的过程。可以认为，区域经济增长是由资本积累、劳动力增加或素质提高以及技术进步等要素相互作用而引起的区域商品和劳务总产出的增长。传统的经济增长理论强调资本积累的重要性和必要性，认为缺乏资本积累是阻碍经济增长的主要因素，要走出困境，必须推动资本的加速形成。与这种强调资本形成的古典经济增长理论不同，新经济增长理论强调了知识积累在经济增长中的作用，专业化知识和技术的排他性和竞争性能够保持经济的持续增长。同时，一般知识的溢出效应，为欠发达地区的经济发展提供了可能的人力资本。一提起工业化过程，许多人就联想到发达国家的工业化过程，然而战后新兴工业化国家或地区的发展经验表明有多种工业化模式，这说明只要我们正确分析国情或区情，就可以选择适合我国或本区域的工业化道路。

区域经济发展，一方面表现为经济总量的增长，另一方面表现为区域产业结构的不断演进和升级。区域产业结构一般由主导产业、关联产业、基础产业等组成。从静态上看，某一区域的主导型产业，尤其是专业化产业部门反映了该区域在国家劳动地域分工中所承担的分工。从动态上看，区域产业结构也不断地进行置换，这种置换有两种：一种是替代，即以新的产业来替代原有产业；另一种是升级，即通过技术更新实现产业结构的优化。斯密提出分工理论以后，分工的演进主要表现为两个方面：一方面是不断专业化而形成的生产方式的越来越迂回；另一方面是不断出现新的产业部门而形成的产业多元化。这两者都是分工不断演进的表现，而不是相互对立的两个过程。把有些地区或城市目前所面临的产业结构单一、效率低、就业困难等归咎为专门化发展，认为这种现象的出现是片面强调专门化的结果；或者把有些地区或城市效率极其低下、就业困难归咎为多样化，认为这种现象的出现是追求大而全、小而全而没能实现规模经济的结果，都是偏激的观点。专业化和多元化都是分工演进的结果，都能大大提高劳动生产率，这就是斯密理论的核心所在。只要是报酬递增，无论采取多样化发展还是专门化发展都是无关紧要的，把目前一些地区或城市所面临的问题归咎为专门化发展或多元化发展是一种误解。其实，我国一些地区或城市（尤其是资源型城市）过去的"专门化"发展，就是资源开采或资源粗加工的几十年一贯制，由于长期依靠资源开采而没有发展相关的产业部门，当资源枯竭时整个生产活动也就结束了，或长期没有技术提升和开发矿产品加工系列，技术结构老化、产品结构无法适应经济发展的需要，这不是原来意义上的专门化发展。过去一些地区或城市的多样化发展就是企业办社会的过程，经营业绩再好的企业也会被拖垮；再则国家大量索取而返还的少，企业负担越来越重，整个地区或城市经济严重萧条，这也不是原来意义上的多样化。多样化经济的一大特点是反应能力和应变能力很强，而我国的多样化恰恰在反应能力和应变能力上特别迟钝，没有竞争力可言。当然，这些都是历史遗留下来的问题，要解决这些问题并非那么容易，然而让我们感到欣慰的是国家已经把西部大开发、振兴东北老工业基地、中部崛起、资源型城市的转型等问题纳入议事日程并加大开发整改的力度。因此，研究当前区域经济主要的任务，就是从理论上阐析这些地区应选择何种经济结构、选择何种发展模式、如何重构区域产业结构、如何组建区域间产业联系、如何开拓市场等问题。

工业化开始起步时，如何选择切入点，可能因国情或区情的不同而不同。如果我们从需求角度去解释区域经济发展，那么我们首先要问这种需求是从哪里来的问题，然后再从区域经济系统中寻找这种需求所带来的影响。这种从需求角度的分析所强调的是区域经济活动的后向联系，因为这种联系表现为对区域某种产出的需求又引发对其他产业活动的需求。如果从供给角度去解释区域经济增长，那么我们就得问投入是从哪里来的问题，然后要分析区域内部的资源、资本和劳动力是如何引发各种经济活动的问题，这种从供给角度的分析所强调的是经济活动的前向联系。我们称从需求角度出发的发展模式为需求驱动模式，从供给角度出发的发展模式为供给驱动模式。需求驱动模式认为，区域中的某些经济活动是区域经济的最基本的活动，它的发展将带动其他产业的发展，进而决定区域整体的发展；其他一些非基本活动只是区域经济发展的结果而不是引发区域经济发展的因素。因此，根据这种模式，如果把基本的经济活动找出来了，那么区域经济活动的解释就包括两个方面：一方面是要解释基本经济活动的区位；另一方面是要解释这种基本经济活动诱发非基本经济活动的过程。一般认为，那些生产出口品的部门是区域基本的经济活动部门；那些满足区内需求的生产部门是非基本的生产部门，它们只能被动地参与，不会成为区域经济增长的引擎。因此，根据这种模式的区域经济研究，首先要找出区域主要的出口品生产部门，其次要研究这种基本经济活动可能的增长趋势，最后要研究这种基本经济活动对其他非基本部门的影响。供给驱动模式常把需求看作一个自然发生的过程，也就是说，假定对该区域产品的需求有完全的弹性，则区域经济能否增长主要取决于能否获得基础性资源。这种模式的分析起点是基础性供给而不是最终需求，一旦获得资本、劳动力、技术、投入品以及各种基础设施，那么这些资源通过前向联系，通过中间生产环节，就会刺激其他产业的发展。如果本区域某些经济活动的产出增加，那么通过前向联系刺激下游产业活动的增加，就会产生一种"供给乘数"效应。从世界范围来看，发达国家的情况和发展中国家的情况是不一样的，发展中国家或欠发达地区往往采取供给驱动模式，而发达国家或地区在一般情况下采取需求驱动模式。在我国，最典型的供给驱动模式是各种"开发区"或"高新技术园区"的建设，有些地方的"开发区"是成功的，然而大量的"开发区"仍在等待外商投资，荒废了大量农田。上述两种驱动模式是互补的，在区域经济发展过程中可以交叉。例如，区域经济刚起步时可以选择供给驱动模式，此时的关键是选择何种产业部门作为先导产业。一般来讲，选择先导产业时要充分考虑当地的比较优势，也就是选择具有比较优势的产业部门作为经济起飞的先导部门。当区域经济步入正常轨道后可以选择需求驱动模式，当经济运行出现某种瓶颈时可以考虑增加某种投入。

（三）区域交易的分层结构与城市等级系统

每个人的专业化水平不仅决定了他自己的生产力，而且也决定了其他人生产的产品的市场容量，因而决定了其他人的生产力和专业化水平。每个人选择某种生产方式的决策，决定了他与其他人进行交易的次数，而所有人选择生产方式的决策和这些决策之间的交互作用，决定了整个社会作为一个整体的分工网络规模。然而，分工网络规模的扩大又带来交易费用的扩大。假设每对交易伙伴在他们居住地连线的地理中点进行交易，那么分工水平的提高扩大交易网络时，总的交易出行距离以及相关的费用会超比例地增加。但如果把这种分工而导致的扩大的交易活动集中在某一区位，则就等于把很大的交易网络集中在一个小范围，大大缩短了社会总的交易距离，进而大大提高了交易效率。再从政府及监管功能角度来考虑，监管功能不可能分散在各地，也不可能高度集中在中央政府，通常采取的做法是在一定的空间范围内设立一个派出机构，由这些派出机构代表中央政府行使该空间范围内的监管功能，而这种监管功能所在的区位就是"城"。可以看出，"城"与"市"的结合就是城市，城市就是某一区域的政治和经济中心，有关区域经济活动的所有指令都由城市发出，这就是胡佛强调区域"包含至少一个'中心城市'组成的核心"的原因，其背后的含义是构成区域自组织能力的各种生产组织功能和交易组织功能主要集中在城市，不管其自组织能力的大小，若没有这种城市，则无法组织区域经济活动，不可能形成一个相对独立的区域。

如果在某一空间范围内只有一个大城市，那么该空间范围内的所有人都要到这个城市进行交易。但如果分工水平很高（也就是贸易品种很多），则对有些贸易品而言，人们同邻居之间直接进行交易反而比都要到大城市进行交易更方便，交易费用也更低。因此，人们不会把所有的交易都集中在大城市进行，也不会把所有交易分散在各地进行，与邻近交易伙伴的交易就在附近的小城镇进行，与邻省的交易伙伴的交易就在中等城市进行，与邻国的交易伙伴的交易就在大城市进行，这样就出现了城市的分层结构，这就是城市等级系统。可以看出，交易及城市分层结构的存在是经济组织的第三个重要特征，但交易的分层结构和城市的分层结构还包含空间维度。

（四）区域的政策干预与地方政府

协调区内经济活动和区际经济活动，需要制度或政策上的支持。发达国家的发展历史及区域经济实践表明，单纯依靠市场是无法实现区内外经济协调发展的，因为企业追求的是实现利润最大化目标的生产区位，因而趋向要素回报率高的地区。尽管市场力作用下的这种配置会提高资源配置效率，但这种配置有时与社会最优是相矛盾的，尤其对要素回报率低的地区而言更是这样。各国政府无一例外的都是通过制定区域政策刺激欠发达地区的经济发展或采取其他手段来缩小区域间发展差距的。这种政府为引导和干预区域经济活动所采取的各项政策措施构成了区域经济政策的主要内容。当然，在一个区域内，为有效地组织区内经济活动而采取的各种措施也属于区域经济政策的范畴，但在一国不同区域组织区内经济活动所采取的各项措施，虽然区域间存在一些差异，但大体上都是类同的。因此，在一般情况下，区域政策主要是指为解决区域间发展差异而采取的各项政策措施。政府干预区域经济，主要有两个目标：一是加快经济增长，也称效率目标；二是均衡目标，也称公平目标。至今在理论和实践上还没有解决如何实现这两种目标的双赢问题，一般认为合理组织区际分工是实现这种双赢的关键。

可以看出，政府及其相关监督机构的政策干预行为发挥着极其重要的作用。但如果政府监管的空间范围很大，则需要大量的交通成本和信息成本（在距离很大的情况下，信息传递需要时间，且很多情况下信息是不对称的），致使监管效率很低。从交易的分层结构讨论中可知，交易的分层结构可以大大提高交易效率，同理，政府监管的分层结构也可以大大提高监管效率。因此，这种监管功能不可能分散在各地，也不可能高度集中在中央政府，通常采取的做法是在一定的空间范围内设立一个派出机构，由这个派出机构代表中央政府行使该空间范围内的监管功能，而这个派出机构就是地方政府，该空间范围就是我们平时看到的不同的行政区域。区域政策干预的存在是经济组织的第四个重要特征。

（五）区域内地域结构的动态演化

区域作为一种经济组织，随着分工水平的不断演进（经济的发展），经济组织结构将发生变化，这种组织结构将向何种类型的结构演化？是否会出现专业化水平和生产的迂回程度很低、企业制度不完善、交易的分层结构与城市结构不完善、金融机构发育不全的绝对的均衡状态？还是具有很高的分工和专业化水平、完善的企业制度、完善的交易结构和城镇体系以及金融服务业发达的相对聚集的状态？随着分工的演进，市场必然选择有效率的经济组织，但不同地区的分工演进程度是不同的，也就是经济发展水平是不同的，有些地区出现较为完善的组织结构，如在长三角地区和珠三角地区，这些地区的分工水平比较高，经济发展水平也比较高。而有些地区没有形成比较完善的经济组织，如我国西部的一些地区，这些地区的分工水平较低，经济发展水平也是较低的。这些都说明，区域组织的完善程度和经济发展水平（也就是分工演进水平）之间是相互依赖、相互影响的，而区域组织的本质特性就是网络结构和网络效应。

从空间角度来观察经济发展，最大的特点是经济活动在空间上的分布是不平衡的，经济活动首先出现在一些具有绝对优势的地区，然后通过不同的渠道向外扩散，对整个经济产生不同的终极影响，在一定空间范围内形成经济活动强度和密度不同的核心区和外围区两种地域单元。这种核心区常常以某种规模的城市为中心，这种核心区形成以后，会不断地进行内部结构的调整，结果原先在核心区城市经济中占举足轻重地位的物质密集型产业部门逐渐衰弱并向外转移，而商务和各种高级管理机能向城市集中。这种产业区位置换的结果，在城市外围和交通方便的地区逐渐形成经济活动集中和经济增长的地域。这种生产区位的变动又引发人们居住区位的变动和城市文化、城市生活方式向农村地区的传播，逐渐形成范围很大的大都市经济圈。这种大都市经济圈的形成，标志着原有城乡二元结构的二元性逐渐削弱和城乡一体化过程的开始。

城市是区域的核心，在区域经济发展过程中起着举足轻重的作用。一方面，城市是区内经济活动和区外经济联系的组织者和领导者；另一方面，就城市本身而言，还存在城市最优规模、城市土地市场、城市劳动力市场、城市住房市场、城市基础设施、城市交通、城市财政等诸多问题。外围区一般指农村地区，是核心区的腹地，而这种腹地支撑着城市的形成与发展。农村地区也并不是被动地接受城市的影响，它向城市提供各种生产要素，又是城市产业的主要市场，如果没有这种腹地来支撑城市，那么城市也无法生存和发展。我们曾在前面讨论过，城乡二元结构是经济发展过程中的必然过程。然而，因制度上的缺陷，我国进一步强化了这种二元性，城乡劳动力市场的分割、城乡商品市场的分割、城乡信用市场的分割以及城乡产业链条的分割现象相当严重，形成了两个截然不同的经济循环空间，严重制约了我国经济的持续稳定发展。如何实现城乡统筹，已成了区域经济一体化发展过程中亟待解决的问题。

由上面的讨论可知，专业化分工与均质性、分层结构（交易、城市以及政策干预）、自组织能力所反映的是经济组织的特征，同时也是经济组织的标志，因而具有这种核心变量的区域必然是一种经济组织。我们还注意到，专业化分工与分层结构（交易、城市以及监管的分层结构）都具有空间维度，也就是说，经济区域不同于一般意义上的经济组织，是具有空间维度的经济组织。

如果不把经济区域视为一种经济组织，则与区域经济相关的许多变量都成了外生变量，如传统的区域经济学把区际差异归结为资本、劳动力以及技术等各种要素份额的差异，而与区域经济增长息息相关的各种制度环境、地方政府的作用以及公共产品的供给都被处理为外生变量。如果把经济区域看成一种经济组织，则这些变量都是区域经济发展过程中的内生变量，这样就能把区域的软环境、地方政府、公共基础设施以及地方财政等重要的经济变量纳入区域经济分析框架中。

第二节　经济区域协调发展的基本理论

与经济区域一体化发展问题相关的理论研究，可大致分为区域分工（贸易）研究、区域经济增长与差异研究、区域合作研究以及区域经济协调发展研究等方面。下面逐一评述其基本观点、政策主张及其对研究经济区域一体化联动的借鉴意义。

一　区域分工（贸易）的相关理论

区域分工是联动的前提条件，分工理论是区域联动的理论基础。这方面的研究成果主要包括区域分工理论、新贸易理论与区域经济一体化理论。

（一）区域分工理论

比较优势理论是随着自由贸易的发展而产生的。早期的区域分工理论主要包括绝对成本学说、相对成本学说和要素禀赋学说等。A. Smith 在 1776 年出版的《国民财富的性质和原因的研究》中提出的绝对成本说[1]，以及以后的 D. Ricart 的比较成本说都从供给与成本的角度论述了国际贸易的成因。而 Haberler 则主张用比较机会成本代替比较劳动成本解释国际贸易产生的原因，认为生产机会成本低的商品有比较优势，参加分工和交换能为双方带来

---

[1]　〔英〕亚当·斯密：《国民财富的性质和原因的研究》（下卷），郭大力、王亚南译，商务印书馆，1974，第 298~309 页。

利益。E. Heckscher 和 B. Ohlin 的要素禀赋论（H－O 模型）认为生产要素禀赋的差异导致国际贸易的产生。美国学者 Posoner 等提出新技术贸易论，认为技术差距的存在使得自某一个领域内新产品问世至其他国家仿制出产品以前这一段时间内，创新区域具有出口优势，但动态技术优势会随着技术的国际标准化而消失。R. Vernon 则提出了产品生命周期理论，认为技术条件的变化是影响工业品贸易格局的决定因素，一切产品都有创新、成长与成熟、标准化、衰退这样一个过程，阶段的不同导致了不同区域之间因地制宜地进行合作。两位美国学者的观点如出一辙。

20 世纪中期以来，区域分工理论得到了进一步发展。这一发展基本上是循着两条轨迹：一是放宽古典区域分工理论的假设；二是更广泛地考察除资本与劳动力以外的其他影响区域分工的因素。前者有要素替代理论、新要素禀赋理论等，后者有技术差距理论与产品生命周期理论等（张敦富，2000）。

劳动地域分工是指人类经济活动按地域的分工，它是社会分工的空间表现形式。苏联经济地理学家萨乌什金将区域劳动分工划分为六大类：①在经济上完整的地区（国家经济区）之间的劳动总分工；②某些个别中心（工业枢纽、大城市）之间的劳动分工；③经济中心（城市、联合企业、大型机械制造装配厂）四周的、某一空间"场"内的劳动分工；④阶段性分工，指某一统一的生产过程的不同阶段在地域上分布于不同的地点或地方；⑤时期劳动地域分工，指一年里同一产品（如水果）由各个不同的地区运往消费中心；⑥偶然性的劳动分工，指国家由于偶然的政治和经济上的要求而进行的劳动分工与商品交换。劳动分工导致经济利益的产生就是劳动分工的经济性。劳动分工的经济性有两种：一种是直接经济性，就是采用一定程度的分工和专业化的生产方式能够带来生产效率的提高或生产资源的节约；另一种是间接经济性，就是指分工和专业化的发展为生产方式的其他创新提供了条件，而对这些生产方式创新的采用会带来生产效率的提高或生产资源的节约。

区域分工理论的政策启示在于，为提高资源的空间配置效率，以及各区域的经济效益和国民经济发展的总体效益，各区域应进行合理的分工，在此基础上进行贸易。分工的基础是比较优势，各区域应大力发展有比较优势的产业，放弃没有比较优势的产业。

（二）新贸易理论

Frobel、Heinrichs、Kreye 等人提出了新国际劳动分工理论，认为国家力量和保护权力的降低导致了资本间的激烈竞争，导致了资本的结构变动，工业布局的消费指向性重新调整，高技术由发达国家承担，低技术由第二世界承担，跨国公司的发展、跨国资本的流动使一些技术扩散到第二世界，通过这些部门的"涓滴效应"，最终改变当地其他经济部门，并解释了相对落后地区的经济发展的外部动因。

（三）区域经济一体化理论

20世纪90年代以来，随着世界范围内区域经济一体化趋势的快速发展及亚洲经济形势的变化，区域经济一体化愈益受到各国的关注。区域经济一体化是不同地区经济主体之间为了生产、消费、贸易等利益的获取而产生的市场一体化过程，包括从产品市场、生产要素（劳动力、资本、技术、信息等）市场、服务市场到经济政策及管理的统一。区域经济一体化作为空间过程的基本特征是各种生产要素的空间流动，作为空间状态是生产要素流动所形成的经济集聚核心和经济扩散点（安筱鹏，2003）。一般认为，区域经济一体化发展的动力在于商流的集聚效应与扩散效应、产业转移的"多赢"合作和区域分工协作的专业化生产。在区域经济一体化过程中，政府协调只是为区域经济合作提供制度保障，而区域经济一体化的发展主要依赖市场机制的推动（王瑛，2005）。

显然，区域经济一体化与区域分工是相互依存的关系。区域经济一体化过程是建立统一的产品市场、生产要素市场和服务市场的过程，是产业区域分工的必然结果。区域经济一体化的过程本身也是一个不断的帕累托改进的过程。这是因为不合理的区际分工使得整个区域的收益递减，它表现在以下几个方面。一是无效率的生产依赖贸易壁垒维持，而贸易壁垒限制了市场范围，根据斯密的"分工受市场范围的限制"这一观点，贸易壁垒无疑限制了分工的发展。二是如果限制区域分工，则区域分工的形成不是基于地区间的比较优势，这种分工格局就只能依赖排斥竞争和扭曲价格来维持。从企业来看，一方面，一些优势企业可能得不到足够的资金或优质的原料；另一方面，一些劣势企业又能够顺利地占用资金和优质原料生产低劣产品，其结果是优质产品不足，而劣质产品供给过度，形成了资源配置非最优化。三是当地区间存在较高的贸易壁垒时，基于规模经济的区域分工效应也难以形成。从新贸易理论来看，区域贸易壁垒意味着由于市场规模有限而使区域内的企业无法实现规模经济，基于规模经济的报酬递增的分工机制也无法形成，整个区域的福利也不能最大化，所以区域经济一体化是产业区域分工、资源合理配置的必然结果。与此同时，区域经济一体化为区域经贸合作和共建市场提供了协调机制，使各种交易和流通的障碍减少或消除，从而进一步推动区域之间的合理分工。

二 区域经济增长与差异的相关理论

区域经济差异一直是世界各国经济发展过程中的一个普遍性问题。均衡增长（Balanced Growth）与非均衡增长（Unbalanced Growth）是贯穿于区域经济发展过程中的矛盾统一体，它们相互交替，不断地推动区域系统从低层次向高层次演化。新古典经济增长理论、新增长理论和新经济地理理论属于研究一般经济增长的理论，但从其思想中引申出来的政策建议，可以为区域经济一体化发展的调控提供重要参考。

（一）区域经济均衡发展的新古典区域增长理论

新古典区域增长理论（Neoclassical Regional Growth Theory）的核心思想是在市场经济条件下，资本、劳动力与技术等资源要素实现合理流动与配置，达到经济上的均衡，实现区域协调发展。该理论认为，区域经济增长取决于资本、劳动力和技术三个要素，各个要素的报酬取决于其边际生产力。在市场供求关系和资本边际收益递减规律的支配下，发达区域的资本会流向欠发达区域，欠发达区域的劳动力则会流向发达区域。资本要素和劳动力要素逆向流动的结果，一方面，发达区域的投资者增加了收入，在消费递减的现实经济生活中，收入的增加意味着投资的增加，而发达区域投资的边际收益会递减的预期，迫使发达区域的投资者仍然回到欠发达区域扩大投资。这样，欠发达区域就会享有较高的资本积累率和支撑经济高速增长的宝贵资金。另一方面，欠发达区域的劳动力到发达区域被雇用，所取得的个人收入除本人生活外，相当大的部分会转化为欠发达区域的消费资金，而消费资金的扩大，也意味着需求的扩大，进而拉动生产扩大和投资的活跃，从而达到各地区经济平衡增长的状态，各地区都可以分享到经济增长的好处，区际差异最终会趋于收敛。

（二）发展经济学平衡增长理论

区域均衡发展理论主要包括赖宾斯坦的临界最小努力命题论、纳尔森的低水平陷阱论、罗森斯坦·罗丹的大推进论、纳克斯的贫困恶性循环论和平衡增长理论等。区域均衡发展理论主要是从理性观念出发，采用静态分析方法，把问题过分简单化了，与发展中国家的客观现实距离太大，无法解释现实的经济增长过程，无法为区域发展问题找到出路。在经济发展的初级阶段，非均衡发展理论对发展中国家更具有合理性和现实指导意义。

1. 罗森斯坦·罗丹的大推进论

1943 年，罗森斯坦·罗丹（Paul Rosenstein-Rodan）在他的《东欧和东南欧国家工业化问题》的著名论文中认为，发展中国家要从根本上解决贫穷落后问题，关键在于实现工业化。实现工业化首要的障碍就是资本短缺，因为资本和市场必须具有相互关联的整体性和外展性，才能达到规模经济效益的目的，所以资本和市场、供应和需求必须相互补充、相互支持。"大推进"就是在各个工业部门同时进行全面的大量投资，使各个工业部门都发展起来，这样才能相互依赖、互为市场，克服不可分性，实现经济的大发展。

2. 纳克斯的平衡增长理论

1953 年，美国经济学家纳克斯（R. Nurkse）在《不发达国家的资本形成问题》一书中提出了"贫困恶性循环"理论。纳克斯认为，在发展中国家存在着供给不足和需求不足两个方面的恶性循环。即供给不足循环：低收入→储蓄→资本短缺→低生产率→低收入；需求不足循环：低收入→低购买力→投资引诱不足→低生产率→低收入。纳克斯认为，要打破恶性循环，关键是要突破资本形成不足这一约束条件，而影响资本形成的主要因素是决定投资预期的市场有效需求不足。只要平衡地增加生产，在广大范围的各种工业同时投资，就会出现市场的全面扩大，从而提高需求弹性，创造良好的投资氛围，从恶性循环的僵局中脱逃出来。这一理论在一定条件下是成立的。纳克斯强调了市场容量狭小对经济增长的限制和扩大市场容量对经济发展的决定作用，同时，纳克斯的平衡增长不仅包括工业，还包括农业、外贸等，尤其重视农业的作用。它为发展中国家或欠发达地区打破"贫困恶性循环"，填平"低水平均衡陷阱"，改善瓶颈制约提供了解决问题的钥匙。其弊病在于难以解决这样两个问题：其一，平衡地增加生产，在广大范围的各种工业同时投资，显然需要在短期内筹集巨额资金，这对于低收入的发展中国家而言，是根本无法解决的，依赖外国资本也是靠不住的；其二，资源配置效率问题也难以解决。同时投资，全面推进，将意味着各个产业效率上的良莠不齐，高效率产业的比重不是很大，低效率产业大量存在，也就决定了宏观经济效益的低下。

3. "完善的平衡发展"理论

斯特里顿（P. Streoten）认为，在平衡增长中要实行短期的不平衡增长。

因为在发展中国家，需求存在着一种"欲望的合成代谢"，各部门的同时扩大和产出的同时增加并不能消除市场容量过小或有效需求不足的矛盾。为了克服这一矛盾，必须优先发展某些主导部门，实行不平衡增长，经过一段时期后，一旦梗阻问题得到解决，就应使国民经济各部门按一定比例平衡增长。一方面，该理论既强调扩大投资规模对于克服供给方面"不可分性"与需求方面"互补性"的重要作用，也强调取得工业、农业、消费品与资本品等各经济部门间平衡增长的重要性。另一方面，它既主张国民经济各部门按不同比例全面发展，也主张在达到平衡增长的过程中，通过个别部门的优先发展和快速增长，来解决经济发展中的梗阻问题，最终实现平衡增长。这一理论实际上是把平衡增长当作目标，把不平衡增长当作手段，是折中性质的、动态的平衡增长理论。

上述平衡发展理论都强调产业间和地区间的关联互补性，主张实行国家干预，由国家来制订统一的经济发展计划，主张在各产业、各地区之间均衡布局生产力，以缩小区域之间的差距，实现产业和区域的协调发展，即通过区域之间的投资均衡、产业均衡、布局均衡促进各地区的经济发展。这为发展中国家迅速摆脱贫穷落后的困境，实现工业化和经济发展提供了一种快速发展的模式和路径，并产生了一定影响。但由于平衡发展理论过分强调国内市场的形成和各部门平衡增长的必要性，与发展中国家的客观现实距离太大，因而存在一些缺陷或不足。例如，平衡发展受资源不足、技术水平和管理水平低下的限制；过分依赖计划和国家干预；经济发展的实践未能为平衡发展理论提供充足的经验验证，等等。区域经济联动就是要正视产业间和地区间的关联互补性，合理配置发达地区与欠发达地区的资金、产业、技术、人才和资源等，实现产业之间和地区之间的联动，促进各地区齐头并进，最终目标是实现区域经济的协调发展。

（三）区域经济非均衡发展理论

循环累积因果理论、不平衡增长理论、中心－外围理论、梯度转移理论等是区域经济非均衡发展理论的代表。区域经济非均衡发展理论的共同点在于，二元经济条件下的区域经济发展轨迹必然是非均衡的，但随着发展水平的提高，二元经济必然会向更高层次的一元经济即区域经济一体化过渡，但它们在均衡与增长替代关系上的认识有所不同。不平衡增长理论和梯度转移理论倾向于认为无论处在经济发展的哪个阶段，进一步的增长总要求打破原有的均衡，而倒"U"形理论则强调经济发展程度较高时期增长对均衡的依赖。

1. 循环累积因果理论

1957年，瑞典著名经济学家缪尔达尔（G. Myrdal）提出了循环累积因果理论，他认为社会经济诸因素之间的关系不是守恒或趋于平衡的，而是以循环的方式运动，但不是简单地循环运转，而是具有累积效果的。他认为发达区域经济收入水平较高，必然导致储蓄率和市场发育程度均较高。这就意味着下一轮新增投资，既有现实的资本保证，又有现实的投资机会，投入高则产出高，从而收入会更高。这样循环往复的结果是，发达区域的财富会不断积累。同样道理，不发达区域由于大量资源要素被发达区域吸引而流失，使投资条件不断恶化，经济增长不断萎缩。缪氏提出了"地理上的二元经济"结构（Geographical Dual Economy）理论，他认为由于发达地区与不发达地区之间不断相互作用而产生了不断增加的内部经济与外部经济，使核心地区表现为一种上升的正反馈运动，而边缘地区则表现为下降的负反馈运动，由此产生累积因果循环，拉大了区域差异。原因是在市场机制的作用下，回波效应远远大于扩散效应，会出现"马太效应"，主张实行国家干预。

缪尔达尔提出的循环累积因果理论反映了社会经济因素变化的客观运动，它既是对现实世界的正确描述，又是制定政策的可靠依据。此外，他还提出了回流效应理论，是揭示区域外部因素引起的不利于区域经济发展和扩张变化的一种理论。

2. 不平衡增长理论

1958年，赫尔希曼在《经济发展战略》一书中提出了不平衡增长理论。赫尔希曼也提出了"涓滴效应"（Trickling-down Elects）和"极化效应"（Polarized Elects）的概念。赫尔希曼认为"发展是一种不平衡的连锁演变过程"。为了突破各种外部条件的限制，赫尔希曼认为政府不是取消而是要维护紧张、不成比例和不均衡，使不均衡的链条保持活力，不发达经济取得经济增长的最有效途径是采取精心设计的不平衡增长战略。在资源有限的情况下，政府要引导投资集中到产品需求收入弹性和价格弹性最大的产业，获得效益后，再投资改善基础设施部门，当这些部门的投资创造出新的投资机会时，进一步改造投资环境，就能带动整个经济发展。由于政府的干预作用，从长期看，区域间是会趋向均衡的。

3. 倒"U"形理论

威廉姆森（O. Williamson）认为，区域差异在初期表现为扩大；随着经

35

济的发展，差异将走向平缓，并长期稳定在一定的差异水平上；经济发展到一定时期，区域差异将自动发生一个根本的变化，即从差异趋缓走向差异缩小；在后期，区域经济差异恢复到最初期的水平，并逐渐趋向消失。威廉姆森把这一过程描述为倒"U"形的曲线，即"上升→趋缓→下降"的过程。威廉姆森的乐观结论在于区域差异的"自动"变化，如果这一过程具有必然性，即意味着我们可以坐等差异缩小时期的到来。但是，从扩大到平缓，从平缓再到缩小，是建立在发达地区与落后地区互动的基础上的。区域差异的缩小，需要在高梯度与低梯度地区之间建立关联，建立互动的联系。那么，如何"关联"？如何"互动"？威廉姆森没有解释①。

4. 中心－外围理论

该理论由劳尔·普雷维什在20世纪40年代最先提出。20世纪60年代，弗里德曼（J. R. Friedman）将中心－外围理论的概念引入区域经济学，1969年在《极化发展理论》中，又进一步将"中心－外围"这个具有鲜明特色的空间极化发展思想，提炼为一种普遍适用于发达国家与发展中国家空间规划基础的一般理论模式。他认为，任何国家的区域系统，都是由中心和外围两个子空间系统组成的。区域空间分布的资源、环境、市场和技术等差异是客观存在的，伴随着某些区域的空间集聚的累积发展，就会赢得远远强于其外围地区的经济竞争优势，成为区域经济体系的中心，从而导致了空间二元结构的出现，并随时间推移而不断强化。弗里德曼按照在研究中形成的空间极化发展理论模式，提出了核心地区发展战略，指出规划者应使核心地区从大到小"活"起来，也就是自大到小逐级创造有利的环境条件，实行诱导厂商选择区位的公共投资政策，以达到利用"空间经济完全一体化"来取代不完善的"中心－外围"结构的目的。但中心与外围的界限会随着市场的扩大、交通的改善和城市化的加快而逐步消失，即最终实现区域经济的持续增长，从而推动空间经济逐渐向一体化方向发展②。

此外，还有弗朗索瓦·佩鲁（F. Perroux）的增长极理论等。

上述区域经济非均衡发展理论侧重于对经济结构与空间结构转换的方式、条件和过程以及政府行为进行研究，尤其是对经济发展过程本身进行研

---

① 聂华林、王成勇：《区域经济学通论》，中国社会科学出版社，2006，第139～147页。
② 〔德〕奥古斯特·勒施：《经济空间秩序》，王守礼译，商务印书馆，1985，第156～170页。

究。大多强调了发展对于非均衡的依赖性，并认为无论经济发展处于何种水平，非均衡发展是绝对的，而均衡发展是相对的，它是经济发展的必要条件。指出了平衡发展理论在现实可靠性方面的问题和困难，注意到发展不平衡的普遍性与规律性，但忽视了产业之间、地区之间的协调发展，忽视了市场的作用，过度强调政府干预的倾向，没有把发达地区与欠发达地区的经济发展放在整体上考虑，更没有在它们之间建立良好的相互促进机制，忽视了两极分化的严重性，忽视了"反梯度转移"的可能性，因而提出的"消除差异"往往是针对局部利益，而不是针对整体利益的。但不平衡发展理论将区域差异作为基本条件，对区域差异形成机理的认识、消除差异途径的探讨以及对区域经济更有效地增长的研究，给区域经济协调发展带来了思想启迪。

（四）新增长理论与新经济地理学

20 世纪 80 年代中期，以罗默（Romer，P.）、卢卡斯（Lucas，R.）等人为代表的一批经济学家，在对新古典区域增长理论重新思考的基础上，将知识和人力资本引入经济增长模式，提出了以"内生技术变化"为核心的"新增长理论"（New Growth Theory），重新探讨"增长的根本原因"这个经济学的基本问题，从而寻找经济长期增长的可能途径。

新增长理论的思想对确立发展中国家的经济发展与赶超的政策富有启发意义：重视知识、技术和人力资本积累，培养经济长期增长的原动力；调整制度机制，促进技术创新；扩大对外开放，提升现有知识存量（许先进、陈苏白、刘永跃，2001）。

自 20 世纪 90 年代以来，藤田（Fujita）、克鲁格曼（Krugman）、维纳布斯（Venables）和蒲格（Puga）等人以迪克西特（Dixit）和斯蒂格利茨（Stiglitz）垄断竞争模型为基础，用不完全竞争、报酬递增和市场外部性等理念构建新的经济地理模型，掀起了一场"新经济地理学"革命（刘安国、杨开忠、谢燮，2005）。

新经济地理学的研究主要集中于两个方面：一个方面是经济活动的空间集聚，另一个方面是区域经济增长收敛的动态变化。在传统的经济增长理论中，报酬递减与完全竞争是最基本的前提假设条件。然而，现实经济的增长动力很多来源于技术因素和制度因素，这是传统经济增长理论无法解决的。由此，经济学家再次提出了规模经济、报酬递增和不完全竞争假设前提，提出了经济增长新模型，这些假设和模型更加现实和复杂，对全球化下的经济现象解释得更好。

区域经济增长与差异的相关研究，对调控区域发展差距的实践提供了理论上的指导。针对 20 世纪 50 年代以来发展中国家普遍出现的区域不平衡扩大的问题，西方理论界形成两种观点（Porter, 1998）。一种观点认为可以通过外部功能一体化（External Function Integration）达到空间的平衡；另一种观点则认为可以通过内部地域的一体化（Internal Territorial Integration），以及选择性空间集聚（Selective Spatial Closure）达到内部自给自足来减少空间上的不平衡。

三　区域合作理论

（一）区域发展的相互依赖理论

第二次世界大战后的 20 世纪 50~60 年代，随着世界经济的发展，国际相互依赖理论开始兴起。1968 年，美国经济学家理查德·库珀出版了《相互依赖的经济》一书，区域发展的相互依赖理论阐明了国家与国家之间、地区与地区之间的经济社会发展不是独立的，而是彼此依存、相互联系的，因此各国、各地区之间应该积极开展区域合作，以便谋求共同发展。相互依赖理论认为，世界经济的相互依赖是资本主义发展的客观要求和必然趋势，不同的社会制度可以通过经济关系连接起来，并且西方经济学家可以运用数学模型进行定量分析。其主要指标有贸易依存度、贸易结合度、对外依存度等。

（二）协同论

协同论是 20 世纪 70 年代后期才建立起来的综合性新理论（由西德理论物理学家 H. 哈肯提出），该理论认为区域经济发展不平衡是普遍存在的现象，现代区域经济系统可视为非平衡开放系统。非平衡性是指在地区、部门之间经济的不平衡发展。开放性是指区域系统内外往复不断的人、财、物和信息交流，以实现区际生产要素流动与区际贸易。显然，区域子系统也具开放性。只有这样，地区和经济部门之间才能密切联系、互相依赖，否则各子系统间的协同作用必然减弱。协同论主张区域经济发展要有利于优化全区域自然资源、经济资源和劳动力资源的配置；工业接近原料、燃料产地及消费市场和交通枢纽，并使各产业形成最佳的区域组合；通过促进欠发达区域的快速发展，使区域经济差异逐渐缩小。

（三）"新功能学派"理论

"新功能学派"理论解释了欧美成功发展的贸易集团模式，揭示的是一种制度驱动、竞争型的贸易集团合作模式。其主要特征是参与区域合作的成员基本上是发达工业化国家（也有个别新兴工业国），所要达到的合作目标是经由经济合作最终达到政治合作，合作的途径主要由各成员国通过协商谈判建立统一的区域组织，并分阶段推行以消除贸易障碍为中心的经济合作措施。

（四）"经济圈"或"成长三角"理论

从国际区域经济合作发展潮流来看，"增长三角"或"成长三角"（Growth Triangle）是1990年以来跨国区域经济合作中出现的一种新型国际区域合作模式、一种新型经济地域类型、一种新型跨国经济合作区概念。学术界一般认为，"增长三角"或"成长三角"是指由几个地理上比较接近的国家的部分地区组成的小范围的经济合作形式，它通过各国为这一地区提供的各种特殊政策，充分发挥经济上的互补性和地域上的便利性，建立起以吸引外资、扩展对外贸易为主的外向型的包括生产、贸易、旅游、科技、交通运输、能源环保、通信以及人力资源开发在内的综合性经济区。"增长三角"或"成长三角"概念也适用于一国范围内的区域经济合作。其主要功能在于，通过生产要素重新配置减少了成本而使区域内生产的商品在全球市场中更具竞争力，结果使合作各方都从中受益。对于"成长三角"合作模式成功发展的条件，该理论认为主要有五点：第一，参与成员存在较强的经济互补性；第二，地理上的接近；第三，政府的支持和政府间的政策协调；第四，基础设施发展良好；第五，具有向其他地区扩展的潜力。

四　区域经济协调发展理论

区域经济协调发展理论是在区域分工与合作的理论基础上发展起来的，目的是探索如何实现区域之间经济的共同发展、共同繁荣，以及区域经济利益与国家经济利益的和谐。2003年以来，以胡锦涛为总书记的第四代中央领导集体，面对复杂多变的国际环境，立足社会主义初级阶段基本国情，总结我国发展实践，借鉴国外发展经验，适应新的发展要求，在党的十六届三中全会上提出了"五个统筹"的要求——统筹城乡发展、统筹区域发展、统筹经济社会发展、统筹人与自然和谐发展、统筹国内发展与对外开放，明确指出"坚持统筹兼顾，协调好改革进程中的各种利益关系。坚持以人为本，树立全面、协调、可持续发展观，促进经济社会和人的全面发展"[①]，这标志着区域经济发展战略的重大调整，区域统筹协调发展战略已开始形成。

2007年10月，胡锦涛在党的十七大报告中指出，科学发展观，第一要义是发展，核心是以人为本，基本要求是全面、协调、可持续，根本方法是统筹兼顾。十七大报告明确提出要推动区域协调发展，优化国土开发格局，要继续实施区域发展总体战略，深入推进西部大开发，全面振兴东北地区等老工业基地，大力促进中部地区崛起，积极支持东部地区率先发展，并且统筹考虑我国人口分布、经济布局、国土利用和城镇化格局，将国土空间划分为优化开发、重点开发、限制开发和禁止开发四类主体功能区，形成我国区域经济发展理念和国土管理模式的伟大创新，使区域统筹发展战略思想继续发展和更加完善。随后，国家密集出台了十多部区域经济发展规划或意见，区域经济发展的新格局加速呈现。区域统筹协调发展战略是对区域协调发展战略的进一步发展，是一个把握规律、统揽全局的重大战略，体现了我们党对区域经济发展规律认识的进一步深化，体现了全面建设小康社会奋斗目标的新要求。

国务院发展研究中心课题组在《中国区域协调发展战略》一书中，对区域经济协调发展的含义做了四方面的解释：第一，先富带动后富，实现共同富裕；第二，公平竞争，特别强调发展机会的公平；第三，承认市场机制作用下区域发展的不平衡性，但是政府要扶持欠发达区域的发展，消灭绝对贫困；第四，实施空间一体化战略，既要发挥市场机制对区域经济发展的作用，又要加强政府对区域经济的干预。20世纪90年代以来，区域经济协调发展作为一个新理念已被理论界广泛接受，也成为我国指导区域经济发展的基本准则。目前国民经济与区域经济发展的阶段性特点决定了统筹区域发展将是21世纪前期中国社会经济发展的重大问题。未来统筹区域发展的基本思路是：以明确的区域战略为依据，逐步完善区域管理的制度基础，制定合理的区域政策，统一安排解决各种问题区域的发展，将治疗区域经济领域中已经存在的落后病、衰退病和防治潜在的膨胀与萧条病结合起来，形成相互合作、相互支持、共同发展的区域经济新格局。

[①] 中共中央文献研究室编《深入学习实践科学发展观活动领导干部学习文件选编》，中央文献出版社，2008，第2~3页。

区域全面协调发展既要兼顾协调好方方面面的关系，又要兼顾解决好方方面面的利益；既要处理好公平与效率的关系，又要把握好区域差距与综合实力的关系；既要发挥好市场配置资源的基础性作用，又要发挥好政府的调控作用；既要立足自身优势，发展特色经济，又要加强合作互动，实现共同发展。区域经济联动是促进区域协调发展与优化国土开发格局有机融合的现实路径，必须以统筹兼顾理论为指导。

第三节　经济区域协调发展的方法论基础——系统论

现代系统理论的产生是与 20 世纪 30 年代前后生物学中的机体概念和对活的有机体研究，以及批判生物学中的机械论、活力论密切相关的。现代系统理论主要包括一般系统论、信息论、控制论和自组织系统理论。

一　一般系统论

系统的概念是由美籍奥地利理论生物学家贝塔朗菲于 1937 年第一次提出的。他在考察了物理学、生物学、心理学以及社会科学诸领域的各类系统后，指出系统是"相互作用着的若干要素的复合体"。复合体既具有累加性特征，又具有组合性特征。1968 年，贝塔朗菲在其专著《一般系统论：基础、发展和应用》中，提出了一般系统理论，即"存在着适用于一般化的系统或者它的子级模型、原理和定律，这些模型、原理和定律与系统的特殊类别、组成系统的要素的性质以及要素之间的关系或'力'的性质无关。寻找一种不是具有不同程度特殊性的系统理论，而是一般地适用于系统的普遍原理，看来是合理的"，总结了一般系统论的概念、方法和应用。在贝塔朗菲的学说中，一般系统理论是建立在存在一般系统、一般系统特性、一般系统定律等假设基础之上的。从这一假设出发，贝塔朗菲构筑了一般系统理论的框架，其核心概念是系统，并根据系统的一般化定义，探讨了有组织整体的特有属性，如整体性、相关性、有序性、层次性、动态性、开放性、目的性、果决性、生长性、竞争性等[1]。1972 年，贝塔朗菲发表《一般系统论的历史和现状》，试图重新定义一般系统论。贝塔朗菲认为，把一般系统论

---

[1] 〔奥〕冯·贝塔朗菲：《一般系统论：基础、发展和应用》，林康义、魏宏森译，清华大学出版社，1987。

局限于技术方面当作一种数学理论来看是不适宜的，因为有许多系统问题不能用现代数学概念表达。

贝塔朗菲是位理论生物学出身的学者，他对生物整体性做了如下的论述。物理的组织是由先前已存在的分离的要素如原子、分子等发生的联合，而生物的整体则是由原来未分的原始整体分化为在结构和功能上彼此分异的各个专门化部分然后再产生它们的协作。他说："只有从还未分化的整体状态转化到各组成部分的分化状态上才可能有进步，但这就意味着各组成部分被固定在某种机能上。因此，渐进分异也就是渐进机构化。""机构化"使生物系统的组成部分发生了分离化的趋向。"然而，在生物学领域中，机构化绝不是完全的。虽然有机体部分地机构化了，但仍保持为一个统一系统"。这是因为"中心化原理在生物学领域中有特殊重要的意义。渐进分异往往与渐进中心化相联系"。这两种看来相互矛盾的现象的联系是怎样实现的呢？这是因为在渐进机构化的过程中，所形成的各部分之间"存在着等级秩序"，"某些部分获得支配作用而决定整体的行为"，这样，"统治部分和下面的从属部分便发生了联系"，如生物体"受神经系统最高中心支配和统辖"。这种中心化保证了系统的整体性不变。"同时，渐进中心化原理就是渐进个体化的原理。'个体'可以定义为中心化的系统。严格地说，在生物学领域，这是一种极限情况，只是在个体发育上和种系发育上近似地接近这种状况，生长发育中的生物体通过渐进中心化愈来愈统一和'愈不可分'。"由于中心化可以提高系统的整体性，在贝塔朗菲的心目中中心化愈强的系统就是愈高级的系统，在生物界中也是中心化愈强的物种是进化程度愈高的物种，如他所说"沿着进化的阶梯上升，中心化不断增强"。看来"个体"构成了贝塔朗菲系统观的最高境界，它实质上就是实现了集中统一控制的系统。

一般系统论这一术语有更广泛的内容，包括极广泛的研究领域，其中有三个主要的方面。①关于系统的科学，又称数学系统论。这是用精确的数学语言来描述系统，研究适用于一切系统的根本学说。②系统技术，又称系统工程。这是用系统思想和系统方法研究工程系统、生命系统、经济系统和社会系统等复杂系统。③系统哲学，研究一般系统论的科学方法论的性质，并把它上升到哲学方法论的地位。贝塔朗菲试图把一般系统论扩展到系统科学的范畴，几乎把系统科学的三个层次都包括进去了。但是现代一般系统论的主要研究内容尚局限于系统思想、系统同构、开放系统和系统哲学等方面。

而系统工程专门研究复杂系统的组织管理的技术，成为一门独立的学科，并不包括在一般系统论的研究范围内（见系统科学）。

圣菲研究所研究的系统与贝塔朗菲研究的系统大异其趣，该所的复杂适应系统理论是在20世纪90年代提出来的。这时的圣菲研究所立意研究庞大的复杂的能动系统在适应环境的过程中利用各种可能性发生进化的自组织的机制，它认识到正是无序性的存在才造成世界的复杂性。这一点从霍兰在他的著作《隐秩序》一开篇所提示的现象中就可以看出，"……形形色色的纽约人每天消耗着大量的各种食品，全然不必担心供应可能会断档。并非只有纽约人这样生活着，巴黎、德里、上海、东京的居民也都是如此。真是不可思议，他们都认为这是理所当然的。但是，这些城市既没有一个什么中央计划委员会之类的机构来安排和解决购买和配售的问题，也没有保持大量的储备来发挥缓冲作用，以便对付市场波动。如果日常货物的运输被切断的话，这些城市的食品维持不了一两个星期。日复一日，年复一年，这些城市是如何在短缺和过剩之间，巧妙地避免了具有破坏性的波动的呢？……我们再一次提出前面的问题：是什么使得城市能够在灾害不断而且缺乏中央规划的情况下保持协调运行？"作为圣菲研究所主要研究对象的复杂适应系统是非个体性系统，如社会系统、经济系统、生态系统、神经系统等。而且霍兰说他们的系统模型"描述单个自由主体怎样演化成多主体，又怎样从单个种子多主体变成由若干个多主体构成的特定的聚集体"。他说，"由聚集形成的主体是一个关键特征……纽约市这个复杂适应系统，可以用这些主体不断进行的相互作用很好地加以描述……尽管纽约呈现多样性、不断变化、缺乏中央指挥，但无论是从短期看还是从长期看，它都保持了协调性，这是CAS（复杂适应系统）之谜的典型特征。"多个体的系统被圣菲研究所称为多主体的系统，因为其中的个体都是独立决策的行为主体，不受一个系统中枢的指挥。这个系统因此可以被称为是"多中心"的，甚至由于自为中心的主体是如此之多以至可以被称为是"无中心"的。但是众多独立个体在相互作用的交往活动中能彼此协调，保持一种宏观秩序，如在市场经济中众多商品生产者自发遵循价值法则活动所造成的现象。对复杂适应系统的研究就是要发现在群体活动中隐藏的秩序或者说产生宏观秩序的隐藏的机制。复杂适应系统在适应生存环境的过程中在结构和功能上变得日益复杂，如圣菲研究所的学术领导人、诺贝尔物理学奖获得者盖尔曼所说，"复杂适应系统在形成之后……它们倾向于探测出大量的可能性，开辟出高层次的复杂性与新型的复杂适应系统。"

现在我们看到，虽然贝塔朗菲的理论和圣菲研究所的理论都指向对系统的研究，但它们的原理迥异。贝塔朗菲的系统论研究的是一中心的个体，而圣菲研究所研究的是无中心的群体。贝塔朗菲的系统实行自上而下的集中控制，而圣菲研究所的系统实行由下而上的分散协调。前一种控制方式因此是预设的、自觉的、固定的，而后一种控制方式是后生的、自发的、演变的。前一种系统的动力之源在整体、中枢，是整体赋予部分以活力；后一种系统的动力之源在个体、基层——因为只有个体是有意识、有目的的积极活动的主体，是它们的交互作用形成了无意识的整体的宏观秩序。

二 信息论

信息论是一门用数理统计方法来研究信息的度量、传递和变换规律的科学。它主要是研究通信和控制系统中普遍存在着的信息传递的共同规律，以及研究最佳解决信息的获限、度量、变换、储存和传递等问题的基础理论。通常把信息论的研究范围分成三种不同类型：一般信息论、狭义信息论和广义信息论。一般信息论主要研究诸如噪声理论、信号滤波与预测、调制与信息处理等通信问题；狭义信息论则是研究通信和控制系统中普遍存在着的信息传递的共同规律，以及如何提高各信息传输系统的有效性和可靠性的一门通信理论；广义信息论不仅包括狭义信息论和一般信息论的问题，而且还包括所有与信息有关的领域，如心理学、语言学、神经心理学、语义学等。

从信息论视角研究区域经济协调发展，主要涉及数理统计方法等具体工具，因此本书不做更多介绍。

三 控制论

控制论为人们对系统的管理和控制提供了一般方法论的指导。控制论思想起源较早，英国古典政治经济学家亚当·斯密的"自我调节"市场经济理论和马克思关于价格围绕价值波动的价值规律中，就反映了反馈、调节、均衡稳定的控制论的基本思想。亚当·斯密认为商品的市场价格像一只"看不见的手"，维持着市场供需的均衡，这只"看不见的手"就是反馈调节器，使得市场能够保持均衡稳定。马克思认为围绕价值波动的"价格"作为商品生产的调节器实现价格与价值的统一，进而调节资源配置和商品供需平衡。

控制论作为一门新兴学科，其形成是在 20 世纪 40 年代。1948 年美国学者维纳（Wiener）的论著《控制论：关于动物和机器中控制和通信的科学》被公认为控制论诞生的标志。维纳把控制论定义为"关于动物和机器中控制和通信的科学"[1]，认为控制论是一门横断性学科，从理论上寻找技术系统、生物系统（后又增加社会系统）在控制和通信方面的共同规律，根据自己周围环境的某些变化来决定和调整自己运动的系统。这种系统由施控者和受控者耦合而成，称为控制系统。系统控制的基本方式可分为开环控制、反馈控制和闭环控制。

四　自组织系统理论

自组织系统理论是 20 世纪 60 年代末期建立并发展起来的，主要是贝塔朗菲（L. Von Bertalanfy）的一段系统论的新发展。它是主要研究客观世界中自组织现象的产生、演化的系统理论，主要包括耗散结构理论和协同学等。自组织系统理论以复杂自组织系统（生命系统、社会系统）的形成和发展机制问题为研究对象，以系统如何从无序到有序，再向更高级有序态发展、演化为主要研究内容，已构成现代系统理论的重要分支，为人们分析研究复杂系统的演化规律提供了一个有利工具[2]。

耗散结构理论是 1969 年由比利时化学物理学家、1977 年诺贝尔化学奖得主普利高津（Prigogine）在《结构、耗散和生命》一文中首先提出来的。耗散结构理论主要研究系统与环境之间的物质、能量交换关系及其对自组织系统的影响等问题，认为建立在与环境发生物质、能量交换关系基础上的结构即为耗散结构，如城市、生命等。远离平衡态的开放系统通过引进负熵和正反馈循环，经涨落或起伏，将从无序状态进入有序状态，从而形成耗散结构。系统进入有序状态的主要条件有四个。一是开放系统，系统必须从外界摄取物质和能量，以维持有序结构。系统熵（Entropy）的变化公式为：$dS = deS + diS$，且 $diS > 0$（热力学第二定律）。其中，dS 为系统熵增，deS 是外界给系统输入的熵流，diS 是系统内部的熵产生（Entropy Production）。二是远离平衡态，开放系统在外界作用下离开平衡态并随着外界对其作用变

---

① 〔美〕诺伯特·维纳：《控制论：关于动物和机器中控制和通信的科学》，郝季仁译，科学出版社，1985。

② 常绍舜：《系统科学与原理》，中国政法大学出版社，1998。

强，逐渐从近平衡区推向远离平衡态的非线性区，只有这样才有可能形成有序结构。三是非线性相互作用，即事物要素之间以立体网络形式相互作用的机制，它是系统形成有序结构的内部原因。四是涨落，涨落会导致系统产生失稳，远离平衡态时会使系统从不稳定的定态向新的稳定的有序态跃进，形成耗散结构①。

协同学是 20 世纪 70 年代德国物理学家赫尔曼·哈肯创立的一种自组织理论。主要研究系统内部各要素之间的协同机制，认为系统各要素之间的协同是自组织过程的基础，系统内各序参量之间的竞争和协同作用是系统产生新结构的直接根源。协同，是指系统中诸多子系统的相互协调、合作或同步的联合作用，是系统整体性、相关性的内在表现。哈肯认为，系统自组织的动力来自系统内部的两种相互作用：竞争与协同。子系统的竞争使系统趋于非平衡，子系统之间的协同则是在非平衡条件下使子系统中的某些运动趋势联合起来并加以放大，从而使之占据优势地位，支配系统整体的演化。哈肯用序参量描述子系统的宏观行为，认为一个协同系统可以有多个相互竞争、合作的序参量，序参量支配子系统，子系统伺服于序参量之间的竞争与合作，这一过程正是系统的自组织过程。当几个序参量势均力敌时，处于合作状态，系统呈现有序结构；而当系统出现扰动（微涨落）时，几种序参量的力量对比发生变化，序参量之间出现竞争。竞争的结果，只有一种序参量（哈肯称之为超序参量）保留下来并主宰整个系统，其他子系统则随着序参量规定的模式而变化并达成协同一致的宏观局面（巨涨落）。在系统演化的过程中，超序参量会发生换元。如果系统内部或外部环境又出现一个微涨落时，在序参量的竞争与合作过程中，老序参量可能被新序参量所替代，这时新序参量会主宰整个系统，在系统中发展成一个巨涨落，使系统演化进入到下一个新的阶段。如此循环反复，系统不断演化发展②。

五　结论与启示

系统论作为一种富有哲理的科学理论和方法，要求全面而不是局部、开放而不是封闭、持续而不是间断、动态而不是静态地看待这个整体和有关问题，对推动区域经济联动发展具有极其重要的作用和意义。

---

① 湛垦华、沈小峰：《普利高津与耗散结构理论》，陕西科学技术出版社，1982。
② 〔德〕H. 哈肯：《协同学——自然成功的奥秘》，戴鸣钟译，上海科学普及出版社，1988。

（一）把握区域经济联动的整体性

系统整体性原则要求把区域放到宏观大区域系统中作为一个要素来看待，整个宏观大区域系统的功能在于这些区域（要素）功能之间的有机结合和协调匹配，即区域之间的联动，而非这些区域功能的简单相加。同时，又把区域自身当作一个系统，并使其内部各行业、各领域、各环节之间最佳配合，从而建构起满足宏观区域经济战略对该区域要求的功能，实现资源的优化配置和生产力布局的合理调整。

（二）分清区域经济联动的层次性

系统论把客观世界看作一个具有有序结构和层次的统一体。系统层次性原则要求我们把区域看成上一宏观区域层次的要素，同时要看到它自身也有复杂的结构，如科技、经济、社会等子系统和微观企事业单位的多个要素等，并厘清区域层次与宏观层次的联系、区域之间的联系以及区域内部各要素之间的联系，把握住其间的脉络和规律，从而制定切实可行的区域经济联动发展战略。

（三）发挥区域经济联动的关联性

系统论认为，系统的系统与要素之间、要素与要素之间以一种有序稳定的方式彼此合作与竞争、互动与互应。要实现区域系统最佳，关键是区域与区域之间、区域内部复杂多变的各要素之间要有机链接、关联互动、取长补短、相互配合，形成资源共享的动态合作联动机制，从而促进区域经济的协调发展。

（四）着眼区域经济联动的开放性

系统论认为，任何一个富有生机的系统都必须是开放的，必须与环境之间保持物质、能量、信息的交换，在不断自组织的过程中使自身富有生机并不断从低级走向高级。区域经济的发展有赖于区域间的经济联系，它包括区域之间在商品、劳务、资金、技术和信息方面的交流，以及在此基础上发生的关联性和参与性经济行为。正是由于区域间以上生产要素的相互传输过程，才能够使区域经济联动起来，互通有无，拓展更大的发展空间，获得更多的发展机会。

（五）立足区域经济联动的中心化

系统要很好地发挥作用，必须确定一个中心或核心，使系统运动围绕这一中心展开，并在该中心的指挥、引导下运作，发挥系统的功能和作用，形成系统活力和整体优势。区域经济联动也必须确立一个中心，这一中心在地域上可以是一个具体的区域，如产业聚居区、经济园区、城市群、中心城市等；在产业上可以是产业集群、主导产业、重点行业等；在企业上可以是企业集团、龙头企业、重点企业或名牌产品等。这样以中心带一般，以重点带全局，以龙头带龙身，才能舞活整个区域一条龙，推动区域经济一体化。

（六）遵循区域经济联动的规律性

区域作为一个开放、复杂的大系统，具有自组织现象和演化功能。区域发展的空间首先在优势区位得到发展，由于区位之间存在差异，产生了位势，促使人类活动从低位势向高位势流动，从而形成区域系统从无序走向有序的一种负熵流，产生了自组织现象。由人口流、信息流、物资流等的空间集聚而产生的规模效应，又产生新的势和流，进一步产生新的自组织现象，使区域空间不断聚集和演化①。经历了上述过程之后，区域发展状态必将从无序走向有序，从不协调走向协调，这一规律与区域空间自组织现象的形成和发展有着异曲同工之妙。因此，我们要把握区域空间自组织现象的形成和发展的客观规律性。

（七）抓住区域经济联动的关键点

区域经济联动是在一定环境条件下进行的。在区域经济联动过程即系统演化过程中，如果环境条件尚未达到临界值，区域之间的协同关系则不存在，也就不能形成序参量；而当环境条件达到临界值，有了互补的自然资源、相连的网络设施、相应的产业基础和有效的政策推动机制时，区域之间便形成既相互竞争又相互合作的协同关系，促使序参量的形成，这些序参量源于原创实践，高于原创实践并指导原创实践。

（八）构建区域经济联动的机制

区域经济联动要通过区域之间的协同合作才能实现。从区域经济联动过程来看，虽然各区域、各产业、各领域之间会竞争，产生超序参量的换元，但区域经济联动必须有一套相应的机制来推动各区域之间的相互协作和良性运作，使其适应不断变化的动态环境，推动区域向纵深发展。因此，区域经济联动机制的构建则成为主宰整个系统的趋序参量，其他子系统则随着序参量所规定的模式而变化并达成协同一致的宏观局面，即区域之间在区域经济联动机制的推动下，促使区域之间协同合作，形成区域系统的巨涨落，从而

---

① 王健：《现代物流网络系统的建构》，科学出版社，2005。

不断向前推进区域经济联动，直至实现区域经济一体化。

综上所述，马克思主义关于区域分工协作理论、城市经济理论、生产力布局理论和区域统筹兼顾理论是区域经济联动的经济学基础；区域贸易分工合作理论和平衡与不平衡发展理论是区域经济联动得以产生的动力学基础；区域经济空间结构理论和相互依赖理论是区域经济联动空间形态演变和表现的分析依据；系统论是区域经济联动的方法论基础。

第二章
经济区域协调发展动力机制
产生的经济学基础

正确把握经济区内部的区际关系，是认识区域经济一体化发展机制的前提条件。在已有的研究中，绝大多数学者都是从两个层面来理解区域经济关系的。一是国家或社会的层面。其中具有代表性的看法有：①共同富裕是社会主义的本质，地区差距扩大、贫富过分悬殊，均不符合社会主义共同富裕的原则；②地区差距过大，会从单纯的经济问题演变为社会问题，引发不安定局面，使社会矛盾加剧，影响整个国家的稳定。受这种认识的支配，这类看法认为政府应当担负区域经济发展的主要责任，主张采用宏观调控手段加大对落后地区的政策扶持，开展分工合作，来促使区域经济协调发展。二是落后地区的层面。区域经济协调发展的提出是源于落后地区与发达地区发展差距不断扩大的现实，所以，对于区域经济协调发展，来自落后地区的呼声也最高，这会让发达地区感觉到区域经济协调发展似乎只是落后地区的事情，与己无关或关系很小。与此同时，发达地区还会认为，区域关系是一种"零和博弈"，如果自己参与到区域经济协调发展中去，落后地区经济的增长可能就意味着自己利益的流失，将会削弱发达地区的竞争力，区域经济快速增长的势头就会遭到遏制。这种认识反映到实践中就表现为，发达区域在经济协调发展战略中不仅不愿承担相应的责任，而且还会设法阻止产业或要素向落后地区的流动或转移，其最终结果必然导致无法实现区域经济一体化联动的发展目标。

显然，对区域经济关系的片面认识，必然导致对区域经济协调发展机制理解的偏差，从而也就不能提出能够真正推动区域经济步入一体化协调发展之路的政策建议。例如，政府对落后地区的投资倾斜、区域分工协作等措施尽管有一定的积极意义，但这种主要由政府主导的协调方式不仅降低了资金的使用效率，而且还由于区域关系并不是建立在经济利益基础上的互惠互利的行为，因而也就不可能有效地发挥各个区域的主动性和积极性。

基于此，本章以经济区内两行政区发展关系的分析为主线，系统阐述经济区域一体化协调发展给两区域带来的"额外"收益，以及经济区域发展非一体化协调给两区域发展造成的利益损失，力图说明经济区域一体化协调发展是经济发展过程中"内生"的需要，从而为经济区域一体化协调发展机制与评价的探讨奠定理论基础。

第一节　条件假设（基于两区域的分析）

为了分析方便，并使问题一般化，特做如下假设：设一经济区内部有两行政区域，即先发区域与后发区域。①先发区域的经济相对发达，资金充裕，但自然资源缺乏，以生产各类工业制成品为主；②后发区域的经济相对落后，但劳动力、自然资源丰富，主要生产粮食并部分生产资源性产品与初级加工产品；③地方政府具有一定程度的本区域经济发展主导权；④两地区存在事实上的分工和经济联系，即先发区域为后发区域提供工业制成品，后发区域为先发区域提供劳动力、粮食、原料和燃料。

第二节　区域利益联系与经济区域一体化
发展的可能性

区域利益现实化，必须借助区域经济联系。区域经济联系可分为三种，即区域分工贸易、区域要素流动以及区际产业转移①。

一　区域分工贸易与区域利益实现

（一）区际劳动分工的客观基础

瑞典著名经济学家、1977 年诺贝尔经济学奖得主伯尔蒂尔·奥林指出，"生产要素不平衡的分布，除非由相应的地区需求的不平衡加以抵消，否则，这种分布会使生产要素的价格在各地区形成差异，从而促成地区间的分

---

① 李欣广：《可持续区域经济发展论》，中国环境科学出版社，2002，第 42 页。

工和贸易"①。

不同经济地域系统之间的要素的空间不平衡性表现在许多方面，其中自然条件的差异是劳动地域分工的自然基础，由于长期积累，对现代化生产条件下的劳动地域分工具有深刻影响。"历史上形成的劳动地域分工，吸引着新的自然资源，'显示'出自然条件的差异，并使这些差异变为经济差异，变为生产专门化方面的差异。劳动地域分工对潜在的自然资源和自然条件'加工'过程，对劳动地域分工产生相反的影响——改变劳动地域分工，使新的组成成分加入到区域和中心的专门化中去。"②

区际劳动分工的直接动力是由经济过程的内在经济利益机制决定的。对于由劳动分工所带来的经济利益，古典经济学家已经进行了不少论述，盛洪在《分工与交易》一书中，将其归纳为直接的经济性和间接的经济性两种。直接的经济性是指采用一定程度的分工和专业化的生产方式后较采用这种方式以前带来的生产效率的提高或生产资源的节约；间接的经济性是指分工和专业化的发展为生产方式的其他创新提供了条件，而对这些生产方式创新的采用会带来生产效率的提高或生产资源的节约③。

（二）区域分工贸易理论

1. 绝对优势理论

亚当·斯密在劳动分工的基础上建立了绝对优势理论：每一个地区都有其生产成本最低的产品，各地区以生产成本最低的产品为专业化生产领域，地区之间相互交换其专业化产品，能够使各地区的资源、劳动力、资本得到最有效的利用。因此，在他的理论中，生产成本是用劳动耗费量来衡量的，成本的差异归结为劳动生产率的差异，而形成劳动生产率差异的基础在于各地区拥有的优势不同。亚当·斯密把这种优势分成两类：一类是自然优势，就是超乎人力范围之外的气候、土地、矿产和其他相对固定状态的优势；另一类是获得性优势，这是指工业发展所取得的经济条件，如资金、技术等。一个地区在生产和输出某种商品上具有自然优势或获得性优势，也就具有成本优势。

① 〔瑞典〕伯尔蒂尔·奥林：《地区间贸易和国际贸易》，王继祖等译校，商务印书馆，1986，第91页。
② 〔苏联〕Ю. Г. 萨乌什金：《经济地理学：历史、理论、方法和实践》，毛汉英等译，商务印书馆，1987，第323页。
③ 盛洪：《分工与交易》，上海三联书店、上海人民出版社，1995，第39~45页。

（1）绝对优势理论的简单模型

亚当·斯密的绝对优势理论可以用下面的模型加以简单证明。假定有甲、乙两个区域，且分别生产 X 和 Y 两种商品。这两个区域对两种商品的生产在劳动生产率上有差别，假定生产 50 单位 X 在区域甲需要 100 个劳动日，在区域乙需要 150 个劳动日；生产 20 单位 Y 在区域甲需要 100 个劳动日，在区域乙需要 50 个劳动日。假定这两个区域的劳动力供给只有 200 个，每个区域劳动力对每种商品的生产率既定，劳动力在区域内可以无成本转移生产，且转移后与原劳动力的生产率相同。

根据以上假定，从表 2－1 可以看出，分工前，甲乙两个区域各自需要 50 单位 X 和 20 单位 Y，这些商品都依赖各自的劳动力来生产。这样，每个区域的 200 个劳动日全部得到使用，共生产 100 单位 X 和 40 单位 Y。

表 2－1　绝对优势分工前甲乙两个区域的生产状况

区域	X（50 单位）	Y（20 单位）	合　计
甲	100 个劳动日	100 个劳动日	200 个劳动日
乙	150 个劳动日	50 个劳动日	200 个劳动日

按绝对优势理论进行分工，很显然甲在 X 商品的生产上具有绝对优势，因为甲 100 个劳动日与乙 150 个劳动日生产相同数量的 X 商品，甲的劳动生产率是乙的 1.5 倍。乙在 Y 商品的生产上具有绝对优势，生产 20 单位商品乙只需要 50 个劳动力，而甲则需要 100 个劳动力，乙的劳动生产率是甲的 2 倍。这样甲可以把所有的劳动力用于生产 X，乙可以把所有的劳动力用于生产 Y。

分工后的结果，从表 2－2 可以看出。甲 200 个劳动日可生产 100 单位 X，乙 200 个劳动日可生产 80 单位 Y，与分工前相比多生产 40 单位 Y。若甲乙各自用一半商品来交换，则两个区域各得 50 单位 X 和 40 单位 Y，每个区域都比分工前多得 20 单位 Y。

表 2－2　按绝对优势分工后甲乙两个区域的生产状况

区域	X（100 单位）	Y（80 单位）	合　计
甲	200 个劳动日		200 个劳动日
乙		200 个劳动日	200 个劳动日

（2）绝对优势理论的再认识

自从大卫·李嘉图创立了比较优势理论后，亚当·斯密的绝对优势理论就被看成只有理论史上的意义。人们通常认为绝对优势理论无法回答这样的问题：如果一个地区在两种商品的生产成本上与另一个地区同种商品相比都处于绝对劣势地位，那么这两个地区之间的分工和贸易还能实现吗？人们认为大卫·李嘉图的比较优势理论才能回答这一问题，这样，斯密的绝对优势理论只能起到为大卫·李嘉图的比较优势理论充当铺路砖的作用。

实际上，在一国范围内参与区域分工的商品必须具有绝对成本优势。在一个近乎一体化的理想市场中，区域间没有人为设置的贸易障碍。其实这也是一种理想状态，各国政府都反对地方政府人为构筑的贸易壁垒，如我国政府颁布中华人民共和国国务院第 303 号令《国务院关于禁止在市场经济活动中实行地方封锁的规定》。我国政府颁布这样的法规，表明在我国经济活动中存在着严重的地方保护现象，地方保护最主要的特征就是对其他地区商品的进入人为地设置障碍。即便是在一些发达的资本主义国家，地方保护仍然以这样或那样的形式存在着。但无论如何，在一国范围内地区间的贸易障碍总比国家间的贸易障碍要小得多。从理论上，我们可以忽略这种贸易障碍。这样，事实上一个区域某种商品所能占领的市场范围大小，主要取决于这种商品与其他区域同质商品相比是否在成本上具有绝对优势，同时还要看绝对优势的相对程度。如果绝对优势越明显，那么这种商品的市场扩张范围就越大。

反过来，再分析大卫·李嘉图提出的问题。如果一个地区在两种商品的生产成本上与另一个地区同种商品相比都处于绝对劣势地位，那么这两个地区之间的分工和贸易还能实现吗？在一个完全竞争的一体化市场中，这两个地区的这两种商品是不能进行分工的。但这两个地区之间能形成贸易关系，其贸易格局是那个具有绝对成本优势地区的两种商品都流向另一个在这两种商品上都没有绝对优势的地区。

这种没有分工的单向贸易是一种极端情况。大卫·李嘉图的比较优势理论主要用来解释处于不同发展水平地区间的分工。事实上，正是由于发达地区在更多的商品生产上具有绝对优势，而欠发达地区在更少的商品生产上具有绝对优势，作为极端情况，有些贫困地区几乎在所有商品的生产上都没有绝对优势。因此，在一国范围内所形成的一体化市场中，发达地区和欠发达地区间由分工形成的贸易是不均衡的。

亚当·斯密的绝对优势理论在地域分工中的现代意义仍然是显而易见的，即各地区参与分工的商品必须具有绝对优势。也就是说，即使按比较优势组织地域分工，最终实际参与分工的商品也必须具有绝对优势。

2. 比较优势理论

在亚当·斯密绝对优势理论的基础上，大卫·李嘉图提出了比较优势理论。各个地区都集中生产并向其他地区输出具有比较优势的产品，从其他地区输入具有比较劣势的产品，每个地区都能从分工中获得比较利益。

大卫·李嘉图和亚当·斯密都用劳动生产率作为反映生产技术水平的指标。为此，在大卫·李嘉图模型中，用单位产品劳动投入来表示劳动生产率。假如本区域只生产 X 和 Y 两种产品，A_{LW} 和 A_{LC} 分别为生产 X 和 Y 的单位产品的劳动投入，L 为本区域的全部资源，即劳动总供给。

（1）生产可能性

在既定的时间，任何区域可供参与经济活动的资源总是有限的。在资源的约束下，所能生产的产品也是有限的。如果资源在不同产品生产中的转移不降低生产效率，那么就存在产品生产的替换问题。也就是说，多生产一种产品就意味着要牺牲另一种产品的生产。图 2-1 中，直线 WC 表示在 X 产量给定时 Y 的最大可能产量，同时也表示在 Y 产量给定时 X 的最大可能产量。

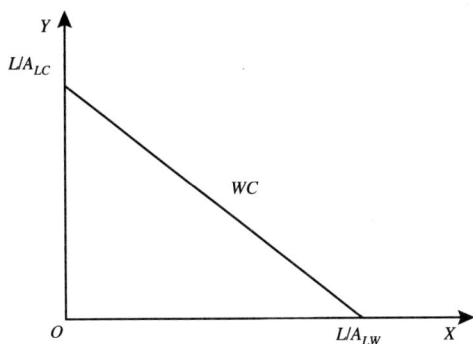

图 2-1　区域资源要素的生产可能性边界

在只生产两种产品的情况下，生产可能性边界是一条直线，此时用 X 来衡量的 1 单位 Y 的机会成本是固定的。该机会成本为多生产 1 单位 Y 所必须放弃的 X 的数量。这样，多生产 1 单位 Y 需要投入 A_{LC} 人小时的劳动，而每单位人小时的劳动能生产 $1/A_{LW}$ 的 X。因此，用 X 来衡量 Y 的机会成本

是 A_{LC}/A_{LW}。

（2）相对价格与供给

在一个竞争性经济中，产品的供给数量取决于投入这种产品生产的资源数量，在大卫·李嘉图模型中，劳动是唯一的生产要素。劳动受收益最大化支配，总是流向收益高的部门。因此，X 和 Y 的供给取决于这两种产品为劳动者带来收益的多少及由此而导致的劳动力流向。

假定 P_C 和 P_W 分别为 Y 和 X 的价格。生产 1 单位 Y 需要 A_{LC} 人小时的劳动投入，由于在竞争性经济中不存在利润，因此生产 Y 产品每小时的工资率等于 1 个劳动者在 1 小时创造的价值。生产 1 单位 X 需要 A_{LW} 人小时的劳动投入，所以产品 X 的每小时工资率等于 P_W/A_{LC}。当 $P_C/P_W > A_{LC}/A_{LW}$ 时，从事 Y 产品生产的工资率相对较高。

反之，当 $P_W/P_C > A_{LW}/A_{LC}$ 时，从事 X 产品生产的工资率就相对较高。由于劳动者都是理性的经济人，为了获得最大收益，总是愿意在提供工资相对较高的部门工作。因此，如果 $P_C/P_W > A_{LC}/A_{LW}$，劳动力就流向 Y 产品生产，就会专门生产 Y，反之亦然。

3. 从比较优势到绝对优势

自李嘉图提出比较优势理论后，在区域分工理论研究和实证研究的文献中，很少再发现人们使用绝对优势的概念和理论。其实，在任何既定的时期，无论是对国际分工，还是对区域分工进行实证研究，各个国家或区域实际参与分工的产业或产品必须具有绝对优势。

比较优势理论最重要的价值在于为欠发达地区的发展提供了机会，这个机会主要来源于欠发达地区可以通过发挥比较优势与发达地区进行分工。应该认识到，对于欠发达地区来讲，所谓的比较优势产业往往是并不具有绝对优势的产业，而发达地区在这一产业的生产上具有绝对优势。欠发达地区要使得这一具有比较优势的产业转化为参与分工的专业化产业，必须使得这一产业从仅仅具有比较优势转化为具有绝对优势。

在欠发达地区比较优势产业向绝对优势转化过程中，一定程度的制度安排是必不可少的。在欠发达国家和发达国家的分工中，欠发达国家可以通过一定程度的贸易保护，使发展中国家通过参与国际分工实现国家经济发展和缩小与发达国家之间的经济发展差距。日本和韩国是典型的通过"外向型发展战略"实现快速经济增长的国家，但在不断提升产业竞争优势过程中，始终伴随着国家的各种保护。

对于市场一体化的国家来讲，要实现发达地区和欠发达地区按比较优势分工，虽然通过市场机制能够使得欠发达地区的比较优势产业转化为绝对优势产业，但这种转化需要较长的时期。正因为如此，才造成发达地区与欠发达地区经济发展差距扩大。因此，中央政府为了实现全国利益最大化目标，应该通过制度安排加快欠发达地区的比较优势产业向绝对优势产业转化。

（三）区域分工贸易与区域利益实现的进一步讨论

现有的区域分工理论无论是在假设方面还是在结论方面都存在一些局限，但不妨碍以前的理论成果对区际关系分析提供帮助。上述分析表明，在区域分工与区域行为关系之间需要构建一座理论桥梁，即区域分工理论尚需深化。这便是下面讨论的重点。

第一，现有的区域分工贸易理论忽视了制度这一重要因素的影响。在现实中，制度规则及其变迁方向、交易费用、产权安排都会对区域分工贸易与区域利益实现产生重要影响，特别是在特定制度背景下，这些因素对区域分工贸易与区域利益实现具有决定性影响。

第二，现有的区域分工贸易理论忽视了个体理性与集体理性的矛盾，其结论都有一个基本的假设前提，即区域关系只能是和谐的竞争关系与合作关系，区域竞争是在完全竞争的市场中进行的，区域经济主体不存在"有限理性"问题。这一假设排除了区域利益冲突的可能性。仅就此而言，从现有的区域分工贸易理论是不可能推导出区域利益冲突的产生原因的。而事实上，区域理性与国家理性（或社会理性）之间存在不可避免的矛盾，区域竞争不完全是合作博弈。相反，绝大多数区域竞争属非合作博弈。

第三，现有的区域分工贸易理论的一个基本结论是区域分工贸易必然带来区域利益的增进。实际上，这一结论带有一定的武断性。经验与逻辑都不完全支持这一结论。从经验方面说，许多国家内先进地区与落后地区间的分工贸易，如中国沿海地区发展加工业与西部地区发展材料工业的分工格局，往往利于发达地区而不利于甚至有损于落后地区。中国西部地区"双重利润"流失就是一个例证。就逻辑方面而言，区域分工贸易并不是在任何情况下都会增进各参与分工与贸易区域的利益的，各区域的利益在分工贸易中是否得到增进以及增进的程度取决于贸易品的比价。可用两区域两产品模型进行推理。假定 A、B 两区域均有生产 X 与 Y 两产品的能力，且 $C_{AX} < C_{BX}$，$C_{AY} < C_{BY}$。其中，C_{AX} 为 A 区生产单位 X 产品的成本，其他符号意义类推。

相比较而言，A 相对发达而 B 相对落后。根据比较利益理论，若 $C_{AY}/C_{AX} < C_{BY}/C_{BX}$，说明 A 区生产 Y 产品的机会成本小于 B 区，则 A 区应专门生产 Y 而 B 区专门生产 X。假定 Y 与 X 的实际交换率为 $1:R$，若要保证 A、B 两区在分工中均能不同程度地获利，则 R 有一个严格的值域，即 $C_{BY}/C_{BX} > R > C_{AY}/C_{AX}$。若 $R \geqslant C_{BY}/C_{BX}$，则 B 区所获利益非正；若 $R \leqslant C_{AY}/C_{AX}$，则 A 区所获利益非正。若要使两区域单位产品贸易所获利益均等，必须使 $R^* = (C_{BY}/C_{BX} + C_{AY}/C_{AX})/2$。事实上，即使 R 在值域范围内取值，可取之值也是无穷多的，取 R^* 的可能性是相当小的，这意味着区域分工所增加的利益在区域间平均分配的概率无穷小。在价格严重扭曲的情况下，R 不在值域范围内也是可能的，这时区域分工必然带来区域利益增进的结论受到了挑战。现实中的不合理价格体系常常是 $R \geqslant C_{BY}/C_{BX}$，即落后地区在区域分工中处于不利地位。

第四，现有的区域分工理论不能说明为什么有的区域积极参与分工，而有的区域没有参与分工的积极性或被排斥在区域分工体系之外。按照已有的理论推理，既然各区域都能从区域分工中获取利益，各区域就均有参与分工的积极性，那么现实中存在的分工不完善情况就不会出现。但事实不完全如此。这说明现有的区域分工理论在解释不同类型区域对参与分工的态度与行为差异以及分工程度的不同方面无能为力。

由上述分析可知，区域分工贸易并不像传统理论所认为的那样必然会增进各个区域的利益，各个区域是否有参与分工与贸易的积极性取决于其获利程度；由于区域分工贸易所增进的社会利益在区域间很难由市场机制进行平均分配，因而各区域在既定区域分工贸易格局下的行为不一定协调一致。许多实证研究与事实观察均表明，区域间自由贸易只是理论上的理想，而区域贸易保护则是各区域贸易政策选择与行为关系的常态。已有的区域分工贸易理论建立在一个基本的假设之上，即各区域间的关系是和谐的合作关系，由这一假设可推导出区域利益与社会整体利益是一致的，因而各个区域的行为关系只能是合作的关系。但在现实中，这一基本的假设是不完全成立的。下面我们用供应条件曲线对此做一分析。

供应条件曲线是在不同的交换比例下，一个区域对于两种商品所愿意进行的不同贸易量。它既具有供给曲线的性质，又具有需求曲线的性质。作为供给曲线，它表明按各种交换比例，一个区域所愿意提供的出口产品的数量，当出口产品的相对价格上升时，一个区域就会增加出口产品的市场供应量，同时也反映了这个区域的技术、生产力和资源赋予的情况。作为需求曲线，它表明在不同的交换比例情况下，一个区域对进口产品的需求量，进口产品的价格降低时，该区域将会增加对该产品的需求量，同时也反映一个区域内的消费倾向和选择情况。

现假定 A、B 两区都生产 X 和 Y 两种商品，这两种商品在 A 区内的交换比例是 1/2:1，在 B 区是 2:1。根据这些比例，A 区出口 Y 商品，B 区出口 X 商品，这个交换比例决定两地贸易条件的上下限。A 区出口 1 单位的 Y 商品，最低限度要换回 1/2 单位的 X 商品，B 区出口 2 单位的 X 商品必须换回 1 单位的 Y 商品。为了强调这两种商品交换的等价关系，并适合供应条件曲线的需要，这两个比例用从原点 O 向外延伸射线的斜率来表示（见图 2－2）。两区域只要在 A 区的区内交换比例和 B 区的区内交换比例之内就都能分享贸易利益。超出这两个比例，贸易不会发生。

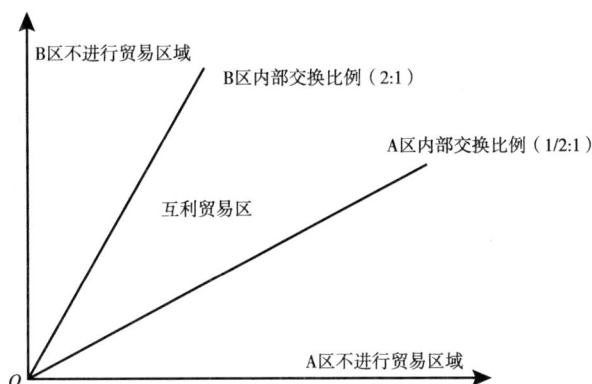

图 2－2　区域贸易的利益条件界限

图 2－3（a）和（b）中的 ABC 曲线和 $A'B'C'$ 曲线分别代表 A 区和 B 区的供应条件曲线。在供应条件曲线任何一点的 X 和 Y 商品的贸易条件，用从原点 O 引出的过该点的射线的斜率表示。从图 2－3（a）中可以看出，贸易条件为 t_0，A 区愿意用 OC_0 的 Y 商品交换 OW_0 的 X 商品；在贸易条件为 t_1 时，A 区愿意用 OC_1 的 Y 商品交换 OW_1 的 X 商品。在贸易条件改善时，A 区可以用较少的 Y 商品交换到定量的 X 商品，因此，A 区愿意提供更多的 Y 商品以供交易。同理，图 2－3（b）说明了 B 区愿意用 X 商品交换 Y 商品的情况。

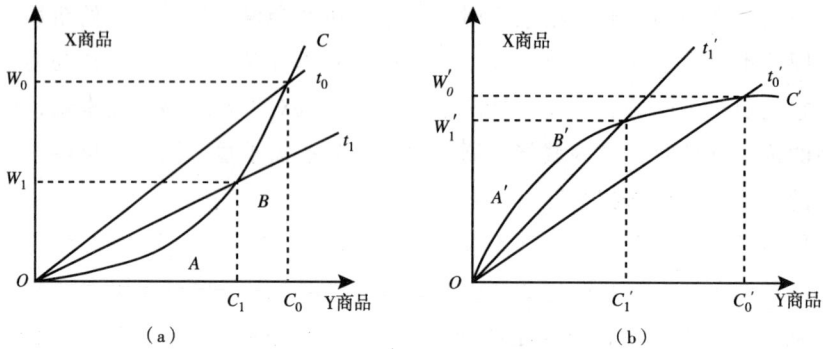

图 2 - 3 供应条件曲线

将两图合并在一个图中（见图 2 - 4），在两条供应曲线的交点上，即在贸易条件为 t_E 时，A 区愿意出口的 Y 商品的数量恰好等于 B 区愿意进口的数量（OC_0），而 B 区愿意出口的 X 商品的数量又恰好等于 A 区需要进口的数量（OW_0）。因此，t_E 代表均衡的贸易条件，E 是区际市场的一般均衡状态。当贸易条件由 t_E 转移到 t_F 时，t_F 交 B 区的供应条件曲线于 S。在 S 点，B 区只要增加 W_0W_2 数量的 X 商品即可多换回 C_0C_2 数量的 Y 商品，但 t_F 交 A 区的供应条件曲线于 R。在 R 点，A 区只愿意出口 OC_1 数量的 Y 商品，小于 B 区的需求量 OC_2。Y 商品供不应求，同时，B 区愿意出口 X 商品的数量 OW_2 超过 A 区对该商品的数量 OW_1，X 商品供过于求，这样，Y 商品的价格将上涨，而 X 商品的价格将下降，t_F 逐渐向 t_E 移动，直到均衡点 E 供求情况恢复平衡为止。

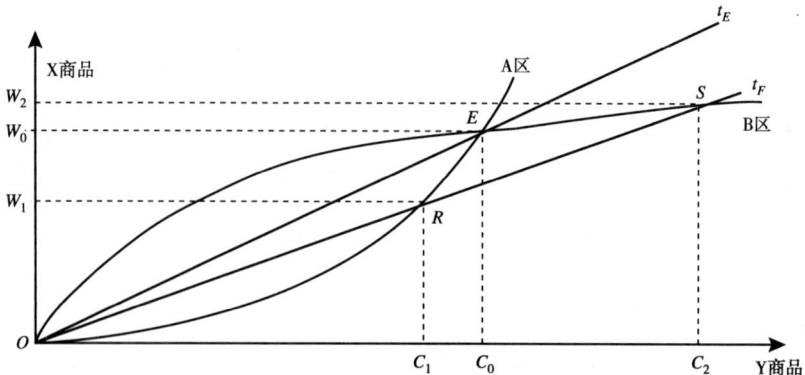

图 2 - 4 供应条件所表示的市场的一般均衡状态

同理可以证明发生相反情况时的均衡移动。

因此，在这一假设不成立的情况下，区域分工贸易联系将对区域行为关系产生一些潜在影响。其一，已形成的区域分工贸易格局本身不一定是最优的。在不合理的区域分工贸易格局下，各区域利益主体独立选择自身利益最大化行为，会不可避免地放大整个区域分工贸易格局的不合理性，从而导致区域间矛盾的深化，区域贸易保护盛行。显然，并不是任何形式的区域分工都能增加各区域利益，并营造合作的氛围，不合理的区域分工最有可能造成的潜在影响是区域封锁乃至区域封闭。其二，即使从理论上讲现有的区域分工是合理的，每个区域在区域分工格局中选择行为策略的依据也是自身独立利益的最大化而非社会整体利益的最大化。当一个或一部分区域的利益最大化目标与另一个或另一些区域的目标发生排斥时，或当部分区域的独立利益与社会整体利益发生矛盾时，冲突与合作均是可供选择的策略。

区际贸易的扩展一方面得益于区际劳动分工的演进，另一方面也得益于单位交易成本的降低。在单位交易成本为0的情况下，区际贸易活动的空间的扩展没有任何障碍，而现实中的经济活动的交易成本大于0。交易成本（包括签约成本及监督执行成本）和空间成本的存在是形成区际贸易障碍的因素。

每个区域作为一级行政单位，都具有自己的经济利益，在强烈的利益意识下，地方政府往往采取各种手段强化地区利益。例如，为了增加地方财政收入，增设地区间的贸易关卡，阻止本地区的短缺产品和较稀缺资源的"出口"，禁止竞争性"进口"，等等，这使得区际贸易中的交易费用增加，在最为极端的情况下，这种费用的增加使得区际的贸易活动成为不可能。所以，区际贸易的扩展又依赖于地方壁垒的降低，主要是商品流入地区的排外心理和障碍的减少，目前在我国广泛开展的经济协作、横向联合、经济一体化都是为了减少其交易成本。阻止产品和资源在地区之间自由流动的代价是失去了交换所带来的比较利益，从全局和长期看是得不偿失的，但由于这种利益是有形的、眼前的和直接的，所以大多数地方政府仍然倾向于采用这类办法。

二 区域要素流动与区际经济联系

（一）劳动力流动与区际利益格局变动

1. 劳动力流向与区际产业结构演进和区际贸易结构变动

区际劳动力的主体流向表现为从欠发达地区到发达地区。从中国目前劳动力的区际流动情况来看,上海、北京、珠江三角洲、福建沿海一带经济较为发达,这些地区也是劳动力流入最多的地区。四川、安徽、湖北、江西、湖南等省份劳动力资源丰富,人均收入较低,因而这些省份是中国目前劳动力流出最多的地区。促使劳动力区际流动的原因有多种,但从经济人的角度考虑,区域间的收入差异仍然是促使劳动力区际流动的最主要原因。因此,区域间的发展差距愈大,其劳动力的流量就愈大。

劳动力的区际流动将改变流入区域和流出区域的生产要素禀赋和要素供给结构,以及要素供给价格。在资本不发生流动的情况下,劳动力流入区域由于增加了劳动力供给,使劳动力的价格降低,区域的资本–劳动力比率下降。而劳动力流出区域由于劳动力供给减少,使劳动力价格上升,区域的资本–劳动力比率上升。区域要素禀赋的变化将通过要素价格的变动改变区域在不同产业的发展优势,对区域产业结构的演进和区际贸易结构的变动产生一定程度的影响。

图 2–5 中,假设区域甲为经济发达地区,区域乙为经济欠发达地区。在允许区际劳动力流动前,区域甲具有发展资本密集型产业 Y 的优势,区域乙具有发展劳动密集型产业 X 的优势。区域甲输出资本密集型产品,输入劳动密集型产品;区域乙输出劳动密集型产品,输入资本密集型产品。区域甲的生产可能性曲线为 AB,生产组合点为 M;区域乙的生产可能性曲线为 $A'B'$,生产组合点为 M'。

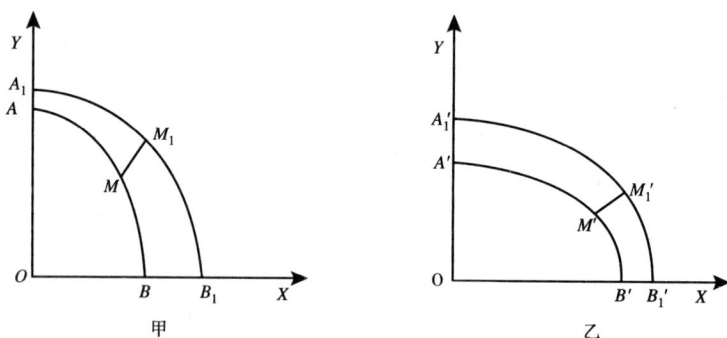

图 2–5 劳动力区际流动对区域产业竞争优势的利益格局影响

如果允许劳动力自由流动,由于区域乙经济发展水平较低,劳动力工资水平低;区域甲经济发达,劳动力工资水平高。在利益驱动下,区域乙的劳动力将向区域甲流动。结果区域乙的劳动力供给减少,价格上升,从而弱化了劳动密集型产业的竞争优势。劳动力的流出相对提高了区域的资本－劳动力比率，资本替代劳动力的机会成本降低，从而有利于资本密集型产业的发展。由于整个区域劳动力供给减少，以及劳动密集型产业劳动力工资上升的正向示范作用，资本密集型产业劳动力工资也有所上升。因此，劳动力的流出在弱化劳动密集型产业的竞争优势的同时，并没有提高资本密集型产业的竞争优势，而是由于区内资本供给的相对增加，为资本密集型产业的发展提供了有利的条件。从总体来看，劳动力流出所引致的区内劳动力价格的上升，对资本密集型产业产生的负面影响要小于劳动密集型产业。从动态来看，劳动密集型产业的增长速度趋于下降，资本密集型产业的增长速度趋于上升。图 2－5 乙中，生产可能性曲线由 $A'B'$ 变为 $A_1'B_1'$，生产组合点由 M' 演变为 M_1'。

对区域甲来讲，劳动力的流入增加了区域劳动力的供给量，降低了劳动力的供给价格。从劳动密集型产业来讲，由于在总成本构成中劳动力成本所占比重大，因而区内劳动力价格的降低，以及区域乙劳动密集型产业成本的上升，有助于区域甲劳动密集型产业重新获得竞争优势。或者说，劳动力的流入延缓了区域甲劳动密集型产业的衰退。从资本密集型产业来讲，由于劳动密集型产业重新获得了竞争优势，因而在区内的竞争中，资本密集型产业的竞争力有所弱化，获得要素供给的能力有所减弱。从动态来看，劳动力的流入减弱了资本密集型产业的扩张势头，提高了劳动密集型产业的增长速度。图 2－5 甲中，生产可能性曲线变为 A_1B_1，生产组合点演变为 M_1。

从以上分析可知，劳动力的区际流动使流入地区和流出地区优势产业的优势和劣势产业的劣势都得到弱化，即双方的优势产业的增长速度和竞争优势都有所降低和弱化，双方的劣势产业的增长速度都有所提高。但影响最突出的是欠发达地区和发达地区的劳动密集型产业，即劳动力的流动削弱了欠发达地区劳动密集型产业的竞争优势，恢复了发达地区劳动密集型产业的竞争优势。因此，区际劳动力的流动在一定程度上减少了欠发达地区劳动密集型产品的输出量，或者延缓了发达地区劳动密集型产业的衰退。

2. 劳动力的区际流动对不同区域的影响

区际劳动力流动将改变流出区域和流入区域的劳动力供求状况。劳动力的价格主要由劳动力市场的供求决定。假定需求不变，供给量增加，意味着劳动力价格将下降；供给量减少，其价格上升。这样，劳动力流出区域由于供给量减少，劳动力的价格上升；而劳动力流入区域由于供给量增加，其价格下降。

图 2-6 的甲、乙两图分别表示甲、乙两个区域的劳动力市场流动情况。甲为经济发达地区，劳动力价格的平均水平较高；乙为经济落后地区，劳动力价格的平均水平较低。在利益驱动下，区域乙的劳动力向区域甲流动。图的横坐标表示劳动力数量，纵坐标表示劳动力平均价格（日工资）；S 和 D 与 S' 和 D' 分别表示劳动力流动前甲、乙两个区域的劳动力供求曲线；S_1 和 D 与 S_1' 和 D' 分别表示劳动力流动达到新的均衡后，甲、乙两个区域的劳动力供求曲线。

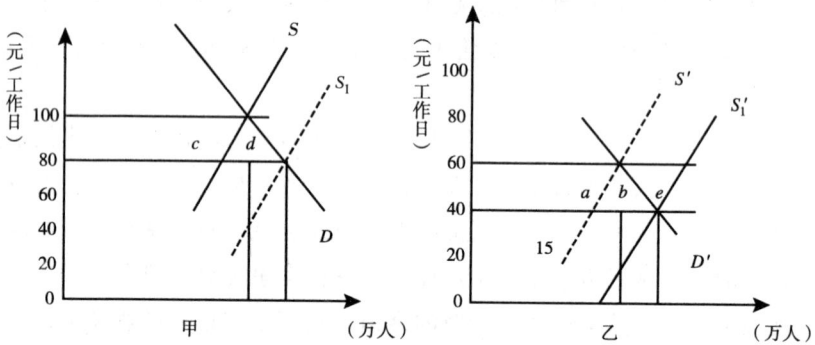

图 2-6　甲、乙两个区域的劳动力市场流动情况

图 2-6 中，甲、乙两个区域的劳动力流动前，甲的工资相对较高，为 100 元/工作日；乙的工资相对较低，为 40 元/工作日。允许劳动力区际流动后，乙的劳动力向甲流动，其结果是甲的劳动力供给曲线平行向右下方移动，而乙的劳动力供给曲线平行向左上方移动。在甲、乙两个区域的供给曲线随着乙的劳动力向甲流动而发生位移的过程中，甲的劳动力价格下降，乙的劳动力价格上升。

从经济上讲，由于到其他地区谋生，发达地区比落后地区生活费用高，另外还要面对找不到工作或不能立即找到工作的风险，同时还要支付交通费用等。因此，劳动力流动前将对可能带来的收益和付出的成本进行比较和权衡。除非收益大于成本，否则劳动力不会流向其他地区。假定综合成本平均为 20 元/工作日，那么当乙的劳动力向甲流动，使其劳动力价格差降至 20 元/工作日时，甲、乙两个区域的劳动力市场会达到一个新的均衡。在这种状态下，乙向甲的劳动力流动将停止。

从图 2-6 可以看出，区域甲由于劳动力流入，一方面，原有劳动者的工资水平降低，劳动者的净损失是面积 c；另一方面，由于工资水平降低，厂商收益增加，其新增收益为面积（$c+d$）。很显然，厂商的收益大于劳动者的损失，从整个区域甲来看，纯收益是面积 d。

对区域乙来讲，劳动力的流出，一方面，提高了剩余劳动力的工资，剩余劳动力的净收益为 a；另一方面，厂商因为劳动力价格的上升而遭受损失，净损失为面积（$a+b$）。显然，厂商的净损失大于剩余劳动者的净收益，区域乙的纯损失为面积 b。对于从区域乙流动到区域甲的那部分劳动力来讲，与流动前相比，其收益肯定是增加的，这部分劳动力的收益为（$b+e$）。在我国，一般区域间流动的劳动力可分为两类：一类为永久性迁移，国家正式职工的地区间调动属于这一类，他们的收益应归到区域甲；另一类为临时性流动，农村劳动力的地区间流动一般都属于临时性流动，这一类劳动力的收益一部分通过消费留在了区域甲，剩余部分属于区域乙。倘若属于乙的这部分收益不小于 b，那么区域乙的劳动力流出，并没有产生利益上的损失。

综合上面的分析，区际劳动力的流动会提高整个国家的资源利用效率，从上面的例子中可以看出，劳动力流动产生的纯收益为（$d+c$），然而新增收益主要为劳动力流入区域，即发达地区所获得。如果考虑欠发达地区的劳动力到发达地区工作学到了知识，培养了技能，接受了新的思想和观念，学到了发达地区先进的管理经验，那么这些劳动力返回欠发达地区后，有助于提高欠发达地区优势产业的竞争能力。因此，劳动力区际流动，使欠发达地区获得了非直接经济利益。

（二）资本的区际流向与区际贸易和分工关系

资本和劳动力一样，都是非常活跃而且流动性很强的生产要素。为了分析总体流向的变化对落后地区和发达地区经济发展及分工产生的影响，我们把资本总体流向分为资本的顺向流动（发达地区流入落后地区）和资本的逆向流动（落后地区流入发达地区）。

1. 区际资本顺向流动的利益变动

区际资本顺向流动所产生的利益变动可以通过对资本市场的供求变动分析得出，分析方法与劳动力流动的利益变动分析相同。对资本流出区域来讲，由于流出的资本收益增加，而未流出资本变得相对稀缺，收益率上升，因而资本流出的结果是，资本的平均收益增加，而劳动力相对供给量增加，价格下降，总收益减少。因此，资本的流出使得劳动力的平均收益下降，但资本收益的增加大于劳动力收益的减少，整个区域的收益增加。就资本流入区域而言，资本的流入降低了资本的稀缺程度，在不考虑其他因素的情况下，区内原有资本的收益率下降。然而伴随着资本的流入，尤其是以直接投资表现的资本流入，将产生许多外在经济效应，主要包括以下几点：①经济发达地区先进的管理经验的流入；②竞争意识和创新意识的流入；③未开发资源的利用；④引进相关产业的发展。因此，资本的流入以及所产生的外在经济效应，往往引起经济落后地区生产函数的变化，这样不仅不会降低原有资本的收益率，反而有可能提高其收益率。区外资本流入的最主要受益主体是劳动力，这是因为：①创造了就业机会，使原来处于失业状态的劳动力就业；②弱化了劳动力丰裕程度，劳动力平均工资上升；③促使劳动力从边际收益低的产业部门向边际收益高的产业部门转移。

总的来讲，资本的顺向流动提高了整个国家的资源配置效率，因而总收益是增加的。具体来讲，资本流出的发达地区，资本收益增加，劳动力的收益减少，但其净收益增加；资本流入的落后地区，是资本顺向流动的主要受益者，且受益主体是劳动力。

2. 区际资本逆向流动的利益变动

假定在资本逆向流动前，发达地区的专业化生产部门为资本密集型产业，落后地区的专业化生产部门为劳动密集型产业，发达地区向落后地区输出资本密集型产品，同时从落后地区输入劳动密集型产品。

资本的逆向流动对发达地区来讲，资本的流入增加了区内的资本供给量，其相对价格降低，因而平均收益率下降，对区内资本密集型产业和劳动密集型产业的发展都有利。由于资本密集型产业更多地使用价格下降的资源，因而资本的流入，给资本密集型产业带来的利益要大于劳动密集型产业。对劳动力来讲，资本的流入，一方面提高了劳动力的稀缺性，其平均价格上升；另一方面创造了就业机会，使劳动力总的收益增加。由于劳动力的净收益大于原有资本的净损失，因而发达地区获得净收益。

对落后地区来讲，资本的流出使原本稀缺的资本更加稀缺，区内的资本－劳动力比率下降，资本替代劳动的机会成本提高，虽然对劳动密集型产业和资本密集型产业的发展都产生负面影响，但对资本密集型产业的负面效应要大于劳动密集型产业。与此同时，劳动力的价格下降，失业和不充分就业的劳动力增加，因而劳动力的总收益减少，而且劳动力的净损失大于资本的净收益，落后地区的总收益减少。总的来讲，资本的逆向流动不能使双方受益，经济发达地区收益净增加是以落后地区收益减少为代价的。

　　资金的上述空间流动现象对先发地区与后发地区经济增长产生的影响是截然相反的。对先发地区而言，资金的空间流动增加了它们经济发展所需要的资金，促进了其经济更快的增长。而对于后发地区，在本来资金就短缺的情况下，又有大量资金流失，因而加剧了资金短缺的程度，从而不同程度地削弱了其经济发展的能力，减缓了它们经济增长的速度。可见，资金向先发地区的流动在一定程度上促使先发地区与后发地区之间的经济增长出现相对的相向变化，引致它们之间的经济差距扩大。

　　综合以上分析，资本的逆向流动弱化了落后地区劳动密集型产业的竞争优势和发达地区劳动密集型产业的竞争劣势，强化了落后地区资本密集型产业的竞争劣势和发达地区资本密集型产业的竞争优势。因此，资本逆向流动的结果是，落后地区对发达地区资本密集型产品的依赖性更强，而发达地区对落后地区劳动密集型产品的依赖性相对减弱。

（三）　要素流动与区域经济协调发展

　　缪尔达尔和赫尔希曼认为，市场机制将对区域经济发展产生两种影响，其中极化作用将使得欠发达地区的劳动力（熟练劳动力）和资本向发达地区流动，扩散作用将促使发达地区的资本向欠发达地区流动，主要以在欠发达地区的投资来体现。但极化作用超过扩散作用，因而市场机制所产生的区际要素流动非但不能缩小区域发展差距，反而会使区域发展差距进一步扩大。

　　在区域非均衡发展状态下，劳动力对区域收入差距最为敏感。一般来讲，区域发展差距愈大，从欠发达地区向发达地区流动的劳动力数量愈多。但这种跨区域劳动力流动并不能缩小区域间的发展差距，原因如下：①这些跨区域流动的劳动力把所创造的更多财富留在了发达地区，而且他们在发达地区就业，为发达地区创造了为其服务的就业机会；②欠发达地区劳动力的流出不仅提高了欠发达地区劳动力的供给价格，削弱了劳动密集型产业的竞争优势，而且技术人员等智力型人才的大量外流，将使得欠发达地区经济的进一步发展蒙上阴影；③经济发展是一个涵盖范围很广的概念，这种劳动力的跨区域流动只能暂时缓解区域收入差距的扩大，但不能缩小其他方面的发展差距，如产业结构和就业结构的变化、地方政府提供公共服务的能力等。姑且认为，劳动力的跨区域流动能够缓解区域发展差距（指劳动力的完全流动），但并不能从根本上缩小区域收入差距。

　　促使发达地区的资本向欠发达地区流动，无疑能够缩小区域发展的差距，但我国的发达地区属于发展中国家的发达地区，大多数尚处于工业化过程中的扩张阶段，自身经济的进一步发展尚需大量的资本投入，和欠发达地区相比，资本的供给仅仅是相对丰裕，因而依赖市场机制向欠发达地区所能转移的资本相当有限。就我国目前所处的发展阶段来讲，要通过资本由发达地区向欠发达地区流动来缩小其发展差距，必须通过中央政府的宏观调控来实现，但不能过高估计其对缩小区域经济发展差距的贡献，这是因为：①中央政府目前的财政收入在国民生产总值中所占比重较低，要提高其比重，涉及地区间利益的再分配，真正实施的过程中，必然阻力很大；②我国中西部地区人口达 7 亿人，面积在 800 万平方公里以上，解决如此大区域的经济发展问题，依靠中央财政的支持显然是杯水车薪；③中央财政转移支付比重过大，将影响东部地区投资环境的进一步改善和提供公共产品的能力，不利于其产业结构升级。基于以上分析，缩小我国省际及三大地带间的经济发展差距，应通过政府调控来诱导市场机制充分发挥作用，使区际要素流动顺应市场规律，逐步增加向欠发达地区资本转移的规模。

三 区际产业转移的客观趋势及影响

除区际商品和要素流动外，区际产业转移亦是区际协调发展的另一种重要形式。区际产业转移是指在市场经济条件下，发达区域的产业顺应竞争优势的变化，通过跨区域直接投资，把部分产业的生产转移到发展中区域进行，从而使产业表现为在空间上移动的现象。在某种程度上可以说，区际产业转移既是对区际商品贸易与区际要素流动的一种替代，又能够促进劳动力（尤其是技术劳动力和企业家）、资本与技术在区域间的流动。区际产业转移的客观必然性可以从区域经济生命周期方面考察。一般而言，区际产业转移属区域扩散效应的一种，有利于发展机会的区域传播，因而有利于区际利益关系的调整与协调。在分析区域生命周期与产品生命周期的基础上，我们来研究区际产业转移的影响。

（一）区域生命周期

无论是胡佛（E. Hoover）、费雪尔（J. Fisher）提出的区域经济发展阶段理论，还是罗斯托（W. Rostow）的经济发展阶段理论，都对一个区域或国家的发展过程做了抽象归纳①。然而，这些理论只是指明了区域或国家由

---

① 孙久文等主编《中国区域经济与地区投资实务》（理论方法卷），人民日报出版社，1998，第 22～24 页。

封闭到开放，由落后到发达的大致路径，而对现实中的许多现象与问题缺乏说服力。例如，为什么有些区域由盛变衰？区域在经历过落后→发达→衰落的循环过程后，其内部结构与外部关系始终在发生怎样的变化？在不同发展阶段需要什么样的区域经济关系？美国经济地理学家汤普森敏锐地发现了这一现象的理论本质，提出了区域生命周期理论（Regional Cycle Theory，又可译为区域循环理论)①。汤普森认为，除了特殊情况外，区域经济一般都是循序渐进的，即从形成到成熟再到衰退阶段，处于不同发展阶段的区域面临一系列不同的问题，处于不同的竞争地位，与区外的联系也随之不断变化。

1. 待开发阶段

在该阶段，区域经济生产力水平低下，第一产业比重极高，缺乏自我发展能力。我国远西部（指兰州、成都、昆明一线以西）的一些地区和18片贫困地区，目前基本上处于这一阶段②。这类地区要想成功地走出不发育阶段，跨入现代工业化的"门槛"，就必须把外部资金、人才、技术输入和区内条件结合起来，形成自我发展能力，启动地区经济增长。

2. 成长阶段

在该阶段，区域经济跨过工业化的起点，呈现高速增长，经济总量规模迅速扩大（见图2-7）；第二产业开始占主导地位，区域专业化分工迅速发展，优势产业开始形成或正在形成；启动区域经济发展的增长极形成。伴随区域经济总量的增长和结构性变化，区域社会文化观念也相应发生较大转变。

促使一个区域的经济发展由不发育阶段迅速进入成长阶段，可以通过以下途径来实现。①外部推动型。如深圳和海南经济特区，主要是通过大规模引进国内外资金、技术和人才，开发地区资源，大力发展外向型经济，实现区域经济的高速增长和产业结构的升级。②国家投入型。如攀枝花、包头、大庆等地区，主要是依靠国家投入大量的资金，进行大规模的资源开发和工业建设，从而推动区域经济迅速发展。③自身积累型。如苏南一些农村地区，主要是通过自身积累资金，大力发展乡镇企业特别是乡镇工业，以此带

---

① J. H. Thompson, "Some Theoretical Consideration for Manufacturing Geography", *Economic Geography*, 1966（42）, pp. 356－365.
② 陈栋生主编《区域经济学》，河南人民出版社，1993，第31～33页。

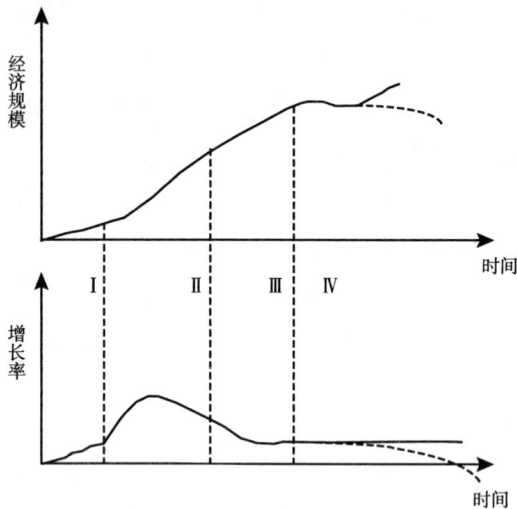

图 2 - 7　区域发展阶段与经济增长关系

注：Ⅰ - 待开发阶段；Ⅱ - 成长阶段；Ⅲ - 成熟阶
段；Ⅳ - 衰退阶段。

动整个地区经济发展。最初的资金积累主要来自农业，随着乡镇企业的发展，乡镇企业收入开始成为财政收入的主要来源。④边贸启动型。如云南德宏（财政收入约有 70% 来自边贸收入）等边境地区，近年来边境贸易发展十分迅速，已开始成为促进地区经济高速增长的启动器。

3. 成熟阶段

当发展至成熟期后，区域经济增长势头减慢，并逐渐趋于稳定。处于这一阶段的地区（如上海市、辽宁中南部地区）通常是国家经济重心区的所在，区域经济发展状况与整个国家经济发展的关联度相当高。区内竞争逐渐剧烈，出现了产业的区间转移，成熟区成为技术、人才等要素的净流出区。

4. 衰退阶段

由于技术和需求、产业布局指向以及资源的枯竭等变化，一些地区在经过成熟阶段发展之后，有可能转入相对衰退阶段，逐渐走向衰落（见图 2 - 7 中虚线）。在相对衰退地区，适时适宜地对其进行区域再工业化改造和产业结构改造，将衰退产业转移出去并进行再创新，可以维持原有的良好发展势头，甚至促使其加速发展，进入新的发展阶段，开始新一轮成长过程。

（二）产品生命周期

除了可以从区域发展过程的角度来研究外，还可从产品技术发展过程的角度来考察区域产业转移。R. 弗农（R. Vernon）在研究国际投资与国际贸易时发现，在产品技术的不同发展阶段，最佳布局区域也不同，于是他于1966年提出了具有空间意义的产品生命周期理论（Product Cycle Theory）[①]：处于不同技术阶段的产品对不同要素的质与量有不同要求，即随着生产和技术的发展，产品的技术密集程度会下降，产品的生产会发生区间转移。产品在其生命周期内要经历几个发展阶段，即创新阶段、扩张阶段、成熟阶段与成熟后期阶段，处于不同阶段的产品的生产优势区域不同。该理论后来被西方区域经济学家用来研究区域产业转移。产品生命周期与产业技术梯度转移见表2-3。

表 2 - 3　产品生命周期与产业技术梯度转移

	创新阶段	扩张阶段	成熟阶段	成熟后期阶段
产品生命周期	新技术、新产品开发	区（国）内市场开拓	区（国）内市场趋于饱和，开拓区（国）外市场	生产向区（国）外扩散，高梯度区生产增长停止，甚至收缩
产业技术梯度转移	新技术、产品发轫于高梯度区	生产与市场均在高梯度区	生产在高梯度区，市场开始转向区外	生产转向低梯度区，高梯度区转向开发更新的产品与技术

（三）区际产业转移的影响

产业与技术存在着由高梯度地区向低梯度地区扩散与转移的客观趋势，这是由区域间存在的梯度差决定的。在具备一定的客观条件与思想基础的情况下，区域产业与技术适时、合理地转移也是区际关系协调与区域经济布局优化的需要。首先，产业的适时转移是高梯度发达地区产业结构调整的需要。当一个区域发展到成熟阶段后，若其成熟产业不适时扩散出去，就会产生衰退产业与创新产业在区内用地、用电、用水、用工等多方面的冲突，导致区域产业拥挤，区域经济陷入萧条乃至危机之中。其次，落后地区接受产业转移对其本身的发展利多弊少。一些传统产业转移至落后地区可大大降低生产成本，增加落后地区的就业机会，提高人民的收入水平，并以此为契机累积经济起飞的条件。战后亚洲"四小龙"就是抓住了世界产业转移的有

[①]　R. Veron，"International Investment and International Trade in the Product Cycle"，*Quarterly Journal of Economics*，1966（80），pp. 190 - 207.

利时机，在传统产业获得竞争优势的基础上实现起飞的。因此，通过产业的有序梯度转移，才可能推动区际关系的有序调整，优化区域经济格局①。

从一般经济发展和产业转移的规律看，产业产品的转移总是按发达地区→较发达地区→落后地区这样一个梯度规律转移的，这样的梯度转移，其效益最好，成本最小，产业和从业人员的适应度也最好。所以，一般的产业转移都是有序的梯度转移。

产业转移对发达区域将产生积极作用。①发达区域一般人口密度大，人多地少，随着工业技术的不断提高，与该地区发展更高科技水平和升级换代产品的产业争厂房、设备、资金、人才等的行业逐步向欠发达地区转移，有利于为新产业发展提供空间。②对于那些由于资源、污染等条件限制目前以及未来不宜在发达区域发展的产业，或由于劳动力成本太高从而导致效益很差的产业或企业，向欠发达区域劳动力便宜和资源密集的地区转移，有利于获得比较效益。③发达区域已经闲置的生产设备向欠发达区域有偿转移，有利于盘活和优化现有存量资产。

区际产业转移对欠发达区域的经济发展有着重要作用，存在着积极产业转移效应，这种效应是欠发达区域经济起飞的动因之一。

1. 要素注入的优势升级效应和关联带动效应

随着产业、产品的转移，一方面，必然伴随着大量的资本、技术等稀缺要素的转移，也伴随着其他无形要素的进入，接受产业转移能够使欠发达区域迅速积累起相对稀缺的生产要素，引起区域要素禀赋的迅速变化，这种变化将有助于区域新的主导产业或支柱产业的形成，从而推动产业比较优势的转换升级，提升欠发达区域在区际分工中的地位。另一方面，产业的关联带动作用，能够刺激相关投入品产业的发展，从而为新的工业活动的兴起创造基础，为更大范围的经济活动提供可能，它将在很大程度上促进移入区域整个经济的发展。

2. 技术溢出效应

产业转移往往是由经济梯度较高的发达区域转向梯度较低的欠发达区域，具有梯度性。这种梯度性决定了产业的技术溢出效应：一是由于移入产业所包含的技术本身被移入区产业模仿、消化、吸收，导致移入区产业的技术进步；二是具有先进技术的产业移入会对移入区相关产业产生前后波及作

---

① 周起业：《区域经济学》，中国人民大学出版社，1989，第143~159页。

用，从而拉动移入区的技术进步。

3. 竞争引致效应

移入产业与当地产业相比，一方面，在资金、技术、人才、市场、营销手段等方面往往占据着竞争优势，这种优势使当地产业卷入竞争之中，有可能打破当地原有产业的低效垄断局面，改善区域产业的市场结构；另一方面，在竞争压力下，当地产业要在移入产业中生存发展，将不得不采用先进技术，或进行技术创新，以提升产业竞争力。因此，与产业转移相伴随的内外产业间的竞争，是欠发达区域经济运行效率得以提高的重要因素。

4. 观念更新效应

先进产业移入必然伴随着与市场经济相适应的新文化的传播与扩散，即产业转移带来的不仅是品牌、资金、技术等有形资源，而且有符合市场经济要求的新思想、新观念、新意识和新的管理方式等无形资源。这些无形资源将对欠发达区域因循守旧等传统观念起融合、更新、改造的作用，为区域经济发展注入持久的精神动力[①]。

在我国区际产业转移与携手合作工程中，要坚持效益优先、互惠互利的原则，才能获得坚强的合作基础和长远的较好效果。互利是合作双方最起作用的推动力，也是合作得以长期持久的原动力，在市场经济条件下尤其如此。不坚持这个原则，只要一方感到自己的利益得不到保障，或效益不好，正常的合作就不能进行下去，其结果是谁也得不到利益。所以，在现实的条件下，以互利为基础，才是双方合作成功的保障。

第三节　经济区域一体化发展与两区域的"额外"收益

一　区域合理分工与两区域的收益增加

一般而言，区域分工的二重性——专业化和多样化是实现区域经济发展的基本机制[②]，这种机制的作用表现在以下几个方面。一是按比较优势的区域分工，一个地区可以充分发挥资源优势，通过交换提高区域经济福利水

---

① 陈刚：《接受产业转移　促进经济发展——对欠发达区域发展战略的一点思考》，《思考与运用》2001 年第 3 期，第 32 ~ 34 页。

② 钟昌标：《国内区际分工和贸易与国际竞争力》，《中国社会科学》2002 年第 1 期，第 94 ~ 101 页。

平，而福利水平本身就是一个显示区域经济发展水平的重要指标。二是分工演进将推动区域内产业部门不断分解，衍生出越来越多的新产业，体现了区域产业的多样化。随着分工的细化，不同专业的种类数目增加，而自给自足产品的种类数目减少。结果，共同产品越来越少，差异性越来越大，从而提高了区域经济结构的多样化程度。三是分工促进劳动专业化的形成，有利于提高劳动生产率。一个人长期从事某一专门劳动，有利于提高劳动熟练程度，积累劳动经验，使劳动工艺程序化，并通过学习曲线加速人力资本的积累。四是区域分工为规模经济的发展准备了更广阔的市场条件。许多产业只有达到一定规模才能使成本降到最低（如钢铁厂），有些产业甚至达不到一定规模就根本不能投产（如铁路）。此外，区域分工也是区域要素积累的重要途径，还是区域结构优化的重要推动力。

图 2 - 8 中，假设先发区域与后发区域都生产 A、B 两种产品，后发区域生产 B 产品具有优势（绝对的或相对的），而先发区域生产 A 产品具有优势（绝对的或相对的），两区域在分工前的生产可能性曲线分别为 L_1 与 L_2。若后发区域与先发区域开展分工，即各自生产具有优势的产品进行交换（贸易），那么两区域的生产可能性曲线都会外移[1]。此时，后发区域与先发区域所获得的收益都高于分工之前的收益，也就是说，两区域通过分工获得了"额外"的收益。

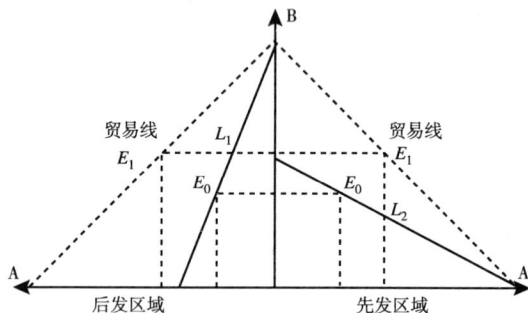

图 2 - 8　经济区域一体化发展与两区域的"额外"收益

资料来源：参见彭荣胜《区域经济协调发展的内涵、机制与评价研究》，河南大学博士学位论文，2007。

---

① 彭荣胜：《区域经济协调发展的内涵、机制与评价研究》，河南大学博士学位论文，2007。

二　区域相互开放和"适度"的经济差距带给两区域的收益

图 2-9 中，后发区域与先发区域初期的生产可能性曲线仍然分别为 L_1 与 L_2，一方面，如果生产要素可以自由流动，那么后发区域较为丰富的劳动力、原材料就会流向先发区域，而先发区域较为丰富的资金则流向后发区域。由于相对丰富的要素在其所在的区域具有相对低的价格，因此这种要素的相向流动会降低两区域发展经济的投入成本。另一方面，如果产品可以自由流动，那么后发区域的农产品、初级加工产品，以及先发区域的工业制成品都可以获得对方区域的消费市场。尤其是当两区域的经济发展差距较小（或者差距没有超过一定的限度）时，后发区域人口就具有更高的购买力（与区域经济发展差距较大时相比），而区域消费结构也不会出现"断层"，这样，后发区域与先发区域就互为对方提供了巨大的市场空间[①]。不难理解，生产成本的降低和消费市场的扩大必然会引致两区域生产规模的扩张，在图 2-9 中就体现为两区域的生产可能性曲线由 L_1 与 L_2 分别外移至 L_3 和 L_4，后发区域和先发区域都因此获得了更多的收益。

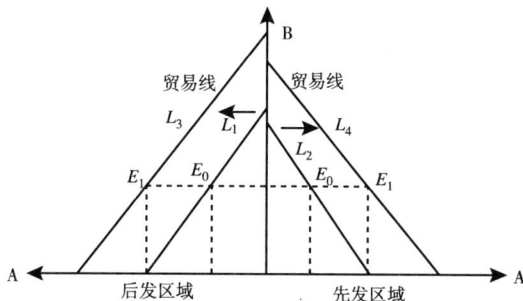

图 2-9　区域经济协调发展给两区域带来的"额外"收益

资料来源：参见彭荣胜《区域经济协调发展的内涵、机制与评价研究》，河南大学博士学位论文，2007。

区域经济协调发展意味着产品（包括服务产品）和要素在空间上的流动更加自由和便利。产品的自由流动将直接影响微观经济行为，进而引起一系列的战略性调整，最终影响区域经济整体增长和地区产业分工。其一，区域相互开放与贸易壁垒拆除后，两区域企业因规模经济效应将获得价格较低的投入，从而获得更高的投资回报，企业因此具有了研发和创新能力。研发

[①]　彭荣胜：《区域经济协调发展的内涵、机制与评价研究》，河南大学博士学位论文，2007。

和创新，一方面将进一步降低生产成本和产品价格，带来产品需求的增加和市场的扩大，这有利于实现规模经济，从而有利于扩大赢利空间，最终促进经济增长；另一方面将增加产品的多样性，开拓新的产品市场。产品需求市场的扩大，又会带来投资需求的增长。在产品需求和投资需求增长的共同拉动下，经济增长得以实现。其二，区域相互开放，将使相关地区在比较优势的基础上，更多地生产具有比较优势的产品，缩减不具有比较优势产品的生产规模。这有利于提高相关地区的生产效率，形成各自的产业结构体系，经济资源配置将在更广阔的空间范围内得以优化，地区之间将形成更为合理的产业分工，从而有利于这一地区的经济增长。

区域合理分工将导致要素的自由流动（资本要素的自由流动和劳动要素的自由流动），有着与产品自由流动一样的效果。其一，发达地区资本富裕，劳动力短缺；欠发达地区资本短缺，劳动力富裕。资本在欠发达地区边际产出高于发达地区，劳动力在发达地区边际产出高于欠发达地区。由于有不同的回报，资本要素将由发达地区流向欠发达地区，劳动要素将由欠发达地区流向发达地区。资本从发达地区流向欠发达地区，将会扩大欠发达地区的就业总规模，尤其是劳动密集型产业部门的就业规模，从而提高欠发达地区的福利总水平。劳动要素向发达地区流动，将会增加发达地区的劳动力供给，减少欠发达地区的劳动力供给，从而降低发达地区的工资水平，提高欠发达地区的工资水平。同时，由于外流劳动者将一部分收入汇回欠发达地区，欠发达地区居民的收入水平有望提高。区际要素流动不仅将提高区际资源配置的效率，增加区域整体的产出和福利，而且也将提高集团各成员的产出水平。其二，在一个完备的市场体系中，各种要素（包括自然资源）的价格将不会被扭曲而充分体现其稀缺性，从而促使经济增长方式更具集约性。

理论分析表明，区域相互开放导致的各种要素和产品自由流动，不仅有利于经济增长和地区产业的合理分工，而且也有利于给两区域带来收益的增加。

第四节　经济区域"非协调"发展与两区域的利益损失

与上述情形相反，当两区域的经济发展不协调时，两区域都不能获得因合理分工和相互开放而带来的"额外"收益。不仅如此，后发区域和先发区域的经济发展还都会蒙受损失。这里着重分析两区域的经济发展差距持续扩大（走向非协调）时，给两区域发展造成的利益损失。

一　"非协调"发展下的后发区域利益损失

（一）稀缺要素流失，经济发展受阻

由于后发区域与先发区域存在较大的经济发展差距，先发区域具有较高的工资水平并能提供更多的就业机会，在追求高收益的动机支配下，后发区域丰富的劳动力必然会流向先发区域。尽管在理论上，劳动力由后发区域向先发区域流动有利于区域之间的均衡发展，但是这一结论有一个重要前提，即后发区域的劳动力是同质的、无差别的，劳动力的外流不会影响后发区域劳动力的技能和知识结构。然而事实上，劳动力存在非同质性，而且外流的多是年纪较轻、素质较高的劳动者。显然，劳动力的这种流动不利于后发区域的经济发展。

本来，先发区域的资金相对充裕，后发区域的资金短缺，一般情况下，先发区域的资金会流向后发区域，但实际情形往往并非如此。因为，两区域经济发展水平的持续扩大，使得先发区域成为经济的扩张中心，不断增长的需求将刺激投资，投资的增加又会增加收入和需求，从而引起第二轮投资，如此形成需求增长和投资增加相互加强的正反馈，带动区域经济的不断扩张。在先发区域，虽然储蓄会随着收入的增长而不断增加，但是由于投资需求往往以更快的速度增长，当地储蓄便难以满足投资需求。与之相反，在经济扩张势头较弱的后发区域，由于缺乏具有合理回报的投资机会，当地储蓄通常大于投资需求（国务院发展研究中心课题组，2005）。在这种情况下，银行系统就会把后发区域储蓄投放到资本回报高且可靠的较富裕和较进步的先发区域，从而阻碍了后发区域经济的增长。

（二）制约了人力资本的形成

竞争理论认为，在技术水平一定的短期前提下，作为生产过程中的生产要素的劳动力，其素质的高低及掌握生产技能的娴熟程度直接影响着产业的劳动生产率和产业的竞争力。在劳动成本相同的情况下，劳动者素质越高，产业的竞争能力越强，反之亦然。区域经济增长取决于区域拥有的物质资本存量和人力资源存量的数量和质量，而区域的经济竞争能力越来越取决于该区域人力资源的质量，即劳动者的综合素质。"经济发展主要取决于人的质量，而不是自然资源的丰瘠或资本存量的多寡"（舒尔茨，1987）。

众所周知，人力资本的形成是通过投资来实现的。"学习一种才能，须受教育，须进学校，须做学徒，所费不少。这样费去的资本，好像已经实现并且固定在学习者的身上。这些才能，对于他个人自然是财产的一部分，对

于他所属的社会，也是财产的一部分。工人增进的熟练程度，可和便利劳动、节省劳动的机器和工具同样看作社会上的固定成本"（亚当·斯密，2008）。这段话很清楚地说明了劳动者才能的获得是投资的结果，而且其成本就是该劳动者接受教育或培训的费用。

人力资本投资形式多样，主要有以下几种。①用于教育的培训费用。包括用于各类学校的费用以及用于职业培训、岗位培训等方面的费用。按照舒尔茨的理论，教育的总费用还包括受教育者因学习而放弃工作所得的收入。②用于医疗保健的费用。广义地说，包括可以影响劳动者的预期寿命、体力、精力和耐久力的所有费用。③个人和家庭用于变化就业机会的迁移费用等。

在人力资本形成的各种途径中，教育和培训是最重要的，也具有最明显的投资特征。教育发展取决于各种原因，但是经济原因是最主要的。换言之，人们受教育的程度与状况在很大程度上受制于其所在区域的经济发展水平。由于经济发展水平低，后发区域的财政收入有限，对教育的投资必然不多，在信息传递、卫生保健等涉及劳动力素质提高的行业投入就更少。

与此同时，在庞大的人口规模压力下，教育投资的很大比例被用于使新增人口得到不低于目前平均水平的教育，而用于提高总体教育层次的投资就相对减少，致使人力资本总体质量水平和结构层次提高速度缓慢。一方面导致了低层次人力资本的增加；另一方面在很大程度上制约了教育的发展和人力资本总水平的提高，抑制了中高层次人力资本的增长。另外，由于投资教育的收益回收周期较长，在后发区域很容易形成短视行为，更加重视经济投资，一味追求经济增长的数量扩张效应而轻视教育投资，这样就更不利于后发区域的劳动力素质的提高。

此外，从个人的角度看，尽管在先发区域，家庭往往是人力资本投资的主体之一，但在后发区域，由于居民收入低，家庭很难承受一部分正规学校的教育费用，以及一部分职业培训的费用。从经济分析的角度看，人们对物质资本投资时，总要估计这项投资的未来收益，教育投资也是一样的。在通过教育进行人力资本投资时，人们也会将受教育所得的未来收益与教育成本（学费、书费、放弃工作而损失的收入等）加以比较，当未来收益大于成本时，人们将增加教育投资；反之，就会减少教育投资。在后发区域，由于经济增长较慢，就业机会（尤其是收入较高的就业机会）相对较少，又因为教育投资的周期长，与其他投入相比较，人们一般会认为教育投资的收益太低，从而很难形成一种学习科学文化知识的自我激励机制。

（三）延迟了先发区域产业向后发区域的梯度转移

对先发区域转移产业的承接是促进后发区域经济快速增长的有效途径之一。产业梯度转移是在市场经济条件下，先发区域的产业在内外部力量的驱动下，借助企业的跨区域投资活动，转移到后发区域，从而使产业在国内不同区域间发生空间转移的过程和现象。

众所周知，区域间一定的经济发展梯度是产业空间转移的重要条件，但物极必反，如果区域间经济发展的梯度（差距）过大，则又会阻碍产业实现转移（刘乃全、郑秀君、贾彦利，2005）。新经济地理学理论和竞争优势理论为我们分析这个问题提供了理论基础。新经济地理学理论认为，资本不总是从剩余区域流向稀缺区域，资本流动方向会受到产业集聚和外部性所形成的递增收益效应的影响，企业投资的区位选择往往具有集中的趋势，通过产业空间集聚获得递增收益。空间集聚主要指产业或经济活动由于集聚所带来的成本节约而使产业或经济活动区域集中的现象。空间集聚是城市不断扩张和区域中心地带形成的主要因素。该理论还认为在区域聚集中存在着"路径依赖"（Path Dependence）。某个历史偶然性，将使某一区位在产业集聚方面获得一定的先发优势，这将形成某种经济活动的长期聚集过程。历史偶然因素所确定的模式一旦建立，这个最初的区域发展模式将有可能通过在报酬递增基础上的聚集过程进一步强化而变得"锁定"（Locked-in）。

迈克尔·波特的竞争优势理论认为，现代竞争取决于竞争力，而不仅仅取决于投入和投入成本。如果一个地区的某种产业随着时间的推移逐渐丧失了比较优势，但只要还有竞争优势，那么区域净转移就不会发生。换言之，在市场条件下，区域分工是按照绝对优势运行而不是按照比较优势运行的。市场竞争的结果是：某些产业在先发区域已经丧失比较优势，但仍然具有绝对优势。也正因为如此，长期以来，企业在选择投资区位时，对产业竞争力这一区位影响因素赋予了越来越大的权重。

由于先发区域在产业结构升级过程中，首先最有可能向外挤出的是劳动密集型产业，而对于劳动密集型产业，特别是其中的中小型企业，劳动力投入成本即工资是决定其投资区位选择和产业转移的一个关键因素。从劳动力投入成本和产业竞争力角度分析不难发现，随着经济的发展，先发区域劳动密集型产业虽面临种种矛盾和困境，但其竞争力并不会出现明显的衰竭，与后发区域相比，其竞争优势仍然相当明显。

这是因为，劳动密集型产业多为中小型企业。作为单个的企业组织，中小型企业有很多局限，如资本积累不足、内部分工有限、缺乏规模经济性、技术进步缓慢、信誉不高、融资困难、市场不稳定、外部交易条件不利等。然而，在先发区域，单个的散在状态下的中小企业所具有的上述局限性却可以通过产业集聚的发展得到很好的克服。换言之，产业集聚发展所产生的优势可以大大提升先发区域企业、产业和地区的竞争力，由此，也进一步削弱了资本向后发区域转移的势能。

首先，产业集聚形成了充分细化的产业价值链体系，其中的每一个企业都只占据产业价值链中的一个细小环节，分工协作程度很高。这固然有助于提高产业价值链体系中每个环节的生产效率，创造产品的价格优势，但也使单个企业的生存、发展及竞争优势的获得无法离开聚集区内的专业化市场、协作配套商、客户群体以及独特的产业文化和制度环境，从而迫使企业在聚集区内落地生根，形成聚集区内企业的根植效应。对聚集区内企业而言，除非整个产业链迁移，单个企业是不会向外转移的（谢丽霜，2005）。

其次，从运输成本的角度看，有上下游联系的企业在一起集聚，一方面，能减少中间投入品的在途损耗，降低运输成本，从而降低中间投入品的价格，由此导致厂商产生内在的冲动而集聚在同一区域内共同分工协作，这种产生集聚效应的力量被称作"价格效应"或"制造业前向联系"①。另一方面，产业集聚会引致专业化分工的工人也集聚在同一区域内，产品种类数目增多、市场规模扩大；产品从出厂到消费者手中，运输成本降低，工人的名义、实际工资均高于其他非产业集聚区，非产业集聚区的劳动力受产业集聚区的高工资诱惑，也向产业集聚区迁移，这一引起产业集聚的力量被称为"市场规模效应"（Home Market Effect）或"制造业后向联系"。制造业的这种后向联系使新进入的边际制造业厂商总是选择市场规模效应大的地区进行投资设厂。此外，当产业集聚的"空间外部性"或"产业集聚的正外部性"显现出来后，这种由运输成本引起的产业集聚向心力就会导致一个具有初步制造业优势的地区通过累积循环机制使得这一优势逐渐放大和巩固。

总之，产业集聚不仅仅降低交易成本和提高效率，而且也改进激励方式，创造出信息、专业化制度、区位品牌等集聚财富。更重要的是，集聚能够改善创新的条件，加速生产力的形成，也更有利于新企业的成长。

在两区域中，由于先发区域经济相对发达，产业基础较好，在长期经济

---

① 范剑勇：《产业集聚与地区间劳动生产率差异》，《经济研究》2006 年第 11 期。

发展中形成的大量产业通过集聚获得了明显的竞争优势，而这种竞争优势又通过路径依赖得到进一步的累积和强化。这一过程进一步加强了先发区域的极化效应，导致产业梯度转移中来自先发区域的"推力"明显不足。更重要的是，由于经济发展水平的巨大差距，即使后发区域能够提供良好的投资硬环境和优惠的投资政策，但其工业基础薄弱，基础设施不完善，产业集中度不高，产业链缺损、断裂严重，其工业配套能力也远远低于先发区域，造成许多有意向后发区域转移的企业在当地找不到合适的配套企业和符合要求的产品、原料及服务，从而使得后发区域对产业梯度转移形成不了足够的"拉力"。显然，这种状况会大大延迟相关产业从先发区域向后发区域的转移，从而制约了后发区域经济的快速增长。

二 "非协调"发展的先发区域利益损失

（一）区域消费结构断裂，经济增长速度减缓

市场经济是需求导向型经济，市场需求首先是消费需求，"一切需要的最终调节者是消费者的需要"（马歇尔，1890）。因而，决定生产规模和投资规模的主要因素是市场需求规模。从社会再生产的角度来看，消费是生产的目的，是社会再生产的重要环节。在拉动经济增长的投资、消费和净出口三大需求中，投资和净出口需求是直接需求，只有消费需求才是真正的最终需求，是市场商品旺销和经济活跃的根本力量。同时，由于消费行为是理性的和高度市场化的，在居民收入增长相对稳定的情况下，消费需求在三大需求中对经济增长的拉动作用也最为平稳、持久。在两区域经济发展水平差距过大的情况下，商品消费难以在区域之间实现理想传递，从而出现区域消费结构的断层冲突。受后发区域市场缺失或有效需求增长缓慢的影响，先发区域产业结构的演进升级就会受到严重制约，其经济快速发展的势头也必然难以持续。因此，消费的持续稳定增长，是国民经济保持持续、快速、协调、健康发展的内在因素。消费需求规模与区域需求结构有关，如果区域消费结构断裂，就会影响总消费需求的扩大，从而抑制区域经济增长。

（二）高素质的劳动力供给短缺，产业结构的高级化受阻

在市场经济条件下，一国内部任意区域的经济发展也将受制于其他区域劳动力供给数量和质量的影响。

根据产业变动的一般规律，在工业化过程中，工业的资源结构呈现向以技术为主体的结构演进的趋势，这就是工业结构演进的技术集约化规律。一般而

言，在工业化初期，工业发达区域、次发达区域和欠发达区域资源结构中劳动力的数量占据突出地位，形成以劳动集约型工业为主的阶段。随着工业结构重工业化的发展，重工业中原材料工业的地位将不断上升，这时工业资源结构中的资本积累及积累能力将居突出地位，形成以资本集约型工业为主的阶段。此后，随着工业结构高加工度化的发展，技术资本品的质量和劳动力质量将成为工业资源结构中最为重要的因素，从而使工业化过程进入技术集约化阶段。

任何区域的经济发展都会遵循这一规律。在本书研究的两区域中，对于先发区域而言，在其经济发展初期，主要依赖劳动密集型产业，由于此类产业的技术含量低，因而对劳动力的素质要求不高。来自后发区域的源源不断的劳动力促进了先发区域经济的快速增长，但随着经济的发展，先发区域资本积累增加，经济的资本实力逐渐增强，因资本条件的改善和生产技术水平的提升，产业结构必然会进一步优化和升级，从而逐步向资本和技术密集型产业转化。

显然，这种产业的发展势必要对劳动力的素质及掌握技能的娴熟程度提出更高的要求，原先的那种低素质的劳动力已经无法满足产业结构升级的需要。在这种情况下，如果后发区域的劳动力素质不能及时得到有效提高，必然会制约先发区域产业结构的优化和升级。此外，在无法获得产业发展所需要的高素质劳动力的情况下，如果先发区域企业出于无奈而雇用了低素质的劳动力，又势必加大企业的人才培养和生产运行的成本，既会削弱企业乃至整个制造业的竞争力，也会大大延缓该区域产业结构的升级进程，从而在先发区域形成经济增长过程中人力资本供给方面的"桎梏"。

总之，如果两区域的发展差距持续扩大，后发区域的经济则得不到快速发展。

（三）区际经济联系弱化，以区域分工为基础的经济增长受到遏制

区域经济联系是指相关区域之间在商品、劳务、资金、技术和信息方面的交流，以及在此基础上发生的关联性和参与性经济行为。区域联系无论表现为何种形式，总是与区域分工相关联。换言之，区域经济联系对区域经济发展的作用也可以在区域分工中得到体现。

根据本书的假设条件，先发区域和后发区域存在着事实上的分工关系，严格来说，二者经济的发展有赖于这种区域经济的联系。然而，当区域差距扩大后（尤其是超过一定限度后），两区域之间这种紧密的经济联系格局就会被打破。

客观上，区域政府作为相对独立的利益主体、经济主体和管理主体

其一，如前所述，两区域市场化程度显著不平衡会引发区域市场分割，从而导致要素与商品无法自由流动，这就使得企业不能按照正确的价格信号合理地配置资源，也就是说，其导致的资源配置是低效率的。那么，在这种情况下所形成的区域分工必然存在相当程度的扭曲。

其二，两区域市场化程度的显著差异，会滞迟先发区域的产业向后发区域的转移，从而影响区域合理分工的形成。从产业转移的角度看，理论上，当经济发展到一定的阶段，将出现先发区域要素边际报酬递减，而后发区域要素边际报酬递增的现象，此时，先发区域的传统产业就有可能逐步向后发区域转移。然而，当两区域的市场化程度差异较大时，这种产业转移就有可能迟滞。这是因为：首先，低的市场化程度往往伴随着低的市场观念与劳动力素质，因此，尽管后发区域拥有廉价丰富的劳动力资源，但由于劳动生产效率较低，其效率工资即每实现单位产出所花费的工资成本和福利费用反而高于先发区域。而对任何企业而言，他们更关心实际的效率工资而不是名义的工资水平（魏后凯，2006）。其次，低的市场化程度往往也表现为市场体系不完善，如商品市场、金融市场、劳动力市场、产权市场、信息市场等的不健全或缺失。这样，从先发区域转移来的企业在后发区域就很容易遭遇融资困难、信息渠道不畅等一系列问题。再次，低的市场化程度必然意味着高的政府管制成分。在这种背景下，企业要受到较多的政府干预，企业自主权难以落实，也就无法按照利益最大化的原则安排生产和经营活动。与此同时，政府服务意识不强，行政办事效率低下，手续复杂烦琐，由于法制不健全给权力以更多的寻租机会，从而出现大量的乱收费、乱罚款等现象，这些都会大大增加企业运营的成本。最后，由于市场化程度不同产生了资源配置效率的差异，导致后发区域大量的人口与劳动力流向先发区域，从而造就了先发区域巨大的市场空间。而在后发区域，尽管总的人口规模可能仍然很大，但居住分散，人口密度较小，因而难以形成足够大的且相对集中的市场空间，这无疑也是延缓先发区域相关产业向后发区域转移的重要因素。

四　市场空间二元结构扩大区际发展差距

一个地区经济运行的市场化程度越高，越有利于生产要素合理流动和资源的优化配置。由于自然差异和历史原因形成的区域分工决定了经济区内部两区域在产业分工格局中的不同地位，在市场经济条件下，两区域较大的市场化程度差异，使后发区域在同先发区域的资源、产品交换中处于弱势地位，从而拉大两区域的经济发展差距。这是因为市场化程度的提高有利于培育当地居民的资本精神，从而有利于提升当地居民使用资本的技巧。通过当地居民对市场的参与程度，可以提高区域整体的资源配置能力。绝大部分发达地区在市场化进程中也走在后发区域前面，对外开放度、投资效率、金融服务水平等都高于后发区域，市场机制的作用空间较大，较高的投资利润率和良好的投资环境吸引着大量的外部资本，资源配置能力也较强。充裕的资金供给和市场化的传导机制相结合，可以使投资者根据投资收益变化做出灵活的调整，从而提高资本配置效率。后发区域非国有经济的发展和要素市场的发育程度与先发区域差距较大，同时，在政府与市场的关系、产品市场发育、市场中介组织和法律制度环境等方面也都存在明显差距。先发区域的资源配置具有更高的效率，后发区域各种投入要素的机会成本相对较高。降低机会成本的理性决策会诱导后发区域中数量愈来愈多、质量愈来愈高的投入要素不断流出，形成所谓"要素效益外溢"（李新安，2004）。

此时，后发区域所拥有或可支配的投入要素无论从量上看还是从质上讲，都会更加稀缺。这种状况无疑会严重制约后发区域的经济发展。另外，由于后发区域资源配置方面的相对无效，先发区域各种投入要素的机会成本就较低，其对后发区域各种投入要素必然会产生巨大的诱惑力，不仅先发区域的各种投入要素不容易流出，而且还会大量吸纳后发区域的各种投入要素，形成所谓"要素效益内注"。此时，先发区域可拥有或可支配的投入要素无论从量上看还是从质上讲，都会更加充裕。不难理解，这种情况会大大促进先发区域经济的加速增长。与此同时，经济的这种加速增长必然要求充分的初级产品供给，先发区域就会通过技术转让、对外投资和产品统购等形式，刺激后发区域增加初级产品生产，从而把后发区域置于工业化进程的附属地位，客观上使得后发区域的工业化进程总是远远滞后于先发区域。这样，一方面是后发区域经济发展的滞缓，另一方面是先发区域经济的更快增长，区域经济发展差距势必会进一步扩大[①]。

市场空间二元结构下，一方面，劳动力跨区域流动有可能加剧发达地

---

① 李新安：《我国市场二元结构的空间约束机制及中部崛起障碍分析》，《江淮论坛》2008年第1期。

区和欠发达地区之间的失衡。在理论上，劳动力由欠发达地区向发达地区流动有利于地区均衡发展。但是，这一结论有一个重要前提，即欠发达地区的劳动力是同质的、无差别的，劳动力的外流不会影响欠发达地区劳动力的技能和知识结构，然而事实上，劳动力不是同质的，而且外流的多是年纪较轻、素质较高的劳动者。因此，劳动力流动往往对高速增长的地区有利，而对其他地区不利。另一方面，资本的跨地区流动可能会加剧发达地区和欠发达地区之间的失衡。在经济扩张中心，不断增长的需求刺激投资，促进资本的逆向流动，而资本的不断流入，增加了发达地区内部的资本供给量，使其相对价格降低，因而平均收益率下降，对区内资本密集型产业和劳动密集型产业的发展都有利。对于落后地区来讲，资本的流出使原本稀缺的资本更加稀缺，区内的资本－劳动力比率下降，资本替代劳动的机会成本提高，虽然对劳动密集型产业和资本密集型产业的发展都产生负面影响，但对资本密集型产业的负面效应要大于劳动密集型产业。但与此同时，劳动力的价格下降，失业和不充分就业的劳动力增加，因而劳动力的总收益减少。资金的上述空间流动现象对先发地区与后发地区经济增长产生的影响是截然相反的。对先发地区而言，增加了它们经济发展所需要的资金，促进了其经济更快增长。而对于后发地区，在资金本来就短缺的情况下，又有大量资金流失，因而加剧了资金短缺的程度，从而不同程度地削弱了其经济发展的能力，减缓了它们经济增长的速度。可见，资金向先发地区的流动在一定程度上促使先发地区与后发地区之间的经济增长出现相对的相向变化，引致它们之间的经济差异扩大。另外，区际贸易活动也可能有利于发达地区，而不利于欠发达地区。由于存在规模报酬递增的规律，市场的自由运行及其扩大，通常会增强经济扩张中心具有规模报酬递增特征的产业的竞争优势，而阻碍欠发达地区工业的成长。

综上所述，在市场空间二元结构状态下，由于市场的调节作用会弱化区域经济联系，阻碍区域合理分工的形成，两区域都无法获得分工利益；又由于资源配置效率的差异导致了劳动力和资金的单向流动，这种情况虽然促进了先发区域经济的较快发展，但损害了后发区域的经济利益。更重要的是，由两区域市场化程度的显著差距引致的区域市场分割，导致了要素不能在更大的空间范围内配置资源，从而降低了资源的配置效率，也在整体上降低了区域经济的发展效率，不利于区域经济一体化的实现。

第四节 中原经济区协调发展的空间结构演变

一 河南省在周边地区经济空间结构的演变特征

了解河南省空间结构的第一步是要弄清河南省在周边地区的位置，也就是河南省在中部六省中的空间结构演变特征。在这一节中，我们将对1996年以来相关代表性年份的数据进行对比，看一下河南省在中部六省中经济空间位次的路径变化[①]。

（一） 河南省是中部地区经济发展最快的省份

1997～2009年的13年间，河南省年均GDP增长率高达13.72%，超过中部地区平均增速0.74个百分点，在中部六省中仅次于山西省。我们把1997～2009年这个时间段分成1997～2002年与2003～2009年两个时间段来看，河南省是后来者居上，由第一个时间段低于山西省1.37个百分点逐渐到第二个时间段反超山西省0.33个百分点（见表3-1）。可以说，河南省是中部六省近年来增速最快的省份。

表3-1 中部六省1996～2009年GDP总量和年均增长率

地 区	GDP（亿元）			年均增长率（%）		
	1996年	2002年	2009年	1997～2002年	2003～2009年	1997～2009年
山 西	1308	2325	7358	10.06	17.89	14.21
安 徽	2339	3520	10063	7.05	16.19	11.88
江 西	1517	2450	7655	8.32	17.67	13.26
河 南	3661	6035	19480	8.69	18.22	13.72
湖 北	2970	4213	12961	6.00	17.42	12.00
湖 南	2647	4152	13060	7.79	17.79	13.06
中部地区	14442	22695	70577	7.82	17.60	12.98

资料来源：《中国统计年鉴》（2000年、2007年、2010年），均为名义值。

由于经济增长速度多年连续高于中部地区平均增幅，河南省经济总量在中部地区的份额也大幅上升，从1996年的25.35%上升到2009年的

---

① 娄源功：《中原经济区建设总览》，中国经济出版社，2011。

27.60%，14 年中增加了 2.25 个百分点，比增加幅度排在第 2 位的山西省高了 0.88 个百分点（见表 3 - 2）。可以说，河南省经济总量占中部地区的比重稳步提升，牢牢把住中部第 1 位。

表 3 - 2　中部六省 1996 ~ 2009 年 GDP 占中部地区的比重

单位：%

地　　区	1996 年	2002 年	2009 年	1996 ~ 2009 年变化量
山　　西	9.06	10.24	10.43	1.37
安　　徽	16.20	15.51	14.26	- 1.94
江　　西	10.51	10.80	10.85	0.34
河　　南	25.35	26.59	27.60	2.25
湖　　北	20.56	18.56	18.36	- 2.20
湖　　南	18.33	18.29	18.50	0.17

资料来源：《中国统计年鉴》（2000 年、2007 年、2010 年）。

与经济总量大幅提高相伴随的是，1996 ~ 2009 年，河南省人均 GDP 水平也有了实质性的提高。1996 年河南省的人均 GDP 比中部地区平均水平低 394 元，在中部六省中排在第 4 位，是湖北省的 78.72%；2009 年河南省人均 GDP 已经超过中部地区 1796 元，在中部的排名也上升 1 位，排在第 3 位，是湖北省的 98.66%，几乎与湖北省持平。人均 GDP 与先进省份的差距在逐步缩小，从人均 GDP 年均增长率更能看出这种趋势（见表 3 - 3）。

表 3 - 3　中部六省 1996 ~ 2009 年人均 GDP 及其年均增长率

地　　区	人均 GDP（元）			年均增长率（%）		
	1996 年	2002 年	2009 年	1997 ~ 2002 年	2003 ~ 2009 年	1997 ~ 2009 年
山　　西	4220	6146	20398	6.47	18.69	12.89
安　　徽	3881	5817	14485	6.98	13.92	10.66
江　　西	3715	5829	14781	7.80	14.22	11.21
河　　南	4032	6436	19593	8.11	17.24	12.93
湖　　北	5122	8319	19860	8.42	13.24	10.99
湖　　南	4130	6565	17521	8.03	15.05	11.76
中部地区	4426	6921	17797	7.74	14.45	11.30

资料来源：《中国统计年鉴》（2000 年、2007 年、2010 年），均为名义值。

可以说，自 1996 年以来，河南省经济持续快速增长，至 2009 年末，GDP 总量达到 19480 亿元，是全国第 5 个 GDP 总量过万亿元的省份，且连续数年高居全国第 5 位，比湖北省多了 6519 亿元，是湖北省的 150.30%，而 1996 年仅是湖北省的 123.27%；2009 年河南省人均 GDP 为 19593 元，是湖北省的 98.66%，而 1996 年仅是湖北省的 78.72%。

（二）河南省在全国仍属欠发达地区

虽然近年来河南省在中部乃至中西部地区属于经济增长最快的省份，但是与东部沿海京津冀、环渤海、长江三角洲、珠江三角洲等发达地区相比仍有相当大的差距，甚至有些指标也大大落后于全国平均水平。例如，2009 年末河南省城镇化率只有 37.7%，比全国平均水平 46.6% 低 8.9 个百分点；2009 年河南省人均 GDP 只有 19593 元，比全国平均水平 25575 元少了 5982 元，仅为全国平均水平的 76.6%；2009 年河南省三次产业结构比为 14.2：56.5：29.3，全国平均水平为 10.3：46.3：43.4，第一产业比重比全国多了 3.9 个百分点，第三产业比重又比全国少了 14.1 个百分点；河南省工业内部结构以煤炭、电力、冶金、建材、食品、装备制造等能源原材料初级加工为主，没有走出"傻、大、粗、笨"的格局（见表 3-4）。所以，在全国仍属于欠发达地区。

表 3-4　河南省与相关省份工业增加值按行业排名前 5 位对比

单位：%

河南		湖北		湖南		安徽	
非金属矿物制品业	12.17	交通运输设备制造业	15.53	烟草制品业	10.50	电气机械及器材制造业	9.94
农副食品加工业	9.88	电力、热力的生产和供应业	12.70	有色金属冶炼和压延加工业	9.03	黑色金属冶炼和压延加工业	9.94
煤炭开采和洗选业	6.57	黑色金属冶炼和压延加工业	8.07	黑色金属冶炼和压延加工业	8.56	煤炭开采和洗选业	9.14
电力、热力的生产和供应业	5.54	化学原料及化学制品制造业	6.17	电力、热力的生产和供应业	7.58	电力、热力的生产和供应业	7.73
黑色金属冶炼和压延加工业	5.53	通信设备、计算机及其他电子设备制造业	5.40	化学原料及化学制品制造业	7.42	交通运输设备制造业	7.39

续表

江西		山西		山东		广东	
有色金属冶炼和压延加工业	16.12	煤炭开采和洗选业	38.64	农副食品加工业	8.38	通信设备、计算机及其他电子设备制造业	16.39
电力、热力的生产和供应业	7.67	黑色金属冶炼和压延加工业	16.77	化学原料及化学制品制造业	8.31	电气机械及器材制造业	8.37
非金属矿物制品业	7.23	石油加工、炼焦及核燃料加工业	11.43	纺织业	7.02	电力、热力的生产和供应业	6.02
黑色金属冶炼和压延加工业	6.57	电力、热力的生产和供应业	9.13	石油和天然气开采业	6.12	化学原料及化学制品制造业	4.90
化学原料及化学制品制造业	6.12	有色金属冶炼和压延加工业	4.78	非金属矿物制品业	5.64	交通运输设备制造业	4.43

浙江		江苏		全国	
纺织业	11.48	通信设备、计算机及其他电子设备制造业	12.97	黑色金属冶炼和压延加工业	7.70
电力、热力的生产和供应业	8.67	化学原料及化学制品制造业	9.69	电力、热力的生产和供应业	7.54
电气机械及器材制造业	7.77	黑色金属冶炼和压延加工业	8.82	通信设备、计算机及其他电子设备制造业	6.77
通用设备制造业	7.71	纺织业	8.21	化学原料及化学制品制造业	6.27
交通运输设备制造业	5.52	电气机械及器材制造业	7.45	交通运输设备制造业	5.96

注：表中数据为相应地区相应年份该行业在该地区工业增加值中所占比例。

资料来源：相应地区相应年份的统计年鉴、统计网。河南、广东、山西数据为2007年的工业增加值；山东数据为2006年的规模以上工业增加值；安徽数据为2007年全部国有及规模以上非国有工业增加值；其他数据为2007年规模以上工业增加值。

　　河南省处在工业化加速发展阶段，不但经济保持持续高速增长，而且结构变动也相当剧烈，产业结构、城乡结构、经济空间结构变化迅速。所以，以河南省为对象，研究其经济空间结构的演变过程和规律，能够比较容易观察到从传统农耕文明社会向现代工业文明社会转换过程中所面临的各种问题，有利于我们进一步研究中原经济区的空间结构演变。

二　河南省经济空间结构演变及其特点

　　根据经济空间结构理论，一个特定范围内的经济空间结构演变是与其经济发展的阶段密切相关的。就河南省来说，真正的和完整意义上的空间结构演变是20世纪80年代以来在改革开放和市场化的背景下开始的。由于计划经济向市场经济的转轨，要素在各区域之间的流动没有了纵向的调拨环节，横向直接流动是以需求和效率为导向的，效率和需求成为要素集聚的唯一原则。因此，伴随着要素在区际的流动和经济空间结构的调整，区际经济的互动关系加强，经济运行的效率也随之提高，经济空间结构迅速摆脱了均质分布的第一阶段，开始了真正意义上的向集聚和非均衡为基本特征的第二阶段演进的过程。为了对这种演变趋势进行更清晰的描述，我们以省辖18个城市为区域单元，依据相应年份《河南统计年鉴》提供的数据，使用GDP等相关指标测算了1996~2009年各城市相应经济指标的变化情况。

（一）河南省经济空间结构演变状况

我们选取了1996~2009年的14年间各省辖市的GDP及其增长情况进行比较，发现18个省辖市年均增长率存在着很大差异（见表3-5）。

表 3-5　河南省 18 个省辖市 1996~2009 年 GDP 及其年均增长率

地　区	GDP(亿元)			年均增长率(%)		
	1996 年	2002 年	2009 年	1997~2002 年	2003~2009 年	1997~2009 年
郑　州	504	928	3309	10.70	19.91	15.57
开　封	155	270	779	9.68	16.34	13.22
洛　阳	293	535	2001	10.57	20.74	15.94
平顶山	237	322	1128	5.20	19.64	12.74
安　阳	213	313	1125	6.56	20.07	13.64
鹤　壁	67	105	364	7.87	19.41	13.94
新　乡	265	340	992	4.29	16.51	10.70
焦　作	236	288	1071	3.33	20.67	12.33
濮　阳	149	237	662	8.11	15.79	12.18
许　昌	171	363	1131	13.39	17.63	15.65
漯　河	110	201	592	10.55	16.70	13.82
三门峡	114	197	703	9.61	19.91	15.04
南　阳	375	625	1714	8.87	15.51	12.39
商　丘	206	343	996	8.84	16.46	12.88
信　阳	245	312	929	4.09	16.87	10.79
周　口	200	414	1065	12.87	14.47	13.73
驻马店	179	332	901	10.83	15.34	13.24
济　源	45	80	288	10.04	20.14	15.37
全　省	3764	6203	19748	8.68	17.99	13.60

资料来源：《河南统计年鉴》（1997 年、2003 年、2010 年），均为名义值，全省数据不等于18个省辖市相加。

我们把表3-5中增长率数据绘制成图3-5，更能看出这种差异。

把1997年以来的GDP增长率分成前后两个时间段来看：1997~2002

年，GDP 年均增长率排名前 5 位的是许昌（13.39%）、周口（12.87%）、驻马店（10.83%）、郑州（10.70%）、洛阳（10.57%）；2003～2009 年，年均增长率排名前 5 位的是洛阳（20.74%）、焦作（20.67%）、济源（20.14%）、安阳（20.07%）、郑州和三门峡（均为 19.91%）。可以看出，前后两个时间段 GDP 年均增长率排名发生了较大的变化，许昌从第 1 位下降至第 9 位，周口和驻马店下降至最后两位。焦作、济源、安阳的位次则有了较大的提升，这可能主要得益于这 3 个城市享受着资源价格大幅上升所带来的好处。综合上述两个时间段来看，1997～2009 年，GDP 年均增长率排在前 5 位的依次是洛阳（15.94%）、许昌（15.65%）、郑州（15.57%）、济源（15.37%）、三门峡（15.04%）。

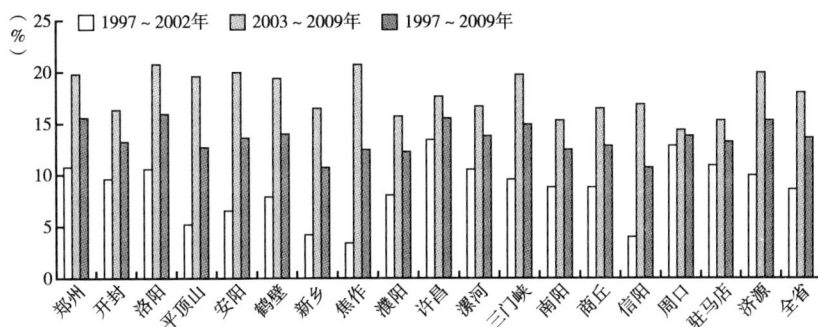

图 3 - 5 河南省 18 个省辖市年均增长率对比

增长率的差异导致各省辖市 GDP 总量在全省所占的份额有了较大幅度的调整（见表 3 - 6）。郑州、洛阳、三门峡和济源 4 个城市 GDP 占全省的比重是在逐步提高的，其他地市有升有降，河南省经济空间结构位次发生了重要变化。

表 3 - 6 河南省 18 个省辖市相关年份 GDP 份额变动情况

单位：%

地 区	GDP 比重			GDP 比重变化量		
	1996 年	2002 年	2009 年	1996～2002 年	2002～2009 年	1996～2009 年
郑 州	13.40	14.97	16.75	1.57	1.78	3.35
开 封	4.12	4.35	3.94	0.23	- 0.41	- 0.18
洛 阳	7.78	8.63	10.14	0.85	1.51	2.36
平 顶 山	6.30	5.18	5.71	- 1.12	0.53	- 0.59

续表

地 区	GDP 比重			GDP 比重变化量		
	1996 年	2002 年	2009 年	1996 ~ 2002 年	2002 ~ 2009 年	1996 ~ 2009 年
安 阳	5.67	5.04	5.70	− 0.63	0.66	0.03
鹤 壁	1.77	1.69	1.84	− 0.08	0.15	0.07
新 乡	7.03	5.49	5.02	− 1.54	− 0.47	− 2.01
焦 作	6.28	4.64	5.43	− 1.64	0.79	− 0.85
濮 阳	3.95	3.82	3.35	− 0.13	− 0.47	− 0.60
许 昌	4.54	5.85	5.73	1.31	− 0.12	1.19
漯 河	2.92	3.24	3.00	0.32	− 0.24	0.08
三 门 峡	3.02	3.18	3.56	0.16	0.38	0.54
南 阳	9.97	10.08	8.68	0.11	− 1.40	− 1.29
商 丘	5.48	5.53	5.04	0.05	− 0.49	− 0.44
信 阳	6.51	5.03	4.70	− 1.48	− 0.33	− 1.81
周 口	5.32	6.67	5.39	1.35	− 1.28	0.07
驻 马 店	4.75	5.35	4.56	0.60	− 0.79	− 0.19
济 源	1.19	1.28	1.46	0.09	0.18	0.27

资料来源:《河南统计年鉴》(1997 年、2003 年、2010 年)。

不仅是总量,河南省人均 GDP 增长的差异也很大(见表 3 - 7 和图 3 - 6)。

表 3 - 7　河南省 18 个省辖市人均 GDP 及其年均增长率变化情况

单位: %

地 区	人均 GDP(元)			年均增长率(%)		
	1996 年	2002 年	2009 年	1997 ~ 2002 年	2003 ~ 2009 年	1997 ~ 2009 年
郑 州	8352	14527	44231	9.66	17.24	13.68
开 封	3421	5757	16571	9.06	16.30	12.90
洛 阳	4872	8489	31170	9.70	20.42	15.35
平 顶 山	4384	6634	23081	7.15	19.50	13.63
安 阳	4249	5978	21578	5.86	20.13	13.31
鹤 壁	5068	7422	25370	6.56	19.20	13.19
新 乡	5123	6268	17992	3.42	16.26	10.15
焦 作	7594	8599	31356	2.09	20.30	11.53
濮 阳	4481	6745	18855	7.05	15.82	11.69
许 昌	4892	8173	26227	8.93	18.12	13.79
漯 河	4557	8108	23777	10.08	16.61	13.55
三 门 峡	5327	8995	31587	9.12	19.65	14.67
南 阳	3651	5909	16997	8.36	16.29	12.56
商 丘	2670	4258	12779	8.09	17.00	12.80

续表

地　　区	人均GDP（元）			年均增长率（%）		
	1996年	2002年	2009年	1997～2002年	2003～2009年	1997～2009年
信　　阳	2396	4034	13780	9.07	19.19	14.40
周　　口	2491	3936	10649	7.92	15.28	11.82
驻马店	2560	4053	11708	7.96	16.36	12.41
济　　源	7146	12326	42181	9.51	19.21	14.63
全　　省	3978	6437	20597	8.35	18.08	13.48

资料来源：《河南统计年鉴》（1997年、2003年、2010年），均为名义值。

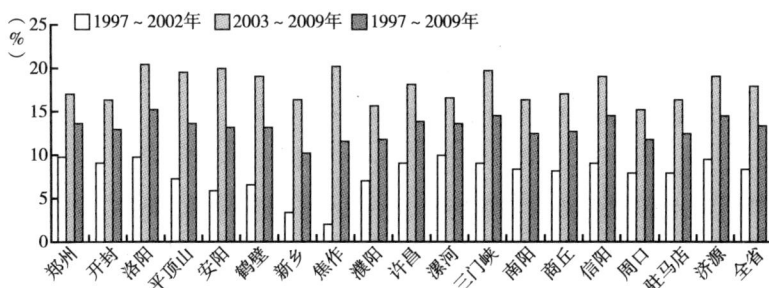

图3－6　河南省18个省辖市三个时间段人均GDP增长率对比

同时，河南省18个省辖市的三次产业结构与城镇化率也存在着很大的差异（见表3－8）。

表3－8　河南省18个省辖市三次产业结构与城镇化率对比

单位：%

地　　区	三次产业结构						2009年城镇化率
	1996年			2009年			
	第一产业	第二产业	第三产业	第一产业	第二产业	第三产业	
郑　　州	7.0	54.9	38.0	3.1	54.0	42.9	63.4
开　　封	34.9	37.1	28.0	21.6	44.4	33.9	39.6
洛　　阳	12.2	55.1	32.6	8.7	58.3	33.0	44.2
平顶山	21.0	51.3	27.8	9.3	65.2	25.5	41.8
安　　阳	23.5	49.2	27.3	12.7	60.1	27.2	38.9
鹤　　壁	25.6	51.0	23.4	12.2	68.7	19.1	49.6
新　　乡	23.8	49.1	27.0	13.3	56.3	30.4	40.9
焦　　作	16.2	59.5	24.3	8.0	67.3	24.7	47.0
濮　　阳	23.9	53.7	22.4	14.2	65.6	20.2	35.4
许　　昌	24.3	51.2	24.5	12.1	67.3	20.6	39.3

地 区	三次产业结构						2009 年城镇化率
	1996 年			2009 年			
	第一产业	第二产业	第三产业	第一产业	第二产业	第三产业	
漯　　河	30.6	46.3	23.1	13.3	68.9	17.8	39.3
三 门 峡	16.6	50.1	33.3	8.2	66.0	25.8	45.4
南　　阳	33.0	43.1	23.9	21.4	51.1	27.5	36.6
商　　丘	46.3	27.8	25.9	27.2	45.5	27.3	33.4
信　　阳	43.3	29.1	27.6	25.3	42.5	32.3	34.1
周　　口	45.3	33.0	21.6	29.9	44.7	25.4	29.5
驻 马 店	45.1	31.5	23.4	26.2	42.7	31.1	29.5
济　　源	16.2	50.5	33.3	5.1	74.3	20.7	49.0
全　　省	26.1	46.6	27.3	14.2	56.5	29.3	37.7

资料来源:《河南统计年鉴》(1997 年、2010 年)。

(二) 河南省空间结构演变特征

从上面的数据可以看出,河南省最近 14 年经济空间结构演变呈现以下特点。

第一,经济要素在不同空间点之间重新配置趋势明显。各市在全省GDP 总量中所占比重有升有降。18 个省辖市明显分野为两大阵营:郑州、洛阳、许昌、三门峡、济源、漯河、周口、鹤壁、安阳 9 个城市比重上升,升幅依次为 3.35%、2.36%、1.19%、0.54%、0.27%、0.08%、0.07%、0.07%、0.03%;开封、驻马店、商丘、平顶山、濮阳、焦作、南阳、信阳、新乡 9 个城市比重下降,降幅分别为 −0.18%、−0.19%、−0.44%、−0.59%、−0.60%、−0.85%、−1.29%、−1.81%、−2.01%。

第二,经济要素加速向少数空间点集聚,三大增长极初露端倪。在GDP 比重上升的 9 个城市中,郑州、洛阳和许昌 3 个城市大幅上升,各自GDP 总量在全省所占的比重分别提高了 3.35、2.36 和 1.19 个百分点,显示出这 3 个城市极强的要素吸附、集聚和自生能力;三门峡、济源、漯河、周口、鹤壁、安阳 6 个城市虽然在 14 年中总体上是上升的,但升幅很小,6个城市加总只有 1.06 个百分点。更令人瞩目的是,漯河、周口 2 个城市是先升后降,也就是说,最近几年是走下坡路的。不论是鹤壁的先降后升,还是三门峡的持续上升,它们总体的升幅甚微,而且不能排除近几年资源价格大幅上涨的影响。所以，这 4 个城市比重的上升根本没有办法与其他 3 个持续大幅上升的城市放在同一个平台上比较。因此，可以肯定地说，在最近 14 年中，郑州、洛阳、许昌 3 个城市已在 18 个省辖市中脱颖而出，成为河南省内稳定而又最具活力的经济增长极。1996 年以来济源 GDP 比重是持续上升的，而且相对于其较小的经济规模来说（济源原是焦作市下辖的一个县级市，后升格为省直辖，但仍是一个县级经济规模），其 0.27% 的升幅也是值得关注的。

第三，郑州、洛阳正在成为强大的要素集聚和吸附中心，"双核"结构已经凸显。在 3 个 GDP 比重升幅最大的城市中，尤以郑州、洛阳为最。14 年中 2 个城市 GDP 比重持续稳步上升，分别提高了 3.35 和 2.36 个百分点。比升幅居第 3 位的许昌分别多 2.16 和 1.17 个百分点，其他只有微小升幅的城市更无法望其项背。2 个城市的 GDP 总量也远高于其他城市，2009 年合计达到 5310 亿元，占全省 GDP 总量的 26.89%。这一比例虽然与在省域经济中首位度很高的武汉、西安等城市比还显得过低，但考虑到河南省域内经济要素集聚的多极格局，以及 2 个城市相对薄弱的历史基础和近几年远远超过其他城市的快速上升态势，其作为整个省域经济双极核的格局仍凸显无疑。

从人均 GDP（见表 3 - 7 和图 3 - 6）来观察，这种格局更为清晰。2009 年郑州人均 GDP 达到 44231 元（约合 6478 美元，以 2009 年末汇率为 1 美元 = 6.8282 元计算，下同），是人均 GDP 最低的周口（10649 元，约合 1560 美元）的 4.15 倍；2009 年洛阳人均 GDP（31170 元，约合 4565 美元）虽不及济源、焦作、三门峡高，但过去 14 年间平均增速在全省各城市中是居第 1 位的，达 15.35%，尤其是 2003 年以来的最近 7 年中，年均增速更是高达 20.42%。

三次产业结构（见表 3 - 8）则能进一步证明这种判断。2009 年郑州的三次产业结构比为 3.1∶54.0∶42.9，洛阳为 8.7∶58.3∶33.0。在全省 18 个省辖市中，郑州第一产业产值比重是最低的，只占全省平均值（14.2%）的 21.8%，是比重最大的周口（29.9%）的 10.4%。与此同时，郑州第三产业比重又是最高的，是全省平均值（29.3%）的 1.46 倍，比全省最低的漯河（17.8%）高出 25.1 个百分点。

2009 年洛阳第一产业产值比重比全省平均值低了 5.5 个百分点，在全省 18 个省辖市中也仅高于两个农业基础较弱的资源型城市焦作（8.0%）

和三门峡（8.2%）以及城市辖域面积较小的济源（5.1%）；第三产业比全省平均值（29.3%）高出3.7个百分点，仅低于农业比重较高、生活服务业发达和工业化水平较低的开封（33.9%）。

第四，部分城市密集区已具有多极化网络状发展的迹象。郑州、洛阳作为省域经济增长的两个极核，在对周边地区乃至全国范围内的要素产生强大吸附和集聚作用的同时，也开始在成本和效率原则的推动下，按照地域分工的要求向周边地区扩散资源，从而对周边地区产生了明显的辐射作用，激活了周边本来就有良好基础的城市经济发展的活力。近年来，在2个城市周边100公里左右的半径内，逐渐形成了次一级的资源集聚和经济增长中心，并且这些次一级的经济增长中心之间以及它们和两个极核之间的要素流动和重新配置趋势明显。两极核之间、两极核与众多次级增长中心之间以及众多次级中心相互之间相互合作、相互竞争、相互影响、相互推动，初步呈现了多极化网络状区域经济发展格局。

"中原城市群核心层9城市+三门峡"属于此种发展格局的区域类型。这里集中了河南省经济发展的2个极核（郑州和洛阳）、三大增长极的全部（郑州、洛阳和许昌）、七大能源基地中的4个（平顶山、义马、新密、焦作，除鹤壁、永城和濮阳之外），且扼守我国最大能源基地——山西煤炭南下的咽喉（焦作、济源）、实力最为雄厚的传统工业基地（新乡、焦作、洛阳、平顶山）和知名度最高的国际旅游城市（洛阳和开封）。密集的要素集聚和雄厚的基础使得最近14年来该区域成为全省增长最快的区域。1997～2009年人均GDP年均增长速度位于河南省平均水平（13.48%）之上的除了信阳（14.40%）以外全部集中在这里，排序依次是洛阳（15.35%）、三门峡（14.67%）、济源（14.63%）、许昌（13.79%）、郑州（13.68%）、平顶山（13.63%）、漯河（13.55%）（见表3-7）。

第五，特色鲜明的四区域格局基本形成。如果根据区位、自然地理环境、资源条件、经济发展水平和经济活动特点等因素对河南省18个省辖市进行分类，我们发现在省域范围内已经形成了特色鲜明的四区域格局，即"中原城市群核心层9城市+三门峡"（以下称"中原城市群+三门峡"）10城市、"商丘+周口+驻马店+信阳"（以下称"商周驻信"）4城市、"鹤壁+安阳+濮阳"3城市、南阳1城市。四区域相关数据对比见表3-9、表3-10。

表3-9　河南省四区域2008年末相关数据比较

区域	人口		GDP		人均GDP		城镇化率（%）	国土面积占全省%
	万人	占全省%	亿元	占全省%	元	占全省%		
中原城市群+三门峡	4238	44.95	11216.61	60.93	26465.50	135.08	45.5	41.5
商周驻信	3343	35.45	3593.87	19.52	10751.40	54.87	30.1	34.3
鹤壁+安阳+濮阳	1014	10.75	2035.30	11.06	20075.95	102.46	38.3	8.3
南阳	1091	11.57	1636.43	8.89	14995.24	76.53	34.9	15.9
河南省	9429	100	18407.78	100	19593.00	100	36.0	100

资料来源：《河南统计年鉴》（2009年）。河南省数据取《河南统计年鉴》直接给定的数据，并非18个省辖市相加得到，故存在一定的误差；人均GDP和城镇化率通过相应数据换算得到。

表3-10　河南省四区域2009年末相关数据比较

区域	国土面积占全省%	年底总人口		GDP		人均GDP		城镇化率%	年底城镇人口	
		万人	占全省%	亿元	占全省%	元	占全省%		万人	占全省%
中原城市群+三门峡	41.5	4233	42.5	11993	60.7	28332	137.6	45.5	1926	51.3
商周驻信	34.3	3583	35.9	3890	19.7	10857	52.7	31.4	1127	30.0
鹤壁+安阳+濮阳	8.3	1056	10.6	2150	10.9	20360	98.8	39.2	414	11.0
南阳	15.9	1096	11.0	1714	8.7	16997	75.9	36.6	401	10.7
河南省	100	9967	100	19748	100	20597	100	37.7	3758	100

资料来源：《河南统计年鉴》（2010年）。河南省数据取《河南统计年鉴》直接给定的数据，并非18个省辖市相加得到，故存在一定的误差；人均GDP和城镇化率通过相应数据换算得到。

从表3-9可知，东北部"鹤壁+安阳+濮阳"3城市与西南部南阳1城市的人口、国土面积和经济总量相差无几，人均指标也十分接近。但西北部的"中原城市群+三门峡"10城市与东南部的"商周驻信"4城市经济总量的差距远大于人口差距，人均GDP差距巨大，前者是全省平均值的135.08%，后者仅相当于全省平均值的54.87%，经济发展不平衡态势明显。

"中原城市群+三门峡"10城市覆盖了河南省整个中部和西部地区，是全省城市最密集、国土面积及人口量最大、产业最集中、高校和科研机构及人才最多，从而也是最具活力、经济发展水平最高和经济总量最大的地区。2009年它以占全省42.5%的总人口和41.5%的国土面积创造了占全省60.7%的GDP总量。人均GDP高达28332元，是全省平均值的137.6%，远远高于其他地区。2009年末城镇化率为45.5%，高出全省平均值

（37.7%）7.8 个百分点（见表 3 - 10）。

"商周驻信" 4 城市与"中原城市群 + 三门峡" 10 城市区位对称，占据河南省东部和南部半壁江山。人口和国土面积都仅次于后者，但此区域资源匮乏、城市稀疏且规模较小、产业基础薄弱、高校和科研机构少而弱、人口素质相对较低，因而也是全省发展水平最低的地区。2009 年它以占全省 34.3% 的国土面积和 35.9% 的人口仅创造了相当于全省 19.7% 的国内生产总值。人均 GDP 只有 10857 元，仅为全省平均值的 52.7%，不足"中原城市群 + 三门峡" 10 城市 28332 元的一半。城镇化率只有 31.4%，低于"中原城市群 + 三门峡" 10 城市（45.5%）14.1 个百分点。

"鹤壁 + 安阳 + 濮阳" 3 城市位于河南省北部和东北部，集中了省内相当部分的能源、原材料乃至高技术电子产业，有著名的中原油田、中原大化、鹤壁煤业及安阳钢铁等在省内和同行业中具有举足轻重地位的大企业，有相当的产业基础，也聚集了相当数量的专业人才，经济发展水平仅次于"中原城市群 + 三门峡" 10 城市，在全省属于第二梯队。该区域 2009 年以占全省 8.3% 的国土面积和 10.6% 的人口创造了占全省 10.9% 的国内生产总值。2009 年人均 GDP 为 20360 元，是全省平均值的 98.8%，略低于全省平均值。2009 年城镇化率为 39.2%，高出全省平均值（37.7%）1.5 个百分点。

南阳 1 城市与"鹤壁 + 安阳 + 濮阳" 3 城市相对，扼守河南省西南咽喉，并与湖北省、陕西省相接，隔湖北省、陕西省与重庆市、四川省相望。南阳由于处在盆地位置，与周边主要中心城市距离较远，历史上一直是一个相对独立的区域。独特的自然地理环境形成了相对独立的文化传统，文化底蕴丰厚，人才辈出。近年来，由于宁西（南京 - 西安）铁路及许平南（许昌 - 平顶山 - 南阳）高速公路建成通车，加上在建和拟建的若干条高速公路，使得南阳逐渐成为河南省境内大西南方向的一个新的交通枢纽。它虽然只是一个城市，但其人口总量、GDP 总量却可以和"鹤壁 + 安阳 + 濮阳" 3 城市比肩，国土面积还远大于上述 3 城市。它以占全省 15.9% 的国土面积和 11.0% 的人口创造了占全省 8.7% 的国内生产总值。2009 年人均 GDP 为 16997 元，是全省平均值的 75.9%。2009 年城镇化率为 36.6%，低于全省平均值 1.1 个百分点。相关经济指标低于省域东北部"鹤壁 + 安阳 + 濮阳" 3 城市，远高于黄淮地区"商周驻信" 4 城市，经济发展水平居于中等偏下位置。

中原经济区各地市要素禀赋存在着明显差异，不同的资源禀赋，应该有不同的产业发展方向，但是各地区产业结构具有较强的同构性。从未来的发展趋势看，随着市场一体化的推进，要素在空间上的配置将更多地受到市场力量的引导，地区产业分工将更多地依托于各地区的比较优势。那些劳动成本比较低的地区，将会更多地发展劳动密集型产业；那些资本比较富裕的地区，将会更多地发展资本密集型产业；那些自然资源比较丰富的地区，将会更多地发展资源密集型产业；那些高层次人才聚集的地方，将会更多地发展高新技术产业，从而形成更加合理的区域分工格局。

我们以河南省 18 个省辖市为地域单元，以 GDP 为基本度量指标，进一步研究 1996～2008 年 13 年间各城市在全省经济总量中所占比重的变化情况，测度省域范围内要素聚集演化情况（见表 3－11）。

表 3－11　河南省 18 个省辖市 1996～2008 年 GDP 份额变动情况

单位：%

地　区	1996 年	2002 年	2008 年	1996～2002 年 变化量	2002～2008 年 变化量	1996～2008 年 变化量
郑　州	13.40	14.97	16.32	1.57	1.35	2.92
开　封	4.12	4.35	3.74	0.23	－0.61	－0.38
洛　阳	7.78	8.63	10.43	0.85	1.80	2.65
平顶山	6.30	5.18	5.80	－1.12	0.62	－0.50
安　阳	5.67	5.04	5.63	－0.63	0.59	－0.04
鹤　壁	1.77	1.69	1.86	－0.08	0.17	0.09
新　乡	7.03	5.49	5.16	－1.54	－0.33	－1.87
焦　作	6.28	4.64	5.60	－1.64	0.96	－0.68
濮　阳	3.95	3.82	3.57	－0.13	－0.25	－0.38
许　昌	4.54	5.85	5.77	1.31	－0.08	1.23
漯　河	2.92	3.24	2.99	0.32	－0.25	0.07
三门峡	3.02	3.18	3.55	0.16	0.37	0.53
南　阳	9.97	10.08	8.89	0.11	－1.19	－1.08
商　丘	5.48	5.53	5.05	0.05	－0.48	－0.43
信　阳	6.51	5.03	4.71	－1.48	－0.32	－1.80
周　口	5.32	6.67	5.35	1.35	－1.32	0.03
驻马店	4.75	5.35	4.42	0.60	－0.93	－0.33
济　源	1.19	1.28	1.57	0.09	0.29	0.38

资料来源：根据《河南统计年鉴》（1997 年、2009 年）相应数据换算得到。

从表 3－11 可以看出，18 个省辖市中只有 8 个城市 GDP 在全省 GDP 中的比重是上升的，10 个城市是下降的。而且比重上升的城市基本上都集中在中原城市群地区（8个中占了5个），郑州、洛阳、许昌3个城市升幅最大，依次为2.92%、2.65%、1.23%，合计达到6.8%，占总升幅7.36%的92.4%。说明区域发展不平衡及要素向中原城市群地区聚集趋势十分明显。

所有上述数据都表明，由于工业化和城镇化在区域之间发展不平衡，这种发展的不平衡进一步诱发经济要素在不同地区的城市之间不是均匀分布的。各种生产要素除了部分就近流向周边的城市之外，主要是由工业化水平低的地区流向工业化水平高的地区。全国是中西部地区农村流向沿海城市，省内是商周驻信等农业地区流向以郑州为中心的中原城市群地区。

三　促进二元结构向一元市场空间结构转变

前面的分析基于这样一个假定前提：在不同的地区，由于资源禀赋不同，而使同一资源产生了资源价格的地区差异，即对该资源比较丰裕的A地区其价格较低，而对该资源比较稀缺的B地区其价格较高，地区经济合作导致资源从价格较低的A地区流向价格较高的B地区，从而使A、B两地区获得如前所述的区域经济合作的经济效应，促使要素流动的自动实现。但这种假定与我们的现实是相矛盾的，我们的现实情况是：改革开放以来，随着经济市场化改革的不断深入，许多人为阻止要素地区流动的政策被逐步取消，发达地区利用其便利的区位条件和市场化先行的政策优势，经济得到了持续地高速发展，不仅把欠发达地区丰裕的资源要素吸引了过来，而且欠发达地区原本稀缺的资源要素如资金也大量流向发达地区。如何解释这种现象呢？

任何要素都要追逐它的最大利益，这是经济学的规律。但发生改变的是假定本身，即由于先进地区经济较发达，技术水平和管理水平较高，又有较为优越的基础设施和市场条件，这使得任何要素的边际生产率都远远高于欠发达地区，资源要素投入发达地区生产得到的价格都高于欠发达地区，从而要素流到发达地区能获得更高的价格和收益。在要素区域间流动的条件下，市场利益机制将使两地区要素的价格相等。

从地区经济发展的制约因素来看，那些具有经济增长因素比较优势的地区，在经济发展初期，人力、资本必然向发展条件较好的地区流动和聚集。这些有较为明显的资金、技术、人才等比较优势的地区，很容易使自己的经济发展走在那些落后地区的前面，更好地去实现本地区的利益目标，因而，各地区就会产生一定的经济利益上的矛盾。当然，客观上具有比较优势的地区不仅能使自己的经济迅速发展起来，而且对其他地区的经济发展也会产生积极的辐射作用，即所谓的扩散效应。一般来讲，在不存在过多的人为障碍时，只要各地区都能够以自己的比较优势来发展经济，经济发达地区与不发达地区之间能够形成一定的利益互补性，使各地区之间的经济利益关系逐步协调起来，每个地区就都能使本地区的经济发展水平不断提高。也就是说，地区间的利益矛盾可以通过各种合作、协作等方式来解决。

但在现实的经济生活中，由于生产要素的流动仍面临着体制、地区差异、政策等障碍，各地区的经济发展不平衡情况是主要特征。在我国，各地方政府具有自身独立的地区利益目标，地区间市场分割严重，难以形成全国统一的市场，资本、人才、技术等生产要素缺乏正常的流动，因而地区利益矛盾的解决，往往不是通过比较优势来相互补充、相互合作与协作发展，而是主要以各地区之间的各种竞争来实现各自的地区利益。应该说，对经济发展中其他主体的适应性反应，是每个主体在具有独立利益追求时的必然现象。地方政府在追求地区利益最大化的过程中，与其他地方政府之间发生的一系列属于博弈性质的行为是很正常的。但问题是，如何通过建立一种机制，改善宏观经济发展中的这种不合理状况，逐步形成生产要素的合理流动，促进地区经济协调发展。

缩小由市场机制造成的地区经济差距，促进协同发展，就必须阻止欠发达地区稀缺要素的过度流出，同时还要吸引外部要素的大量流入。其关键是提高欠发达地区要素边际生产率。如何才能做到这一点呢？不可能再沿用计划经济的老办法强制发达地区的生产要素向欠发达地区流入，我们已经因此付出过沉重代价。只能把相应的宏观政策建立在市场经济基础上，从而实现在不损害发达地区利益甚至使发达地区利益增加的同时，大大促进欠发达地区经济的发展。

中国的经济体制改革是一个不断推进经济市场化的进程，因此，研究区域经济一体化发展必须走出计划经济的思维定式，从经济市场化的大趋势中寻求促进经济区域联动发展的思路和途径。经济市场化是我国经济发展的大趋势，促进区域经济一体化发展，必须按市场规律运作，重视发挥市场机制的作用。从以上地区差距根源的分析可以看出，区域发展的推动力是要素的积累和流入，而要素积累和净流入在市场经济运行体制下，关键取决于区域要素收益率的高低。因此，要促进欠发达地区发展，就必须对欠发达地区实施支持政策，提高欠发达地区要素边际生产率。在市场经济体制好、我国融入全球化日益深入、首先要求政府转变职能的背景下，经济区域的联动发展，除了国家生产力布局向欠发达区域方面的投资项目倾斜外，在资源动员模式上，应当摒弃政府为主、计划直接动员的传统思路，充分利用市场经济规律，在按照市场规律的要求制定公平竞争规则的前提下，政府利用税收优惠，消除各种杂费，转变政府职能，改善要素的收益率信号，间接调动社会资源内部积累和外部投入。支持政策应主要包括政府财政转移支付、投资倾斜政策以及良好的市场环境等，使欠发达地区的基础设施、市场条件、科技文化教育水平、自然生态环境等方面的条件得到全面改观。这样既能较好地实现政府联动发展的调控意图，又达到了政府调控与市场机制的对接。

第四章

自主创新动力：创新溢出、技术
传递与中原经济区协调发展

中原经济区是中原崛起、河南振兴的重要载体和平台。建设中原经济区，必须突出科学发展这一主题，贯穿经济发展方式转变这条主线。建设自主创新体系是转变发展方式、实现科学发展的内在要求，是全面落实科学发展观的重要实践，是提高区域竞争力的根本途径。因此，必须着力于推进中原经济区自主创新体系建设，从根本上提升自主创新能力，为中原经济区建设提供强有力的科技支撑。

创新具有扩散溢出的特性，通过在特定的时段空间内，创新扩散经由特定的渠道在某一社会团体的成员中传播。成员背景越相似，则这种传播越有效。创新的扩散不仅是一个技术事件，而且也是一个社会过程。扩散中的时间因素包括创新决策过程、创新精神以及创新的采用速度。自主创新的创新扩散效应可为区域经济增长发挥极大的带动作用。Romer（1986）和 Lucas（1988）最早通过模型针对知识溢出对区域经济增长的作用进行了实证研究；Keilbach（2000）、Grossman and Helpman（1995）利用 TFP 分析模型，估计了国内 R&D 溢出和国外 R&D 溢出对生产力的影响。Stel and Henry 应用面板数据分析方法研究了荷兰 1987～1995 年工业部门知识溢出、区域竞争与经济增长的关系，结果表明，区域竞争与产业之间知识溢出对产业部门经济增长影响显著，而产业专业化水平对产业部门的经济增长影响不显著[1]。Kose and Rimmer（2002）以改进的模型运用平行数据和空间计量经济学方法对法国、意大利和西班牙三国的区域经济增长进行了实证分析，结果

---

[1] 陈国权：《知识外溢及其对产业增长影响的实证研究》，东北大学硕士学位论文，2008。

显示，R&D强度和R&D溢出对区域经济增长有显著的正效应。赖明勇等（2005）构建了中间产品种类扩张型的内生增长模型，利用我国1996~2002年30个省份的面板数据实证研究了技术吸收能力对外溢效果的决定作用，结果表明，东部地区的人力投资滞后制约了技术吸收能力，而中西部地区提高技术吸收能力的关键是增强经济开放度。方希桦、包群、赖明勇（2004）研究以进口贸易为传导机制的国际技术溢出对我国TFP的促进作用，协整性检验结果表明，贸易伙伴国R&D溢出、国内科技投入对我国的创新能力提高具有显著的促进效应。

第一节　自主创新与中原经济区"三化"协调的科技支撑

中原经济区作为一个跨省域的区域合作组织，如何推动其融合和落实政府发展政策，在区域公平的前提下共享发展成果，最终要落脚于创新能力和自主发展能力的提升上[①]。基于行为主体活动，要立足于尺度转移，从创新能力和自主发展能力出发来支撑中原经济区发展（见图4-1）。

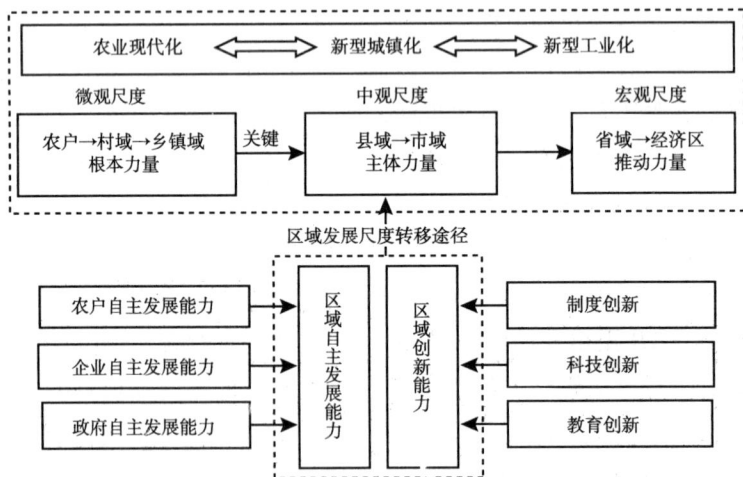

图4-1　中原经济区创新动力支撑"三化"协调发展框架

---

① 秦耀辰、苗长虹：《中原经济区科学发展研究》，科学出版社，2011。

一　自主创新与区域创新体系的内涵

自主创新是我国特定背景下出现的新概念，它是"创新"概念的一种演化，偏重于创新主体在创新活动中的自主性。依据不同的创新主体，自主创新内涵不同。企业层面的自主创新主要表现为对行业发展有重大影响的核心技术的开发和掌握，其拥有对产品和服务的自主定价权以及市场分配过程中的话语权和主导权，特别是指企业通过自身的努力和探索产生的技术突破，并在此基础上依靠自身的能力推动创新的后续环节，完成技术的商品化，获取预期的商业利益，达到预期目标的活动。国家（或区域）层面的自主创新是指以自主解决本国（本区域）经济发展和国家安全面临的重大关键技术问题，以原始创新、集成创新以及引进基础上的再创新为主要表现形式，以推动产业结构升级、实现经济发展方式转变、提高国家（区域）竞争力为目的的创新活动。国家自主创新体系泛指一个国家整合创新要素所构成的社会网络，主要体现为在国家层面上推动自主创新、提升国际竞争力的组织与制度。

经济区是由不同种类、不同等级、具有较强自组织能力、相对独立而又高度开放的经济功能区，彼此之间交互作用而形成的一种具有网络特征的经济空间①。地缘经济区因受到分属于若干行政经济区微观利益动机驱使的管制，出现地理空间连续与非市场决策不连续的"行政区经济"现象，派生出经济活动严重冲突中的重复建设、资源浪费、生态环境破坏等"边缘效应"，即"行政区边缘经济"的区域经济运行方式②。同时，在经济区内，省际差异对经济区经济发展差异的影响大于省内差异和市内差异的影响③。经济区建设最重要的是结合当地的比较优势，发展当地农业、工业和旅游业等特色产业④。就中原经济区科技创新而言，必须在互惠互利的基础上，打破地区行政界限，通过联合攻关和协同开发，整合区域内部科技创新资源，实现资源和利益共享，进一步增强区域产品竞争力，促进中原科技创新一体

① 郝寿义：《区域经济学原理》，上海人民出版社、格致出版社，2007，第 137 页。
② 冯佺光：《地缘经济区视角下的行政区边缘山地经济协同发展》，《山地学报》2009 年第 2 期，第 166～176 页。
③ 孙姗姗、朱传耿、李志江：《淮海经济区经济发展差异演变》，《经济地理》2009 年第 4 期，第 572～576 页。
④ 员智凯：《关中－天水经济区的辐射带动作用和发展路径选择》，《人文地理》2009 年第 2 期，第 63～66 页。

化，共筑中原产学研经济联盟。因此，只有坚持中原经济区各地市之间的科技合作，才能协同区域自主创新体系构建。

区域自主创新体系是指一个区域内有特色的、与地区资源相关联的、推进自主创新的制度组织网络，其目的是推动区域内新技术或新知识的产生、流动、更新和转化。该体系以企业为主体，大学和科研机构参加，并有中介服务机构和政府参与，由此形成的一个知识技术创新网络系统。区域自主创新体系由主体要素（包括区域内的企业、大学和科研机构、中介服务机构和政府）、功能要素（包括区域内的制度创新、技术创新、管理创新和服务创新）、环境要素（包括体制、机制、政府或法制调控、基础设施建设和保障条件等）三部分组成，具有输出技术知识、物质产品和效益的功能。

区域技术创新体系是国家创新体系的子系统，它体现了国家创新体系的层次性特征。区域技术创新体系的建设和完善是国家创新体系运行的前提和组成部分。区域技术创新的实质是通过系统内各要素的互相作用，在区域内高效流动的信息交换中，推动该地区以市场为基础的知识和人才资源流动、技术扩散和产业群活动，不断采用新工艺，开发新产品，并取得巨大经济效益，有效地实现创新目标。其基本内容主要包括以下几点：一是以大学和科研机构为依托的科学研究体系；二是以企业为主体、产业技术创新为重点的技术创新体系；三是以促进知识、技术转移为目标的创新服务体系；四是以制度创新和环境建设为重点的政府宏观管理调控体系；五是以政府投入为引导的社会多元化创新投入体系；等等。

二　自主创新体系对中原经济区"三化"协调的支撑性

科学技术是第一生产力，要持续探索"两不"牺牲、"三化"协调发展，从根本上破解中原经济区的发展难题，就必须深入实施"科教兴豫"战略，加快构建自主创新体系。通过不断提升科技研发能力、科研成果转化能力、科技创新运用能力和科技人才集聚能力，为充分发挥新型城镇化的引领作用、新型工业化的主导作用、新型农业现代化的基础作用提供强有力的科技支撑。

（一）强化新型工业化主导，加快中原经济区转型升级，必须依靠科技创新提升支撑能力

以科技含量高、信息化涵盖广、经济效益好、资源消耗低、环境污染少、人力资源优势得到充分发挥为主要内涵的新型工业化，在经济社会发展

中具有决定性作用。目前，以河南省为主体的中原经济区产业层次低、结构不合理的矛盾十分突出，主要表现为：采掘业、原材料工业占整个工业的60％以上，而带动性强、关联度高、对长远发展有重要影响的新兴产业却发展缓慢；从产品结构看，初级产品居多，高中端产品、名牌产品数量较少；产业、产品同类化和同质化现象严重，结构性矛盾已成为制约中原经济区科学发展的关键问题。调整优化产业结构，实现经济发展方式的根本转变已刻不容缓。因此，在中原经济区建设中迫切需要坚持做大总量与优化结构并重，推动工业化与信息化融合、制造业与服务业融合、新兴科技与新兴产业融合，构建结构合理、特色鲜明、节能环保、竞争力强的现代产业体系，加快新型工业化进程，有力支撑"三化"协调发展。

加快工业转型升级，推动生产规模由小到大、产业链条由短到长、产业层次由低到高、企业关联由散到聚，是中原经济区加快新型工业化进程的主要方向。国内外发展的实践证明，自主创新是产业升级的推进器，从传统农业、手工业和重化工业，到今天的信息经济、生物经济和现代服务业的发展，每一次产业的跃升和结构的调整，无一不是科技进步与创新的结果。建设中原经济区必须顺应世界新技术革命的潮流和趋势，努力在新一轮新技术革命中实现跨越和赶超，力争在一些关键领域和重大技术上率先实现突破。加快构建自主创新体系，是中原经济区抢抓战略机遇、依靠自主创新、培育壮大战略新兴产业、抢占未来经济发展制高点的根本保证。

改革开放以来，河南省高新技术产业发展经历了从无到有、从小到大的发展历程。2000年以来，河南省高新技术产业增加值实现年均增长23％，高于同期工业增加值增长速度6个百分点。在高新技术产业中，电子信息、生物医药、新能源、新材料等领域已形成较为明显的技术和市场优势，成为全国重要的超硬材料、多晶硅、电池生产基地。2009年，全省规模以上高新技术企业实现工业增加值1522亿元，同比增长25％。全省4个国家级和7个省级高新区实现工业总产值2660亿元，同比增长20.2％；实现工业增加值806亿元，同比增长20.5％。高新技术特色产业基地培育取得新的突破，焦作汽车零部件产业基地被批准为国家火炬特色产业基地，郑州市被确定为国家"十城万盏"LED试点城市，等等。高新技术产业的迅猛发展，有力地促进了产业结构的升级和经济发展方式的转变。

现阶段，以河南省为主体的中原经济区自主创新能力还不够强，自主创新对工业结构调整的贡献还比较小，对产业能级提升的支撑力度还十分有限。如果不增强自主创新能力，就难以从根本上摆脱"高投入、高消耗、高污染、低效益"的困扰。目前尤其需要通过以产业集聚区为载体推动集聚发展，提升区域的产业创新能力。把新增建设用地和环境总量指标优先向产业集聚区配置，加强基础设施、公共服务平台建设，促进企业集中布局、产业集群发展、资源集约利用、功能集合构建、人口有序转移，充分发挥产业集聚区在构建现代产业体系、现代城镇体系和自主创新体系中的承载作用。培育和引进龙头型、基地型企业，促进同类企业、关联企业和配套企业集聚，形成一批特色鲜明的产业集群，从而促进中原经济区经济发展方式由粗放型向集约型转变，由要素驱动型向创新驱动型转变，实现发展方式的转变。

中原经济区以做大做强为方向争创工业新优势，目前仍需要通过科技创新在以下方面努力实现突破：通过以龙头带动、基地支撑、高端突破为着力点，大力发展汽车、电子信息、装备制造、食品、轻工、新型建材等高成长性产业；以精深加工、节能降耗、重组整合为着力点，积极运用先进适用技术和信息技术改造提升化工、有色、钢铁、纺织等传统优势产业；以核心关键技术研发、自主技术产业化为着力点，培育壮大生物、新能源、新材料、新能源汽车、高端装备等先导产业，大力发展节能环保产业，促进战略性新兴产业发展。食品工业既关联工业、农业，又关联服务业，因此，还要发挥农产品资源丰富的优势，加快建设食品工业强省；发挥科技创新的支撑作用，通过深入推进企业兼并重组，提高产业集中度，壮大一批拥有知名品牌和核心竞争力的大型企业集团，并培育一大批"专、精、特、新"中小企业，增强分工协作和产业配套能力。只有大幅度提高这些工业行业的自主创新能力，才能不断推进产业结构的优化升级，从而提高整个经济区域国民经济发展的质量和效益。

（二）强化新型城镇化引领，引导创新要素聚集，也必须强化区域创新体系支撑

新型城镇化是以城乡统筹、城乡一体、产城互动、节约集约、生态宜居、和谐发展为基本特征的城镇化，是大中小城市、小城镇、新型农村社区协调发展和互促共进的城镇化。从河南省的实际看，农村人口多、农业比重大、保粮任务重，"三农"问题突出是制约"三化"协调的最大症结，人多地少是制约"三化"发展的最现实问题。城镇化水平低是经济社会发展诸多矛盾最突出的聚焦点，这一状况对城镇化模式转变形成倒逼压力，要求必须创新城镇化发展思路和路径。实践证明，推进新型城镇化，有利于拓宽农村人口转移渠道，有效解决农村劳动力亟待转移与城镇承载能力不强的矛盾；有利于促进城乡一体化发展，改善农村生产生活条件，逐步解决城乡差距大、二元结构矛盾突出的问题；有利于推动农业规模化和组织化经营，提高农业劳动生产率和综合生产能力；有利于节约集约利用土地，解决建设用地刚性需求与保护耕地硬性约束的矛盾；有利于扩大内需，推动经济社会持续较快发展。因此，增强中心城市辐射带动作用，要统筹推进大中小城市、小城镇和新型农村社区建设，加快构建符合河南省实际、具有河南省特色的现代城镇体系。

建设中原经济区，实现"两高一低"的发展目标，成为支撑中部崛起的核心区域，成为全国经济发展的重要增长板块，就必须在发挥区域优势的基础上，通过提升创新能力，实现经济社会的跨越式发展。强化新型城镇化引领，提升创新能力，首先，要着力增强中心城市的辐射带动作用。中心城市是实现依城促产、以城带乡的主导力量，也是技术创新的重要力量。完善中原城市群联动发展机制，推进交通一体、产业链接、服务共享、生态共建，形成具有较强竞争力的开放型城市群。通过加快郑州都市区建设，优化中心城市布局和形态，促进中心城区与周边县城、功能区组团式发展，有助于培育区域整体竞争优势。加强中原城市群城市新区建设，发展城区经济，强化产业复合和经济、生态、人居功能复合，发展高端制造业、战略性新兴产业和现代服务业，支持城市新区建设成为中原经济区最具活力的发展区域。其次，还要着力增强县域城镇的创新能力，提升其承载承接作用。县级市、县城和中心镇是统筹城乡发展的重要节点，对承接中心城市的创新辐射、技术溢出发挥重要功能。目前，以河南省为主体的中原经济区，虽然经济总量指标位居全国前列，但人均水平无论是与发达地区比，还是与全国平均水平比，都有较大差距，这种差距表面上看是人均水平的差距，实质上是城镇化和创新能力的差距。在推进中原经济区新型城镇化过程中，迫切需要用现代城市的理念和标准来规划建设城镇，注重内涵式发展，突出特色，提高品位，强化产业支撑，完善公共服务，提高承接中心城市辐射能力和带动农村发展能力。县域经济发展，要依托产业集聚区和专业园区，加大招商引资力度，培育主导产业，壮大产业规模，发展特色产业集群，推动土地集约利用、农业规模经营、农民多元就业，激发县域经济发展活力。最后，只有加快自主创新体系建设，通过把加快新型城镇化与建设社会主义新农村结合起来，构建城乡一体化发展新格局，大幅提高自主创新能力和区域竞争力，中原经济区才能在不断提高经济发展质量和效益的前提下，实现跨越式发展，才能真正走在中部崛起的前列。

（三）强化新型农业现代化基础作用，维护粮食安全，更需要技术创新的推动作用

新型农业现代化是以粮食优质高产为前提，以绿色生态安全和集约化、标准化、组织化、产业化程度高为主要标志，基础设施、机械装备、服务体系、科学技术和农民素质支撑有力的农业现代化。要坚定不移地把"三农"工作摆在重中之重的位置，坚持工业反哺农业、城市支持农村和多予少取放活的方针，加大科技强农、惠农、富农力度，扎实推进新型农业现代化，加快农业发展方式转变，夯实城乡共同繁荣的基础。首先，在提升粮食生产能力上实现新突破，需要科技来支撑。河南省作为农业大省，肩负着国家粮食安全的历史重任。解决好近亿人口吃饭问题，同时为保障国家粮食安全做贡献，是中原经济区必须担负的责任。改革开放以来，河南省狠抓小麦、玉米等主要农作物新品种选育和推广，全省主要农作物良种覆盖率达到95%以上，其中玉米良种覆盖率为100%，小麦良种覆盖率达98%以上。近几年，河南省通过认真组织实施粮食丰产科技工程、科技入户工程，解决了一批制约粮食丰产的重大技术难题，形成了具有河南区域特点的粮食丰产技术体系。正是这些粮食科技成果支撑了河南省粮食生产不断迈上新台阶，持续实现新跨越，为河南省占全国1/16的耕地生产出占全国1/10的粮食发挥了重要的作用，进一步稳定和巩固了河南省粮食生产核心区的战略地位。中原经济区建设要力争粮食综合生产能力达到1200亿斤的阶段性目标，建立粮食稳产增产长效机制，迫切需要在稳定粮食种植面积、加强以水利为重点的农业基础设施建设基础上，进一步推进农业的科技创新，健全农业技术推广体系，发展现代种植业，加快农业机械化。其次，尤其需要通过技术创新在提高农业效益上取得新进展。在确保粮食稳产增产的前提下，河南省围绕拉长主要农副产品产业链条，推进农业结构调整，大力发展现代畜牧业和特色高效农业，已经集中力量攻克了一批关键性技术难题，还培育了双汇、华英、科迪、三全、思念等一批在国内外市场上有强大竞争力的知名企业和品牌，为加快发展节约型农业、循环农业、生态农业奠定了基础。在中原经济区建设中，仍需要通过建设一批国家级和省级现代农业示范区，加强农产品质量安全监督管理，推进农业产业化，发展壮大龙头企业和知名品牌，拉长产业链，提高附加值。最后，在改善农村生产生活条件上迈出新步伐，为农村经济结构调整和产业优化升级创造良好的外部环境。扎实推进社会主义新农村建设，继续实施农村电网改造和危房改造，加强农村道路、饮水安全、清洁能源、信息通信等基础设施建设，完善农村现代流通网络，实施农村清洁工程，积极发展农村文化、科技、教育、卫生、体育事业。

（四）推进创新是支撑中原经济区破解发展瓶颈、培育区域核心竞争力的客观要求

经济社会快速发展与资源环境约束的矛盾，是当前和今后一个时期中原经济区建设面临的重大挑战。一方面，人均资源占有量少，水资源仅相当于全国平均水平的 1/5，探明储量的矿产资源人均仅为全国的 1/4。另一方面，河南省资源利用率低，2009 年，河南省 GDP 能耗是国内先进水平的 2 倍，工业万元增加值用水量是发达国家的 3 ~ 5 倍，能源利用率比发达国家低 10 个百分点。一些资源开发型产业本身就是高耗能、高污染产业，资源浪费和环境污染比较严重[①]。随着经济规模的不断扩大，以及工业化、城镇化进程的加快，若继续沿袭传统发展方式，经济增长所产生的巨大资源需求和环境压力将使中原经济区的可持续发展面临极大挑战。自主创新是推动经济社会可持续发展的根本途径，只有加快自主创新体系建设，依靠科技进步与创新找出路、想办法，才能进一步提高资源能源利用效率，实现从资源消耗型经济向资源节约型经济转变，才能更好地保护生态环境，治理环境污染，实现以生态环境为代价的增长方式向人与自然和谐相处的增长方式转变，进而才能突破资源、环境的瓶颈制约，促进经济社会全面、协调、可持续发展。

三　中原经济区自主创新体系建设的基础与主要内容

演化经济学认为，经济本身就是一个动态的、不可逆的、因新奇的创生和影响而自我转变的系统，正是经济主体（个人、企业，甚至包括政府）的创造能力和市场的创造功能，驱动着经济的演化和适应；创新和知识具有核心的重要性，个人、企业、市场都是知识的携带者（贮存器）和知识联结的合成物；创新和知识并不是外生的，而是内在于经济过程之中；技术、产业和各种各样的支持性制度或者市场过程与创新体系过程是共同演化的；

---

① 谷建全：《加快构建中原经济区自主创新支撑体系》，2011 年 7 月 6 日，http://www.kxxyjh.org/display.asp? id = 1617。

企业在创新过程的联结中起着独一无二的作用，它是唯一拥有创新意图和战略利益并能将众多而分散的科学技术知识与市场和组织知识结合在一起的组织；正是知识和能量的自动催化过程产生了现代经济增长（库尔特·多普菲，2004）。

自主创新体系是提高区域创新能力的基础和前提。改革开放以来，随着"科教兴豫"战略的稳步推进，河南省坚持把增强自主创新能力作为科技发展的战略基点和调整优化产业结构、转变经济发展方式的中心环节，着力推进高新技术产业化、传统产业高新化和科技经济国际化，加快构建以企业为主体、政府为引导、市场化运作、产学研结合、适应市场经济和科技自身发展规律的自主创新体系，并围绕做大做强传统优势产业、培育发展战略性新兴产业，实施了一批重大科技专项，促进了河南省在一些关键领域自主创新能力的提高。自主创新体系既包括创新要素、基础机构、创新主体、创新机制和创新环境等内容，也涵盖学术、科研、技术、产业、市场、政策、文化等多个范畴和环节。改革开放30多年来，河南省深入实施"科教兴豫"和"人才强省"战略，科技、教育和高新技术产业进入一个新的历史阶段，这为新时期加快中原经济区创新体系建设奠定了良好的基础。我们从以下几个方面做一探讨。

（一）企业技术创新体系及能力基础

企业技术创新体系是中原经济区自主创新体系建设的重点和关键。企业技术创新体系就是以企业为主体，以市场为导向，采用企业自主投入开发与大学和科研机构之间通过成果转让、购买、委托开发、技术入股、联合经营等多种形式，使企业更有效地创造、引进、吸收和推广新的知识和技术而形成的技术创新体系。企业技术创新能力其实就是企业的自主发展能力。林毅夫（1998）认为，在自由竞争的市场经济中，一个正常经营的企业在没有外部扶持的条件下，如果能够获得不低于社会可接受的正常利润水平，则这个企业就是有自生能力的。反之，如果一个正常经营的企业的预期利润低于社会可接受水平，则不会有人投资于该企业，这样的企业就没有自生能力，只有靠政府的扶持才能维持。科技创新强调以企业为主体、科技人员为主力，坚持与市场相结合，整合科技创新资源，强调科技成果的商品化和产业化。在我国大部分区域中，虽然企业在技术创新的投入和执行方面具有优势，但这种"量"的投入并没有有效地转化为"质"的改变，企业对区域创新能力的促进作用并没有得到充分发挥。对于这些区域而言，强化企业在技术创新体系中的主体地位和关键作用，确保企业成为技术创新的应用主体更为重要（杨伟，2008）。推进企业技术创新体系建设，重点是解决好企业技术创新的活力与动力问题，在体制机制上调动企业技术创新的积极性、主动性，鼓励和支持企业加大研发投入，引导社会资源和创新要素向企业流动，进而提高中原经济区产业创新的能力和水平。

　　企业是区域技术创新的主体，应成为中原经济区一体化联动的主角①。随着市场经济的发展和经济全球化进程的加快，企业自主创新意识不断增强，自主创新活动日趋活跃，技术创新能力稳步提升，并逐步成为河南省研发投入主体、技术创新主体和成果转化主体。2006 年，河南省重大科技专项经费投入达千万元，规模以上高新技术产业实现工业增加值 703 亿元，企业研发中心增至 324 家，新培育高新技术企业 483 家、高新技术产品 942 种，选育农作物新品种 90 个，取得 346 项科技成果，其中应用技术类科技成果达 234 项，小麦、玉米等主要粮食作物的良种覆盖率达 98% 以上②。截至目前，河南省共有国家级创新型（试点）企业 16 家③。同时，新能源节能减排示范基地落户河南焦作④，使河南省节能减排创建低碳型社会走在了前列。2009 年，全社会 R&D 投入中企业已占到 65% 左右。新培育国家和省级创新型企业 156 家，许继电气、平高集团、中信重机、华兰生物等多家企业进入国家级创新型试点企业行列，数量居中部地区首位。企业创新平台建设不断加快，截至 2009 年，河南省拥有省级技术研发中心 1013 家，省级以上重点实验室 75 家⑤。同时，河南省通过开展知识产权人才培养、知识产权法律法规宣传培训、知识产权战略的制定和运用，引导企业健全知识产权管理制度和工作体系，帮助企业创建专利数据库等多项措施，提高了企业保护知识产权的意识和运用知识产权制度的能力。

①　《中原经济区：应让企业唱主角》，《经济导报》2002 年 7 月 15 日，http：//www.dzwww. com/jingjidaobao/jingjidaobaoban/200207150746. htm。

②　《河南省科技创新实现全方位突破》，《科技日报》2007 年 1 月 16 日，http：//www. chinahightech. com/views_ news. asp? NewsId = 739323133333。

③　《我省新增两家国家创新型试点企业》，河南省科技创新促进会网站，2010 年 9 月 16 日，http：//www. kjcx. org. cn/info-inn/inn-plot/xinzeng-liangjia-guojia-chuangxinxingshidianqiye. html。

④　《河南首个新能源节能减排示范基地在焦作揭牌》，河南省科技创新促进会网站，2010 年 9 月 26 日，http：//www. kjcx. org. cn/info-inn/inn-plot/henan-shouge-xinnengyuan-shifanjidi-jiaozuo- jiepai. html。

⑤　中共河南省委宣传部：《解读中原经济区》，河南人民出版社，2011。

民营科技企业的快速成长，对河南省高新技术产业发展起到了有力的促进作用，且已成为河南省自主创新能力提升的一个重要源泉。近年来，河南省民营科技企业进入了一个新的快速发展时期。截至 2009 年，企业总数猛增至 13800 多家，技工贸总收入达到 3000 多亿元，综合实力居全国第 7 位、中部六省首位。民营科技企业已成为河南省经济发展和自主创新的一支生力军，为河南省自主创新能力的提升做出了显著贡献。如黄河旋风公司研制的产品有 18 种达到国际先进水平，获得 28 项国家专利。

从中原经济区企业创新能力已有的基础看，推动河南省高新技术企业的技术创新，应该从以下主要关键因素进行突破：以骨干企业为重点，加快建设一批高水平的企业研发中心；加快培育一批拥有自主知识产权和持续创新能力的创新型企业，示范引导广大企业走创新驱动型发展道路；增加自主创新资金投入，建立和完善高新技术企业投融资体制；加快建立以企业为主体、市场为导向、产学研相结合的技术创新体系，这是促进技术和经济相结合、提高企业创新能力的重要途径；培育全社会的创新文化。然而，从已有经验来看，培育一批创新型产业集聚区，推动高新技术产业开发区建设区域创新基地、军民结合产业基地和高新技术产业集群化发展基地，培育企业创新网络，对中原经济区科技创新能力的提升也许更加重要。

（二）科研创新体系及能力基础

科研创新已成为区域发展的灵魂和动力之源。一个区域的科研创新能力越强，经济发展速度就越快，经济运行质量和效益就越高，各项社会事业就会随之全面发展和进步。科研创新体系就是以大学和科研机构为依托，通过研发新产品、新技术，为创新活动提供知识和技术支持，形成区域技术创新源头的体系或网络。区域经济非均衡增长在很大程度上依赖于科技进步和科技知识生产、交换和运用（消费）情况。凡是科技创新能力较强的省区，大多都是经济实力较强的省区，多是东部省区；而科技创新能力较弱的省区，同时也是经济实力较弱的省区，多属于西部省区（洪名勇，2003）。

高校科研创新团队的能力系统是多个子能力系统的集合，高校科研创新团队的能力跃进是其知识积累、知识创新的结果（卜琳华，2010）。加强创新能力建设，一定要发挥高校科技创新的作用。地方高校科技创新能力是一所地方高校长期的科技创新活动情况的反映，反映了高校作为微观活动主体的创新能力，也反映了国家与地区层面在高校研发上的投资、政府的政策选择等方面的情况。根据高校科技活动的类别，科技创新能力主要表现在三个

（即所谓的"三位一体"），在一定程度上具备区域经济发展的决策权，因而也就取得了干预区域联系的"行政力量"。与此同时，促进区域经济发展可以提高人们的生活水平，减少社会矛盾，也是区域政府政绩的体现与考核的重要依据，这就为区域政府增大和维护自身的经济利益提供了压力或动力。

此外，两区域都具有较大的土地面积和人口规模，这也为其发展自成一体的经济体系提供了可能。

从现代经济增长理论来看，制度已成为经济增长的内生变量，一个地区的经济增长同样也遵循新经济增长模型中的生产函数理论。当资本、劳动、技术的增长缓慢乃至地区经济的总产出增长率和竞争力处于劣势时，制度就成为经济增长的关键因素，而这时的制度将主要由地方政府利用其在所管辖地域的权力优势来强制性安排。其中，既可以有努力提高地方经济生产率和竞争力的各种政策，也可以采用一些强制手段，如特许本地企业在本地市场的销售优先权或优惠权，禁止或有条件地让外地竞争性商品"进入"，等等。相对来讲，在快速实现地方利益增长方面，后一种显然要比前一种更为现实、简单、有效，成本也低，地方政府选择后者是很自然的。

一般来说，区域联系的削弱或割裂主要体现在两方面。一方面，在具体实践中，为了增大和维护本区域的经济利益，区域政府往往会通过制度的强制性安排，直接或间接地干预企业的生产和经营，对本地企业加以保护，对外地企业进行排斥和限制，其主要措施就是设置区际贸易壁垒。另一方面，在处理本区域与其他区域之间的经济纠纷、环境污染、区域分工与合作等方面的问题时，容易失去解决问题的公正立场，侵犯另一区域当事人的正当权益，偏袒本区域的企业，甚至动用各种行政力量来维护本区域的利益。对于本区域企业进行假、冒、伪、劣等不法活动，不利于产品公平竞争的行为，区域政府往往以"原始积累的需要""经济发展中不可避免"等理由加以谅解或听之任之。

地方保护主义的盛行必然加剧区域市场的分割[①]。本来，由于在先发区域与后发区域之间出现了较大的收益差别，激发了资源和要素跨区域流动的内在需求。但是，随着区域经济发展差距的持续存在和扩大，各区域都从本区域的利益出发，就会人为地干预资源和要素的这种合理流动，从而画地为

---

① 根据银温泉、才婉茹（2001）的解释，市场分割主要是指一国范围内各地方政府为了本地利益，通过行政管制手段，限制外地资源进入本地市场或限制本地资源流向外地市场的行为。Young，A.（2000）认为，地区性市场保护会使本地企业的资源配置状况偏离本地比较优势，从而不利于地区经济的长期发展，它也是导致区域发展差距扩大的重要原因。

牢、分割市场。在手段上，或者直接禁止另一区域的同类产品进入本地市场，或者通过上述的种种贸易壁垒对外来产品进行设限。对后发区域而言，会千方百计阻止更加稀缺的资金、人才等要素流入先发区域。对先发区域而言，或者出于保持"领先优势"的需要，竭力扩大本区域内增长极的"回流效应"和"极化效应"，对后发区域实行技术和信息封锁；或者出于增加就业机会、减轻就业压力的目的，对本区域已丧失比较优势的企业向后发区域的转移设置障碍，并排斥后发区域一般劳动力的进入，以保护本区域普通劳动者的就业。

区域间产业同构现象愈演愈烈。在市场经济条件下，地区间主要由市场体制下的谈判机制来分配分工所带来的收益，由于先发区域在高技术产业拥有比较优势，并且通常具有较快的技术进步速度，所以在收益分配中占据了更高的谈判地位，从而在分工收益中得到了较大的份额。而对后发区域而言，如果它选择加入区域分工体系，则只能分享分工收益的较少部分（陆铭、陈钊、严冀，2004）。相反，如果后发区域选择暂时不加入分工体系的话，虽然它将丧失短期内的分工收益，却由此发展了高技术产业，提高了自己在未来分配分工收益谈判中的地位。同时，当后发区域选择不分工时，先发区域也只能选择不分工，并部分地放弃高技术产业的技术进步，相对降低了自己在未来的谈判地位。两相权衡，有可能短期内选择不分工对后发区域更为有利。而且，先发区域初始技术水平越高、技术进步速度越快，其谈判地位也越高，在分工的收益中占有的份额就越大，于是对后发区域而言，就会通过发展一些战略性的产业来提高自己未来的谈判地位。所以，虽然后发区域暂时选择不加入分工体系造成了社会总产品减少和资源配置效率的损失，但对其自身的发展是有利的。由于资源配置方式决定区域经济增长的效率，所以在实践中区域经济差距的持续存在和扩大，就会诱导或迫使后发区域调整自己的资源配置方式，实现本区域经济的快速发展。

如前所述，两区域最初形成的垂直分工体系往往使后发区域在分工中处于不利地位（也可能这种不利地位只是后发区域在主观上的感受）。在这种情况下，后发区域就会实施以资源就地进行深加工增值的产业结构调整战略，即在当地资源开采和初加工的基础上，新发展加工工业，延长产业链条，达到资源进一步升值的目的。另外，由于区域政府具备"经济人"人格特征，出于"经济人"的自利动机，为在短期内尽快实现自身利益的最大化，在区际博弈过程中，区域政府必然急功近利，大力发展"短、平、快"的项目，即不考虑区域特点与长远利益，把市场需求的变化作为资源配置的指示器，不断建设投资少、见效快的项目，甚至也不顾经济规模和技术条件而盲目投资，进入所有可能获利的产业，从而建立起相对独立的产业体系。当后发区域放弃传统产业自成一体时，先发区域的原材料和初级加工产品的来源就会遇到困难。为了应对这种变化，先发区域往往在继续强化自己加工工业优势的同时，还会设法发展自己的原材料和初级加工产品的生产部门，以满足本区域经济发展的需要。这样一来，先发区域的产业发展也逐渐自成一体。当然，这种局面的形成并非是由后发区域单方面造成的。如前所述，先发区域在经济发展中，尤其在产业结构高度化的进程中，并没有辅之以传统产业向后发区域的转移，那么，后发区域在缺乏先发区域产业转移推动的条件下，只能采取带有"正当防卫"性质的地方保护主义措施，并仿效先发区域进行自主的结构高度化演进（陈秀山，2006）。

值得注意的是，地方保护主义、市场分割和产业同构是相互作用、相互影响的，这种特性无疑对区域联系的削弱或割裂起到了强化作用。一方面，地方保护主义、市场分割阻碍了要素在区域之间的顺畅流动，产品不能进行有效、充分地竞争，弱小企业得到了保护，加剧了区域间的产业同构；另一方面，产业同构使得区域之间对资源和要素的需求相同，在供给有限的情况下，导致了区域之间对紧缺资源和要素的激烈争夺。与此同时，产业同构也使得同类产品在市场上提前达到饱和，导致同一行业的无序与过度竞争。如果市场是开放的，由于资金和技术的差距，无论是资源和要素的争夺，还是同类产品的市场竞争，先发区域往往都具有较强的竞争优势。对此，为了保护自身的利益，后发区域只有动用更多、更严厉的行政手段去封锁边界，强行不准资源和要素流出，也不准先发区域同类产品的进入，从而进一步加剧了地方保护和市场分割。可见，地区差距是保护性政策产生的原因，而保护性政策又导致了重复建设和地区经济分割。换言之，地方保护、市场分割和产业同构只不过是地区差距扩大的结果而已。区域经济联系的割裂或弱化，对先发区域经济发展的负面影响是显而易见的：原材料等要素的来源渠道受阻，也在一定程度上失去了后发区域广大的消费市场。这样一来，先发区域此前建立在区域分工基础上的经济快速增长的势头必然遭到遏制。

以上对两区域经济关系的分析，是以不考虑第三个区域为假设条件的。这样就必然存在一个现实问题：如果后发区域与先发区域都实施对外开放，即在涉及其他区域干扰的情况下，两区域经济发展差距的持续扩大，是否也会使两区域的利益受损。很容易理解，在这种情况下，两区域的联系不仅不会加强，反而还会有进一步割裂的趋势。这是因为，新的区域将成为两区域发生联系或相互作用的干扰机会。在这种情况下，两区域应迅即将注意力转向对外贸易，并不同程度地形成"对外贸易偏好"。对后发区域来说，在赶超心理的支配下，往往会寄希望于外资、外贸来带动经济的快速增长。而对先发区域来说，除了上述原因外，受后发区域地方保护和市场分割的影响，原材料、初级加工产品的数量和质量以及市场规模都不能满足其经济发展的需要，先发区域就会通过进出口来解决这个问题。不难理解，随着两区域外向度的提高，它们之间的相互需求会趋向减少，两区域的联系会进一步削弱。显然，这种状况会造成两区域双方的利益和国家整体利益的损失。其一，为了获得更多的发展资金，在与外商的谈判中，容易出现"囚犯博弈"游戏，竞相压价（出口）或抬价（进口）、竞相减免地方税收或低估土地价值（涂晓芳，2004），其最终结果是肥水外流，给整个国家利益带来损失。其二，先发区域经济的向外循环，必然会使本已走向衰落的后发区域的原材料和初级加工部门进一步受到打击。其三，在"对外贸易偏好"的博弈中，由于受多种因素的制约，后发区域在外资、外贸的规模和质量上往往会远远低于先发区域，其从中获得的收益也大大少于后者，从而导致两区域经济发展水平的差距进一步扩大。这不仅使得后发区域长期陷入贫困陷阱，而且也会造成两区域陷入因差距持续扩大而引发的恶性循环中。其四，对外依存度的提升，会大大增加经济发展的风险，降低经济发展的稳定性，尤其对先发区域更是如此。由于先发区域资源缺乏、市场狭小，如果其经济发展主要依赖对外贸易，一旦外部环境突变，导致外向拉力急剧下降，在两区域的经济联系业已削弱或割裂的情况下，先发区域的经济增长则会遭受"双重断裂"的破坏性打击（陈秀山，2006）。

第五节　经济区域发展对"协调"的内生需要与协调的动力机制

以上的分析显示，当区域经济协调发展时，两区域都能从中获益，否则，两区域的利益都会受损。因此，区域之间是相互依赖、相互依存的关系。换言之，一个区域的发展在有益于其他区域的同时，也会对自身的发展产生支持作用；反之，对其他区域的损害，也必然会危及自身的发展。可以说，不管是先发区域还是后发区域，区域经济协调发展都是其经济持续增长的内在需求。不难理解，在这样的情况下，对任何区域而言，其最佳选择都是"一体化协调发展"。

区域经济协调发展可以为区域双方带来"额外"的收益，而区域经济"非协调"发展时，区域双方的利益都会遭受损失。对后发区域而言，其损失主要体现为：稀缺要素流失，人力资本的形成受到制约，产业的梯度转移受到延缓，从而阻碍了其经济发展。对先发区域而言，其损失主要体现为：其一，区域消费结构断裂，产业结构的高级化受阻，经济增长速度也会因市场需求不足而减缓；其二，后发区域因长期处于落后状态，人力资本得不到有效提高，会在劳动力供给方面对先发区域的经济增长形成"桎梏"；其三，区域经济差距的扩大，强化了各区域的市场分割和产业同构现象进一步加剧，大大弱化了区域间的经济联系，从而导致先发区域建立在区域分工基础上的经济快速增长的势头受到遏制。在存在干扰区域（对外开放）的情况下，两区域的联系不仅不会加强，反而还会进一步割裂，这将会极大地增加经济增长的风险。

总之，区域经济协调发展不仅是国家经济社会发展的宏观战略选择，同时也是各区域经济持续、快速增长的"内在"需求，这对探讨区域经济协调发展的动力机制提供了有益的理论启示。因为，既然区域之间对"一体化协调发展"的需求是"内生"的、客观的，是区域经济发展内在规律的必然体现，那么，其一，区域双方都应当"主动"参与到协调发展中，应当为区域之间相互需求的满足创造条件，而不应当人为地阻碍它；其二，区域协调的动力主要来自"内部"而不是"外部"，或者说，区域经济联动协调发展应主要依靠"内部"力量的推动。所以，从两种手段（计划和市场）的角度看，市场调节应当是实现区域经济协调发展的主要方式。为此，区域之间必须相互开放，以便于要素和商品的自由流动，经济主体应当具备自身发展的主导权，从而能按照经济发展规律进行各项活动。由于市场活动的微观主体是企业，区域之间的相互作用本质上就体现为企业内部的不同部门或企业与企业之间的联系，那么，从微观组织层面看，区域经济协调发展的实现就需要由企业的跨区活动（空间扩张）来完成。正如前文分析的一样，企业（或产业）在扩张（或转移）中会出现空间集聚，区域内部或区域之间空间组织的优劣也是决定区域经济能否协调的一个重要方面。

理论篇——机制机理

第三章
市场调节动力：市场对中原经济区
协调发展的作用机理

在市场经济条件下，一国内部的各个区域将以均衡的方式还是非均衡的方式发展，在西方经济学界一直存在着两种截然不同的观点。新古典学派的区域发展理论认为，在市场机制的自发作用下，区域经济将趋向于均衡发展；但另一些经济学家（如缪尔达尔、赫尔希曼等）则指出，在经济发展初期，市场的作用通常会导致后发区域与先发区域之间的差距进一步扩大。事实上，这种意见分歧在我国国内同样存在着（周国富，2001）。如有的学者就比较赞同新古典学派的区域发展理论，在他们看来，市场经济越发展，劳动力和资本将在区域间以相反的方向流动，这种流动将促成区域经济的均衡增长。因此，他们认为随着我国市场化改革的不断深入，区域差距并不会像人们通常认为的那样更加扩大，而是越有可能缩小。但也有学者不同意这种看法，在他们看来，20世纪70年代末以来我国的改革正是力图强化市场对资源配置的核心作用，尽管全国的统一市场并未建立，但市场的作用不断扩大却是不争的事实，区域差距正是在市场作用日益增强并朝着形成统一市场的方向努力的前提下发生的。因此，他们倾向于接受缪尔达尔、赫尔希曼等人的观点，认为单纯依靠市场的力量不能解决区域经济发展的差距，区际收入趋同趋势不会自动出现。为此，他们还对我国的区域经济发展差距的走势做了实证分析，力图证明自己的观点。

笔者认为，新古典学派的区域发展理论的经济基础是建立在完全成熟基础上的市场经济，也就是资本主义的市场经济。在这种经济条件下，生产要素在区域之间可以自由流动。而我国在改革开放后尽管开始了经济体制改革，但在相当长的时间内仍然是处于"计划经济为主、市场经济为辅"的转轨过程，后来认定的改革目标是建立社会主义的市场经济，但至今离市场经济仍然有相当的距离。因此，我国生产力的空间配置机制和西方国家在成熟市场经济条件下的生产力配置机制是大不相同的。所以，不管我国的区域经济差距是扩大还是缩小，都不能以此为依据来说明市场机制对区域发展差距变化的作用①。

事实上，在市场条件下，区域经济发展差距到底如何变化，归根结底取决于对市场机制（市场对区域经济关系的作用）的认识。对我国而言，需要了解转型时期市场机制不完善的情况下（尤其是市场化水平存在显著的空间差异时），市场对区域经济发展差距的作用过程与方式。当然，区域经济发展差距缩小（或保持在适度的范围内）只是区域经济协调发展的"标志"之一，因此，下文将全面分析市场对区域经济协调发展的作用机制。

第一节　市场对经济区协调发展的 作用机理：趋同理论

在市场经济条件下，经济区内部各区域依照市场机制进行竞争。但这种区域竞争并非你死我活，而是区域之间在共同生存、共同发展中的相对竞争。由于区域经济中的地理、空间因素的存在，使得区域竞争不会像企业竞争那样由于竞争失败而导致企业实体的消亡。区域竞争是一种为谋求更大的竞争优势而展开的竞争。区域竞争的这种相对性为经济区一体化协调发展提供了可能性。

一　区域间企业竞争与要素的双向运动

在现代市场经济中，各类要素跨地区流动存在着一些规律性。各类要素作为资本的具体形式，其流动的方向和流量完全取决于利润率，即取决于要素收益率的高低。

从要素的地区间流动看，哪个地区的资金利润率、工资待遇、技术价格、企业家报酬等水平越高，它对要素的吸引竞争力就越强，资金、劳动力、技术、人才等就往哪里流动。

从企业投资的地理方向看，要素的高收益率导致要素流入多的地区内的

---

① 事实上，从已有的研究看，样本选取的时段不同，也往往使人们得出完全相左的结论。

企业生产成本提高，迫于竞争的压力和利润最大化的目标，该区域内的企业趋向于退出而转向要素收益率低的区域。

美国经济学家罗伯特·索洛于 1956 年在其论文《对经济增长理论的一个贡献》中详细阐述了他在总结前人成果基础上得出的新观点，被称为新古典增长理论。新古典增长理论对地区经济差距问题研究的主要成果是索洛－斯旺增长模型。索洛和斯旺（Solow and Swan）在规模收益不变、生产要素的边际收益递减和生产要素自由流动的假设下提出了"趋同假说"。该假说认为在跨国间的相同经济参数下，穷国比富国有更快的人均增长，因而从长期看，跨国间的工资率和资本－产出比会趋同（Convergence）。换句话说，一个国家的人均收入增长速度与其人均收入的起始水平呈负相关关系。

这里可从新古典增长理论关于"稳态"（Stead State）的说明来解释这种现象。在图 3-1 的标准索洛－斯旺增长模型中，一个经济存在着所有变量都以一种不变的速率增长的状态，即处于增长的稳态中。在图 3-1 中，横轴表示资本－劳动比率，反映的是储蓄或投资水平；纵轴表示产出－劳动比率，反映的是产出或生产率水平。每个工人的总产出作为资本－劳动比率的函数，用 $f(k)$ 表示；为了在人口增长的情况下保持不变的资本－劳动比率而进行投资的要求用 nk 表示，其中 n 是一个外生的人口增长率；$sf(k)$ 表示按照储蓄率 s 进行的投资。按照新古典增长理论，一个经济存在着稳定的平衡增长的解的含义是，无论最初的资本－劳动比率如何，最终都将收敛

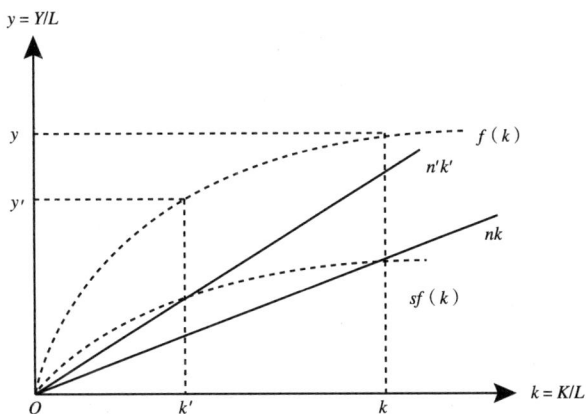

图 3-1　经济增长中的"稳态"的决定模型

资料来源：参见蔡昉、都阳《区域差距、趋同与西部开发》，《中国工业经济》2001 年第 2 期，第 48~52 页。

于每个工人储蓄率与劳动力增长所需要的资本装备水平相等的点，即保持资本－劳动比率不变的这一点上。反映在图中，就是 $sf(k)$ 与 nk 两条曲线相交点上的资本－劳动比率 k。这时，每个工人的产出按照在人口、劳动力外生增长条件下，为保持不变的资本－劳动比率而进行投资以及工人消费两种用途间进行分配。当经济学家说到绝对趋同的时候，通常是指假设不同的经济具有相同的稳态，因而越是人均收入水平低的经济，越是倾向于以较快的速度增长，从而因 β 趋同（经济增长率的趋同）而导致 δ 趋同（人均收入水平的趋同）[1]。在图 3-1 中就表示为无论一个经济体最初处于资本－劳动比率 k 左边的什么位置，在以后的长期增长中，都会有一个向资本－劳动比率 k 移动的趋同过程。

二　区域经济增长趋同：要素价格波动引导产业要素收益平均化

要素收益率决定着要素流动的方向和规模，受市场供求关系和竞争程度的影响，要素跨地区流动时价格会不断产生波动，从而使要素在不同产业之间转移。当要素受较高收益率的吸引源源不断地流入某一产业时，导致该产业的要素供过于求，要素收益率逐步降低，要素价格下降，按照等量资本获取等量利润的原则，当要素收益率低于平均收益率时，它就会退出该产业，流向别的产业；当该产业的要素由于流出过多出现供不应求时，该产业的要素价格就会上升，吸引要素流入使要素供求趋于平衡。如此往复，要素价格波动最终引导产业要素收益平均化。在现实行业间的竞争中，竞争体现为各种生产要素在生产不同商品的各行业之间的流动和转移。如果某种商品供不应求价格上涨时，除了本行业内的企业会增加供给，其他行业的企业也会向该行业投资以获取较高利润；反之，若该行业的某种商品供大于求价格下降时，本行业的企业就会压缩生产并把生产要素向价格和利润水平较高的行业转移。

在现代市场经济中，生产要素的自由流动使产业要素收益趋于平均化，而在开放统一的市场中，随着企业跨区域生产和经营，产业要素收益平均化将促使企业利润趋向平均。

在区域经济增长趋同研究中，俱乐部趋同是一个研究相对薄弱的领域。直到 20 世纪 90 年代中期，西方学术界才开始重视对俱乐部趋同的研究。以

---

① 彭荣胜：《区域经济协调发展的内涵、机制与评价研究》，河南大学博士学位论文，2007。

往的研究大都是把区域经济体作为"孤岛"来处理，假定区域经济体之间是相互独立和封闭的。但是，在现实世界中，区域经济是一个开放的系统，知识和技术的扩散、人口和要素的流动等，使得相邻或相近区域之间通过集聚和辐射作用对自身和邻近区域经济体的发展产生影响，这决定了区域经济体之间并不是孤立的而是相互联系的，这也就意味着地理空间相关性对俱乐部趋同效应产生影响。罗伯特·巴罗（Robert J. Barro）通过对 20 个 OECD 国家的资料分析发现，1960~1985 年，这些国家的实际人均 GDP 的平均增长率负相关于 1960 年的实际人均 GDP 水平，也就是说，基数大的国家增长速度要慢于基数小的国家[1]。他同时发现美国各州的增长也存在这种规律，1880~1990 年，各州人均收入增长率也负相关于 1880 年的人均收入水平，而初始贫困的州确实以更快的速度增长[2]。类似的，对日本国内各县，以及欧洲一些地区的初始人均收入与随后的增长率之间关系进行的检验，都发现明显的趋同证据。不过，这些国家或地区全部是发达经济体（Sala-I-Martin and Xavier，1996）。而对超过 100 个包括不同发展水平国家的检验则表明，并没有一种普遍存在的绝对趋同现象，绝对趋同通常只存在于最富裕的国家之间以及最贫穷的国家之间[3]。人们用"俱乐部趋同"来描述这种分组别性质的趋同特征。在这种俱乐部趋同内，趋同通常是绝对的，而最贫穷的俱乐部趋同往往意味着贫困国家向"贫困陷阱"的趋同（蔡昉、都阳，2001）。从理论上讲，俱乐部趋同是一个有待证明的关于区域经济增长长期均衡问题的假说。Fis-cher and Stirbock（2006）指出，尽管关于俱乐部趋同的研究成为 21 世纪初区域经济研究领域的一个热点，但是对俱乐部趋同这个假说仍处在检验阶段，而且与对条件趋同的研究相比，关于俱乐部趋同的实证性研究工作仍很缺乏。

这是因为不同性质的经济往往具有不同的稳态[4]。索洛最初看到的决定

① Robert J. Barro， "Economic Growth in across Section of Countries"， *The Quarterly Journal of Economics*，1991，106，pp. 407 - 443.

② Barro， R. and X. Sala-I-Martin， "Convergence across the States and Regions"， Brooking Papers on Economic Activity，1991，（1）.

③ Barro， R. and X. Sala-I-Martin， "Public Finance in Model of Economic Growth"， *Review of American Economic Studies*，1992，59，pp. 645 - 661.

④ 林毅夫、蔡昉、李周（1998），蔡昉、都阳（2001）对中国的研究也表明，在我国的西部或者整个中西部地区存在着一个彼此相同或类似的稳态，因而在改革以来的经济增长过程中，这些地区产生趋同的趋势；同样，在东部地区的各省之间存在着相同或类似的稳态，从而形成这个地区内部的趋同趋势，即所谓的俱乐部趋同。

不同经济具有不同稳态水平的因素包括储蓄率和人口增长率（Mankiw, Romer and Weil，1992）。后来巴罗等的研究使用了人力资本、投资率、政府干预程度、市场扭曲程度、政治稳定程度等变量。这些因素可能导致不同的经济处于不同的稳态，由于生产率因子的大小不同，使得不同水平的经济在生产函数的形状上存在差异（蔡昉、王德文、都阳，2000）。图 3-2 中，f_1 (k) 和 f_2 (k) 分别表示先发区域经济和后发区域经济的生产力水平。由于它们之间存在着制度、市场环境等方面的差异，虽然在同一资本-劳动比率下的产出不同，但无法通过要素的流动进行调整①。因此，在同样的资本-劳动比率下，会产生两种稳态。更重要的是，由于要素的流动受到限制，稳态增长率的差距也会长期保持下去。图 3-2 中，A、B 的斜率 L_1 和 L_2 分别反映了两种情况下的稳态增长率。显然，在两种经济中，稳态增长率也是存在差异的，即 L_1 和 L_2，在这种情况下，两区域的经济发展差距就会继续扩大。稳态增长率的差别是由两个经济中决定稳态因素的"其他"条件决定的，如果不消除决定不同稳态水平的这些条件上的差别，增长率的差异也就会持续存在下去。

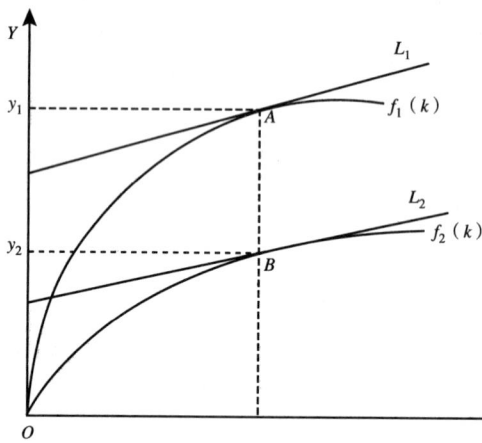

图 3-2　先发区域经济与后发区域经济增长的不同"稳态"

新古典经济增长理论的进一步研究发现，实际上广泛地存在着一种所谓的"有条件趋同"，即在控制了诸如人力资本禀赋、储蓄率、人口增长率等

---

①　彭荣胜：《区域经济协调发展的内涵、机制与评价研究》，河南大学博士学位论文，2007.

一系列影响经济增长的条件之后，各国经济增长率表现出趋同的趋势。例如，巴罗利用包括发达国家和发展中国家在内的跨国数据，证实了这种有条件趋同现象的存在。其含义是，如果假设各国在人力资本、储蓄倾向、人口增长率、政治稳定和民主化程度等方面的条件是一样的，那么国家之间的经济增长率存在着趋同的趋势①。不难看出，"俱乐部趋同"本质上也属于"有条件趋同"的范畴。显然，如果一个国家内部出现了俱乐部趋同，那么后发区域与先发区域经济发展的差距必将扩大。新古典经济增长理论对区域之间经济发展趋同的原因也做出了解释：假设资本报酬具有递减的特征，由于先发区域资本投入比后发区域充裕得多，因而较早遇到资本报酬递减现象。

相反，后发区域资本报酬递减现象就来得迟一些，因而可以取得较快的增长速度。先发区域与后发区域增长速度之间的这种差异，如果得以保持一定的时间，后发区域就会赶上先发区域。

值得注意的是，趋同假说研究的经济基础是自由、竞争、开放的市场经济环境。在这样的经济系统内，资源配置与经济运行主要依靠市场机制的作用。市场机制促进区域经济趋同是有条件的，即除了满足规模收益不变、生产要素的边际收益递减和生产要素自由流动（这本身是市场机制发挥作用的前提）等条件外，不同区域之间还必须具有相同的"稳态"，否则，区域经济差距不仅不会缩小反而还会扩大。也就是说，如果能将后发区域的某些条件加以控制或者使其满足某些条件，使其具备与先发区域相同的"稳态"，那么，在市场机制的作用下，后发区域与先发区域的经济发展差距将会缩小。这给我们的启示是，在探讨市场对区域经济协调发展的作用机制时，应当对相关区域的发展条件进行必要的限定。

三　结论与讨论

在开放统一的市场中，随着区域分工贸易、生产要素流动、区际产业转移对区际联系的加强，企业跨区域生产和经营也将推进区域一体化。从一个较长时期看，区域经济差距将趋于缩小，总趋势将趋向协调。区域经济关系的一体化，并不意味着区域经济利益冲突的消失，而是指不断完善区域利益

---

①　蔡昉、都阳：《区域差距、趋同与西部开发》，《中国工业经济》2001年第2期，第48～52页。

获得机制与规则，并在新的区域制度框架内进行组织创新，以尽可能克服区域经济冲突和加强区域经济合作，是一个不断趋近于区域经济利益均衡的动态过程。

西方许多经济学家都把区域经济不平衡发展视为一种暂时现象，认为如果区域劳动力和资本市场存在失衡，由于市场不存在要素流动的成本和障碍因素，因而不同区域的价格差异将会诱导劳动力和资金流动，这样的流动会持续到价格消失为止，这时区域会达到一个新的均衡状态。他们坚信市场的力量完全可以消除区域差异，如果存在区域间发展的不均衡，说明市场机制的失灵，而这只有通过健全市场机制才能解决。当然，战后西方各国发展的实践也证明，从某个时期看，特别是在经济高速增长阶段，区域经济发展不平衡和区域差异不但不会因为要素的加速流动而得到某种程度的缓和，反而会迅速扩大。这说明市场机制不是万能的，在调节地区间收入分配方面也可能存在着失效行为。市场机制的作用一般是趋向强化地区的不平衡性，一旦某些地区发展比别的地区快，由于既得优势，还会产生"马太效应"。资源在空间上的配置如果仅仅依赖于市场机制，不仅区域差异会逐渐扩大，而且会扩大到超出人们的承受力。因此，我们必须清醒地认识到，在市场调节基础上，必须通过一些市场机制以外的措施进行干预，以加速区域之间协调发展的进程。

市场作为经济发展的载体，它的良好运作可以为经济发展提供强有力的保障。在我国发展市场经济的大环境下，市场一体化是推动区域经济一体化发展的最主要的动因之一，同时也是区域内外的生产要素顺畅流通和经济一体化的重要保障。目前，我国区域市场一体化正在各行为主体即政府与市场作用的合力下深入发展，并且出现了整体推进和部分先行两种一体化模式。

众所周知，国内和国外两个市场作为促使我国区域经济一体化的两种市场因素，都对我国区域经济一体化提出了强烈及高层次的要求。在国内，市场拉动力主要体现在跨越行政区域的生产要素流动、生产活动的日益频繁所产生的经济一体化要求。为了实现本区域短期经济发展利益，一部分地方行政主体倾向于对本地和非本地企业区别对待，由此产生了市场壁垒。这种区别对待实际上缩小了企业发展的市场范围，同时也提升了要素流动不顺畅造成的交易成本，交易成本不可避免地为企业和个人所承担，这不但影响了该区域企业的发展环境，也阻碍了经济的平稳发展。区域经济一体化的日益成形，为从根本上解决以上问题提供了契机，相关利益体对其产生的强烈推动欲望不得而知。国外市场作为另一个影响因素，正从侧面推动着区域经济一体化的发展。随着经济全球化发展的不断深入，我国经济发展的对外依存度仍旧较高而且不可避免，引进并利用外资一度成为经济发展的主要支撑力量，打破了以往经济发展"一致对外"的特征，同时也在一定程度上缓解了区域经济内部发展潜力挖掘方面的不足。外国资本的进入通常倾向于选择经济发展水平较高、投资环境较好的区域，使得中心城市与经济腹地形成"二元化"的产业结构，经济关系时常出现断裂或者脱节。

如今，处于后经济危机时期，国际市场依旧疲软，对外贸易遭受严重挫折，这也使得我国区域经济发展视角逐渐由以对外联系为主，转向对外联系与对内挖掘并举，加快了区域经济一体化发展的步伐。区域经济一体化步伐的加快，促使全国经济发展更加平稳和谐，同时也会反作用于区域市场一体化的进程。总体来说，区域市场一体化能够有效地推动区域经济一体化的实现，而区域经济一体化的实现又会为区域市场一体化提供支撑。

综上所述，面对发展条件日趋成熟、驱动要素日益明显的大环境，我国区域经济一体化将进入快速发展期。一个国家的经济发展需要各个区域的协同带动，而区域经济一体化的形成，意味着区域经济发展联动机制以及协同机制的建立，同时也为实现区域市场的一体化和产业发展的一体化提供有效支撑。区域经济一体化将有利于形成我国行政调控的新载体，促成地方政府管理方式的新变革，为区域企业的发展带来新机遇。

第二节　成熟市场条件下市场促进区域经济协调发展的机理

在成熟市场经济条件下，市场作为经济运行的中枢和集中体现，具有如下重要作用。其一，市场是社会资源的主要配置者。资源配置是对相对稀缺的资源在各种可能的生产用途之间做出选择，或者说是各种资源在不同使用方向上的分配，以获得最佳效率的过程。合理配置资源，使其得到充分利用，避免不必要的闲置和浪费，是任何社会经济活动的中心问题。资源配置有自然配置、市场配置和计划配置三种方式。其中，市场配置是市场经济中资源配置的主要方式，即各种资源通过市场调节实现组合和再组合。具体表现为：各种资源通过参与市场交换在全社会范围内自由流动；按照市场价格信号反映的供求比例流向最有利的部门和地区；企业作为资源配置的利益主体通过市场竞争实现各项资源要素的最佳组合。在市场机制自动配置组合资源的基础上，推动实现产业结构和产品结构的合理化。其二，市场是国家对社会经济实行间接管理的中介、手段和直接作用对象。按照市场经济的内在要求，国家无权直接干预企业的微观经济活动，只能采取间接调控方式进行宏观管理。市场作为全社会微观经济活动的场所和总体形式，可以成为连接宏观管理主体与微观经济活动的中介。国家运用各种宏观调控手段，直接调节市场商品供求总量及其结构的平衡关系，通过市场发出信号，间接引导和调节企业的生产经营方向，从而实现对社会经济活动全面、有效的控制。其三，市场对企业的生产经营活动具有直接导向作用。在市场经济体制下，企业的生产经营活动直接取决于市场的调节和导向。市场运用供求、价格等调节机制引导企业的生产方向，企业也根据市场供求信息决定生产什么、生产多少。企业要遵照公平竞争的市场法则，积极参与竞争，实现优胜劣汰。

为研究的方便，这里给出第一种假设：不妨令一国经济区由A、B两区域构成。①区域A经济发达（即先发区域），发展资金充沛，但劳动力缺乏；区域B经济相对落后，资金缺乏，但自然资源、能源原材料、劳动力等生产要素富裕。除此之外，两区域的其他条件均相同。在这种市场空间二元结构中，相比较而言，区域A在资金、技术、人才、经济信息、企业经营管理经验、对外经济联系渠道等方面有优势，资源配置具有相对效率，其经济增长具有内在扩张机制。区域B的资源配置相对无效，其经济增长存在内在收缩机制。②要素和商品可以自由流动，规模收益不变以及生产要素的边际收益递减。

一　市场机制与区域要素价格变化

根据国际经济学（佟家栋，1995）和西方经济理论，有优势的生产要素在本区域比在其他区域具有较低的相对价格，生产要素从价格较低的区域向价格较高的区域流动，一般都会提高生产要素的收益率。

若某一生产要素在A区域比较丰裕，在B区域比较稀缺，则该要素在A区域价格较低（或潜在性的），在B区域的价格较高（或潜在性的）。A区域把该要素流向B区域能够获得较高的利益，B区域从A区域流入该要素能够减少产品的生产成本，从而获得一定的经济利益。

图3-3中，B区域要素的初始供给曲线为S_0，需求曲线为D_0，均衡点为E_0，需求量为Q_0，价格为P_0。若某一生产要素从A区域流入，则扩大了

该要素在 B 区域的供给，供给曲线右移至 S_1，均衡点为 E_1，价格下降为 P_1。那么，B 区域在这一过程中将获得因生产要素成本下降带来的收益；同时，A 区域将获得因生产要素流入价格更高的 B 区域带来的收益。

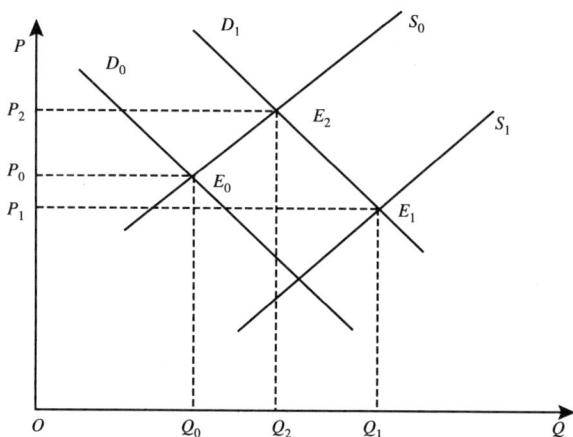

图 3-3　市场机制对区域经济发展整体效率提升的作用

二　市场机制与要素需求变化水平

从 B 区域要素需求水平变化角度分析。由于要素从比较丰裕的 A 区域流入要素比较稀缺的 B 区域，使 B 区域稀缺要素的紧缺状况得到一定程度的缓解。这些要素与 B 区域相对丰裕的要素相结合，一方面改变了要素的配合比，能提高 B 区域要素的边际生产率；另一方面又能直接增加对 B 区域要素的需求。这两种情况会使得 B 区域的要素需求曲线从 D_0 右移至 D_1，此时均衡点从 E_0 移到 E_2，价格从 P_0 上升至 P_2。不难看出，这种因生产要素在区域间的流动给 B 区域带来的收益增量为矩形 $P_2E_2Q_2O$ 的面积与矩形 $P_0E_0Q_0O$ 的面积之差，大大改进了 B 区域的福利水平，从而大大促进了 B 区域的经济发展。

图 3-3 中，在 A 区域要素流入前，B 区域要素的供给曲线为 S_0，需求曲线为 D_0，均衡点为 E_0，需求量为 Q_0，价格为 P_0。A 区域要素流入后，需要更多的 B 区域要素与之配合，从而对 B 区域要素的需求扩大，使 D_0 向外推移。同时，A 区域要素流入后，要素稀缺度的缓解可能改变要素的配合比，提高 B 区域要素的边际生产率，这也会使 D_0 向外推移。这两方面因素

的作用使 D_0 向外推移到 D_1，新的均衡点为 E_2，均衡需求量为 Q_2（$Q_2 > Q_0$），价格为 P_2（$P_2 > P_0$）。这样，B 区域要素的报酬增加为矩形 $OP_2E_2Q_2$ 的面积与矩形 $OP_0E_0Q_0$ 的面积之差，即 $P_0P_2E_2E_0$ 与 $Q_0Q_2E_2E_0$ 两部分的面积之和。生产要素在 A、B 区域之间的流动，将提高 A、B 区域生产要素平均产出率，使 A、B 区域的国内生产总值增加，对 A、B 区域经济的发展起着积极的推动作用。

同理，若后发区域比较丰富的要素（如劳动力）流入先发区域，对后发区域而言，则会获得因要素价格提高带来的收益；对先发区域而言，则既会获得因生产成本降低带来的收益，也会获得因要素边际生产率提高与要素需求增加带来的收益。

综上所述，区域间要素的禀赋差异，导致了要素价格的不同（或潜在性的），如果要素能够自由流动，它们就会按照利益最大化原则在不同区域进行重新配置，从而改变区域要素的供求关系，进而促使要素价格发生改变。这样，在供求机制和价格机制的作用下，不仅区域双方都能从中获益，而且还因为要素的优化配置，提高了区域经济发展的整体效率。

三　区域一元市场空间结构与市场机制的资源配置

在一国经济区由 A、B 两区域构成的假定中，市场空间一元结构意味着两区域的资源配置具有相同层次的效率，经济增长无论是从每一区域看还是从两区域构成的整体上看，都具有内在的扩张机制。一方面，如果把区域经济增长用柯布－道格拉斯生产函数加以表示的话，市场空间一元结构所体现出来的制度重新安排，会通过提供更有效率的组织经济活动的途径，改变该生产函数中各种参数的输出功能，使区域经济增长能够突破既定的技术水平和投入要素规模的约束，产生更大的经济增长总量。另一方面，从制度重新安排引起的投入要素流动的角度来看，投入要素在每一区域内部或区域间的自由流动，足以诱导这些投入要素在每一区域内部或区域间重新组合直至优化组合，同样具有突破既定技术水平和投入要素规模约束的功能。例如，假定区域 A 生产 X_A 产品（X 代表产品品种及其产量，脚标 A 代表区域 A，下同）具有比较劣势，生产 Y_A 产品具有比较优势；区域 B 生产 X_B 产品具有比较优势，生产 Y_B 产品具有比较劣势。在投入要素自由流动过程中，作为对比较利益牵引的理性反应，区域 A 原来用于生产 X_A 产品的投入要素，一部分会并入本区域 Y_A 产品的生产，另一部分会自动流出，与区域 B 产品 X_B

的生产进行优化组合。同理，区域 B 原来用于生产 Y_B 产品的投入要素，一部分会并入本区域 X_B 产品的生产，另一部分也会自动流出，与区域 A 产品 Y_A 的生产进行优化组合。结果，投入要素将聚集于两区域各自的比较优势产品部门，从而使得区域经济增长总量大于两区域分别都生产两种产品时的经济增长总量，即如果令 Y'_A、X'_B 为两区域分别专门生产比较优势产品时的经济增长总量，$X_A + Y_A$ 和 $X_B + Y_B$ 为两区域分别都生产两种产品时的经济增长总量，则 $Y'_A > X_A + Y_A$，$X'_B > X_B + Y_B$，从而 $Y'_A + X'_B > (X_A + Y_A) + (X_B + Y_B)$。在投入要素的流出流入过程中，两区域中要素的边际报酬均递减，该国的生产可能性曲线必然表现出凸性。

市场空间一元结构中，各个区域市场的竞争实力处于相同层次的发育水平，为了摆脱投入要素稀缺性的约束，区域利益主体除了选择制度重新安排、促进投入要素优化组合外，在对价值无限占有的追求过程中，往往还体现出推动经济增长方式实现不断转换。在市场空间一元结构条件下，区域利益主体摆脱投入要素稀缺性制约而占有更多利益，在其他条件既定时，往往还会选择技术创新方式，并由此自觉推动区域经济增长方式不断转换，推动社会整体技术水平不断由一个台阶迈向另一个更高的台阶，经济增长方式不断发生质的飞跃。

区域经济增长不仅在方式上具有内在转换性，而且在动态关系上还具有双赢性。①在市场空间一元结构条件下，区域间的有效投资需求处于相同的发展层次。区域间相同层次的实际收入水平会形成相同层次的需求弹性，进而具有相同层次的投资引诱及在此基础上的双赢的资本形成。②生产要素的流动在不同区域是双赢的。生产要素在不同区域间的流出流入的确取决于要素报酬的高低（或机会成本的大小），但是要素报酬的高低又以既定的区域分工类型为基础，区域分工类型又以市场空间结构的基本类型及其绩效为转移。在市场空间一元结构条件下，区域间的分工不可能是垂直型分工，往往是水平型分工或混合型分工。在水平型或混合型的区域分工格局中，存在着有利于不同区域共同发展的比较利益，而不是李嘉图、克鲁格曼和奥伯斯法尔德笔下的那种更有利于发达区域的比较利益。③产业转移在不同区域是双赢的。现代经济增长实质上是主导产业部门的成长过程，主导产业部门通过对不同区域间的转移来实现对经济增长的作用。在市场空间一元结构中，区域间主导产业部门的具体构成"趋异"，发展水平则"趋同"。具有这种特征的主导产业部门必然伴随着相应的产业部门在区域间相互流动，形成符合各区域经济、社会、文化、资源等要求的"主导部门综合体系"，构成区域共同发展、共同繁荣的产业结构基础。

市场对区域经济协调发展的作用，本质上是依靠市场机制来实现资源的分配和组合的，即通过供求机制、价格机制和竞争机制的相互联系、相互作用来实现的。也就是通过市场价格信号的变动引起资源的自由转移来配置资源。价格信号反映了供求关系，是供求机制作用的结果。通过价格机制的运动而启动竞争机制，竞争关系的展开形成资源的配置过程，反过来又调节供求关系，其结果是使资源在区域之间进行合理配置，并对区域经济发展产生影响。总之，在具有前述假设的初始状态下，市场调节会密切区域之间的经济联系，促进区域合理分工，缩小区域经济发展差距，提升区域经济发展的整体效率，从而有助于实现区域经济协调发展。

四　市场对区域经济协调发展的促进作用

（一）对深化区域经济联系的作用

区际经济联系是指相关区域之间在商品、劳务、资金、技术和信息方面的交流，以及在此基础上发生的关联性和参与性经济行为。由于区域经济是开放的，所以任何一个区域都会与其他区域发生经济联系。在成熟市场条件下，市场调节会密切区域之间的经济联系。市场化进程对区域经济发展的推动与促进作用，主要体现在市场化改革有利于优化资源配置与提高经济效益。同时，市场化进程还使区域经济发展通过加快要素流动而加强区际经济联系。这是因为：其一，区域经济联系或区域之间发生相互作用需要具备三个前提条件，即区域之间的互补性、可达性与干扰机会。而成熟市场条件下，要素和商品是可以自由流动的，区域之间不存在行政或贸易壁垒，如果其他条件一定，就意味着区域之间具有更高的可达性。其二，由于自然禀赋与社会资源的差异，先发区域与后发区域客观上存在着互补性，即存在相互需求。显然，要素和商品的自由流动，能在一定程度上使得双方的这种需求得到满足，从而提高了先发区域与后发区域的相互依赖程度。其三，在成熟市场条件下，生产要素总会寻求在更大的空间范围内进行配置，以提高其利用率，即先发区域充裕的发展资金会流向后发区域，而后发区域丰富的劳动力资源会流向先发区域，从而在物质生产的角度使得两区域紧紧地联系在一起。其四，要素和商品的跨区域自由流动，降低了区域分工成本，促进了区域之间的分工，从而促进了区域之间经济交往的加深。

（二）对区域分工合理化的作用

区域分工合理化问题是区域经济发展的核心问题。区域产业分工合理化，是区域经济快速、协调和可持续发展的基础。区域经济与国家经济不同，也与产业部门经济相区别，区域产业结构具有较强的非独立完整性、一定的综合性和相对开放性等基本特点。

自然禀赋差异与历史形成的差异是区域分工的前提，获取经济利益是分工的根本目的。利用差异，追求绝对利益和比较利益，只有在一定的机制作用下才能形成合理的区域分工格局。

分工对生产力发展有促进作用，但分工有不同层次。劳动分工、部门分工、地区分工和国际分工，既有联系又有区别。当今任何地区，都不可能单独生产它所需要的一切产品，它依赖于地区间的分工与协作。在以私有制为基础的市场经济中，各种生产要素的拥有者受利益驱动可以自由支配其拥有的生产要素。这样，在空间上可移动的生产要素将服从追求边际回报最大化的原则在空间转移，从而促使资源在更大的范围内实现优化配置，并最终形成按比较优势进行的区域分工。因此，各区域应根据地域分工发展那些本地具有突出优势的产业，放弃那些本地不具备优势条件的产业，并同其他区域建立互为补充的分工协作关系，以实现产业在区域间的优化配置，满足各自区域发展的需要。

任何经济优势的发挥都不能超过市场容量的限度及质的界定。具体而言，市场对区域分工的形成与调节是由供求、价格与竞争等市场要素通过相互联系、相互制约、相互作用来共同完成的。市场供求关系的变化必然引起市场价格的升降，而市场价格的升降又会反过来刺激和调节供求的增减。价格机制是价值规律发挥作用的重要机制，它能调节社会资源在区域间、部门间的配置，促进企业提高技术水平与经营管理水平，调节利益在区域间的分配。价格自身在市场运行过程中呈现两个体系：一是商品比价体系，即国民经济各部门生产和经营的不同商品价格之间的横向联系与比例；二是商品差价体系，即由于商品流通中的环节、区域、季节以及商品质量不同所形成的同种商品的不同价格之间的纵向联系与价格差别。正是商品的区域差价决定了区域分工的总利益增进水平，而商品比价决定了增进的总利益在区域间的分配。有市场就有竞争，竞争的存在有利于促使企业优化区域活动以提高经济效益，加快技术进步，从而使区域分工趋于合理。

区域分工随市场机制的完善而完善。一般来说，区域分工的形成与分工的程度在一定意义上取决于交易成本的高低，市场越完善，交易成本就越低①，就越有助于区域分工的深化。因为区域合理分工中的经济优势是市场竞争中的优势，一个区域某种产业取得优势，表明它的产品已进入消费市场，其完全换算费用低于全国平均水平和其他区域，并在价格和质量等方面具有较强的竞争力。换言之，一个区域的某种产业是否具有优势，是根据它在统一的国内市场和国际市场上竞争的结局来确定的，集中表现在本区域产品在市场上的占有率的高低。市场机制的完善主要涉及两方面的内容：一是整个市场体系的完善，包括商品市场、金融市场、劳动力市场、产权市场、信息市场、房地产市场等；二是全国统一市场的形成，以促进商品与要素在区域间的自由流动。

由于上述原因，更由于市场调节相对于计划调节的高效率，可以说，只要区域是相互开放的（具备统一的市场），市场体系是完善的，供求、价格、竞争等市场要素能充分发挥作用，区域之间就会形成合理的分工体系。

（三）对缩小区域经济发展差距的作用

区域差距是否会出现转折进而不断缩小，从理论上讲在于经济增长本身是否存在收敛。按照基本的新古典增长模型，由于边际报酬递减，经济增长会存在收敛，而资本的流动、技术的扩散、政府的政策等都会影响这一收敛过程的速度。在实证方面，威廉姆森（Williamson, 1965）分析各国的资料发现，一个国家范围内各个区域间的经济发展差距与国家的整体发展水平相关。在一个国家经济发展水平较低的时期，区域经济发展的差距也较低，随着国家经济发展水平的提高，区域经济发展差距逐步扩大，但在到达某一转折点之后，区域经济发展差距又将伴随国家经济发展水平的提高呈现下降趋势，这就是关于区域差距的"倒 U 形假说"。

在具有前述假设的情况下，按照趋同理论的解释，由于资本报酬具有递减的特征，先发区域较早遇到资本报酬递减现象。相反，后发区域资本报酬递减现象来得迟一些，因而可以取得较快的增长速度。先发区域与后发区域增长速度之间的这种差异，会最终导致区域之间经济发展差距的缩小。关于这一点，不再赘述，这里主要从另一个角度来分析市场调节对区域经济发展差距缩小的作用过程与方式。

笔者认为，满足上述假设条件的两区域，在供求机制、价格机制和竞争

---

① 当然，物极必反，如果市场分工过于细化，交易成本则会升高。

机制的共同作用下，区域经济发展差距会逐步缩小，原因如下。

1. 人口、劳动力的自由流动促进区域人均收入相对均衡，进而为区域经济发展差距的缩小提供了有利条件

由于在先发区域可以获得更高的收入与更多的就业机会，如果迁移后收入的增长大于迁移成本，人口和劳动力就会选择向收入较高的先发区域迁移。在这种流动过程中，先发区域人口密度会提高，市场竞争加剧，较高的产值被较多的人们分享。而人均收入相对落后的后发区域，人口密度会进一步下降，最终使得较低的产值由较少的人口分享，人均收入水平因此相对提高。这样，从长期看，各区域最终会达到一种平等，即"人均收入"的均等，这也是一切区域间平衡的最终目标①。

虽然人均收入的相对平等并不等于区域经济发展水平的一致，但其为缩小区域经济发展差距创造了有利条件。一方面，对后发区域而言，人均收入水平的快速上升，将使更多的人口有能力②迁移到生产和生活条件更好的城镇，从而加快了后发区域的城镇化进程，这将有助于缩小后发区域与先发区域之间的经济发展差距③。而收入水平的上升与居住区的集中必然会促进后发区域消费市场的扩大。这将起到两个作用：一是会有力推动后发区域的工业化进程；二是会加快先发区域"市场扩张型"产业向后发区域转移的速度。另一方面，在不存在歧视的市场条件下（如我国特有的二元户籍管理制度），迁移到先发区域的人口和劳动力应当获得当地的平均工资水平与社会保障，这就使得先发区域的相关产业（如劳动密集型产业）会较早遭遇劳动力成本上升的瓶颈，从而迫使其加快向劳动力成本相对低廉④的后发区域的转移。此外，人口与经济活动的高度集中，还会给先发区域带来土地与能源成本的上升，以及相应的社会与环境问题，这种情况所产生的压力也会迫使相关产业加快向后发区域的转移速度。上述过程见图 3 - 4。

---

① 世界上一些大国内部各区域之间差距的缩小，无一不是伴随着人员的流动和人口的迁移，繁荣的区域人口增加，衰落的区域人口减少，资源合理配置，收入也相对平等，差距不会过大。美国的中西部地区，经济从来不像东西海岸那样发达，但这从来没有成为一个特别严重的、威胁到社会安定的问题，就是因为人口的流动导致最终的"人均收入"（广义地说还包括诸如环境、城市拥挤程度、空气清新程度之类的非货币收入）达到了基本的均等。

② 迁移能力（表现为拥有的物质资本和知识资本的多少）是影响人口流动或迁移的一个重要因素。

③ 相关研究表明（Chang，2002），我国区域之间的经济发展差距主要来自城乡差距，因而加快城镇化进程有助于缩小区域发展差距。

④ 一般来说，由于空间阻力的存在，两个区域的劳动力价格不能达到完全相等。

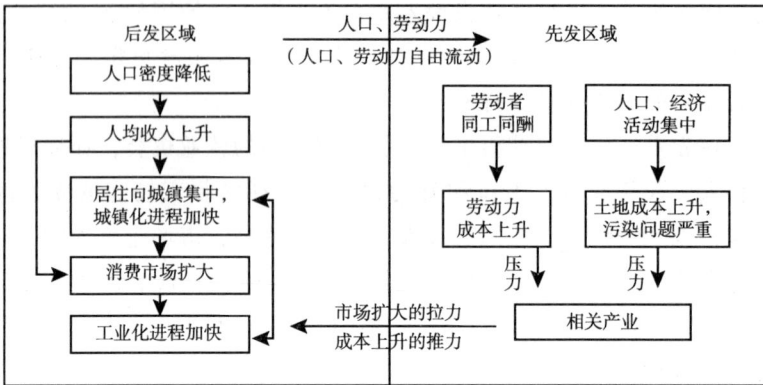

图 3 - 4　人口、劳动力自由流动对区域经济发展差距缩小的作用机制

资料来源：参见彭荣胜《区域经济协调发展的内涵、机制与评价研究》，河南大学博士学位论文，2007。

后发区域的人口、劳动力相对于先发区域（人口、劳动力自由流动），由于市场扩大的拉力和成本上升的推力，致使出现以下现象：人口密度降低；人均收入上升；居住向城镇集中，城镇化进程加快；消费市场扩大；工业化进程加快；劳动者同工同酬；劳动力成本上升；人口、经济活动集中；土地成本上升，污染问题严重。

2. 先发区域企业对市场空间的拓展，会促进区域经济发展差距缩小

分工是经济持续发展的源泉，但是分工的细化一方面带来了交易成本的增长，另一方面也使企业面临着一个细化的、规模更小的市场空间，所以不断地开拓市场是企业发展永恒的主题。在先发区域，随着人口、经济活动的集中，经济发展规模逐步扩大，同类产品的市场竞争也必然日趋激烈，这就有可能迫使企业通过产业区域转移的方式来打开市场[1]。

与此同时，先发区域消费结构的变化以及其与后发区域消费结构的差异，也促使先发区域的相关产业寻找新的市场。一方面，伴随经济的快速发展，先发区域人民的生活水平必然相应提高，消费结构因此会出现阶段性的变化，即原来的基本生活用品的消费趋于饱和，基本生活用品的消费支出占收入的比重逐步下降，高新技术产品和资本密集型产业产品的市场不断扩

---

[1]　在一国内部，比较典型的例子是美国。在美国早期开发阶段，当时制造业工厂通常设在靠近原料来源的地方，后来由于运输条件的变化，工厂更倾向于设在靠近产品市场的地方，这促进了美国工业由东部转移到西部，由北方转移到南方。

大。也就是说，传统产业的市场空间趋于缩小将迫使生产者逐步退出该行业。另一方面，对后发区域而言，其人口收入水平相对较低，在消费结构上与先发区域形成较大反差，在先发区域市场已经饱和的一些传统产品，在后发区域的市场潜力还很大，有着广阔的发展前景，这就为先发区域相关产业向后发区域的转移提供了市场保证。

当然，在开拓市场空间时，企业可以采用资本转移的方法，也可以采用直接贸易的方法，选择哪种方法在一定程度上取决于运输费用的高低。一般来说，如果单位产品的运输费用加上原产地的单位产品的生产成本大于当地（市场地）投资建厂而生产的单位产品的成本，企业就会选择资本转移的办法；反之，则会采取直接贸易的办法。在一个地域辽阔的国家或地区（如中国），由于空间跨度大，运输成本必然较高，加之后发区域的交通基础设施相对落后，运输成本（包括时间成本）就会更高，再考虑到把产业转移到后发区域的目标市场还可以就近取得当地廉价的劳动力，在这种情况下，先发区域的相关产业更有可能选择资本转移的办法，从而推动后发区域经济的发展。事实上，除此之外，后发区域由于文化、风俗习惯、消费性等原因导致对产品的要求与原产地的差别较大，企业往往会选择在该地直接布局来研究和开发适应当地消费需求的产品。所以，产品市场的差异化（或当地化）要求，也是先发区域相关产业转移到后发区域的重要诱因。

3. 诱导政府行为的改变，从而促进区域经济发展差距缩小，市场机制作用的充分发挥并不排斥计划机制的作用

事实上，没有任何一个国家或地区在经济发展中完全采用单一的市场机制或计划机制，因为二者是相互影响、相互补充的关系。市场在配置资源的过程中，必然会引发政府行为的改变。从本质上看，任何区域都有着强烈的迅速发展、迅速赶超的冲动。后发区域会不满目前的现状而力求赶上先发区域，先发区域也力图在确保领先的前提下发展得更快、更强，其赶超的目标则是更发达的国家或地区（王新驰，2003）。基于此，在市场调节下的经济发展的不同阶段，区域政府（也包括中央政府）会不可避免地根据需要对经济发展予以一定程度的干预。干预的方式无外乎两种，即鼓励或限制。对先发区域而言，主观上，一是要保持在全国经济发展中的领先地位，二是要积极参与国际分工以便从中获益；客观上，也面临着劳动力、土地、原材料使用成本不断攀升以及污染日益加剧的问题。在这种情况下，先发区域就会更加重视比较优势的发挥，加快传统产业向后发区域的转移，推动本区域的产业结构调整，以促进产业结构的高级化，从而达到提升区域发展竞争力的目的。

为此，在手段上，区域政府就会对传统产业进行限制，以形成政策"推力"，如人为地提高土地、能源、水资源、劳动力等要素的使用成本，降低它们在先发区域的获利空间，从而迫使劳动密集型产业与部分资源密集型产业向后发区域转移。对技术密集型与资金密集型产业则采取鼓励政策，如对项目及投资予以适当的行政配置，在生产、销售、进出口和税收、信贷、土地供给等方面实行种种优惠政策，提供由政府资助培养或开发的人才、技术、设备等。对后发区域而言，为了能够有效地承接先发区域转移的传统产业，以促进其经济的快速发展，就要形成政策"拉力"。如积极实施产业结构调整，推动政府的改革与创新，提高政府的服务意识与办事效率，为产业转移创造良好的软环境，加大人力资源开发，提高劳动者素质，降低劳动力的使用成本，提供优惠的税收与土地使用政策，等等。

第三节　空间二元市场结构与市场对区域经济协调发展的抑制机理

改革开放以来，虽然我国的产业结构和城乡结构变化已经出现了新的态势，但是工农关系和城乡关系仍然处于失衡状态，农业生产率远远落后于非农产业，农村发展严重滞后于城市地区，而且农业和农村在新时期的经济发展过程中再次付出了巨大的牺牲[1]。更重要的是，我国农村的确存在着大量生产率水平极低的剩余劳动力，这点和刘易斯－费景汉－拉尼斯模型极其吻合，因此，工业化和现代化的过程实际上就是农村剩余劳动力向城市工业部门不断转移的过程（柳士发，1999）。改革开放以来，城乡居民收入差距的拉大不仅证实了二元经济结构的存在性，而且也说明我国的二元经济结构具有"高强度和超稳态的特征"（郭剑雄，1999）。二元经济结构的存在性和严重性不仅会导致资源配置效率低下、经济结构转化迟缓、收入分配差距拉大，而且也由于农村市场难以启动而使整个经济陷入内需不足的境地[2]。针对这种情况，必须通过多项措施来促进工农产业和城乡经济的协调发展。诸

---

[1]　国务院发展研究中心课题组：《国内市场一体化对中国地区协调发展的影响及其启示》，《中国工商管理研究》2005 年第 12 期，第 22～25 页。

[2]　王检贵：《劳动与资本双重过剩下的经济发展》，上海三联书店、上海人民出版社，2002，第 54 页。

如调整农业产业结构，加快农业发展速度；疏通城乡资源流动，提高资源配置效率；推进城乡体制改革，协调城乡社会关系；等等。然而，现阶段我国二元经济结构转化的进程比较迟缓，结果"不仅严重制约着制度变革的传导，而且直接影响着制度调整的空间"（刘元春、罗玉波，2003）。在某种程度上，二元经济结构已成为影响我国经济发展的一个瓶颈性因素。因此，有些学者从新兴古典经济学的角度出发，对我国二元经济反差产生和结构转化迟缓的原因以及二元经济结构转变的趋向进行了研究（高帆，2005）。

客观地说，这种观点是在整体上把握我国产业结构和城乡结构的现状，并在一个较长的时期内探索二元经济结构的转化方案，这种努力对于人们在宏观上认识经济结构问题是有益的。但是很多学者直接运用发展经济学中经典的二元经济理论，没有区别我国经济发展与其他国家尤其是发达国家的不同之处，这样就影响到这种观点对于我国经济结构现状的解释力。

一 市场空间二元结构与区际竞争优势的两极分化

市场空间一元结构中，各个区域市场的竞争实力处于相同层次的发育水平。为了摆脱投入要素稀缺性的约束，区域利益主体除了选择制度重新安排、促进投入要素优化组合外，在对价值无限占有的追求过程中，往往还体现出推动经济增长方式实现不断转换。在市场空间一元结构条件下，区域利益主体摆脱投入要素稀缺性的制约，占有更多利益，在其他条件既定时，往往还会选择技术创新方式，并由此自觉推动区域经济增长方式不断转换，推动社会整体技术水平不断由一个台阶迈向另一个更高的台阶，经济增长方式不断发生质的飞跃。

不难看出，第一种假设条件显得过于理想化，与现实情况有较大差距。事实上，在一国内部的不同区域之间，市场化水平可能是不同的（可能差距甚大）。因此，这里进一步给出第二种假设：两区域的市场化程度显著不同，即先发区域高于后发区域，其他条件与第一种假设相同。以此为基础来分析市场空间二元结构对区际竞争两极分化的作用方式与过程。

在市场空间二元结构下，区域之间按照市场机制进行竞争。斯蒂格利茨认为，如果一家厂商或社会在它的生产可能性曲线以下进行生产，亦即它的生产可能性曲线凹向原点，其资源配置就可以被认为是低效率的[1]。不妨令

---

[1] 〔美〕斯蒂格利茨：《经济学》（上），梁小民译，中国人民大学出版社，1997。

一国经济区由 A、B 两区域构成，其中区域 A 市场发达，区域 B 市场落后。在这种市场空间二元结构中，相比较而言，区域 A 的资源配置具有相对效率，其经济增长具有内在扩张机制；区域 B 的资源配置相对无效，其经济增长存在内在收缩机制。在区域市场动态运行过程中，对区域 B 而言，由于区域 A 资源配置方面的相对效率，无疑会抬高本区域各种投入要素的机会成本。降低机会成本的理性决策会诱导区域 B 中数量愈来愈多、质量愈来愈高的投入要素不断流出，形成所谓"要素效益外溢"①。在此情况下，区域 B 所拥有或可支配的投入要素无论从量上看还是从质上讲，都会更加稀缺。更加稀缺的投入要素与经济增长收缩机制黏合在一起，区域 B 经济增长就会出现乘数式收缩。相反，对区域 A 而言，由于区域 B 资源配置方面的相对无效，无疑会降低本区域各种投入要素的机会成本，并对区域 B 各种投入要素产生巨大的诱惑力，不仅本区域的各种投入要素不可能流出，反而还会大量吸纳区域 B 的各种投入要素，形成所谓"要素效益内注"。在此情况下，区域 A 可拥有或可支配的投入要素无论从量上看还是从质上讲，都会更加充裕。更加充裕的投入要素与经济增长扩张机制的联姻，使区域 A 经济增长孕育出乘数式扩张。在投入要素的上述流出流入过程中，尽管区域 A 中要素的边际报酬递减，区域 B 中要素的边际报酬递增，但由于在市场空间二元结构中，两区域投入要素的机会成本的对比关系不可能发生实质性变化，故而该国的生产可能性曲线必然凹向原点。

生产可能性曲线的非凸性以及区域 A 经济增长乘数式扩张和区域 B 经济增长乘数式收缩，又从一个侧面说明区域 A 经济增长速度超过了 A、B 两区域的平均增长速度，区域 A 的"效率工资"便趋于下降，由此就可获得一种区域 B 根本不可能与之相提并论的累积竞争优势，同时进一步遏制区域 B，使其在经济增长中不断累积起愈益恶化其自身的各种因素。

区域 A 累积的竞争优势包括累积起吸引新兴产业布局的优势、累积起资本分配的优势、累积起服务部门成长的优势、累积起市场成长的优势。

与此相反，区域 B 尽管由于"扩散效应"的作用较之以往有着某种程度的进化，但也正是在这种进化过程中不断累积起方方面面的竞争劣势，如累积起工业化进程的劣势。区域 A 工业化进程的加速，要求充分的初级产品供给，并会通过技术转让、对外投资和产品统购等形式，刺激区域 B 增

---

① 王梦奎、李善同等：《中国地区社会经济发展不平衡问题研究》，商务印书馆，2000。

加初级产品生产，把区域 B 置于工业化进程的附属地位，甚至排斥在外，使得区域 B 的工业化进程总是远远滞后于区域 A，如累积起产业结构方面的劣势。在市场空间二元结构中，区域间的分工往往是垂直型分工。在这种分工格局中，随着区域 A 产业部门的"外溢"，一些被淘汰或即将被淘汰的产业部门将会转移到区域 B，构成区域 B 举足轻重的产业基础，致使区域 B 产业结构水平及其转换总是远远滞后于区域 A。再如区域 B 资本匮乏、人才奇缺、基础设施落后、观念陈旧、市场发育不良等，归根到底都不过是累积竞争劣势的具体表现。

区域 A 不断累积起竞争优势和区域 B 同时不断累积起竞争劣势，又表明区域 A 实际上取得了一种市场垄断势力，可以通过索取高于边际成本的价格占有尽可能多的市场利益。

综上所述，在市场空间二元结构条件下，区域间不可能存在足够的市场，也不可能按照公平、公正、公开的竞争规则行事，更不可能达到竞争均衡状态，因而存在着区域两极分化机制，并以经济增长乘数式扩张和乘数式收缩、累积竞争优势和累积竞争劣势等形式表现出区域两极分化而不是共同富裕。

在市场空间二元结构条件下，市场化程度是对资源配置过程中由市场来配置资源比重的衡量，是市场机制纵深作用的程度、广度以及市场发育程度的反映。因此，市场化程度可以用来描述市场机制发挥作用的程度[①]。显然，在市场化程度高的区域，其资源配置的效率也高；反之，其资源配置的效率就低。所以，当区域市场化程度存在较大差异时，其对资源配置及经济运行过程都会产生较大影响。

二　市场空间二元结构弱化区际联系

两区域较大的市场化程度差异，将在一定程度上导致区域之间经济联系的弱化，原因如下。

其一，后发区域的市场化程度低，意味着其资源配置的相对无效，在这种情况下，后发区域就对先发区域丰富的资金缺乏足够的吸引力，使得先发区域的资金难以流向后发区域。与此同时，后发区域本来就稀缺的资金还会

---

① 樊纲、王小鲁、张立文等：《中国各地区市场化相对进程报告》，《经济研究》2003 年第 3 期，第 9～19 页。

通过金融系统的调节流向先发区域，从而形成劳动力和资金从后发区域向先发区域的单向流动。这样，从需求的角度看，就会出现一方对另一方的单向依赖，而不是区域之间的相互依赖。

其二，后发区域市场化程度低往往与其国有企业比重过高相匹配。受所有权性质的制约，这些企业难以行使独立自主的生产权和经营权。又由于它们发展状况的好坏直接涉及后发区域的利益，即如果经营得好，则可为后发区域提供丰厚的利税，又可扩大就业。相反，如果经营得不好，则会成为后发区域沉重的财政包袱，还可能诱发严重的社会问题。这样，后发区域政府和这些企业事实上形成了一个利益共同体。那么，后发区域政府就不可避免地对本地国有企业采取保护性政策和措施。而成本较低、收效较高的措施就是市场封锁和资源垄断。

市场封锁就是用行政手段阻挠和后发区域国有企业产品有竞争的先发区域产品进入本地市场。资源垄断就是用行政措施阻挠本地国有企业所需、市场紧缺的劳动力和原材料等流出后发区域。这样做的结果是：区域之间出现市场分割，生产要素和商品无法在区域之间自由流动，从而妨碍了区域经济联系。

三 区际市场化差异阻碍区域合理分工

区域经济一体化，是要求各种资源在整个区域范围内实现最佳配置，它可以表现为产业结构互补、分工协作等，也可以形成产业集群，形成规模经济和有利于产业发展的环境优势。经济一体化根源于社会分工，分工促进了交换的深度和广度，培育了市场。人们的趋利理性通过优胜劣汰的竞争机制会逐渐形成经济活动的纵向和横向的分工，从而使经济的整体性或社会化程度提高。因此，区域经济一体化的过程就是分工和专业化生产不断深化的过程，是资本、技术、人力资源、土地等各种要素更多地在市场机制的支配下自由流动的过程，是税收、产业和劳动人事等政策和制度安排均一化的过程[①]。

两区域较大的市场化程度差异，将不利于形成合理的区域分工，原因如下。

①　许丽娟：《破除行政性障碍　推动人才市场的统一》，《中国人力资源开发》2009 年第 10 期，第 79~80 页。

方面：基础研究（科学）创新能力、技术创新能力、科技人才培养能力。基础研究（科学）创新能力强调的是基础科学知识的原创性，其主要表现就是创新团队；技术创新能力的内涵是指，在长时期内高校生产能够商业化的创新技术的能力，主要表现为校产合作；科技人才培养能力强调高校在科技创新活动方面培养科技人才的能力。影响地方高校科技创新能力的因素分为四类：创新投入与创新团队、高校创新环境与氛围、高校与外界联系的质量、创新基础条件与设施。这四类要素相互联系构成高校的创新网络，共同决定着高校的科技创新能力[①]。

　　高校作为河南省知识创新的主体，是培养人才，生产和传播新知识、新思想的重要基地，在河南省区域创新体系中的作用不可替代。一是拥有丰富的科技人力资源。截至 2009 年底，全省高校共有教学与科研人员 36032 人，其中科学家和工程师 34802 人。在第三批"河南省创新型科技人才队伍建设工程"遴选建设中，高校入选"中原学者"2 名、河南省"创新型科技团队"23 个、河南省"科技创新杰出人才"计划 25 个、河南省"科技创新杰出青年"计划 25 个，入选人数占全省的 70%，有力彰显了河南省高校科技人才优势。二是具有较完备的基础研究创新平台。基础研究创新平台是高校优势的体现，也是国家科技创新平台的核心部分。目前河南省高校已建成了 8 个国家级重点学科、2 个国家级工程技术中心、2 个国家重点实验室培育基地、9 个教育部重点实验室、35 个河南省重点实验室、5 个教育部工程研究中心。较完备的科研物质条件，有力地推动了高校高水平科学研究的组织和优秀创新人才的聚集与培养。三是具有较强的科技研发能力。2009 年全年高校科技活动经费投入总额达到 10.9 亿元；申请专利 655 项，专利授权 410 项，专利拥有数达到 1233 项。在河南省 2009 年科技进步奖评选中，一等奖共有 11 项，高校占 5 项；以第一完成单位获国家级奖的全省共有 5 项，高校占 3 项[②]。高校已成为河南省高水平基础研究和应用基础研究的重要基地，成为推进自主创新、建设创新型河南的骨干和核心力量。四是高校有跨学科的发展优势。学科发展及研究方向创新是科学技术发展的战略性

[①]　庞诗、何晋秋：《我国研究型大学发展存在的问题及发展趋势探讨》，《世纪桥》2006 年第 9 期。

[②]　《充分发挥高校在转变经济发展方式中的作用》，河南省科技创新促进会网站，2010 年 7 月 20 日，http://www.kjcx.org.cn/info-inn/inn-forum/yanquanzhi-gaoxiao-zhuanbianjingjifazhanfangshi-zuoyong.html。

问题。

高等教育之外的职业教育也逐渐成为教育创新能力的重要组成部分。进一步加快职业教育发展，是促进就业、改善民生的重大举措；是提升综合竞争力，走新型工业化、城镇化道路，建设社会主义新农村的现实选择；是实现由人口大省向人力资源强省转变的重要途径；是推进教育事业协调、健康发展的必然要求。2005 年 11 月 9 日，国务院颁布了《国务院关于大力发展职业教育的决定》，河南省被确定为国家职业教育改革试验区。根据2008 年 12 月 5 日出台的《河南省人民政府关于实施职业教育攻坚计划的决定》，河南省将在 2008～2012 年筹措 100 亿元经费投入职业教育中。河南省各地相继出台了职业教育园区的规划，如开封市职业教育园区规划面积为 6057 亩，拟入驻职业教育园区的学校共 11 所（其中中等职业学校 5 所、技工学校 3 所、高职院校 2 所、职业教育教师培训中心 1 所）。该园区分三期建设，建成后建筑总面积为 140 万平方米，在校生规模 7.8 万人，总投资 26 亿元[①]。

构建中原经济区科研创新体系，重点是通过体制机制创新，充分发挥科研机构引领作用，促进大学和科研机构面向经济建设主战场，深化科研机构改革，推动建立现代科研院所制度，开展自主创新活动。通过调整、合并、整合创新资源，强化大学创新生力军功能，优化资源配置，提高知识和技术创新能力。中原经济区科研创新体系建设关键要推进建设研究型或教学－研究型大学，依托重点大学和科研机构及有条件的企事业单位，建设一批国家和省级重点实验室、工程实验室、工程（技术）研究中心、高校重点实验室、企业技术中心等创新平台。这些科技创业孵化基地及其他各类有效创新载体和公共创新平台的完善与建设，要突出河南地方特色、突出主攻方向和突出区域比较优势。

（三）科技中介服务体系及能力基础

科技中介服务体系就是以直接帮助企业技术创新取得成功为目的而形成的网络化、社会化、专业化的服务体系。

河南省在构建自主创新体系的过程中，坚持以市场为导向、以服务为宗旨、以促进科技与经济的紧密结合为目标，大力发展科技中介服务机构，初

---

① 《全力推进开封职业教育园区建设》，人民网，2009 年 7 月 28 日，http://www.people.com.cn/GB/123605/136024/9735989.html。

步形成了多层次、多功能、社会化、基本覆盖全省各县市的科技中介服务体系[①]。其一，生产力促进中心迅速发展。现已形成了以河南省生产力促进中心为龙头，以3个行业中心、18个省辖市中心、12个县市中心为骨干，以多个县级工作站为触角的生产力促进中心网络，能够为广大中小企业提供管理咨询、人才培训、技术评估、企业诊断和技术服务等多层次、全方位的创新服务。其二，高新技术创业服务中心（企业孵化器）功能逐步完善。目前各类创业服务中心孵化高新技术企业的功能日益完善，截至2009年，各类创业服务中心已达28家，在孵企业2653家，培育高新技术1000多项，实现技工贸总收入133亿元。其三，技术市场发展势头良好。2009年，全省已建立省、市级技术市场30多个，成交技术合同2834项，成交金额38.4亿元。技术市场的迅速发展促进了科技成果向现实生产力的转化。其四，工程技术研究中心快速发展。截至2009年，先后组建工程技术研究中心近百个，建设国家级工程技术研究中心和重点实验室8个、省级85个；组建省级以上企业技术中心243个，其中国家级20多个。其五，科技咨询业和科技情报信息业健康发展。目前在省辖市以上工商管理部门登记注册的科技咨询机构达到3000多家，年咨询收入近亿元，其中工程咨询、专业咨询和管理咨询发展尤为迅速。此外，全省还建立了一批科技评估、投标代理等科技中介服务机构。

　　加快中原经济区中介服务体系建设，需要在以下方面寻找着力点。首先，要大力发展各类科技中介服务机构，要重点发展一批生产力促进中心、创业服务中心、技术转移中心、技术交易市场、科技产权交易市场、科技咨询服务中心、科技评估中心、风险投资和信用担保机构等，形成功能齐全、服务手段先进、服务水平较高的社会化中介服务体系，为企业自主创新活动提供技术、信息、人才、金融、法律等多方面的优质服务。其次，要创新管理模式和运营机制，推动科技中介资源跨区域共享，强化专利、商标、版权等知识产权保护，加速科技成果转化和推广应用，推进专业性和面向区域产业技术创新的服务体系建设。再次，要强化创新型人才开发的政策协调和制度衔接，拓宽大学和科研机构与企业之间创新型人才流动渠道，构建创新型人才社会化服务平台。最后，要加强科技资源共享平台建设。对现有科技信息网、科技成果转化网、科技对外合作网、专利网等进行战略重组或系统优

---

①　中共河南省委宣传部：《解读中原经济区》，河南人民出版社，2011。

化，充实大型科学仪器设备、科技文献、科学数据等资源，拓展网络的覆盖面，形成布局合理、功能齐全、开放高效、体系完备的网络化、数字化、智能化科技资源共享平台，为中原经济区自主创新活动提供优质高效的服务。

（四）创新支撑体系及能力基础

创新支撑条件是自主创新的基础和保障，也是提高区域创新能力的关键因素之一。因此，要提高中原经济区自主创新能力，必须加快推进创新支撑条件建设。其一，调整政府财政支出结构，加大科技投入力度。制定有关政策法规，引导和促进企业积极增加科技投入，使企业真正成为科技投入主体。同时，吸引社会力量积极参与创新活动，增加科技投入，逐步建立起政府引导、企业为主、社会多方参与的多元化科技投入体系。河南省政府于2006年颁布《河南省中长期科学和技术发展规划纲要（2006～2020年）》，重大科技专项正式启动实施。通过整合集成创新资源，实施重大科技专项，加强了一些产业的关键技术创新。重点开展低碳技术、生物育种、生物医药、光伏发电、新型电源、超硬材料、信息安全、新能源汽车、物联网、环保与资源综合利用等关键领域的自主创新，攻克一批产业重大关键核心技术，促进产业转型升级。首批重大科技专项包括主要农作物新品种选育、农副产品深加工、特高压输变电装备关键技术、有色金属深加工关键技术、数字化装备关键技术、新型功能材料及制品关键技术等11项。近年来，河南省重大科技专项的政府支持力度不断加大，新启动的重大科技专项数量由开始的每年5～6项增加到18项，投入财政经费总额由5000万元提高到1.5亿元，引导企业新增研发投入8.87亿元，建设投入85.42亿元，年新增销售收入达到185.73亿元，2009年全年研究与试验发展（R&D）经费支出149亿元，比上年增长20.1%。通过一系列关键技术的突破，带动形成和壮大了一批新兴战略支撑产业。目前，河南省实施的重大科技专项主要围绕新型电力电气装备产业、硅－光伏产业、煤化工产业、生物及新医药产业、数字化装备产业、有色金属精深加工产业、新型功能材料及制品产业、光电产业、生物能源产业和节能环保技术产业。2009年全省实施的20项重大科技专项，使企业大大增强了自主创新能力和核心竞争力。其二，积极探索设立风险投资种子资金，建立风险投资机制和信用担保机制，为创新创业创造良好的融资环境。其三，加强创新人才队伍建设。人才是第一资源，是提高创新能力的关键。要坚持以人为本，创新人才工作机制和政策体系，大力拓宽引才引智渠道，积极引进各类急需人才，为全面提升中原经济区自主创新能力提供坚强的人才保证和智力支持。近年来，河南省不断出台培养、引进创新型人才的政策措施，如《关于进一步加强高层次专业技术人才队伍建设的意见》《河南省创新型科技人才队伍建设工程实施方案》等一系列政策措施，从人才培养、人才信息平台构建、人才评价与激励、人才交流与合作等方面构筑了人才培养、引进的长效机制。2009年全省专业技术人员达到127万人，其中工程技术人员11.6万人、农业技术人员2.8万人、科学研究人员0.5万人、卫生技术人员19.7万人、教学人员9.3万人；长期在豫工作的"两院"院士已达16人，柔性引进的已有100多人；博士后研究人员达到180余人，在校博士生达到2400多人①。较为丰富的人才储量，为自主创新体系建设奠定了坚实的人才基础。

（五）政府宏观管理体系建设与自主创新环境优化

从发达国家或地区的经验来看，提高政府对科技工作的宏观管理能力，强化政府管理部门的科技决策能力，是保障科技、经济和社会协同发展，提高自主创新对经济和社会发展贡献率的关键之一②。2009年出台的《河南省自主创新体系建设和发展规划（2009~2020年）》提出了明确的建设目标与重点任务，为河南省基本形成要素完备、配置高效、协调发展、充满活力的自主创新体系勾画出了宏观管理蓝图。在此发展规划纲领指导下，既要加强各级政府科教领导小组的领导和协调力度，为自主创新活动创造良好的环境和条件，又要强化科技管理部门的宏观管理职能，充分发挥科技管理部门的宏观管理作用，还要改革科技计划管理和评价体制，围绕中原经济区建设的重大战略目标，集成社会各类创新资源，引导创新方向和创新资源的优化配置，发挥有限科技资源的最大作用。围绕中原经济区自主创新能力建设，不断提高政府对科技工作的宏观管理能力，强化政府管理部门的科学决策能力，提高创新资源配置效率。

营造鼓励创新的环境，是自主创新体系建设的重要内容③。自主创新环境建设在政府调控科技资源、吸引和聚集全球经济科技资源、增强中原经济区自主创新能力、培育区域核心竞争力方面具有十分重要的意义。加强中原经济区自主创新环境建设，一要创造良好的政策环境，不断完善科技法规体

---

① 中共河南省委宣传部：《解读中原经济区》，河南人民出版社，2011。
② 谷建全：《加快构建中原经济区自主创新支撑体系》，2011年7月6日，http://www.kxxyjh.org/display.asp?id=1617。
③ 喻新安等：《中原经济区策论》，经济管理出版社，2011，第119页。

系，鼓励和保护创新活动，规范创新行为，促进创新创业。二要进一步转变政府职能，强化服务意识，提高服务水平和质量，通过简化办事环节、提高办事效率等举措，为自主创新提供优质服务。三要积极培育创新文化，加强知识产权保护，加大科普宣传力度，进一步提高全社会的科技意识，努力形成尊重知识、尊重人才的社会文化氛围，为自主创新活动创造良好的人文社会环境，使全社会的创新能量能够充分释放，创新源泉能够充分涌流。

四 中原经济区自主创新体系的路径选择

首先，培育壮大创新主体，支持设立一批重点领域的产业技术联盟。当前，产业技术发展模式已经发生了巨大变化，引发了产业竞争格局的重新"洗牌"，开放式创新成为企业加快提升创新能力的一个重要途径，国内外许多企业通过参与和创建各类产业联盟而从中受益，其示范效应、扩散效应和联动效应也会带动更多企业自主创新能力的不断提升。可以说，产业联盟目前已成为一种重要的产业组织形式，它对区域产业发展、企业成长，特别是高新技术企业的快速成长深具意义。河南省已经建立了河南省超硬材料产业战略联盟、河南省电动汽车产业联盟等，并取得了不俗的成绩。中原经济区跨越七省，该区域内资源禀赋与产业基础相近，技术合作空间巨大，创新体系建设需要在跨省层面加强合作，努力在产业转型升级的核心关键技术和共性技术研发上取得突破，企业间的产业技术联盟在其中必然要发挥更大的作用，政府应出台一些优惠政策，推动跨省跨市的产业技术联盟设立，强化技术合作。

其次，积极培育一批高端创新人才。河南省 2007 年启动实施的创新型科技人才队伍建设工程，目前已支持中原学者 15 人、"科技创新杰出人才" 221 人、"科技创新杰出青年" 352 人、"创新型科技团队" 67 个。其中，已有 2 名中原学者分别当选中国科学院、中国工程院院士，16 人获得国家科技进步奖，3 人领衔的实验室被认定为国家重点实验室，可以说取得了较大成绩①。未来一段时期，河南省更要借助中原经济区这一战略平台，培养和引进一批具有国际先进水平或在国内得到广泛认可的技术领军人才、领军后备人才，带动形成一批创新团队，造就一支综合素质过硬、专业贡献重

---

① 谷建全：《加快构建中原经济区自主创新支撑体系》，2011 年 7 月 6 日，http：//www. kxxyjh. org/display. asp？id＝1617。

大、团队效应突出、引领作用明显的创新型科技人才队伍。形成一支在国内外有重要影响、思想道德素质过硬、学术技术水平领先、被业内广泛认可的科技领军人才队伍。这支队伍由四个层次的梯队组成，即"两院"院士群体、15名以"两院"院士后备人才为主的"中原学者"、100名左右覆盖各行各业的科技创新杰出人才、500名左右科技创新杰出青年人才。形成100个左右由"两院"院士和其他科技领军人才带领的杰出科技创新团队，通过科技领军人才和科技创新团队的培养、带动，形成一支2万人左右的创新型科技人才骨干队伍。

再次，加快科技成果产业化进程。由于历史原因，河南省区域内缺少国家级的科研机构，学科布局与河南省的整体科技需求有较大差距，要借助中原经济区这个高层次平台，吸引大型科研机构如中国科学院及各领域的国家级科研院所在河南省设立成果转化基地。2010年4月，河南省中国科学院科技成果转移转化中心在郑州揭牌，同时揭牌的还有中国科学院河南矿产资源勘探研究示范基地，这些都是河南省搭建起的科技成果转移转化新平台。河南中心围绕河南省重点领域和支柱产业，先期建立绿色化工、新材料、现代农业、生态环境、光机电和矿产资源探测装备研制与应用6个分中心，累计实现向河南省转移转化中国科学院科技成果200项以上。"十二五"期间，河南中心将再建立5个转移转化分中心，建立8~10个转移转化示范基地，逐步形成覆盖全省18个省辖市的科技成果转移转化体系。到"十二五"末，向河南省转移转化的中国科学院科技成果累计将达到500项以上。同时，要大力发展技术中介机构以及技术交易中心与产权交易中心，推进科研机构改制，加快产学研合作平台建设，使科技投入更加贴近市场，缩短科技成果产业化进程。

最后，构建适合中原经济区产业特点的自主创新体系。中原经济区地处内陆，资源特色与比较优势明显，产业结构特征突出，在产业内分工、产品内分工日趋发展的当今世界，区域自主创新体系建设并不是面面俱到，而是要发挥比较优势，依托主导产业，集中在重点领域里寻求技术突破，占领技术制高点。如在食品工业、有色金属、煤化工、粮食加工业等领域，河南省及其周边地区已经成为全国最大的产业基地，具有雄厚的产业基础与技术积累，具有突破技术前沿的能力，应加快科研资源向这些产业领域倾斜，吸引全国乃至全球技术要素向中原经济区集聚。而对于本区域不具有优势的技术领域，如电子信息、汽车等，则应以吸引产业转移为主，关键科技资源要集中在产业链的某一具有比较优势的环节上，实现重点突破。河南省有关部门有必要对中原经济区的产业特点、资源禀赋、技术积累、人才储备、市场空间等进行一次梳理，找准一批本区域具有优势的关键技术领域，加大投入力度，构建适合中原经济区产业特点的自主创新体系。

第二节　技术创新与中原经济区创新体系构建

一　区域技术创新特性及相关研究

影响经济增长因素的研究一直是宏观经济学研究的重点。熊彼特（Schumpeter，1912）认为经济的变革与增长归因于创新活动。索洛（Solow，1956）通过实证检验，认为发达国家的经济增长在很大程度上是由技术进步促进的。Howitt et al.（1998）也提出经济增长是由一系列随机的质量改进（或者说垂直型创新）带来的，而这些创新本身则来自研发（R&D）活动。以 Romer（1990）等人为代表的内生增长理论认为，经济增长不受资本积累的影响，技术进步独立于资本积累之外，进行研发的激励决定了经济增长率并推动长期经济增长。近年来，国内外一些学者也注意到了区域技术创新与经济增长质量之间的关系。Pierre J. Tremblay（1998）指出，学术界对国家之间生产率水平及其变化速率的比较研究的兴趣正在增加。Guellec et al.（2004）则认为，尽管许多因素如宏观经济冲击会在短期或中期内对生产率发展产生影响，尽管 R&D 不是技术变革唯一的重要源泉，但只有技术的发展会对生产率的增长造成持续的影响。

我国学者也有这方面的论述。潘文卿（2008）通过我国三大增长极的技术创新对我国内陆地区经济的外溢性影响研究发现，三大增长极对我国内陆地区的外溢效应只有 10.9%，而且主要集中在对中部地区的外溢效应上，对东北地区、西北地区与西南地区的外溢效应则十分有限。祖强、梁俊伟（2005）采用了 15 个行业的 90 组时间序列数据，对各个行业的技术创新的扩散效应进行了量化分析，发现 FDI 对于我国的行业技术溢出效应虽然为正，但不明显。胡鞍钢等（2000）认为，包含于 TFP 中的无形因素分为结构因素和知识因素两大类，其中知识和技术因素是起长期决定性作用的。知识和技术因素包括大规模的技术引进（通常包含在资本设备中）、劳动力素质的不断提高、人力资本投资、信息和通信等。按胡鞍钢（2000）的定义，知识因素包括三个方面，即知识获取、知识吸收和知识交流，而这三个方面能力不断增强的过程即为知识发展。其中，知识获取能力包括本国或本地区生产知识的能力（知识创新能力）和利用外国或外地区知识的能力（引进知识能力），知识吸收能力取决于人力资本的状况，而知识交流能力则反映了一个地区人口传播知识的能力。刘自强等（2008）利用分解全要素生产率的方法，分析了1993～1998年深圳特区29个制造业的数据，表明外商直接投资存在显著的技术溢出效应，使得国内企业的生产率和生产率的增长速度同时提高。这些研究都有一个共同结论，即区域技术创新有利于地区经济增长。

（一）技术创新及特点

自熊彼特首次提出创新的概念和理论后，有关技术创新的概念一直被学者们关注和争论。熊彼特认为"创新"是指"新的生产函数的建立"，即"企业对生产要素的新组合"[①]。尽管他本人没有直接对技术创新下严格的定义，但他将技术创新作为一个新的独立变量，思考其对经济增长乃至社会变迁的影响作用，为技术创新概念的界定打下了理论基础。索罗在《资本化过程中的创新——对熊比特理论的评论》一文中，首次提出了技术创新成立的两个条件：新思想的来源和以后阶段的实现发展。他的两步论被认为是技术创新概念上的里程碑。在索罗的理论基础上，林恩（G. Lynn）对技术创新进行了明确的定义，他认为技术创新是始于对技术的商业潜力的认识而终于将其完全转化为商业化产品的整个行为过程[②]。

美国国会图书馆研究部对技术创新下的定义是：技术创新是指新产品的生产机器在市场上的商业化以及新工艺设想到市场应用的完整过程。它包括新设想的产生、研究、开发、商业化生产到扩散等一系列的过程[③]。经济合作与发展组织（OECD）从产品和工艺创新方面出发的定义是："技术创新包括新产品和新工艺以及原有产品和工艺的显著的技术变化。"

近年来，我国在技术创新理论的研究和实践活动得到了重大发展。许多学者和专家也对技术创新的概念进行界定[④]。学者陈劲认为技术创新的管理

---

① 〔美〕约瑟夫·熊比特：《经济发展理论》，何畏、易家洋等译，商务印书馆，1990，第167～168页。
② 傅家骥：《技术创新学》，清华大学出版社，1998，第6页。
③ 赵兰香：《技术学习过程与技术创新政策》，《科技管理》1999年第6期，第8～13页。
④ 张耀辉：《技术创新与产业组织演变》，经济管理出版社，2004，第27～29页。

学解释是从一种新的思想的产生到研究、发展、试制、生产制造，再到首次商业化的过程[①]。清华大学技术经济学家傅家骥等教授的定义比较全面：技术创新是企业家抓住市场的潜在赢利机会，以获取商业利益为目标，重新组织生产条件和要素，建立效能更强、效率更高和费用更低的生产经营系统，从而推出新的产品和新的工艺方法、开辟新的市场、获得新的原材料或半成品供给来源、建立企业新的组织，它包括科技、组织、商业和金融等一系列活动的综合过程[②]。

技术创新概念的正确界定直接关系到技术创新整个研究体系的相对独立性和现实价值[③]。既不能将技术创新概念任意扩大，如果认为只要导致最终经济收益增长的所有方面的积极创造活动均是技术创新，就容易在理论上和实践上使技术创新与组织创新和制度创新等混淆起来；也不能将其概念任意缩小，如果将技术创新的"新"严格限制在"首创"特别是导致技术根本性变革和经济收益超常增长的"第一次"上，显然对于我国这样一个经济与技术发展水平还相当落后的发展中国家来说，即使在相当长时间内也很难按照这一标准和要求来衡量我国的技术创新水平，这就可能过分地限制了我国的技术创新研究领域，同时也将大大降低技术创新对经济发展和企业改革的推动作用。

综合以上认识，我们认为：技术创新是指企业应用创新的知识和新技术、新工艺，采用新的生产方式和经营管理模式，提高产品质量并生产新的产品，提供新的服务，占据市场并实现市场价值。

尽管国内外学者对技术创新定义的界定，从不同侧面和不同角度有不同观点。但经过近一个世纪关于技术创新的研究，中外学者对技术创新的重要特征已取得一些共识。本书认为技术创新有如下几个方面的特点。①技术创新是一种融经济与技术于一体的概念。它是以技术的创新为统帅，以技术创新带动经济发展的复杂过程，它强调生产技术和生产方法的变革在经济发展过程中的重大作用。②技术创新有着广阔的外延性。它是科学技术与经济等要素互相结合的综合性活动。③技术创新是一个创造性活动的整体，包括创新设想的提出和确认，技术开发、技术成果的有效应用以及市场开拓等一系

---

① 陈劲：《企业技术创新透析》，科学出版社，2001，第57~58页。
② 傅家骥：《技术创新学》，清华大学出版社，1998，第152~153页。
③ 杨武等：《技术创新产权》，清华大学出版社，1999，第32~33页。

列过程。其中的某一种单项活动或者某一环节并不是完整意义上的创新，而且在整个过程中必然有一个环节或几个环节是创造性的活动。④技术创新包括技术的产生和技术的有效应用。其核心是技术的有效应用，即技术成果的转化，包括技术要素同其他要素的结合。⑤创新成果具有专利性。专有技术成果以及在市场中获取高额利润的性质，正是技术创新能够使企业在市场竞争中制胜的要诀。⑥技术创新需要与市场相联结。技术的发展是推动技术创新的重要因素之一，但技术创新的主要动力来自市场，在市场上的成功又是衡量技术创新成功与否的一个基本标志。

（二）区域技术创新基本特性

英国经济学家弗里曼（C. Freeman）在1987年出版的著作《技术政策与经济绩效——日本国家创新系统的经验》中明确地提出了国家创新系统的概念。20世纪90年代，国家创新系统的研究全面展开。OECD于1994年启动了"国家创新系统研究项目"。

继国家创新系统的研究全面铺开之后，一些学者开始在区域层次上展开对创新系统的研究，即区域创新系统。区域创新系统的研究之所以受到了人们的关注，原因在于在经济全球化的背景下，经济的区域化日益凸显，区域的创新能力直接关系到一个地区乃至一个国家的国际竞争优势的提升。20世纪90年代以来，国内外学者从不同角度论述了区域创新系统的概念。综合分析已有关于创新系统以及区域创新系统的定义，可以认为区域创新系统的概念至少应包括以下基本内涵：一是具有一定的地域空间范围和开放的边界；二是以生产企业研究与开发机构、大学和科研机构、地方政府机构和中介服务机构为创新的主要单元；三是不同创新单位之间通过关联构成创新系统的组织结构和空间结构；四是创新单元通过创新组织结构和空间结构及其与环境的相互作用实现创新功能，并对区域社会、经济、生态产生影响；五是通过与环境的作用和系统自组织作用维持创新的运行和实现创新的持续发展。

区域技术创新体系具有以下基本特性。①系统性。区域技术创新体系由地区内企业、大学和科研机构、中介服务机构、政府等创新活动主体，以及相关的制度政策环境等构成。②多样性。受区域经济、文化、资源等条件和水平的制约，创新活动的起点、内容和途径呈现明显的多样性和差异性，没有统一的模式。③创新性。区域范围内的技术创新、制度创新、管理创新及创新活动之间存在着互动效应，从而不断推动区域创新的发展。④集群性。

产业的集群效应带动了技术创新的集群，一方面，区域经济发展的比较优势形成了产业群，依靠产业群的整体竞争优势取得经济发展；另一方面，随着经济全球化，跨国公司的投资转向了有竞争优势的区域产业群，带动了区域经济发展。⑤差异性。区域技术创新体系内的企业、大学和科研机构、中介服务机构、政府等创新活动主体的目标价值取向具有明显的差异，如何协调统一是政府作用的着力点，能否协调统一是影响区域技术创新体系绩效的主导因素。

二 区域技术创新体系的结构和功能分析

（一）区域技术创新体系的构建原则

区域技术创新体系作为一定地域内进行技术创新的企业、大学和科研机构、中介服务机构、政府所组成的网络组织，其结构可以界定为区域技术创新组成要素之间相对稳定的、有一定规则的联系方式的总和。其中，信息联系是关键部分，完善而又充满活力的区域技术创新体系，可以最大限度地提高创新效率，降低创新成本，有效地整合和利用创新所需的各种资源，合理地配置和使用各种知识和信息，及时全面地提供各种创新服务。以此为目标，建立健全区域技术创新体系，必须遵循以下基本原则。

1. 开放性原则

在当今开放经济时代，区域技术创新体系的功能越来越依赖于区域与外部知识信息的交流。因此，区域技术创新体系不仅要实现区域内各行为主体之间的相互联结，而且要实现与国家及其他区际创新体系的联结。

2. 协作性原则

区域技术创新体系的运行效率主要取决于创新体系内各主体间联结的广度和密切程度。而在创新主体的联结上，必须抓好三个关键环节：一是企业与大学和科研机构相互之间的创新协作关系，即产学研合作关系；二是中介服务机构在各个创新构成要素间的桥梁作用；三是政府在创新中的政策引导作用以及政府各部门在工作职能中的协作与集成。

3. 激励性原则

利益激励是驱动创新的根本动力。要提高区域创新效率，增强区域创新能力，就必须构建科学、合理的创新激励机制。在市场经济体制下，创新激励机制主要由两部分构成。一是市场对创新的激励。市场是形成创新动力的外部条件，对创新产生重要的刺激作用。因为市场具有自由选择组织的功能，可以从创新可能性、消除不确定性、利益刺激、创新标准以及创新主体优化五个方面激励创新[1]。二是政府对创新的激励。政府对创新的激励作用主要从两个方面来体现。其一是建立规则。规则对创新所能够产生的动力来自政府对利益的保护和交易规则的明确，这是产生创新的基础，没有这个基础，一切创新都会失去动力。其二是利益诱导。政府激励创新的利益诱导方式有直接的各种政策优惠、税收减免等，也有间接的暗示预期利益等，这些方式可以形成潜在的创新利益，是政府激励创新的重要措施。

4. 政府主导性原则

政府宏观调控与市场竞争机制相结合是现代市场经济的基本特征之一。区域技术创新体系的绩效取决于所在区域政府的支持干预和创新机制的平衡和制约，最有效的制度安排是政府和市场的互补。目前，我国的市场机制仍不完善，区域政府的干预、引导是必需的。同时，在企业技术创新能力较弱的现实情况下，通过政府的引导、扶持，可以降低创新的市场风险、信息成本和节约合作创新的交易费用。

(二) 区域技术创新体系的组织网络

企业、大学和科研机构、中介服务机构、政府这四个行为主体构成了区域技术创新体系的组织网络。这四大行为主体在区域技术创新体系中各自具有不同的功能，要提高区域技术创新效率，就必须不断优化和完善组织网络[2]。

企业是技术创新的主体，在区域技术创新体系中居于核心地位。企业是物质产品的生产者，是科技成果的直接转化者，技术创新过程中的活动大多只能通过企业来组织完成。因此，企业的创新活动直接关系到科技成果能否产业化、商品化，从而直接影响区域创新力和区域竞争力，所以推动技术创新的根基在企业。

大学和科研机构是技术创新的源头和知识库，是区域创新的重要力量。大学和科研机构科技资源密集，在区域创新中发挥着不可替代的作用，主要表现在以下几方面。①不断地产生新的知识和技术；②担负着为本区域教育和培训高素质劳动力的职能，并吸引更多的劳动力在本地集聚；③承担着不断衍生企业的角色，辐射和带动本地高新技术产业的发展；④大学和科研机

---

① 刘明君：《经济发展理论与政策》，经济科学出版社，2004，第123～124页。
② 吴添祖等：《技术创新经济学》，清华大学出版社，2004，第388～389页。

构在本地的集聚，特别是产学研之间形成的密切合作关系，可以迅速地将科技信息和知识转化为新的产品。因此，大学和科研机构作为技术创新的供给方，是重要的技术源头和知识库。

中介服务机构是创新体系的纽带和桥梁，发挥着"黏合剂"的作用。中介服务机构是为科技创新主体提供社会化、专业化服务，支撑和促进技术创新活动的专门机构。它作为创新活动的主要辅助者，在促进创新主体间、创新主体与市场间的知识流动和技术转移扩散过程中，发挥着重要的桥梁和纽带作用。完善的中介服务体系，可以降低创新成本，化解创新风险，加快科技成果转化速度，提高整体创新功效。

政府是技术创新的组织者和服务者，是体制创新的重点。政府的职能是发挥创新主体的自主性，促进区域内大学与产业的联系。一方面，可以通过改善交通、通信等基础设施来营造区域创新的硬环境；另一方面，可以营造一种适合创新主体发展的氛围和软环境，包括合理的投资机制、良好的融资环境和健全的法律法规等，影响或引导创新的直接参与者——企业、大学和科研机构等进行有效的创新活动。

事实上，区域技术创新体系凝聚了政府政策引导、科研机构与企业合作，甚至区域自然和人文环境的合力。也只有当企业、大学和科研机构、政府以及各种社会中介服务机构聚集在一起形成一个区域创新系统，形成合力，区域创新能力才能显著提高。

（三）区域技术创新体系促进区域经济增长的互动功能

新古典经济增长理论认为，经济增长率在没有连续技术进步的情况下将收敛为0。如果要使经济增长率不再为0，现代新增长理论即内生经济增长理论引入内生技术进步对持续经济增长做出了合理解释[①]。技术进步来源于技术创新，技术创新又来源于技术创新体系。对某一特定区域来说，产业集群不仅是构成技术创新体系的重要组成部分，而且通过产业集群降低了平均成本和产业集群中单个企业的平均成本，使产业集群所在区域的无形资产提高，从而促进区域的经济增长[②]。

技术创新及其引起的区域产业结构的演进，在于技术创新体系中存在大

---

① 毕秀水：《经济增长研究——资源与环境约束下的现代经济增长分析》，中国财政经济出版社，2005，第31～32页。

② 陈栋生：《中国区域经济新论》，经济科学出版社，2004，第83～85页。

量的外部经济。技术创新各主体之间除了直接的业务关系和财务关系外，还衍生出大量有价值的机会、信息等资源，这些衍生资源不仅在创新系统内可供所有的主体共享，而且可以向外部扩散，从而推动区域社会经济系统的进步。

技术创新实现了科技与经济的直接融合。技术创新打破了科学研究与生产实践相互分离的状态，实现了与社会生产的有机融合，使科学技术直接为生产服务，由此带来整个区域经济的增长。资料显示，20世纪40~50年代，发达国家的区域经济增长中由于技术创新带来的技术进步的贡献率为40%左右；至20世纪70~80年代达到60%左右；20世纪90年代以来某些发达国家已经高达80%以上，其中有的产业甚至高达90%[①]。技术创新对区域经济的影响已上升为主导地位，区域特色和区域优势在很大程度上取决于区域的技术创新能力及其与生产的结合。

技术创新促进了经济发展方式的转变。技术创新使企业充分利用其中心功能，通过政府的调控、规划、指导和市场导向，并遵循市场经济规律，成为吸引高新技术、高科技人才、资金、原材料、劳动力、商品、信息等优势资源和要素在区域内趋于集中的"磁极"，从而把以现代科学技术为主的知识作为一个核心要素引入区域资源配置过程中，打破了区域经济发展主要依赖于自然资源、资本和普通劳动力大规模投入的资源配置方式。

技术创新发展了独具特色的区域经济。区域经济增长的过程实际上是区域特色形成并不断增强的过程，是特色产业不断发展壮大成为区域支柱产业和主导优势产业的过程，技术创新逐步积累形成了区域内的产业和企业的核心竞争力。通过各创新主体的互动，持续地产生激励创新的动力，形成连锁反应机制，加快创新扩散，推动创新从企业创新扩散到产业创新，从单个产业创新扩散到产业群创新，催生新兴产业并改造传统产业，从而推动区域产业结构的升级，使区域经济自身的主导产业形成，区域经济结构和生产力布局不断完善，进而形成特点突出、优势明显的区域特色经济。

综上所述，区域技术创新体系与区域产业集群、区域经济增长呈现良性互动的关系。无论是经济的发展还是从经济学的角度看，区域技术创新体系的不断完善，促使经济增长不再是掠夺式的、资源依赖型的，从而使区域经济的可持续发展成为可能。技术创新与区域的可持续发展不仅有着互相促进

---

① 王瑾：《技术创新促进区域经济增长的机理研究》，《经济纵横》2003年第11期。

的意义，也有着循环的关系，对中原经济区的"两不"牺牲、"三化"协调发展必将发挥重要作用。

第三节　体制创新的先行先试

中原经济区建设是国家区域战略布局的一个重要组成部分，作为中部大省，河南省推进中原经济区建设，有利于带动中部崛起。河南省在很大程度上是中国的一个代表和缩影，所以着力推进体制机制创新，尽快在重点领域和关键环节上取得突破性进展，把河南省的事情办好了，中原经济区的建设试验成功了，它就为中国从农业国走向工业国、为全国改革发展提供经验示范取得了重要经验。

在《指导意见》中，最重要的政策是允许对"三化"协调发展的路子先行先试，明确了中原经济区改革创新的任务和体制机制先行先试的权利。走好中原经济区"三化"协调发展的路子，是实现中原崛起、河南振兴的迫切需要，是进一步深化改革、完善社会主义市场经济体制的迫切需要，是深入贯彻落实科学发展观、构建社会主义和谐社会的迫切需要。当前，改革已进入攻坚阶段，改革的系统性、配套性明显增强，改革的任务越来越重、标准越来越高、难度越来越大。推进中原经济区建设，先行先试一些重大改革开放措施，就是要破解发展难题、创新发展模式、探索发展新路子、积累发展新经验，以个性问题的解决推动共性问题的突破，以点上工作的成效带动面上工作的提高，建立健全充满活力、富有效率、更加开放、有利于科学发展的体制机制。"三化"先行先试的体制创新所带来的收益是无限的[①]。

所谓制度，是指一系列用来建立生产、交换与分配基础的政治、社会和法律基础规则。所有制度都是因为有交易费用而起，市场是一种制度，没有交易费用不会有市场，更不会有制度的建立和改进[②]。经济一体化可以利用或借助的市场力量因地区"地理层次"或"地理标度"的不同而异。在"地理标度"较小的层次（如国内某省或某州）和"地理标度"较大的地区（如某国），地理因素造成的挑战迥然不同。在"地理标度"更大的区域

---

① 陈清利、王海圣、王俊伟、王棣：《省委政研室王永苏：真金白银不如先行先试政策》，《河南商报》2011年10月9日。

② 张五常：《中国的经济制度》（神州大地增订版），中信出版社，2009。

（如组成某个地理区域的一组国家），推进经济一体化的市场力量可能受到更大的地理和政治阻力[①]。中原经济区作为一个区域性组织，跨越了省域界线，内部存在着显著的差异。"先行先试"，这是中原经济区"三化"协调发展的方向和灵魂所在。所谓"先行"，就是在没有可借鉴的模式和经验中闯出一条新路；所谓"先试"，就是要把中原经济区"三化"协调作为开放开发的试验田，在相关法律与政策框架内大胆探索，实现创造性突破。

一 区域体制创新中政府作用的目标和有效性边界

斯蒂格利茨认为，市场失灵具体表现为公共产品外部性、垄断等，而这些市场失灵的现象基本上界定了政府活动的范围。他认为没有政府的干预就不能实现市场的有效配置[②]。对于拥有13亿人口的中国来说，粮食安全是个重要问题。保障粮食安全需要土地，搞工业化、城镇化同样也要用地，这样就存在一个矛盾。完全按照市场进行资源配置就不能实现，这就要求中原经济区在体制机制方面要积极探索不以牺牲农业和粮食、生态和环境为代价的"三化"协调发展的科学路径。

（一）政府作用的目标与对象

所谓区域体制创新中政府作用的目标，就是政府通过必要的政策手段影响体制机制创新及区域创新体系所要达到的最终效果。大体上说，目前学术界对此主要有三大观点。

一是消除区域创新的时滞论[③]。持该观点的学者认为，区域创新政策的根本目标就是影响技术创新向着有利于公共利益的方向发展，促进区域创新的规模与速度，缩短技术创新时滞，从而最大限度地促进科学技术成果的产业化进程。制度设计的主要任务，就是要探索一套能够有效地降低区域创新过程中不确定性的制度安排，从而使创新企业在进行技术创新过程中面临较少的不确定性。

二是发展区域创新的基础设施论[④]。持这种观点的学者认为，区域创新

---

① The World Band：《2009年世界发展报告——重塑世界的经济地理》，Washington，D. C.，2009。

② 〔美〕斯蒂格利茨：《政府为什么干预经济》，中国物资出版社，1998，第76~77页。

③ 〔意〕多西等：《技术进步与经济理论》，钟学义等译，经济科学出版社，1992，第155~156页。

④ 〔意〕多西等：《技术进步与经济理论》，钟学义等译，经济科学出版社，1992，第160~162页。

政策的首要目标是增强技术创新的基础设施。他们认为，开展区域创新活动的前提条件，就是必须存在一定的技术创新基础设施。由于这种基础设施投资具有非连续特点，以及与之相适应的规模经济特征，因而它们不可能由市场竞争来提供，必须通过政府行为的干预来达到。

三是克服区域技术创新的市场失灵论。持这一观点的学者认为，创新政策首要的目标是克服市场失灵。政府在创新过程中的作用，至少从经济学的观点来看是克服市场失灵。因为市场失灵隐含在技术创新过程模型所显示的每一个技术因素中，政府所承担的一个适当角色就是实施技术创新政策以解决市场失灵问题。

以上三种观点，归根结底都在克服市场失灵的理论框架内。技术创新时滞是由技术创新的不确定性或稀缺性引起的，是技术创新市场失灵的一种表现；技术创新的基础设施论就是认为创新具有公共产品性质，市场提供缺乏效率，需要公共部门来提供，它本质上也是公共产品性质导致的市场失灵。因此，市场对区域技术创新的促进作用是基础性的，但市场的作用也是有限度的，克服技术创新中的市场失灵问题，是技术创新中政府行为的基础，也是政府行为的主要目标。

在《指导意见》中，国家对中原经济区给出了加大中央财政转移支付力度、加大农业保险支持力度等政策。尽管这些支持很重要，但国家能给河南省的财力支持是有限的，这些政策都不如"三化"协调先行先试政策重要，不如体制机制创新的政策重要，因为这些政策使用适当将带来无限的创新收益。国家在财税支持、投资准入、金融保险、土地配套、内陆开放、体制机制创新等方面，赋予中原经济区非常特殊、非常优惠的先行先试政策。这要求我们在贯彻落实特殊、优惠政策时坚持先行先试，在经济社会行政管理体制上大胆创新，让各项优惠政策发挥更大的效用。

就先行先试的体制机制创新而言，政府作用的对象、所实施的政策工具应重点从经济角度切入和突破。相对于以上探究和认识，相应的先行先试体制创新领域的政策及其工具手段可进一步明确为：有的政策工具可针对区域创新资源的供给不足，有的可针对区域创新的能力培养，还有的可为了校正市场失灵，也有的可针对区域创新的基础设施。另外，从微观到宏观，政府的政策设计有的可针对区域创新过程的参与者，有的可针对区域创新的不同环节，也有的可针对区域创新的整体环境。

（二）政府作用的有效性边界

确定区域创新中政府行为的目标必须界定其有效性边界。围绕解决市场失灵问题这一主要目标，我们可以把政府行为作用的有效性边界大致概括为以下四个方面。

一是要科学地解决区域创新的公共产品和私人产品性质之间的内在矛盾。对于公共产品领域，区域创新对政府的需求是提供直接供给，政府行为的有效边界是提供直接资金资助。对于混合产品性质阶段，区域创新对政府的需求是提供产权保护，因此政府行为的有效边界是提供有效的知识产权保护；对于私人产品性质阶段，区域创新对政府的需求是创造外部环境，使各区域创新要素主体在公平的环境下开展竞争，因此政府行为的有效边界是制定法律、反对不正当竞争、维护市场秩序，在这一领域，政府一般不直接介入微观活动层次，政府只以宏观调控者的身份进行监督。

二是要解决区域创新中存在市场外部正效应和负效应之间的矛盾。对于市场外部正效应的领域，政府需求明显扩大，但政府仍然要区分不同情况，采取不同的行为方式。对于能明确定义受益主体的准公共产品领域的生产和供给，政府的任务和有效边界主要是完善税收和政府补贴制度，形成适度竞争的供给格局；对于受益范围具有局限性特征的公共产品领域的生产和供给，需要以实施政府行为为主，政府的有效边界就是采取直接投资和实行有效的政府采购制度等措施，推动区域创新活动的需求拉动。

三是要解决区域创新中的竞争与合作的矛盾。需要政府把自身的资源与大学和科研机构、企业等有机地结合起来，从而有效地发挥政府的主导作用。因此，政府行为的有效边界就是建立合作机制，推动多方的合作创新。

四是要解决区域创新的战略资源和高风险之间的矛盾。这就需要政府从社会整体利益出发，进行一些基础设施投资，同时要把政府投资和诱导民间企业投资有机结合起来，促进企业技术创新活动。因此，政府行为的有效边界就是建立技术创新风险投资机制，整合各方资源，推动技术创新。

二　区域体制创新中的政府作用机制

根据上述对区域创新体系中政府作用的界定，政府作为一种非市场的力量，在贯彻落实《指导意见》，推进金融改革创新、土地管理体制改革、涉外经济体制改革、科技体制改革、企业改革和发展民营经济、行政管理体制改革、规划和城市管理体制改革、城乡统筹发展、资源节约和环境保护制度创新、社会领域改革等方面能够发挥也必须发挥十分重要的作用。

其作用的方式应按照社会主义市场经济的改革方向，解放思想、开拓创新、求真务实，坚持重点突破与整体创新相结合，坚持经济体制改革与其他方面改革相结合，坚持解决本地实际问题与攻克面上共性难题相结合，着力消除制约经济社会发展的体制性障碍，构建有利于科学发展、和谐发展、率先发展的体制机制，不断增强中原经济区的综合实力、创新能力、服务能力和国际竞争力，更好地带动和促进区域经济发展。主要体现在以下几个方面。

组织生产和提供公共产品。政府通过组织生产和提供公共产品，抑制市场失灵，以便于高绩效的区域创新系统能够形成和顺畅运行。政府提供的公共产品主要是关系区域创新整体和长远利益的区域基础设施、教育和基础科学、人力资本开发，以及其他区域创新公用事业和服务，比如公用图书馆、公共实验室、公用会议室、公共信息服务设施等。并非所有的公共产品都排斥市场调节，有些公共产品也可以引进市场机制。

制定鼓励创新的制度和政策。政府可以实施激励区域创新的一系列制度和政策。这些制度和政策有专利制度、发明奖励制度、企业技术创新税收优惠政策、教育培训计划、基础研究投资等。还可以采用政府购买、创造市场空间和扶植幼小产业的办法，为高绩效的区域技术创新体系的运行奠定基础。通过制度的安排使创新的私人收益率与社会收益率趋于一致，政府的作用一般有两个：一是使知识产权化、市场化；二是政府给创新者以某种补贴，如税收或财政返还等，这正是当今许多国家和区域都采用的鼓励创新的经济手段。

推进合作创新的形成。政府可组织和实施一些必要的大型合作创新计划项目。要对一些必要的创新项目进行资助，或者由政府组织和实施一些合作创新项目，为全社会合作创新的形成做出示范。比如，正是得益于政府巨额的经费资助，硅谷地区在20世纪40~60年代汇集了一大批科学技术人才，推动了一些尖端科学的发展，刺激了一大批企业的建立和发展，等等。

实施区域产业结构调整政策措施。政府要引导区域产业结构的合理化，帮助造就一个最有利于创新的区域市场结构，以利于区域技术创新体系建设，包括扶持幼稚工业、扶持新兴工业、建设必要的公共部门。特别是对那些带有基础性、产业相关度高、技术创新溢出效应大的产业领域，如高新技术产业，要给予更优惠的政策。

培育区域创新群。政府要进行区域技术创新群、企业群的培育和建设。企业群的形成不完全是市场作用的结果，政府在这方面可以有所作为。政府可以使用一些间接政策措施，比如采取技术预测的办法来提供战略情报，采用公共采购扶持创新群、企业群，以此来推动区域技术创新群、企业群的形成。政府的参与仅仅是为了进行调整而不是长时间代替，除非有一些强有力的理由证明政府的干涉可以改善当时的状况。也就是说，政府不应该是区域技术创新群、企业群的主导者，而应当是催化剂，是一个把参与者集合到一起的经纪人，为推动区域企业群和创新群的发展，发挥支持和激励作用。

提供信息服务。政府要为区域创新活动者提供尽可能完整、准确的各种信息，以减轻乃至消除信息不完全、信息不对称和信息失灵，保持一个宽松的非扭曲性的区域政策环境，为经济部门积累和高效利用区域资源进行技术创新提供正确的信号。

三 政府体制机制创新的作为领域

在中原经济区一体化进程中，要充分发扬敢为人先、大胆探索、改革创新的精神，实现区域公共管理制度的创新，创新城市管理、市场管理、行业管理有机结合的新模式，营造良好的投资环境，努力构建充满活力、富有效率、有利于开发开放的体制机制环境，推进制度层面的创新。

第一，理顺政府间纵向关系，创新中原经济区一体化发展机制。

按照交通同网、市场同体、环境同治、产业联动、信息共享的要求，加强区内统筹协调，构筑优势互补、合作共赢的区域发展新格局。强化在交通、水利、能源、信息等重大基础设施建设方面的合作，统筹基础设施布局与建设；优化配置要素资源，共建共享区域统一市场；推进区域污染综合治理，形成中原经济区一体化环境管理的新机制；统筹产业协调发展，促进区域内部产业错位发展；完善区域发展政策，探索建立区域经济利益分享和补偿机制。

涉及区域一体化的一些关键性利益均衡问题，需要河南省政府以及中原经济区内省、市政府出面协调。如重大基础设施建设、产业布局与城市规划、生态环境治理等。与此同时，由于推进区域一体化的背后是利益关系的调整，在现有财税体制框架内，应加强财政之间的统筹，合理缩小各地人均可支配财政支出的差距，逐步实现基本公共服务均等化。

第二，按照科学发展观的要求改革地方政府政绩考核机制。

中原经济区一体化协调发展要求加快行政管理体制改革，建立统一、协调、精简、高效、廉洁的中原经济区管理体制。按照政企、政资、政事以及政府与中介组织分开的原则，合理界定政府职责范围，提高工作效能，建设法治政府和服务型政府。进一步强化政府社会管理和公共服务职能，加强政府社会治安、公共应急等能力建设，提高科教文卫、就业、社会保障等社会服务水平。打破传统体制下政府对公共事务的垄断，加快公共服务社会化步伐。尽管近年来已经在地方政府官员绩效考核方面进行了大刀阔斧的改革，但考核仍强调与所辖地区经济发展成就直接挂钩，并且这种经济发展成就又主要以上项目、建企业的数量及经济增长速度等指标来进行简单量化和比较。这样，势必导致各行政区领导强化资源配置本地化和保护本地市场。因此，除了继续按照科学发展观要求改革政府绩效评价指标体系和评价方式之外，还应全面推进依法行政，开展绩效评估，考虑将促进区域一体化等相关指标纳入考评体系，严格执行行政问责制度。

第三，重塑地方政府间竞争模式。

我国 20 世纪 80 年代以来的市场化和分权化改革，促进了围绕经济增长这一目标的地方政府间竞争。一方面，推动了我国国民经济的高速发展；另一方面，为实现本辖区的经济高速增长和充分就业，地方政府往往不顾资源整体配置的效率，热衷于推行以邻为壑的地方保护主义政策措施，致使诸侯经济泛起、地方保护主义泛滥。同时，由于现阶段 FDI 对我国区域经济仍具有明显的正面效应，对中部地区的创新能力也具有较显著的溢出效应[①]，各地对 FDI 的争夺仍非常激烈，这种现象在河南省内部表现得已经很明显，如对汽车产业布局以及富士康产业迁移地的争夺等。在中原经济区内，这种竞争乱象在某种程度上是普遍存在的。而协调地方政府间横向关系不是要消灭地方政府间竞争，而是要重建地方政府间竞争秩序，必须从封闭式的以地方保护主义为策略的资源竞争转向开放式的以制度创新为基础的竞争，通过制度创新来吸引资源、创新技术、促进增长，而不是通过地方保护主义来维持增长。因此，中原经济区应该是区别于行政划分的，在这个区域生活的人应该有一个价值认同，有内在的经济联系，形成内生的生命力。从政府层面来讲，要加大改革力度，加快体制机制创新，提供优质化服务，不断创造出推

---

① 曹广喜：《FDI 对中国区域创新能力溢出效应的实证研究》，《经济地理》2009 年第 6 期，第 894 ~ 899 页。

动发展的新鲜经验。

第四，创新土地利用规划和管理体制模式。

中原经济区建设关键要在先行先试上下功夫，迫切需要探索中原经济区开发利用和耕地保护的有效方式，深化土地管理体制改革。学习贯彻《指导意见》，要坚持把先行先试和改革创新结合起来，以全新的理念和思维，大力推行集中集约用地，对国家和中原经济区深化改革的重大举措先行先试，对需要试点探索具有重大示范带动作用的体制创新先行先试，尤其对加强"三化"协调的土地利用规划和计划管理模式等重要事项先行先试。中原经济区的提出，本身就是一种制度创新，依照中原经济区功能区划和土地利用总体规划，统筹协调各行业用地，合理利用土地资源，在"三化"协调指标上给予倾斜，优先用于发展中原经济区优势产业、耕地占补平衡和生态保护与建设。工业化、城镇化发展要占用一定的土地，但这些土地可通过农村复耕得以解决，同时要鼓励对宜农土地后备资源进行开发。在工业化、城镇化过程中，会吸引农村劳动力到城里务工，并逐步搬迁到城镇生活和发展。随着越来越多的农村劳动力进城，农村中便会出现一些"空心村"，此时可将农民占用的宅基地进行复耕。在严格执行土地利用总体规划和土地整治规划的基础上，探索开展城乡之间、地区之间人地挂钩政策试点，实行城镇建设用地增加规模与吸纳农村人口进入城市定居规模挂钩、城市化地区建设用地增加规模与吸纳外来人口进入城市定居规模挂钩，有效破解"三化"协调发展用地矛盾。通过"双挂钩"政策的先行先试，在严格执行国家城乡建设用地增减挂钩有关管理政策的基础上，逐步建立市级土地指标统筹使用和跨市域土地指标统筹使用制度，并通过促进土地使用权依法有序流转，创设中原经济区产权交易中心。一旦这种城乡建设用地增减挂钩的局面形成，不仅可将工业化、城镇化搞得越来越好，而且耕地甚至会增加，粮食将会更安全。走好"三化"协调发展的路子，不仅是建设中原经济区的核心任务，对中部六省的相应区域来说，还具有典型意义与示范作用。

第五，创新基础设施投融资体制。

要优化投资结构，增强政府投资的示范和带动作用。对中原经济区内重大基础设施建设、重大产业布局、项目审核等方面进行体制改革，制定中原经济区产业发展指导目录，引导各类资金投向中原经济区优势产业和战略性新兴产业。通过市场化运作，设立中原经济区产业投资基金。通过支持国内外金融企业依法在区内设立机构，以及城市商业银行等地方金融机构创新发展，条件成熟时可根据需要对现有金融机构进行改造，做出特色，支持中原经济区建设。引导银行业金融机构加大信贷支持力度，积极推进金融体系、金融业务、金融市场、金融开放等领域的改革创新。合理规划布局新型农村金融机构和小额贷款公司，健全完善农户小额信用贷款和农户联保贷款制度。支持符合条件的企业发行企业债券和上市融资，积极引进全国性证券公司，支持区内证券公司做大做强。支持区内国家高新技术产业开发区内非上市股份有限公司的股份进入证券公司代办股份，转让系统进行公开转让，打造非上市高科技企业资本运作平台。规范和健全各类担保和再担保机构，积极服务中原经济区发展。研究设立区域碳排放交易所，重点支持中原经济区减碳经济发展。规范发展各类保险企业，开发服务中原经济区经济发展的保险产品。

第六，创新城乡统筹发展的政策制度，深化资源节约和环境保护制度创新。

中原经济区要走出一条不以牺牲农业、粮食为代价，"三化"协调的发展道路，其在制度创新上得到了政府、学术界等的大力支持[1]。现阶段，世界文明有从"工业文明"向"后工业文明"或"生态文明"进化的趋势。区域发展应追求"三维目标空间"，即经济增长、社会保障、生态环境三个目标的全面协调发展[2]。建设资源节约型和环境友好型社会，实现可持续发展，既是贯彻科学发展观的必然要求，又是加快转变发展方式的重要手段。城镇化一头连着工业化，一头连着农业现代化，在"三化"协调发展中具有核心带动作用。对于工业化来说，在当前土地、环境门槛越来越高，资源环境约束日益加剧的情况下，加快城镇化，可以实现土地集约节约，为发展腾出空间；加快城镇化，可以聚集产业，加快工业和服务业的发展，使更多的农民进城务工、就业和生活。对于农业现代化来说，加快城镇化，可以通过农民进城解决农村人多地少的问题，提高农村劳动效率，提高农业生产效益，提高农民的收入水平。加快中原经济区建设，要以构建人与自然和谐为目标，立足资源环境承载能力谋发展，把推进工业化、城镇化、农业现代化与建设生态文明有机统一起来，加快形成节约能源资源和保护生态环境的产

---

① 《著名专家学者论构建中原经济区》，《河南日报》2010 年 9 月 26 日，http：//www. kjcx. org. cn/info-foucs/zhuanjia-goujian-zhongyuanjingjiqu. html。

② 陆大道：《关于我国区域发展战略与方针的若干问题》，《经济地理》2009 年第 1 期，第 2 ～ 5 页。

业结构、增长方式和消费模式，促进经济、人口与资源、环境相协调。通过发展循环经济，建立循环经济实验区，谋求国家政策扶持，成为中原经济区提升区域经济影响力的着力点[①]。在已建立的信阳农村改革综合试验区取得明显效果的基础上[②]，中原经济区应充分发挥中原城市群和陇海经济带、京广经济带的辐射和带动作用，以濮阳、商丘、周口、信阳、菏泽、聊城和皖北 4 市共 10 个省辖市为依托，发挥农产品和劳动力资源丰富的优势，继续加强国家粮食生产基地建设，深入调整农产品结构，大力发展农产品加工业和农用工业，建设现代农业产业体系。同时，发挥河南省现代农业的比较优势，在标准化体系和可追溯体系建设以及检验检疫、市场开拓等方面给予政策、资金扶持和制度创新，争取设立国家级出口农产品质量安全示范区。

此外，还要深化医药卫生体制改革，推进教育体制改革，加快文化体制改革，推进社会改革取得新进展。

第七，创新对外开放体制，在内陆开放高地"先行先试"。

加大对区内企业在进出口和开展境外投资合作等方面的扶持力度，建立便捷高效的境内支撑和境外服务体系。适当加大对区内出口退税负担较重地区的财政支持力度。推进口岸大通关建设和通关便利化，实施分类通关、区域通关改革，逐步推行通关全程电子化，进一步提高通关效率。促进海关特殊监管区域和保税监管场所科学发展，支持符合条件的地区按程序申请设立海关特殊监管区域。根据《指导意见》，允许 2010 年 10 月获准设立的郑州新郑综合保税区[③]在海关监管、外汇金融、检验检疫等方面先行先试。

---

① 《晋冀鲁豫 13 市将建中原循环经济试验区》，新华网，2007 年 12 月 8 日，http://news.sohu.com/20071208/n253878895.shtml。

② 《徐光春在信阳调研农村改革发展综合试验区工作》，《河南日报》2009 年 8 月 7 日，http://www.dahe.cn/xwzx/sz/t20090807_1622518.htm。

③ "综合保税区"是设立在内陆地区的具有保税港区功能的海关特殊监管区域，由海关参照有关规定对综合保税区进行管理，执行特殊的税收和外汇政策，集保税区、出口加工区、保税物流区、港口等功能于一身，可以发展国际中转、配送、采购、转口贸易和出口加工等业务。

第五章
产业链接动力：产业集聚、产业链网与中原经济区协调发展

产业集聚是区域和产业经济研究长期关注的重点。集聚现象在空间上是非常显著的，可以直接观察到，并且集聚会对区域经济增长产生多方位的影响。一般认为，集聚对经济产生正向的促进作用，但非集聚地区的经济则会因为产业和其他生产要素的流失，使得发展相对滞后，因而分析产业集聚产生的机制及其对整个经济的作用，就显得至关重要。新经济地理通过将空间因素加入一般均衡模型，研究了经济行为在空间分布上的差异，这也是集聚现象的一般表现。本地市场效应是其中重要的观点之一，认为市场规模与集聚存在一定关联，产业会倾向于市场潜力更大的区域。具体指，在规模经济条件下，具有较大市场规模的区域，通过关联效应以及价格指数效应的影响，企业和劳动力会节约搜寻成本，通过产业关联获得集聚的规模经济与收益递增，并且以此降低该区域的生活和生产成本。同时，在循环累积因果关系作用下，吸引更多企业和劳动力定位于该地区，从而扩大其生产份额，形成产业集聚，使其成为中心区域，较其他区域有更快的经济发展速度。

以产业集聚区为载体推动集聚发展，是高起点、高水平推进中原经济区"三化"协调、科学发展的重要内容。产业集聚区是以若干特色主导产业为支撑，产业集聚特征明显，产业和城市互动发展，产业结构合理，吸纳就业充分，以经济功能为主的功能区。其基本内涵是：产业（项目）集中布局、产业集群发展、资源集约利用、功能集合构建和人口有序转移。以产业集聚区为载体推动集聚发展，就是要充分发挥产业集聚区在构建现代产业体系、现代城镇体系和自主创新体系中的承载作用，通过产业集中布局，实现基础设施和公共服务平台共建，以降低成本，提高市场竞争力。产业集群发展将

增强集群协同效应，通过产业链式发展和专业化分工协作，形成特色产业集群。资源集约利用可以提高土地利用效率。功能集合构建和人口有序转移，是通过产业集聚促进人口集中的，依托城市服务功能为产业发展、人口集中创造条件，完善生产生活服务功能，提高产业支撑和人口聚集能力，实现产业发展与城市发展的相互依托、相互促进。

第一节　产业集聚与经济区协调发展的关联性

产业集聚是产业发展演化过程中的一种地缘现象，是指由一定数量的企业共同构成的某一类型产业或不同类型相关产业在某个特定地理区域内高度集中以实现集聚效益的一种现象，它是产业资本要素在空间范围内不断汇聚的一个过程。当今世界，几乎所有富有经济活力的地区都是产业集聚较发达的地区。如我国东部沿海地区依靠产业集聚形成的市场竞争优势，使经济社会取得了长足的发展，其经济水平远高于中西部地区。区域经济一体化是不同空间经济主体之间为了生产、消费、贸易等利益的获取而产生的市场一体化的过程，包括从产品市场、生产要素（劳动力、资本、技术、信息等）市场到经济政策统一逐步演化。区域经济一体化作为空间过程，其基本特征是各种生产要素的空间流动，作为空间状态是生产要素流动形成的经济集聚核心和经济扩散点。那么，这种经济一体化的空间经济过程为什么会形成经济集聚核心？又为什么会扩散，进而把区域经济链接为一体化呢？基于此，为实现"中原崛起"目标，河南省明确提出建设产业集聚区、优化产业结构、转变经济发展方式、实现集约发展的思路。

一　规模经济、范围经济、外部经济与集聚过程

生产要素的流动产生经济集聚，经济集聚产生的原因是集聚经济。经济学认为，集聚经济是指各种产业和经济活动在空间上集中产生的经济效果，以及吸引经济活动向一定地区靠近的向心力，是导致城市形成和不断扩大的基本因素。经济地理学认为集聚效果产生经济集聚，集聚效果是指在社会经济活动中，有关生产和服务职能在地域上集中产生的经济和社会效果。集聚经济或集聚效果都强调规模经济以及外部经济是实现的基本途径，通过规模经济与外部经济产生了集聚，过度集聚产生集聚不经济而导致扩散。这固然

是正确的，但是对于集聚与扩散二者的空间过程机理，以及由此产生的空间（过程）类型及其对区域（城市）发展的意义，集聚经济与集聚不经济的关系等缺乏相应的研究。集聚经济包括企业规模经济、产业规模扩大以及地方规模的形成，因而必须考察与此紧密相关的规模经济、范围经济和外部经济。

（一）对规模经济的考察

相对于单个企业而言，在一个地理比较集中的地区，集聚区内性质相同的中小企业集合起来，能够利用地理接近性，对生产过程各个阶段进行专业化分工从而实现专业化和大规模生产，通过规模经济使学习曲线中的生产成本接近最低状态，从而使不能获得内部规模经济的单个中小企业通过外部合作获得规模经济。这其实是一种"滚雪球效应"，在这一效应的过程中，不断增加的经济行为人愿意聚集起来以获得更大的经济活动的多样性和更高的专业化程度的利益[1]。

就单个厂商而言，其平均成本会随着产出增加保持不变、上升或下降。因此，规模经济与规模报酬递减之间存在着密切关系，通常是伴随大规模生产、高度专业化、资源集约利用和不可分性而来的。规模经济因不同的厂商和不同行业而有差异。规模经济的来源：规模经济主要与成本不可分性、规模因素扩大、专业化、大规模资源、生产技术的改进以及学习效应相关。

如果我们考虑到一个大的地理范围时，就会看到一种区域间的产业集聚现象。这实际上是由多个产业集聚组成的一个集聚区，是一种广域的产业集聚，如美国的"制造业地带"、欧洲的"蓝香蕉"和中国长三角的"产业集聚区域"。产业集聚出现在不同的地理尺度上并包括了不同程度的部门细节，因此既可以把类似长三角的产业集聚区域看作一个大的产业集聚，也可以看作多个产业集聚的集合，这主要取决于观察的尺度。相同的原则支配了以上所说的不同集聚现象的形成，即使起作用的力量的内容和强度会随地点和时间的差异而有所不同。

产业集聚区的外部规模经济体现在以下几点：知识溢出，促进知识的扩散和新思想的形成；高度专业化的劳动力市场共享和发展；行业规模和市场规模递增，导致规模经济分工。

---

① 〔日〕藤田昌久：《集聚经济学》，刘峰等译，西南财经大学出版社，2004，第12页。

区域产业集聚同样存在知识溢出，也同样受到研发投入、劳动力流动、距离接近等在小范围产业集聚内重要影响因素的影响，但它同时又有自己独特的特点，产业关联性、经济发展差距等因素的重要性将会凸显出来。

一般来说，区域产业集聚的产业关联方式有以下五种形式。其一，产品、劳务联系，它是产业间最基本的联系。即指在社会再生产过程中，一些产业部门为另一些产业部门提供产品或服务，或者产业部门间相互提供产品或劳务。其二，生产技术联系。不同产业部门的生产技术有不同的要求，其产品结构的性能也不同。因此，在生产过程中，一个产业部门不是被动地接受其他相关产业的产品或劳务，而是根据本产业的生产技术特点、产品结构特性，以保证本产业部门的产品质量和技术性能。其三，价格联系。实质上是产品、劳务联系的价值量的货币表现，为投入产出价值模型的建立铺平了道路。其四，劳动就业联系。某一产业的发展会相应增加一定的劳动就业机会，而该产业的发展带动相关产业的发展，也就必然使这些相关产业增加劳动就业机会。其五，投资联系。某一产业直接投资导致大量相关产业投资的现象，集中反映在"投资乘数效应"上。

一般来说，产业关联度越高，产业集聚内部规模经济效应越明显，两者呈正相关性（见图 5－1）。

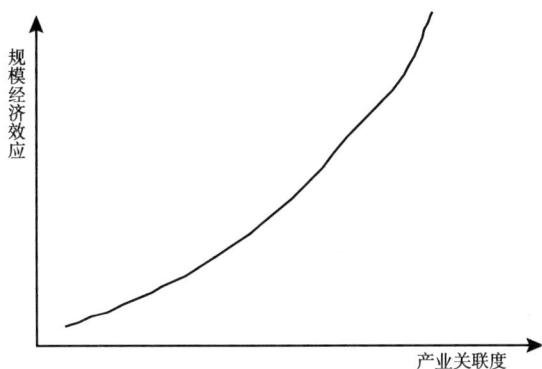

图 5－1　产业关联度与规模经济效应的关系

报酬递增、知识溢出是产业集聚出现规模经济效应的最为关键的因素。特别是技术进步所带来的新型的知识溢出和知识创新，这一类活动得益于集聚化，并易于在产业集聚地区产生和发展。英国经济学家巴顿认为这一类型的产业集聚的外部效应将会导致竞争和有效的信息交流，有利于知识的产生和吸收，而这种规模经济的外部性实际上就是知识溢出。因此，当解释有限空间维度下的产业集聚如高度专业化产业区及科学区时求助于知识溢出是合理的[①]。

（二）对范围经济的考察

当两种产品一起生产（联合生产）比单独生产便宜时，就产生范围经济[②]。用成本函数来表示，考虑 Q_1 单位产品 1 和 Q_2 单位产品 2 的生产，单独生产每一种产品的成本是 $C(Q_1, 0) + C(0, Q_2)$，一起生产的成本是 $C(Q_1, Q_2)$，那么范围经济（SC）的衡量为：

$$SC = [C(Q_1, 0) + C(0, Q_2) - C(Q_1, Q_2)] / C(Q_1, Q_2)$$

如果 SC 总是正的，就存在范围经济。

国外有关研究指出，在 1968 年，200 家最大的制造业厂商中的 146 家在 11 个或更多的行业中经营[③]。而多恩、罗伯茨和萨缪尔森研究了在数量上占统治地位的小型制造厂商，发现 1982 年这些单个小型厂商平均生产 1~2 种单独产品，而多工厂厂商平均生产 2~3 种单独产品[④]。还有的关于范围经济的实证研究表明[⑤]，对通用汽车公司而言，将大汽车与小汽车、卡车组合在一起生产有足够大的好处。但如果将卡车与大汽车、小汽车一起生产则没有产生范围经济。

以上说明，范围经济也是普遍存在的。范围经济并不必然意味着多种（两种）产品应该由单个厂商生产。大型企业比较容易实现企业内部的范围经济（建设多工厂，进行多样化经营）；小型企业集聚通过水平的或垂直的生产与销售联系，也能产生范围经济。范围经济与企业以及产业的特征等存在一定的关联性。事物总存在辩证的两个方面，既然存在范围经济，也必然存在范围不经济。并非所有的集聚都能产生范围经济，有时就存在范围不经

① 〔日〕藤田昌久：《集聚经济学》，刘峰等译，西南财经大学出版社，2004。
② 孟庆民、杨开忠：《一体化条件下的空间经济集聚》，《人文地理》2001 年第 6 期，第 7~11 页。
③ Baumol, William J., John C. Panzar and Robert D. Willing, *Contestable Markets and the Theory of Industry Structre*, New York：Harcourt Brace Jovanovich, 1982.
④ Panzar, John C. and Robert D. Willing, "Economic of Scale in Multi-output", *Quarterly Journal of Economics*, 1977, (91), pp. 481–493.
⑤ Baumol, William J., John C. Panzar and Robert D. Willing, *Contestable Markets and the Theory of Industry Structre*, New York：Harcourt Brace Jovanovich, 1982.

济，这是由产品的生产函数决定的，比如多样化经营或联合生产导致的成本上升。

许多可能因素有利于范围经济，最重要的一个是共同投入的使用。可以用知识（信息）来说明，知识是生产和销售相关产品的最重要的共同投入之一。一种产品的信息很可能与另一种紧密相关的产品有关。比如知道肯德基的营销方式，可能有助于麦当劳的营销。了解了电风扇的营销状况，可能有助于空调的销售（共同的市场）。否则像信息这样的资源，会因重复采集而浪费，并且有些信息难以购买和销售，所以单个厂商经常生产相关的产品。

（三）对外部经济的考察

所谓外部性，是指经济主体（个人或企业）的生产或消费活动受到其他经济主体活动的直接影响，使其生产函数或消费函数之值发生了改变。因此，生产或消费的决定受到其他经济主体活动的影响，甚至其他经济主体活动成为其决策函数的变数。由于研究角度的差异，外部性又分为不同的类型，一般有技术外部性（Technological Externality）与货币外部性（Pecuniary Externality）。技术外部性是指纯粹由技术或其他方面的关系，而不是由市场机能所产生的外部性，比如邻居家花园为四周邻居提供了宜人的景色。货币外部性是指生产者彼此之间透过市场所产生的外部性，比如某一工厂增加投资扩大生产规模，使其产量增加，该产品及其相关产品价格下降，消费者受益，同时以此产品或相关产品为原料的生产也因降低生产成本而受益。

无论货币外部性还是技术外部性都有两种类型：外部经济和外部不经济。一般人们把货币外部性又分为（货币性）外部经济和（货币性）外部不经济。按照马歇尔的分析，外部经济是指整个行业的规模扩大和产量增加而使个别厂商得到好处，包括修理、服务、运输、人才供给、科技情报等方面的便利条件，从而使个别厂商降低平均生产成本，得到外部经济。外部不经济是指整个行业的扩大和产量的增加使个别厂商成本增加，收益减少。引起外部不经济的因素，包括由整个行业的发展而出现的招工困难、原材料和动力不足、交通运输紧张以及地价上涨等。

技术外部性也可以分为技术 – 外部经济和技术 – 外部不经济，这是福利经济学中常用的解释，是指经济活动的主体对外部影响而言，而不是外部因素对一经济主体的影响。将一经济主体有利的外部影响称作技术 – 外部经济，而将不利的外部影响称为技术－外部不经济（加"技术"是便于与货币外部性相区分）。

二　中原经济区产业集聚现状

自2008年下半年以来，河南省各级政府出台了一系列促进产业集聚区发展的政策措施，在用电、行政收费、异地投资分享税收、投融资等方面给予优惠，并安排5000万元专项资金，用于对产业集聚区承接产业转移项目的奖励。对全省原有的312个工业园区进行规范整合，确定了180个省级产业集聚区，承接发达地区链式和集群式产业转移，明确了安阳汤阴县食品类产业集聚区、内黄县陶瓷产业园区等9个产业集聚区作为省级承接产业转移示范区试点，确定了10个产业集聚区作为创新型产业集聚区试点。各地政府通过订好规划、建好厂房、搞好基础设施等方式"筑巢引凤"。2010年，河南省又出台了《河南省人民政府关于进一步促进产业集聚区发展的指导意见》，以促进产业集聚区科学发展。目前，对180个省级产业集聚区，在土地、供电、融资、税收、人才引进等多方面给予优惠政策[1]。2010年，全省产业集聚区完成投资超过4000亿元，占全省城镇固定资产投资的40%。内黄陶瓷、周口鞋业、洛宁玩具、民权制冷、临颖休闲食品、新野和扶沟服装纺织等一批特色产业集聚区初步形成，成为推动县域经济发展的主导力量。下面以河南省为例加以分析。

（一）基础设施建设进展迅速，设施不断完善，对集聚区内产业的发展构成有力支撑

近年来，河南省产业集聚区建设取得了超常规的发展，建成区面积大幅增加，标准化厂房、供水、供电、道路和消防等设施加快建设，发展速度高于全省平均水平。截至2010年底，全省产业集聚区建成区面积为1099.88平方公里，比上年末增长30.1%，新增254.79平方公里；标准厂房面积4930.41万平方米，比上年末增长62.2%，新增1891.25万平方米；道路长度7254.32千米，比上年末增长23.8%，新增1393.13千米；自来水供水管道长度6650.97千米，比上年末增长21.1%，新增1157.67千米（见表5－1）。产业集聚区基础设施建设的不断加强，增强了综合承载能力，支持了产业集聚区产业的发展。例如，沁阳市沁北产业集聚区，2010年累计

---

[1]　郭津：《我省产业集聚初现"优化效应"》，《河南日报》2010年4月9日。

投入 10 亿元基础设施建设资金，完成了焦克路大修改造、第二污水处理厂和配套管网工程，规划设计了燃气管网工程、地表水供水工程建设等，有力地提高了基础设施的承载能力。

表 5 - 1　河南省产业集聚区主要基础设施建设情况（2010 年）

指标	单位	期末	比上年末增加	比上年末增长（%）
建成区面积	平方公里	1099.88	254.79	30.1
标准厂房面积	万平方米	4930.41	1891.25	62.2
道路长度	千米	7254.32	1393.13	23.8
自来水供水管道长度	千米	6650.97	1157.67	21.1

（二）各类企业加快入驻，产业集聚区集聚效应不断增强

全省各地把产业集聚区作为承接产业转移的平台，通过大招商活动，吸引一大批企业入驻产业集聚区。2010 年，产业集聚区内入驻企业（单位）22472 家（包括中介、金融等服务机构），其中规模以上工业企业 5172 家，资质以上建筑业企业 453 家，限额以上批发和零售业企业 491 家，限额以上住宿和餐饮业企业 163 家，房地产企业 593 家[①]。与上年相比，企业数量增长 16.5%，新增单位 3180 家，其中规模以上工业企业数量增长 12.0%，新增单位 556 家，产业集聚区的规模以上工业企业数量占全省规模以上工业企业总数的 25.2%。18 个省辖市中产业集聚区规模以上工业企业数量超过400 家以上的有郑州市、洛阳市、新乡市、南阳市和驻马店市，分别为 640家、584 家、443 家、419 家和 450 家（见表 5 - 2）。

随着企业加快入驻，产业集聚区集聚效应不断增强。如郑州高新技术产业集聚区，坚持实施"一区多园"战略，规划建设新材料产业园、光伏产业园、格力电器郑州产业园、动漫创意产业园等 10 个重点产业园区，突出产业园产业集聚作用，以园区为载体，促进产业化，促进高端项目集聚，打造产业集聚区。郑州马寨产业集聚区，强化产业集聚能力，围绕骨干企业集团，提升主导产品生产能力，增加产业关联度，开发上下游产品，推动食品产业链和现代装备制造产业链的纵向延伸，提高加工深度和产品附加值，食品加工和装备制造及相关产业的产值占全部总产值的比重达到 81.18%。

[①]　曹万林：《河南省产业集聚区发展探析》，《商业经济》2010 年第 9 期。

表 5 - 2   河南省各辖市产业集聚区入驻规模以上工业企业数量（2010 年）

省辖市	单位个数（家）	占省辖市规模以上工业企业数的比重（%）
郑 州 市	640	23.5
开 封 市	332	27.5
洛 阳 市	584	32.1
平顶山市	136	13.6
安 阳 市	224	22.0
鹤 壁 市	117	22.3
新 乡 市	443	34.1
焦 作 市	308	27.0
濮 阳 市	150	21.3
许 昌 市	294	22.4
漯 河 市	169	23.5
三门峡市	98	14.1
南 阳 市	419	28.4
商 丘 市	252	31.1
信 阳 市	275	22.8
周 口 市	238	21.8
驻马店市	450	30.6
济 源 市	43	15.8
全省合计	5172	25.2

2010 年底，河南省 266 个产业集聚区内共入驻生产性企业 21172 家，其中高新技术企业有 292 家，占全省高新技术企业总数的 56.5%。在 18 个省辖市中，高新技术企业相对集中在郑州市和洛阳市，分别有高新技术企业 130 家和 70 家。从业人数 227.56 万人，累计实现增加值 2519.19 亿元，总产出 10152.02 亿元，实现营业收入 9695.51 亿元，利润总额达 826.02 亿元，完成出口交货值 212.48 亿元，累计利用外资 319.72 亿美元，产业集聚区内企业累计固定资产投资额达 7694.42 亿元[①]。位于淮滨的江淮造船工业园，大力发展造船业，园区内直接从事船舶生产的产业工人达 5500 人。造船业还带动了原材料、电力、机械、轻工、商业、物流、社会服务等相关产业的发展[②]，为社会提供劳动就业机会 2 万个以上。

（三）产业集聚区经济规模迅速扩大

2010 年，河南省产业集聚区规模以上工业实现主营业务收入 12368.75

---

① 《2010 年河南省中小企业、非公有制经济运行情况》，http：//test61. nowtime. com. cn/ newscontent. aspx？ id = 196。

② 郭津：《我省产业集聚初现"优化效应"》，《河南日报》2010 年 4 月 9 日。

亿元，比上年增长 37.2%，增长速度高于全省 7.9 个百分点，占全省规模
以上工业企业主营业务收入的 34.3%，比上年提高 2.0 个百分点。在 18 个
省辖市中，产业集聚区规模以上工业主营业务收入超过 500 亿元的有 11 个
市，主营业务收入增速在 35% 以上的有 10 个市（见表 5-3）。

表 5-3　河南省各辖市产业集聚区规模以上工业主营业务收入情况（2010 年）

省辖市	主营业务收入		主营业务收入区间分布集聚区个数（个）				
	绝对量（亿元）	比上年增长（%）	10 亿元及以下	10 亿~50亿元	50 亿~100亿元	100 亿~200亿元	200 亿元及以上
郑 州 市	1301.04	34.6	2	2	8	1	2
开 封 市	425.72	34.8	3	4	3	1	4
洛 阳 市	2039.38	35.4	3	3	5	2	2
平顶山市	607.92	29.6	2	3	2	2	2
安 阳 市	696.66	34.6	1	2	3	1	1
鹤 壁 市	223.78	57.4	1	1	1	4	1
新 乡 市	938.54	31.5	1	4	4	1	1
焦 作 市	929.89	36.4	1	2	3	1	—
濮 阳 市	351.84	40.5	1	6	1	1	—
许 昌 市	669.14	38.8	1	1	4	3	—
漯 河 市	752.22	27.1	2	2	2	1	—
三门峡市	626.13	46.9	2	1	2	1	—
南 阳 市	704.09	48.3	2	8	3	2	—
商 丘 市	318.71	62.8	1	8	1	—	—
信 阳 市	443.60	46.8	—	11	1	—	—
周 口 市	534.21	60.9	—	5	4	—	—
驻马店市	493.22	22.7	—	10	2	—	—
济 源 市	312.66	27.7	—	1	—	—	—
全省合计	12368.75	37.2	23	74	49	21	13

河南省产业集聚区 2010 年规模以上工业主营业务收入超过 1.2 万亿元，
180 个产业集聚区中规模以上工业主营业务收入超过 300 亿元的有漯河经济
技术产业集聚区、洛阳市石化产业集聚区、新安县产业集聚区和洛阳市先进
制造业集聚区，主营业务收入分别为 548.88 亿元、438.83 亿元、329.97 亿
元和 329.36 亿元，分别比上年增长 27.3%、35.6%、25.4% 和 20.8%。同
时，个别起步较晚的产业集聚区也得到了快速发展，如卢氏县产业集聚区
2010 年入驻工业项目 10 个，有 5 个项目投产，全年规模以上工业企业主营
业务收入比上年增长 4.2 倍，集聚区经济规模迅速扩大。又如民权县产业集
聚区，在集聚区内基本形成较为完备的制冷产业链，初步形成了产业集聚区

效应，规模快速扩大，2010 年规模以上工业企业主营业务收入比上年增长 81.5%。

（四）固定资产投资快速增长，有力地支持了全省投资的增长

2010 年，河南省产业集聚区固定资产投资完成 5330.83 亿元，比上年大幅增长，增速远高于全省投资增速。产业集聚区投资占全省城镇固定资产投资的 38.3%，其中基础设施投资完成 1071.22 亿元，占全省基础设施投资的 33.4%，占集聚区投资完成额的 20.1%；亿元及以上项目投资完成 2798.12 亿元，占全省亿元及以上投资的 55.6%，占集聚区投资完成额的 52.5%。产业集聚区固定资产投资施工项目个数为 10019 个，占全省城镇固定资产投资施工项目个数的 29.4%，其中亿元及以上项目 1942 个，占全省亿元及以上投资施工项目的 55.3%。在 18 个省辖市中，产业集聚区固定资产投资额除济源市外，均超过 100 亿元，其中超过 400 亿元的有郑州市、商丘市、洛阳市和南阳市，分别为 545.63 亿元、490.68 亿元、474.35 亿元和 469.52 亿元（见表 5－4）。

表 5－4　河南省各辖市产业集聚区固定资产投资情况（2010 年）

省辖市	施工项目个数(个)	固定资产投资完成额(亿元)	固定资产投资完成额区间分布集聚区个数(个)			
			10亿元及以下	10亿~20亿元	20亿~50亿元	50亿元及以上
郑 州 市	620	545.63	2	5	4	4
开 封 市	281	209.12	2	2	3	1
洛 阳 市	1011	474.35	2	5	9	1
平顶山市	288	183.76	2	4	4	0
安 阳 市	338	310.44	1	1	7	1
鹤 壁 市	198	138.43	1	2	3	1
新 乡 市	833	378.82	1	2	9	1
焦 作 市	710	345.06	2	4	3	3
濮 阳 市	264	140.39	1	1	3	2
许 昌 市	564	280.02	—	3	5	2
漯 河 市	272	204.36	—	1	6	4
三门峡市	264	211.99	—	1	4	1
南 阳 市	1083	469.52	—	4	11	—
商 丘 市	1169	490.68	—	6	6	—
信 阳 市	619	348.60	—	2	8	—
周 口 市	520	229.76	—	—	5	—
驻马店市	893	311.89	—	—	10	—
济 源 市	92	58.01	—	—	2	—
全省合计	10019	5330.83	14	43	102	21

在 180 个产业集聚区中，固定资产投资额超过 80 亿元的有 4 个，分别是郑州市白沙产业集聚区、郑州高新技术产业集聚区、郑州经济技术产业集聚区和新安县产业集聚区，固定资产投资额分别为 96.26 亿元、94.58 亿元、89.43 亿元和 84.98 亿元。

2010 年上半年，全省 180 个产业集聚区实际利用省外资金 1373.8 亿元，增长 28.5%。在 2010 年 11 月举办的"中国·郑州 2010 产业转移系列对接活动"中，产业集聚区承接产业转移效应明显，重点产业集聚区承接产业转移项目 322 个，投资总额 1091.6 亿元，占比达 79.6%，抱团转移、整体转移、板块承接态势明显，带动作用巨大。例如，安阳滑县服装加工园区 9 家企业全部来自中国出口量最大的牛仔服装集群基地——广州增城市新塘镇；万向集团把杭州两条制动器生产线整体转移到原阳县产业集聚区，原阳县将成为全国最大的制动器生产基地；富士康计划在郑州投资 3200 万美元。产业集聚区已成为河南省构建现代产业、现代城镇与自主创新"三大体系"的载体，是中原经济区建设和实现"中原崛起"的重要依托，对优化产业结构、解决资金瓶颈和转移农村剩余劳动力等起到了重要的推动作用。

（五）吸纳劳动力就业成效明显，促进了农村人口向城镇转移

河南省产业集聚区的发展，成为加快城镇化的重要推动力和劳动力就业的新的增长点。2010 年末，全省产业集聚区规模以上工业从业人员 153.89 万人，比上年增长 15.2%，增长速度高于全省 8.2 个百分点，占全省规模以上工业从业人员的 33.6%，比上年提高 2.4 个百分点。在 18 个省辖市中，产业集聚区规模以上工业从业人员超过 10 万人的有 4 个市，增速高于 20% 的有 5 个市（见表 5 - 5）。

产业集聚区在发展中坚持产城互动，促进了农村人口向城镇的转移。2010 年，180 个产业集聚区中规模以上工业从业人员超过 3 万人的有义马市煤化工产业集聚区、洛阳市先进制造业集聚区、漯河经济技术产业集聚区和洛阳高新技术产业集聚区，从业人员分别为 4.97 万人、4.17 万人、4.11 万人和 3.52 万人，分别比上年增长 24.4%、0.8%、13.3% 和 2.7%。在发展中，有的产业集聚区根据发展现状，积极提供家电下乡补贴、户口办理、子女上学等方面的优惠政策，吸引农业人口及外出务工人员返乡务工，成效明显。

总之，产业集聚区的经济质量与发展速度同步增长，辐射和带动作用不

表 5-5　河南省各辖市产业集聚区规模以上工业从业人员情况（2010 年）

省辖市	从业人员数		从业人员数区间分布集聚区个数(个)			
	人数(万人)	比上年增长(%)	5000 人及以下	0.5 万~1 万人	1 万~2 万人	2 万人及以上
郑 州 市	13.25	18.0	4	5	5	1
开 封 市	9.50	14.4	2	8	6	2
洛 阳 市	17.50	5.7	5	4	2	1
平顶山市	6.48	9.5	5	4	2	1
安 阳 市	6.16	9.4	3	4	1	2
鹤 壁 市	3.76	24.5	2	2	4	1
新 乡 市	15.22	11.5	3	2	4	1
焦 作 市	9.40	3.7	2	1	1	1
濮 阳 市	3.09	5.2	5	4	5	2
许 昌 市	9.12	8.7	2	4	2	—
漯 河 市	6.89	19.0	1	4	2	—
三门峡市	8.18	23.9	2	3	2	—
南 阳 市	12.36	29.5	6	3	3	—
商 丘 市	5.98	46.5	6	3	4	—
信 阳 市	8.44	33.1	10	6	—	—
周 口 市	6.71	16.2	5	2	—	—
驻马店市	9.82	11.6	2	—	—	—
济 源 市	2.03	4.4	1	—	—	—
全省合计	153.89	15.2	66	59	43	12

断提升，集聚效应和关联效应进一步显现，形成产业发展新格局。产业集聚区载体建设，加快了企业的集聚发展，也将加快推进城镇化、工业化进程。河南省各地积极推动企业上下游关联，不断拉长产业链条。以产业集聚区为载体推动集聚发展，就是要充分发挥产业集聚区在构建现代产业体系、现代城镇体系和自主创新体系中的承载作用，通过产业集中布局，实现基础设施和公共服务平台共建，以降低成本，提高市场竞争力。产业集群发展是集聚区与传统工业园区、开发区的根本区别。产业集群发展将增强集群协同效应，通过产业链式发展和专业化分工协作，形成特色产业集群。

三　产业集聚与一体化互动的内在机理

通过以上分析可以得出，理论上各种生产要素流动、集聚而形成企业，首先是由于规模经济的效果。由于规模经济的作用，集聚体规模增大，达到一定程度便产生了规模不经济，规模不经济一经产生，单位产品的成本停止下降，规模再扩大便失去了规模经济的效益。各种生产要素仍然集聚，这种集聚是范围经济作用的结果。范围经济并不排斥规模经济，它本身就含有规模经济的要求（体现在成本的次加性，即追加新产品和服务进行联合生产比单独生产成本要低）。理论上不存在先产生范围经济后产生范围不经济的过程，它与生产函数、企业管理和营销等相关（比如前文通用汽车公司卡车、小汽车、大汽车的生产）。如果规模经济和范围经济都不存在，那么生产要素是否还集聚？生产要素还具有集聚的趋势，这是由于外部经济作用的结果。外部经济与规模经济和范围经济直接相关，货币外部性与整个产业规模相关，技术外部性与企业间关系、企业环境相关。对于货币外部性而言，由于外部经济的动力，生产要素产生了集聚的趋势，当集聚到一定程度，产生了外部不经济，单位产品成本开始上升，就出现了经济要素扩散的趋向。对于技术外部性而言，吸引与技术－外部经济相关的经济要素（主体），而排斥与技术－外部不经济相关的经济要素（主体）。总之，存在外部经济产生了集聚引力，当集聚到一定程度，便产生了外部不经济，从而导致经济要素的扩散。

此外，经济要素由集聚向扩散转变，是集聚体发展的内在要求，也是区域分工的要求。当集聚体由一种经济功能向另一种经济功能升级转变时，往往扩散旧功能相关的经济要素，而集聚新功能相关的经济要素。所以，当规模经济、范围经济、外部经济三者存在一个（不超过两个）并发生经济集聚效果时，可以称作一般集聚经济；当三者都存在并发挥作用形成经济集聚时，称作纯粹集聚经济；当三者都已经成为不经济时，称作纯粹集聚不经济。

我们根据分析形成了一体化条件下的经济集聚的机理模式（见图5-2）。

本质上，经济集聚与经济扩散是并存的，是经济要素流动的两种表现方式，并且经济集聚与扩散具有共同的作用过程。所谓存在集聚与扩散之分，不过是相对于不同的参照系而言的，即集聚是对于一个地方，有不同的要素流的汇集；扩散是对于一个地方，要素流向外部流出。对于区域发展而言，可以说集聚是绝对的，扩散是相对的。因为要素流动，必然集聚（不同要素集聚才能产生经济活动），并且要素流的扩散是在形成新的集聚点之前，因而研究集聚更具有一般意义。

依据集聚分类的两个基本目的，可以制定集聚分类的两个依据：①经济集聚过程中的经济联系；②经济集聚过程中或集聚体形成的与地方之间的关联程度（经济的和社会的关联）。根据①可以将集聚分为关联性经济集聚和

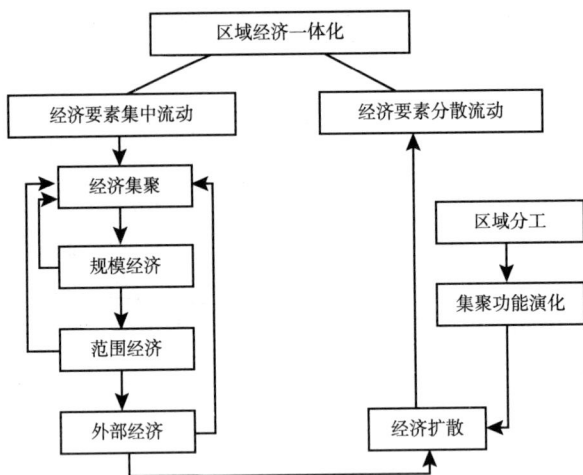

图 5 - 2　一体化条件下的经济集聚的机理

注：①在经济集聚机理形成中，规模经济是最基本的，没有规模经济就无从谈起范围经济和外部经济。规模经济是集聚体形成发展的基础。在规模经济、范围经济、外部经济三重效应叠加作用下，推动了经济集聚体从集聚产业点向集聚产业区、集聚产业核心区的发展演变。

②既然集聚与扩散是共存的，并且经济集聚产业点向集聚产业区、集聚产业核心区的发展演变不是"一帆风顺"（不经济存在）的，既有内在的动力和要求（规模经济、集聚体升级演化等），又受客观条件（区位环境等）的影响，因此无论从理论还是实践的角度看，都需要寻求一种协调手段，调控集聚与扩散以及集聚体的发展。

非关联性经济集聚。前者是指集聚过程中，各种经济活动之间具有产业上的水平或垂直的联系，或者具有管理上的从属关系；后者是指不存在这样的联系或关系。根据②可以将集聚分为根植性经济集聚和非根植性经济集聚。前者是指经济集聚过程中经济活动与地方已经存在的经济活动或者社会活动形成了比较密切的联系，包括经济联系和社会关系；后者是指没有发生类似的经济联系或社会关系。同样，也可以根据以上两种依据对经济扩散进行分类，可分为关联性经济扩散和非关联性经济扩散、根植性经济扩散和非根植性经济扩散。只不过集聚是相对于要素流的"汇"而言的，扩散是相对于要素流的"源"而言的。

根据图 5-2，规模经济首先引起经济集聚①，并且不断强化集聚的程

---

① 尽管在经济景观形成分析中，首先从规模经济开始，其次是范围经济，最后是外部经济，但实际中不一定如此，只是为了便于理论分析。有可能后两者同时进行，或外部经济在范围经济之前起作用。这与企业规模、行业特点等有关。

度，直至产生规模不经济，形成的是以企业构成为主体的集聚产业点，是经济集聚区域的基本组成单元，一般地域范围不超过几平方公里，集聚了少数几个规模不大的企业，结构较简单，外围基础设施比较简陋，往往依托周围的小城镇或接近交通干道。集聚产业点形成后[①]，由于范围经济的作用，经济进一步集聚，吸引更多的外来要素，企业间关系更加复杂，形成了多样化经营与联合化生产，不同的企业间（原有企业间或与新产生的企业间）产生了水平或垂直的经济联系，形成具有一定地域范围的企业群体。在规模经济和范围经济的共同推动下，企业群体发展为集聚产业区。一般集聚产业区在几平方公里到几十平方公里不等，集聚产业区内逐渐形成了共同的基础设施（交通、通信、动力等），大大节约了企业外基础设施投资，并且加强了与地方社会经济联系的程度，以利于产业区社会经济文化环境的整体发展。集聚产业区与周围大城市或口岸城市的经济关系逐渐密切。当集聚产业区不能够为集聚提供范围经济时，外部经济作用使得产业区继续扩大，逐渐形成集聚产业核心区（或枢纽区），乃至发展成为一个规模大的城市。集聚产业核心区一般在几十平方公里以上，成为区域内一个或多个行业的增长中心，核心区内部经济联系紧密，与外部的经济联系更加广泛，成为大量生产要素（人口、资本、技术等）的集聚体，不仅吸引生产性行业，而且也诱导生产者服务业（信息业、咨询业、金融产业等）的集聚，使集聚核心区的功能得到健全和发展，形成了经济集聚过程中的集聚产业点、集聚产业区、集聚产业核心区三种基本经济景观。

四　产业集聚的经济效应[②]

波特1990年在其《国家竞争优势》一书中指出，在当今的全球经济中，一个国家或地区在国际上具有竞争优势的关键是产业的竞争优势，并由

[①] 并不是所有的集聚产业点都可以发展为集聚产业区或集聚产业核心区。起主要作用的是集聚产业点本身的性质，即集聚的关联性如何？地方的根植性如何？汇集的要素流与"源"之间的关系，以及要素流之间的关系如何？关键是前两者，如果是关联根植性的集聚，则具有比较广泛的产业联系网络和地方联系网络，发展动力大，发展成为集聚产业区乃至集聚产业核心区的可能性就大，反之可能性小些。当然还受产业区位因素的影响，最主要的是经济距离（经济距离包括了取决于地理距离以及跨越地理距离的运输方式及成本，如铁路、公路、水路或空运等）因素。

[②] 潘世明、胡冬梅：《论产业集聚的经济效应及其政策含义》，《上海经济研究》2008年第8期，第31～37页。

此提出了"钻石体系"模型。该体系模型指出，产业竞争优势的来源归功于四个基本要素特征。①生产要素条件，如人力资源、资本、基础设施等。②需求条件，包括国内需求的结构、市场大小和成长速度、需求的质量、需求国际化的程度等各个方面。③相关或支持性产业的发展状况，包括纵向的支持（企业的上游产业在设备、零部件等方面的支持）和横向的支持（相似的企业在生产合作、信息共享等方面的支持）。④公司战略、结构和竞争状况。竞争优势理论非常强调相关与支持性产业即产业集群对于企业和产业创造竞争优势的重要性。一般来说，产业集聚的形成机理是各国通常在某一产业内的一两个部门取得最初的优势，随后不断提升和增加这一竞争优势的要求，又迫使企业在更加先进和复杂的部门进行竞争，并以此将本国产生的竞争优势扩大到包括需求优势、供应商和相关产业的专有生产要素的供给机制的形式等方面上来，其间产业的高度化、多样化就是一个创新过程，也意味着围绕核心产业一系列有竞争力的产业的形成。

产业集聚具有两个重要特性：产业特性与区域特性。产业特性方面，一类是传统产业集聚，如意大利的瓷砖业、中国绍兴的化纤面料和温州的服装业等；另一类是高科技产业集聚，如美国的硅谷和波士顿128公路、印度的班加罗尔、以色列的特拉维夫、法国的索菲亚等。区域特性方面，集聚除了企业间的相互联系、相互作用外，政府、金融部门、中介机构（行会、律师所、研究机构、大学和职业培训）等也形成一个经济、社会、文化多层面，且彼此相互作用与协调的区域复合体。我国的具体国情和统计资料表明，在以后一段时间内，拉动经济增长在很大程度上需要依靠制造业，同时制造业也是实现我国现代化的重要内容和手段，在国外尤其是美国已经形成了众多规模庞大且具有很强竞争力的产业集聚区域。制造业集聚的经济效应可分为外部经济效应、范围经济效应、吸聚效应、区位品牌效应、垄断效应。

（一）外部经济效应

首先，是知识的溢出效应，这里的知识包括技术知识、需求信息、供给信息、经营经验等，这些知识具有公共产品的性质，一旦被创造出来，传播的速度越快，拥有的人越多，为群体带来的利益就越大，但其中许多知识，如凭经验积累发展起来的知识，难以具体化、系统化，没有人际间的频繁接触和耳濡目染很难传播或传播很慢。阿罗和兰卡斯特把这类知识的传播比作传染的蔓延，并认为人际间接触的面越广，接触的频率越高，这类知识传播的速度就越快，传播的程度就越彻底。在集聚区内人员交往的机会很多，增加了经营的透明度，行业的秘密不再是秘密，"空气中弥漫着产业的气味"（马歇尔）。总之，处于产业集聚中的企业很容易获得研究开发、人力资源、信息等方面的外溢效应。其次，是发展与创新资源的可获得性，集聚中的企业在人力资源、资金资源和技术资源方面，都有独特的优势，同时在集聚中有一个相对完善的服务体系，主要包括各种规范的咨询和中介机构、创业服务中心、职业培训机构等，可以提高生产效率，进而提高企业竞争力。再次，集聚中的企业由于共用基础设施，减少了分散布局所需的额外投资，因而能享受到行业规模经济的益处，从而降低成本的支出。最后，集聚中的企业可以通过建立联盟的方式共同进行生产销售等价值活动。如大批量购买原材料，不仅使原材料价格降低，也节约了单位运输成本；建立共同销售中心，可在购销活动中获得更大的收益。

（二）范围经济效应

首先，范围经济与企业以及产业的特征等存在一定的关联性。大型企业比较容易实现企业内部的范围经济（建设多工厂、进行多样化经营），小型企业集聚通过水平的或垂直的生产与销售联系，也能产生范围经济。范围经济并不必然意味着多种（两种）产品应该由单个厂商生产。集聚中的企业利用所掌握的核心技术生产相关性强的产品，利用产生的关联效应，以及集聚的其他优势，获得范围经济。这在高科技制造业中尤为显著。其次，从区位的视角来看范围经济。集聚的专业化分工，不仅满足了市场的个性化和多样化的需求，而且企业可以根据生产需要通过建立网络关系进行交易，利用空间相近大大降低每次的交易费用，同时共同的产业文化和价值观，有利于企业间建立以合作与信任为基础的社会网络，使双方容易达成交易并履行合约，还节省了企业搜索市场信息的时间和费用，有效地降低了交易成本，这种网络结构形成外部范围经济，克服了单个大企业等级制组织的弊病。假设有区域 1 和区域 2，以及专门化产品生产企业 X 和企业 Y。C_1（X）表示企业 X 在区域 1 组织的生产成本，C_2（Y）表示企业 Y 在区域 2 组织的生产成本。外部范围经济表现为：C_1（X，Y）$< C_1$（X）$+ C_2$（Y）或 C_2（X，Y）$< C_1$（X）$+ C_2$（Y）。

（三）吸聚效应

产业集聚规模越大，就越能够吸引更多的厂商加入。一是吸引外来者进入。据一项对外国投资影响的估计，在对外商有吸引力的地区，集聚存量每增加 10%，该地区被未来投资者选中的可能性就增加 5% ~7%。二是吸引衍生公司的加盟。衍生公司选址通常都靠近母公司，利用原来的关系网络和共享的信息资源开展公司创新活动。

（四）区位品牌效应

一方面，产业区位具有品质的象征性，如法国的香水、意大利的服装、瑞士的手表、中国杭州西湖的龙井茶叶等。产品的广告费用与销售收入的比率因性质不同而不同，通过区位品牌效应，使每个企业都受益，改变了单个企业的广告费用过高的状况，同时消除了有些企业的"免费乘车问题"导致的区域广告宣传力度下降。另一方面，区位品牌与单个企业品牌相比，更形象、更直接，是众多企业品牌精华的浓缩和提炼，更具有广泛的、持续的品牌效应。相对于产业集聚，单个企业的生命周期是相对短暂的，品牌效应难以持续，而集聚中的企业遵循优胜劣汰的竞争规律，只要不是由于技术或自然条件等外部原因使集聚衰退或转轨，区位品牌的效应会更持久，因此区位品牌对集聚企业具有一种无形的品牌价值。

（五）垄断效应

首先，对于消费类产品，生产厂商一般通过批发商零售或专卖店直销的形式销售，集聚形成区位品牌后可以利用这个巨大的品牌价值以专卖的形式垄断销售，以获取纵向一体化的垄断利润。假定纵向一体数量 q^m 和零售价格 p^m 由 $q^m - D\ (p^m)$ 决定，使 $(p-c)\ D\ (p)$ 最大化，其中 c 表示制造商成本，$D\ (p)$ 是需求函数。制造商按线形批发价格 p_w（$p_w = 2p - 1$）向零售商供货，零售商以零售价格 p 向消费者出售。假定最终需求函数 $D\ (p) = 1 - p$ 且 $c < 1$，R_1 和 R_2 为制造商和零售商的利润，则有以下两种方式。

其一，通过零售商代理，也就是纵向一体化解值过程的利润情况。

对制造商利润最大化 Max $[\ (p_w - c)\ (1 - p_w)\ /2]$ 求解，得到：

$$p_w = (1 + c)/2 \qquad\qquad (5-1)$$
$$R_1 = (1 - c)^2/8 \qquad\qquad (5-2)$$

对零售商利润最大化 Max $[\ (p - p_w)\ (1 - p)]$ 求解，得到：

$$p_w = (1 + p_w)/2 \rightarrow p = (3 + c)/4 \qquad\qquad (5-3)$$
$$R_2 = (1 - c)^2/16 \qquad\qquad (5-4)$$

其二，通过专卖店追求一体化的利润情况。

对 Max $[\ (p - c)\ (1 - c)]$ 求解，得到：

$$p_w = (1 + c)/2$$
$$R_3 = (1 - c)^2/4$$

对比这两种方式，可知通过专卖店销售，可以使价格由零售价的 $p = (3 + c)/4$ 降低到 $p_w = (1 + c)/2$，但利润却增加了 $r = R_3 - R_2 - R_1 = (1 - c)2/16$。

其次，市场竞争是企业成败的核心所在，竞争决定了一个企业对其行为效益有所贡献的各项活动，竞争的关键要素是产品功能、成本、价格、营销、服务。集聚中的企业通过前后的垂直联系，形成类似于大企业的垂直一体化生产过程，而通过水平企业间的合作竞争，不仅在成本、价格、营销上有一定优势，而且在产品差异化和多样化方面也具有一定优势，制造业尤其如此。同时，集聚对外产生壁垒，维持了市场竞争优势，获取垄断利润。对于科技含量高的集聚制造业，尤其是高科技产业，则可通过更加快捷的创新获得技术上的垄断利润。

以上从一般的情况出发得出有关集聚效应的结论，对于不同产业的效果和作用程度是有所差别的。在高科技制造业中的效应更明显，其作用机理更特殊，如文化的根植性所形成的制度环境、风险投资的可得性以及更有效的知识外溢。

第二节　中小企业集群式成长的区域产业链接效应

在经济全球化日益加深的同时，世界经济发展呈现很强的区域化特征。其中，相同或相似的中小企业不断在某一区域集聚，形成了"中小企业集群"的现象。中小企业集群（Mid-Small Enterprises Cluster）作为一种特殊经济现象的客观存在，使得某一个或几个专门化中小企业及其集群成为该区域的经济增长核心，这已成为国内外区域经济发展的重要现象。美国、意大利、印度、中国台湾等国家或地区相继涌现了一大批新兴企业集群，推进着当地区域经济的崛起，这一现象吸引了经济学家、管理学家及企业家对它的关注，进一步引起了理论界及政府部门对此多视角的广泛关注和深入研究。

中原经济区是又一凸显区域经济发展的蓝图，蓝图的规划及实现如何，与采取什么样的经济增长方式密切相关。由于内生经济增长理论研究的是一个国家或地区的经济增长问题，而中原崛起战略的重中之重就是要实现中原经济区的经济腾飞，由此可以借鉴内生经济增长理论中的合理因素。我们在研究过程中通过分析中小企业集群的成长机理和竞争优势，论证其对地区经济发展的推进作用，进而促进中原崛起战略进程中区域发展研究视角的转变，以求能够对促进中部区域发展战略方案有所启示。这些转变包括从单个企业的发展转到多个企业合作的价值链分工活动的发展、从政府的立场转到企业的立场、从游离的中小企业个体转向中小企业集群、从片面强调培育大集团转向促进大中小企业形成生命共同体、从片面强调基础设施等硬环境转向构建创新研究等软环境。在国外，自 20 世纪 70 年代末开始，意大利、美国等一些发达国家或地区相继涌现了一大批"新产业区"，其中既有依赖于"夕阳产业"振兴起来的样板，如所谓的"第三意大利"，也有依赖于高新技术产业成长起来的典范，如美国的"硅谷"，它们均已形成强劲的地区或国际竞争优势，并有力地促进了区域经济的发展与创新。我国的集群诞生于改革开放后的 20 世纪 80 年代初，几乎是与开发区同时发展起来的。30 多年来，集群发展已经成为带动我国区域经济发展的一个新的重要力量，且呈方兴未艾之势。因此，在当前及今后相当长的时间内，探索集群与区域经济之间的关联性及互动发展的内在机理，无疑将会成为区域经济学研究的一个重要领域，并具有重要的理论与实践意义[①]。

纵观国内外已有的论述与观点，由于对中小企业集群的考察角度、研究目的和研究背景各有不同，因而学者们对中小企业集群的定义并不完全统一，在各自的定义中，其内涵、着眼点都有一定的差距。

一　中小企业集群与区域经济发展的关联性研究

中小企业集群的发展程度与国家、区域发展程度密不可分，相关研究也与区域经济发展程度相对应。以下研究中小企业集群与区域经济发展的文献，其研究方法、角度和内容不尽相同。大量国内外文献对产业集群的理论与实践研究证明了中小企业集群的发展对区域经济增长的巨大贡献[②]。但也有一些研究发现发展中国家许多集群并没有表现出预期的绩效，相反，有的集群还面临着死亡的危险[③]。

王慧英、季任钧（2005）从区域经济学角度分析中小企业集群对区域

---

① 沈正平、刘海军、蒋涛：《产业集群与区域经济发展探究》，《中国软科学》2004 年第 5 期。

② Piore M. and Sable C., *The Second Industrial Divide*, New York：Basic Brooks，1984.

③ Schmitz H.，"Collective Efficiency：Growth Path for Small-scale Industry"，*Journal of Development Studies*，1995，31（04），pp. 529 – 566.

经济的贡献主要表现在：增强企业的竞争力；带动区域经济的发展；奠定城市化的基础；提高区域竞争优势；提高区域创新能力[①]。马丁（2001）综合克鲁格曼的新经济地理学理论和罗默的内生性增长理论，建立了经济增长和经济活动的空间集聚自我强化的模型，证明了区域经济活动的空间集聚由于降低了创新成本，因而刺激了经济增长。反过来，由于新企业倾向于在产业集聚地选址，因而经济增长又进一步促进了产业空间集聚，有力地验证了缪尔达尔著名的"循环累积因果理论"。也就是说，企业偏好市场规模较大的地区，而市场扩大又与该地区的企业数量有关。安索尼认为，新技术改变了地理对我们的影响，但是并没有消除我们对地理的依赖性，地理仍然是产业集聚的重要条件和导致国际收支不平衡的重要因素。他探讨了产业空间集聚对经济绩效、规模和区位的重要作用，并由此回顾了欧洲的衰落和美国兴起的历史，同时还展望了亚洲经济复兴的前景。斯旺对企业集群的聚集强度影响产业集群内部企业绩效的途径进行了深入研究。他用雇员数量作为衡量产业集群聚集强度的客观指标，对英国几十个产业进行了实证分析。他发现在不同产业内存在着企业集群正效应与负效应，在计算机、汽车、航空和通信设备制造等产业存在非常强的集群正效应。他还探讨了基于规模收益递增的世界经济范围内产业集群的规模和数量，研究了国家产业集群扶持政策与世界经济均衡发展的关系，以及产业集群发展与世界经济福利最大化的关系。

（一）中小企业集群的基本分类及形成特点

最早对中小企业集群问题进行研究的是马歇尔（1890），他从"外部经济"的角度对这个问题进行了探讨。他认为是由专门人才、专门机械、原材料提供、运输便利以及技术扩散等一般发达的经济所造成的"外部经济"促使小企业的集聚，从而形成小企业集群。威廉姆森从企业组织形式的角度得出中小企业集群是基于专业化分工和协作的众多中小企业集合起来的组织，这种组织结构是介于纯市场组织和科层组织之间的中间性组织，它比市场稳定，比层级组织灵活。而胡佛（1975）将小企业集群看作具有"集聚体"规模效益的企业群体。迈克尔·波特（1998）认为中小企业集群是指某一特定领域内相互联系的中小企业及机构在地理位置上的集合，包括一系列相关联的产业和其他一些与竞争有关的实体，如提供零部件等上游的供应

---

① 王慧英、季任钧：《基于区域经济角度的中小企业集群研究》，《改革与战略》2005 年第 4 期，第 95 ~ 96 页。

商、下游的渠道与顾客，提供互补产品的制造商，以及具有相关技能、技术或共同投入的其他产业的企业；还包括提供专业的培训、教育、信息、研究与技术支持的政府或非政府机构，如大学、质量标准机构、短期培训机构以及贸易协会。

我国对这个问题的研究是在经济学的基础上，结合生态学或者社会学的观点对中小企业集群的概念进行界定。如仇保兴（1999）对中小企业集群的定义：①由一群彼此独立但相互之间又有特定关系的中小企业组成；②在这一特定关系中隐含着专业分工和协作的现象，其协作即为集群中企业间的互动行为，从而获得马歇尔所说的"外部经济"；③这类互动行为包括中小企业间的交换与适应；④交换行为的功能是为了有效地获取外部资源、销售产品和劳务、促进知识和技术的尽快积累，而适应则是为了谋求企业间的关系能长期稳定，从而及时解决成员间的不一致和环境的不确定性；⑤集群中存在企业间的互补与竞争关系；⑥中小企业间所形成的长期关系无须用契约来维持，而是以"信任和承诺"等人文因素来维持集群的运行，使其在面对外来竞争者时，拥有独特的竞争优势[①]。不难看出，他的定义强调了东方式的人文环境在中小企业集群发展中的独特作用。谯薇（2002）把中小企业集群定义为在某种产业领域内相互联系的、在地理位置上相对集中的中小企业和机构的集合体，在可以不限定产权所属的条件下，形成互相关联的企业群，以发挥规模经济的效益。作为企业与产业组织的一种形态，这种集合体具有竞争优势[②]。陶金国（2003）认为中小企业集群是指地方企业集群，是一组在地理上靠近的相互联系的中小企业和关联机构，它们同处在一个特定的产业领域，由于具有共性和互补性而联系在一起。中小企业集群是一种介于市场与等级制企业之间的新型的产业组织形式，具有强劲、持续的竞争优势[③]。王慧英、季任钧（2005）从区域经济学的角度，把中小企业集群界定为：在一定区域空间内，由相互间既竞争又分工协作的中小企业及相关支撑机构聚集而成的具有一定竞争优势的组织形式[④]。该界定认为中小企业集

---

① 仇保兴：《中小企业集群研究》，复旦大学出版社，1999。
② 谯薇：《中小企业集群存在与发展的理论研究》，《兰州商学院学报》2002年第2期，第4～8页。
③ 陶金国：《论中小企业集群的营销优势》，《财经问题研究》2003年第11期，第75～78页。
④ 王慧英、季任钧：《基于区域经济角度的中小企业集群研究》，《改革与战略》2005年第4期，第95～96页。

群内部不仅包括彼此相互独立、相互竞争协作的中小企业，而且包括为其提供各种服务的相关机构，甚至还存在大企业。

荷恩（Hoen，1997）从理论上对产业集群进行了分类。他认为产业集群可以分为微观产业集群、中观和宏观产业集群，集群企业之间通常通过技术创新链和产品链进行连接。密特卡等（Mytelka et al.，2000）采用了不同于荷恩的产业集群分类方法，他把产业集群分成非正式集群、组织化集群、创新集群，探讨如何在传统产业中培养创新产业集群，建立创新系统，从而使传统产业保持可持续竞争优势。

王缉慈（2001）按照中小企业群存在形态的不同，将其分为卫星式企业群和网状式企业群。卫星式企业群是指一大批中小企业以一个或多个大企业为中心，成为大企业的卫星式企业，按照大企业的需要，为其加工生产某一产品或零部件、提供原材料与资料或提供其他服务。网状式企业群是指在没有大企业作为龙头的情况下，由精于经营之道的中小企业牵头，通过专业化分工与相互协作来获得经济效益的模式①。谯薇、汪文清、宗文哲（2003）在从竞争优势角度分析中小企业形成原因的基础上，把中小企业的形成归为以下几类：①由大企业改造、分拆而形成；②以中小企业协会等中介服务机构为组织主体而构建；③以大的制造企业为核心，通过分级下包制度而形成；④大学、科研机构与企业间协同形成高新技术中小企业集群；⑤以家族关系和共同的文化背景为基础而形成中小企业集群；⑥跨国公司对外投资形成的中小企业集群②。陈光、杨红艳（2004）基于单个企业加入集群的原因和条件的分析，认为集群发展模式有 5 种：资源禀赋型——以地理环境、资源禀赋等自然因素为基础而形成的中小企业集群模式；产业关联型——由生产的前向与后向联系所形成的中小企业集群模式；共享设施型——企业受益于地区特有的公共基础设施而形成的中小企业集群模式；知识富集型——依托高校、科研机构而形成的智密型的中小企业集群模式；外力驱使型——由大企业改造和分拆、跨国公司对外投资、国家政策导向和行政部属所形成的中小企业集群模式③。姜皓（2004）认为小企业集群的发展

---

① 王缉慈：《创新的空间——企业集群与区域发展》，北京大学出版社，2001。

② 谯薇、汪文清、宗文哲：《论中小企业集群的形成动因及方式》，《财经问题研究》2003 年第 8 期，第 61～64 页。

③ 陈光、杨红艳：《中小企业集群发展的模式分析》，《研究与发展管理》2004 年第 6 期，第 69～74、105 页。

模式有中卫型、空间集聚型、市场型、网络型以及依托企业集团型 5 种。

中小企业集群的形成原因构成了中小企业集群的特点。任熹真、陈红霞（2006）认为中小企业集群具有特质性、结构的复杂和严密性、社会文化特征、自我增强特征[①]。陶金国（2003）认为中小企业集群的显著特征在于结构稠密性、学习和创新性、根植性[②]。谯薇（2002）认为作为"中间性体制组织"，小企业集群的边界是相对确定的，但却呈现明显的模糊性和变动性特征；不同小企业集群内部运行机制和联系纽带是各不相同的；中小企业集群存在多种产业组织与企业组织结构形式[③]。

在西方国家，随着市场经济的逐步完善，各学者对企业集群的形成从不同角度进行了研究，指出了企业集群发展的必然性。按照时间顺序，有代表性的理论依次为亚当·斯密的分工理论、马克思的分工协作理论以及资本集中理论、马歇尔的外部经济理论、韦伯的产业集聚理论、弗朗索瓦·佩鲁的增长极理论、威廉姆森的交易成本经济学理论、阿尔钦和德姆塞茨的团队生产理论、波特的新竞争经济学的企业集群理论等。需要注意的是，西方学者的理论是建立在发达国家经济发展的基础之上的，对我国学者来说，既要借鉴他们分析问题的视角和结论，又要充分考虑我国中小企业集群的特点，进行深入细致的研究。

国内学者研究中小企业集群的形成原因主要是基于人文地理环境、资源禀赋、获取竞争优势、取得最佳规模、大企业分拆以及境外资本的直接注入等因素。我国台湾学者李宗哲认为，众多的台湾中小企业在过去 40 多年的发展过程中，建立了一个个具有弹性和有效率的生产网络，维系这一人文社会网络的核心是"信任"与"承诺"。我国台湾学者赵蕙玲也认为，中小企业集群经济网络形成的前提条件就是人与人之间的社会关系，在建立企业间的协作关系之前，往往早已存在亲属或朋友式的关系，而且这一比率高达60% 以上。谯薇、汪文清、宗文哲（2003）从竞争优势角度分析，认为众多中小企业在特定地域范围形成企业集群的根本性动因是为了获取单个企业所不具备的集群竞争优势——交易成本优势、外部经济优势、创新优势、整

---

① 任熹真、陈红霞：《中小企业集群竞争力的优势与发展研究》，《理论探讨》2006 年第 3 期，第 78 ~ 80 页。

② 陶金国：《论中小企业集群的营销优势》，《财经问题研究》2003 年第 11 期，第 75 ~ 78 页。

③ 谯薇：《中小企业集群存在与发展的理论研究》，《兰州商学院学报》2002 年第 2 期，第 4 ~ 8 页。

体品牌优势、金融贷款优势[①]。陈光、杨红艳（2004）认为单个中小企业之所以加入企业集群，是因为该企业加入集群后的利益与成本比大于加入前的相应比例[②]。李超（2006）从最佳规模理论角度分析，认为中小企业集群发展的必然性在于资产的专用性高、交易频率高及回避不确定性[③]。姜皓（2004）认为中小企业集群形成的方式有：区域的地理环境、资源禀赋和历史文化原因；因大企业改造、分拆而形成；由境外资本入驻而形成[④]。文斌、陈诚（2005）认为我国中小企业集群的形成机制主要有以下几个方面：各地区历史文化继承中，以特殊的历史传统、传统工艺技术的积淀，以及创业者的企业家精神为诱因；我国科研力量集中在大学、科研院所等科研机构，这些机构以企业不断创新的需求为诱因；以跨国公司出于降低成本等因素的考虑与当地政府在税收和土地等方面的优惠招商政策相结合为诱因[⑤]。党怀清（2005）认为中小企业集群形成演化的一般过程如同一个企业的生命周期，只是在经历孕育期、成长期、成熟期后，其演化方向会出现三种路径：一是正向更替，即集群持续发展，实现升级；二是反向更替，即集群走向衰亡、解体；三是平移，即由于成本或其他方面的原因导致集群向其他地区转移[⑥]。王慧英、季任钧（2005）从经济学角度，分析中小企业短期供求曲线到长期供求曲线的移动，说明降低成本是中小企业集群的最初动因[⑦]。陆立军（2004）、朱康对（2004）、陈雪梅等（2001）则通过具体案例，从内生和外生两个角度解析企业集群的形成因素。内生因素包括区域环境、资源禀赋和文化传统，尤其是当地政府、企业和居民的重商文化和创新精神；外生因素包括制度条件、发展机遇和外商投资。

---

① 谯薇、汪文清、宗文哲：《论中小企业集群的形成动因及方式》，《财经问题研究》2003 年第 8 期，第 61～64 页。

② 陈光、杨红艳：《中小企业集群发展的模式分析》，《研究与发展管理》2004 年第 6 期，第 69～74、105 页。

③ 李超：《从企业最佳规模理论看中小企业集群发展》，《乡镇企业研究》2006 年第 7 期，第 28～31 页。

④ 姜皓：《中小企业集群的形成、发展和衰退》，《商业研究》2004 年第 10 期，第 4～8 页。

⑤ 文斌、陈诚：《我国中小企业集群成因的路径依赖分析》，《商场现代化》2005 年第 12 期，第 9～10 页。

⑥ 党怀清：《论中小企业集群的演化》，《中南财经政法大学学报》2005 年第 3 期，第 121～125 页。

⑦ 王慧英、季任钧：《基于区域经济角度的中小企业集群研究》，《改革与战略》2005 年第 4 期，第 95～96 页。

（二） 中小企业集群的竞争优势

李新安（2009），朱永华、李耀水、赵永刚（2005）从系统动力学角度分析，认为传统中小企业集群优势是由竞争协作机制和创新学习机制共同创造的[①]。傅京燕、郑杰（2003）实证分析了中小企业集群与竞争优势的关系，验证了理论预期——中小企业集群确实可以产生竞争优势[②]。傅京燕（2003）认为应该从国家、集群和企业三个层面来提高中小企业集群的竞争力[③]。众多文献通常从产业、区域、企业三个层面来表述，其中以从企业层面阐述中小企业集群竞争优势的文献居多。

其一，产业层面的竞争优势。赵付民、尹碧涛（2005）从进化论角度研究中小企业集群，中小企业集群进化的本质是集群规模与效率的扩张和环境相适应，表现出来的结果就是企业的"优胜劣汰、市场选择"和集群结构的产业化升级[④]。

其二，区域层面的竞争优势。冯雪琰（2004）认为中小企业集群易于区域竞争优势和区域科技创新能力的提高以及区域集群扩张和形成区域规模经济[⑤]。张海燕（2004）认为中小企业集群可以产生区域创新优势、区域成本优势、区位品牌优势和产品差异化优势[⑥]。

其三，企业层面的竞争优势。傅京燕（2003）认为中小企业集群能够提高企业的生产效率和在国际市场上的应变能力；能够给企业带来竞争压力；能够提高集群内企业的创新能力；能够通过统一促销、规范品质标准、认同专项技术和推广共同商标来谋取差异化优势。陶金国（2003）认为中小企业集群可以使集群内单个企业获取市场和产品优势、价格优势、渠道优势和促销优势。张军国（2004）认为中小企业集群具有获得外部经济、加强营销优势、提高群内企业的创新能力以及节约交易成本等

---

① 朱永华、李耀水、赵永刚：《传统产业型中小集群优势形成机制分析》，《科技进步与对策》2005 年第 8 期，第 121～123 页。

② 傅京燕、郑杰：《中小企业集群与竞争优势》，《财贸研究》2003 年第 2 期，第 85～89 页。

③ 傅京燕：《中小企业集群的竞争优势及其决定因素》，《外国经济与管理》2003 年第 3 期，第 29～34 页。

④ 赵付民、尹碧涛：《从进化论的角度探讨中小企业集群发展梯度模式》，《科技管理研究》2005 年第 12 期，第 96～98、107 页。

⑤ 冯雪琰：《加强中小企业集群化 提高区域竞争优势》，《税务与经济》2004 年第 5 期，第 30～32 页。

⑥ 张海燕：《关于我国中小企业集群竞争力的思考》，《生产力研究》2004 年第 7 期，第167～169 页。

营销优势[1]。蒋国瑞、赵瑞君（2006）认为中小企业集群式发展的竞争优势在于成本优势、市场优势、创新优势和外部经济优势。谯薇（2002）认为中小企业集群式发展的竞争优势为：有利于集群内企业生产率的提高；促进集群式创新；有利于新企业的形成，进而使中小企业集群扩张；中小企业集群在实现规模经济的同时，保持了企业灵活性；中小企业集群容易形成难以模仿的竞争优势。

其四，区域整体层面的竞争优势。吕景春（2007）认为中小企业集群的成长和发育正是通过产业和企业竞争力的提高来实现的，而产业和企业竞争力的提高同时又反映了区域竞争力的提升，也就是说，中小企业集群的健康成长与区域竞争力的提高呈正相关关系。中小企业集群成长促进了企业互补机制、交易费用机制、知识外溢与共享机制、信任机制、创新机制的形成[2]。任焘真、陈红霞（2006）认为企业集群体现区域竞争力的优势集中表现为生产成本优势、区域营销优势、技术创新优势。

（三）　中小企业集群成长与促进区域发展的相关研究

综上所述，国内外众多学者对中小企业集群的研究，大多是从中小企业空间地理位置、产业归属、竞争优势、组织形式、区域经济学以及存在基础等角度来阐述的，缺乏从整个集群和所在区域角度的阐述，对于促进中原经济区发展机理的研究则相对较少。尤其是在中原经济区战略提出后，关于中原经济区战略实现途径的研究只涉及宏观政策建议及引进外部投资，关于研究中小企业集群式成长对中原经济区战略的贡献的文献则更少。将现有的文献按地区划分，其主要的研究成果如下。

对湖南省中小企业集群的研究文献，主要观点如下。谢希钢（2005）分析了湖南省中小企业集群的发展现状、发展特点以及存在的问题，深入分析了"邵东模式"，重点介绍了小五金中小企业集群，得出中小企业集群发展与县域经济发展相互促进的启示，见解独到[3]。张平（2006）首先指出了发展中小企业集群是湖南省实现"三化"和迅速崛起的重要支撑，其次分析了湖南省中小企业集群发展的制约因素，最后提出了发展中小企业集群的

---

① 张军国：《中小企业集群竞争优势分析》，《商业研究》2004 年第 4 期，第 44～46 页。

② 吕景春：《次发展地区产业竞争力和中小企业集群成长》，《当代经济研究》2007 年第 1 期，第 57～60 页。

③ 谢希钢：《湖南省中小企业集群发展状况分析》，《特区经济》2005 年第 12 期，第 239～241 页。

对策建议①。对湖北省中小企业集群的研究文献，主要观点如下。孙婷、王国华（2006）分析了影响中小企业集群形成和发展的因素、政府推动的中小企业集群发展的作用机制以及湖北省中小企业集群发展面临的问题和促进其发展的政府政策②。吴喜雁、孙婷（2006）分析了武汉城市圈中小企业集群发展的现状、存在的问题以及政策建议。在政策建议中提到中央的中部崛起战略是对武汉城市圈中小企业发展的一种中央政策倾斜③。樊新生、覃成林（2005）在大量实地调查的基础上，研究了河南省中小企业集群发展的特征和形成的初始因素及其演化和驱动力④。可见，关于中部地区中小企业集群发展的研究文献相对较少，已有的文献也仅局限于对地区中小企业集群发展现状、发展特点、存在问题以及对策建议等方面，尚不深入，还有很多问题值得进一步研究。

较中部地区而言，对东部沿海地区中小企业集群的研究相对较多，也更深入。如对浙江省中小企业集群的研究文献，主要从中小企业集群形成和发展的原因及形成机制、中小企业集群技术创新和产品升级的影响因素、中小企业集群式出口的优势以及创业机制对中小企业集群的重要作用等方面来研究。

周雪松、黄懿明（2004）对浙江省中小企业集群化形成和发展的研究结果让人耳目一新。他们认为浙江省中小企业集群形成和发展的根本原因在于人的因素以及由此形成的人文环境。集群形成经历了萌芽期、发展之初的"羊群效应"，发展中的"马太效应"，成熟期的"狼群效应"和后期的"狼性转移"⑤。郭玉华（2004）认为浙北中小企业集群主要是以当地民营中小企业为主体，通过嫁接型引进外资而构成的，但从严格意义上讲，它只是中小企业集群的雏形，还不是真正意义上的中小企业集群。其发展模式主要有空间集聚型、与专业市场联动型、工业园区集聚式、集群引进式和嫁接型⑥。沈菊花（2005）以浙江省慈溪市家电产业为例，分析了中小企业网络

① 张平：《湖南中小企业集群发展》，《经济地理》2006 年第 11 期，第 1001～1004 页。
② 孙婷、王国华：《政府政策推动与湖北中小企业集群发展研究》，《商场现代化》2006 年第 8 期（上旬），第 27～28 页。
③ 吴喜雁、孙婷：《武汉城市圈中小企业集群式发展研究》，《商场现代化》2006 年第 8 期（中旬），第 226～227 页。
④ 樊新生、覃成林：《河南乡镇地域上的中小企业集群研究》，《地域研究与开发》2005 年第 10 期，第 9～12 页。
⑤ 周雪松、黄懿明：《浙江中小企业集群成因及发展探讨》，《商业研究》2004 年第 3 期，第 50～52 页。
⑥ 郭玉华：《浙北中小企业集群发展模式研究》，《企业经济》2004 年第 3 期，第 102～103 页。

集群发展模式及其发展动因，通过发放调查问卷，实证分析了慈溪市家电产业网络发展模式各节点的正式与非正式的合作关系①。汪少华、俞超（2005）以浙江省嵊州市的领带产业为例，对其进行了具体分析，研究其发展原因和具体特征，并针对其存在的问题提出了解决办法②。吴强军（2004）以浙江省海宁市皮革中小企业集群为例，研究了乡镇企业集群式成长的影响因素与机制，并提出了相应的对策措施③。研究结论对我国乡镇企业相互作用所形成的集群式成长问题的研究具有理论指导意义和实践应用价值，此研究有一定深度。管福泉（2004）认为由浙江省企业集群内的高级生产要素和专业化生产要素、集群需求条件以及集群相关产业和支持产业组成的柔性综合生产体系有效地促进了中小企业集群技术创新和产品升级④。姚利民、朱晟怡（2004）分析了浙江省以块状经济和区域特色为基础，以工业园区为载体的中小企业集群式出口，规避了中小企业出口的障碍，显现出集群化出口的优势，值得中西部欠发达地区借鉴⑤。

对珠三角中小企业集群的研究文献，主要观点如下。吴德进（2004）首先指出了集群式发展是福建省实现中小企业持续发展的有效选择，其次分析了福建省中小企业发展的现状及存在的主要问题，最后提出了福建省中小企业集群发展的战略思路与政策建议。李碧珍（2006）深入剖析了福建省中小企业集群的竞争优势和存在的主要问题，提出在激烈的市场竞争中，中小企业集群应当在保持中小企业独立性和灵活性的基础上，通过大力发展民营经济、实施品牌战略、完善公共服务平台等措施，不断提高中小企业集群的整体竞争优势，为建设海峡西岸经济区提供强大的支撑⑥。李渝萍（2006）从广东省中小企业集群发展现状出发，根据集群形成的不同特点探

① 沈菊花：《中小企业集群化发展的实证研究——以浙江省慈溪市家电产业为例》，《生产力研究》2005年第9期，第207～209页。
② 汪少华、俞超：《浙江产业集群竞争力的实证研究》，《商业时代》2005年第5期，第76～77页。
③ 吴强军：《乡镇企业成长与中小企业集群化实证研究——以浙江省海宁市皮革产业为例》，《农业经济问题》2004年第6期，第48～51页。
④ 管福泉：《浙江中小企业集群的技术创新和产品升级》，《商业研究》2004年第3期，第4～5页。
⑤ 姚利民、朱晟怡：《浙江省中小企业集群化出口的优势分析》，《国际商务研究》2004年第2期，第65～67页。
⑥ 李碧珍：《中小企业产业集群竞争优势研究——以福建为例》，《东南学术》2006年第3期，第105～109页。

索了"外生型""原生型"不同集群模式形成的机理，认为广东省虽然引入外资产生了"外生型"集群，但仍然是根植于本土的"原生型"集群占多数，另外还探讨了广东省中小企业集群演化发展的经验及启示①。陈雪梅、赵珂（2002）通过对广东省南海西樵纺织业企业群、盐步内衣生产企业群、大沥有色金属企业群、南庄陶瓷企业群的形成与发展的案例分析，得出南海中小企业集群形成与发展的共同规律：历史文化因素与资源禀赋是企业群形成与发展的基本条件；"无为"的政府为民间企业（群）发展提供了宽松的环境；专业镇道路和依靠高科技是企业群持续发展的动力；从贸易到生产的发展路径明确了集群的发展方向②。张惠华（2011）分析了目前珠三角中小企业集群化发展存在技术创新动能不足、根植性弱、产业关联度不高、产业技术层次低下等突出问题，提出解决的对策是必须加大政府对集群技术创新的扶持，促进内生型民营集群的发展，完善集群成长的社会化服务系统，积极促进集群产业升级③。

二 中小企业集群式成长的区域效应

中小企业集群作为一种经济现象的客观存在，其实质是在地理位置接近的一定区域空间内，某一特定产业链上的不同中小企业及中间机构，为了获取外部经济规模优势以及合作创新等优势而聚集起来的一批具有竞合关系的中小企业及其相关支撑机构，是介于纯市场和层级组织之间的一种组织形式，其关系是靠信任和承诺等人文因素来维持的。企业之间的网络联系是集群的本质特征。虽然空间集聚能给中小企业带来优势，但新经济背景下，仅用低廉的成本优势和马歇尔式的集聚经济已不足以解释现代的集群经济。集群与集聚是两个不同的概念，集聚是大量企业在某一特定区位的"扎堆"，它们之间不一定产生联系。而集群是以企业之间的网络联系为基础的，是企业集聚与企业网络的综合，即集群＝集聚＋网络。集群之所以表现出强大的竞争力，是因为集聚优势和网络优势的双重作用，而网络优势具有更大的发

---

① 李渝萍：《广东中小企业集群发展的模式与经验启示》，《企业经济》2006年第7期，第58～61页。

② 陈雪梅、赵珂：《南海中小企业集群的发展轨迹与共同规律》，《特区经济》2002年第6期，第47～50页。

③ 张惠华：《珠三角中小企业知识产权战略探讨》，《华南理工大学学报》2011年第3期，第49～51、58页。

挥潜力。从某种意义上说，企业网络是集群的骨架，集群是企业在本地结网的空间表现形式①。而中小企业集群式成长是区别于单个中小企业成长轨迹的一种成长模式。集群式成长的中小企业间存在密切的关系。

企业"扎堆"后，创造了一个"信息富裕"的环境，可以吸引群外生产性企业和服务机构入驻，在供应商、客户群、各个支撑机构（如政府、大学、研究所、职业培训单位、R&D机构、技术中介、行业协会和金融机构等）之间易形成完善、发达的创新网络，有利于营建区域创新环境；集群所在区域提供了一个专业技术工人共享的劳动市场，有利于集群产业专业化劳动力的有效供给；大量企业同处一地，可以增强广告宣传的力度，利用群体效应，易于形成区域品牌；企业聚集程度越高，专业化分工越细化，新企业的衍生就会越多；企业数量增多，刺激企业间竞争，加速集群内部的新陈代谢；集群和生产网络的发展改善了区域产业配套能力和企业发展的生态环境，好的生态环境又能刺激更多的企业集聚。因此，技术的路径依赖和区域发展轨道的路径依赖，能使区域因累积效应而自我增强②。

刘孟达（2005）认为，企业集群效能来自它与区域的有机耦合。耦合是物理学的一个概念，是指两个或两个以上的系统或运动方式之间通过各种相互作用而彼此影响以至联合起来的现象，是在各子系统间的良性互动下相互依赖、相互协调、相互促进的动态关联关系③。因此，可以把中小企业集群和区域经济这两个系统通过共同的耦合元素而产生相互作用、彼此影响的现象定义为中小企业集群－区域经济发展耦合，其耦合机制是可以与区域内不同元素耦合产生区域经济的成长效应。

（一）人口因素和产业结构变动的区域效应

中小企业集群在地理位置接近的一定区域空间内集聚形成人口聚集。人口聚集为厂商提供了丰富的劳动力资源。同时，聚集区内的居民则因此获得了择业的便利，一方面节省了大量的就业信息搜寻费用，另一方面降低了求职、工作过程中的交通费用及时间成本，同时也提高了消费决策的有效性，并形成区域经济发展良性循环：居民收入提高→消费能力上升→产品畅销→产业发展→吸收更多的劳动力就业→居民收入进一步提高……

---

① 李二玲、李小建：《论产业集群的网络本质》，《经济经纬》2007年第1期。

② 李二玲、李小建：《农区产业集群、网络与中部崛起》，《人文地理》2006年第1期，第61页。

③ 刘孟达：《区域经济发展新空间》，浙江大学出版社，2005，第131页。

更重要的是，人口的聚集又引起生活消费、住宅、能源、交通、文化教育、医疗卫生、金融、物流、咨询等基础产业的新需求与发展，从而带动、促进第三产业的发展，促进城市化水平的提高。所以中小企业集群带来了区域规模的扩大，区域规模的扩大又进一步强化了企业的聚集功能，使产业不断高级化，减少了第一产业劳动力人口，提高了区域第二、第三产业的比重，促进了农村剩余劳动力的转移，促使部分农村劳动力从农业中退出，农村土地从小规模向大规模集中，从而可以改进传统的农业生产方式，利用先进的生产设备，提高农业生产效率。如河南省虞城县南庄村的钢卷尺集群和长垣县魏庄镇的起重机械集群。

但实践证明，当聚集达到一定规模后将会出现地价上涨、交通拥挤、环境污染等问题，使企业的经济效益下滑，生态环境胁迫又通过人口驱逐、资本排斥、资金争夺和政策干预对城市发展产生约束。

（二）区位特色和产业关联的联结效应

区位特色是国际收入不平衡的重要因素，是企业集聚的重要条件。中小企业集群自身的一些特征，如区位特征、资源共享特征使集群内企业获得市场优势、创新优势，形成集群的特色和竞争优势。这种具有特色和竞争优势的企业在空间上集聚形成本地化的产业氛围和产业综合竞争力，这是其他区域很难模仿的，这些具有特色的中小企业集群对区域经济的贡献往往具有乘数效应，成为地区经济持续强劲增长的源泉。

同时，中小企业集群的形成一般都有一个主导核心企业，通过该主导核心企业的衍生、裂变、创新与被模仿而逐步形成中小企业集群。区域内的市场需求是某个产业或企业集群的触发因子，而中小企业集群的核心是产业之间、企业之间及企业与其他机构之间的关联性和互补性。一个区域一旦有某个领域的产业或企业出现，随即与之相互关联、相互补充、相互竞争的原材料、零部件、零配件供应，产品制作，配套产品，销售渠道，甚至最终用户上中下游产业及其外围支持产业体系的中小企业集群，就会在空间分布上不断地趋向集中。云集于区域的各产业、各企业，通过合作与交流，寻求规模经济，寻求比垂直一体化的大型企业具有更大的灵活性，寻求互动式学习和创新，寻求在产业价值链上新的机会和更有影响力的位置。正是中小企业集群产业关联所发挥的规模经济、范围经济和强大的溢出效应，带动了所在区域乃至整个国家经济的发展。

（三）企业家资源和信息的区域效应

企业资源的稀缺性赋予集聚更为重要的内涵就是中小企业集群中各成员的资源，从而实现资源的"帕累托最优"。中小企业集群的投入要素特别强调企业家资源、人才资源的培育及其在发展中的协同效应。企业家资源将这些区域的软、硬环境进行整合和优化，从而创造出更多的社会财富。中小企业集群发展到高级形态除了积极利用本地资源外，更注重开发外部资源、扩大区域经济的影响力和中小企业集群的磁力和覆盖面，形成区域动态的竞争优势。外资在向本土产业集聚转移的同时，必然会带动区域内外的新企业在本土繁殖和成长，从而依赖本土产业集聚的强大吸纳力量，形成区域产业集聚和吸收外资与国际直接投资全球化，即"全球－本土"双重集聚同所在区域信息业的耦合。

信息畅通是中小企业集群的又一优势。市场信息和技术信息充分化，无论是上游企业还是下游企业，均可以比较方便地找到自己所需要的原料和中间产品，或找到自己的买家，并保持较低的交易成本。中小企业集群的大量形成则得益于集群内的网络支持和伙伴关系以及知识的创新和运用，它们构成了集群的高级要素，不仅有利于新技术的采用，而且有助于激发技术发明与革新，从而为区域经济发展提供有效的技术手段。企业集聚丰富了信息资源，扩大了信息交流，提升了信息技术，促进了区域信息产业的发展。信息业是技术、知识密集型产业，它的发展将为区域经济的产业升级提供有力的支持。

（四）连环创新和市场效率的区域效应

创新带来超额利润，超额利润的存在吸引更多的企业不断学习和创新。集群内关联企业之间由于地理位置接近、联系频繁，便于现场参观，面对面地聚会和交流，使企业能迅速了解市场需求和科技变化，有利于企业对市场和技术方向的把握，有利于相关企业合作创新。合作创新既可以分散创新风险，减少创新困难，又可以加快创新速度。同时，企业的创新成果易于为其他企业所学习和吸收，扩散更快，从而促进整个群体创新能力的提高。集群内企业之间的激烈竞争又促使企业不断进行技术创新和管理创新，因此集群内企业具有更强烈的创新意识。而集群机制又为创新提供有利的条件，使创新者在集群内更容易找到创新所需要的人才、资金、设备和工具等各类资源。所以，中小企业集群在学习与创新的动力、环境、组织等方面具有独特优势，这使中小企业集群往往成为创新的主体，成为推动区域经济发展的进步力量。

在中小企业集群区，无论是主产品的生产，还是附属行业的配套服务，都自然形成严格而精细的分工，因而降低了因转换生产加工环节而必须付出的成本，提高了劳动生产率。由于空间集聚，经济活动竞争性增强，市场变得日趋发达和完善，市场运行效率得到提高。市场运行的高效率才是区域经济发展不竭的动力之源。中小企业集群发展的实践表明，聚集程度较高的产业，其国际竞争力也较强；产业高度集聚的地方，其出口能力也特别强。

（五）经济开放的区域效应

中小企业集群的形成和开放经济有着内在的耦合关系。凡是经济开放程度较低的地区，中小企业集群现象就较弱，即使有也几乎是资源性产业。经济的开放性构成了中小企业集群的必要条件和环境基础，在开放经济环境中，中小企业集群可以发展得更快、更突出，国内外的例证都能支持这一理论。

总而言之，我们在发展中小企业集群时，要用哲学的辩证的思维分析，不仅要看到集群给区域经济带来的巨大的正效应，更要密切关注集群对区域发展的负效应，要从战略高度合理规划当地的集群发展蓝图，采取相应措施，保证集群的快速发展及经济发展的向前、向上运动，防止和避免经济发展的向后、向下运动。

中小企业集群式成长需要一定条件，它作为产业发展演进过程中的一种地缘现象，是特定的环境禀赋、人力资本、文化基因以及支撑产业等在市场经济条件下有序运行的必然产物，是多种要素力量有机整合的结果。影响中小企业集群式成长的主要因素如下。

环境禀赋。包括环境区位和环境资源条件。传统中小企业集群最初的萌芽往往得益于各地在自然资源（土地、矿产、地理位置等）方面的差异性优势。由于交通及其他相关交易成本的存在，企业在选址时首先要考虑的就是资源的供应是否便利。工业区位理论是韦伯（Alfred Weber）早在20世纪初期从降低企业成本的角度出发，来确定如何选择企业最佳区位而创建的一种经济学理论。这一理论的基本假设是把地理区位看作企业开展竞争时的一种重要的竞争优势，是推动产业集群发展的原始动力。工业区位理论强调企业在创建过程中特别关注的是运输成本、劳动力成本、工业区位分布三者之间所形成的最优的成本分摊比例。正是这种分摊比例造就了相关产业的企业出于节约成本的考虑而聚集在一起的偏好，并使企业的发展在土地、水源和交通等资源的约束下达到分工和区位分布的最佳均衡状态（王步芳，2004）。其中，以专业化分工效应来带动企业之间自发形成的集群现象的发展，是工业区位理论的核心内容①。现在，越来越多的以信息技术、生物技术等为基础和代表的高新技术中小企业集群迅速生长并壮大起来，这主要得益于这些地区特殊的区位优势，如靠近大学和科研机构、本地能够提供产品生产初期所需要的原材料等。美国旧金山湾（硅谷）的高技术公司的原料投入就有很强的地方依赖，50%以上的原料来自30英里以内的本地公司。中国绍兴县织造中小企业集群，就是在以城关镇柯桥为核心的方圆80平方公里范围内形成的②。因此，如果一个地方已经有中小企业集群的基础，则会吸引更多的新企业前来投资办公司，从而带来更大的规模效应和范围效应，共享集群内部的创新等优势。

人力资本因素。中小企业集群是一种"能人经济"模式。它的形成是与大批具有创新精神的地方"能人"的推动分不开的。从某种程度上讲，地理位置和原材料对培育中小企业集群的影响并不是最关键的，最关键的是当地是否具备一批有创业冲动、善于经营的企业主。但从更深层次意义推究，任何一个中小企业集群一定有最可宝贵的人才资源，地方"能人"不仅是制度创新、市场创新和技术创新的开拓者，更是整合家庭工业和创建中小企业集群的组织者。嵊州领带集群最初就是由几个外出打工的"能人"带回来的。

中小企业集群式成长还需要相关配套产业的支撑。要提高集群的竞争力，一是要形成集群的竞争合作和技术学习机制体系；二是要构建包括市场服务体系、技术开发体系、创新网络体系、政府支持体系等要素构成的集群外在支持体系。这些要素相互联系、相互作用共同构成了集群持续发展的竞争基础。其关联机理见图5-3③。

通过对现有文献的研究发现，理论上对中小企业集群发展的研究已较完善，对区域经济发展的研究也相当丰富，但关于二者有机结合的研究尚停留在现象归纳层面，很不深入和全面。尤其是在国家提出中部崛起战略之后，对中部崛起的研究仅从国家政策和引进外资等外生性发展

① 何卫刚：《基于区位及产业集群理论的机理分析及其影响》，《商业经济与管理》2005年第2期。
② 刘孟达：《区域经济发展新空间》，浙江大学出版社，2005，第69页。
③ 胡宇辰：《产业集群支持体系》，经济管理出版社，2005，第96页。

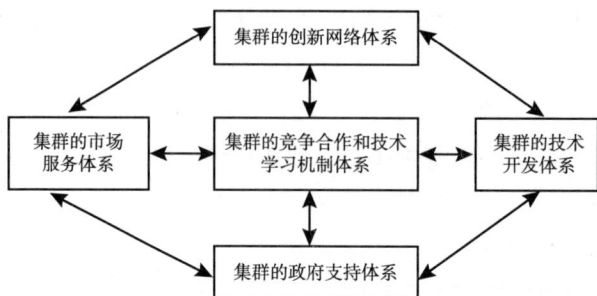

图 5 – 3　中小企业集群式成长的关键要素模型

模式来考虑，这种发展模式容易产生"经济短期泡沫"，是很"虚"的增长，没有实现区域经济可持续发展的内生性。如果考虑到中小企业集群式成长作为区域经济发展的内部原动力，从微观角度研究区域经济发展，则有助于突破目前理论研究的"沼泽地"。故下面将通过对中部崛起战略中中小企业集群式发展的分析，为中部地区的区域经济与社会发展战略提供新的思维框架，为中小企业家组织经济活动提供理论指导，为政府部门建立针对中小企业集群的政策支持体系提供理论依据，也为在我国进一步开展这方面的实证研究提供研究基础。同时，本书与时俱进，在国家对区域经济协调发展的宏观调控背景——中部崛起战略下，研究中小企业集群式成长对中部崛起战略的重大意义，从一个新的视角来研究当前的热点问题，符合时代要求。本书尝试将中小企业集群发展与中部崛起战略结合起来，既是对中小企业集群理论在中国经济后进地区的运用，又是对欠发达地区发展道路选择的大胆探索，这无疑促进了中小企业集群、战略管理等先进理论与实际情况的结合，也为这些理论本身提供了广阔的研究领域和发展空间。

三　中小企业集群式成长促进区域经济发展的实现机制

中小企业集群背后的形成机制一直为外国产业经济学家所关注，马歇尔在《经济学原理》中有一段精辟的论述："聚集在宫廷的那群富人，需要特别高级品质的货物，这就吸引了熟练的工人远道而来，而且培养了当地工人。"[①] 这里阐述的是中小企业集群形成的市场机制。

----

① 〔英〕马歇尔：《经济学原理》（上卷），朱志泰译，商务印书馆，1964。

（一）中小企业集群式成长的实现机制

从动力源泉看，集群的成长机制可以归结为市场机制与成本机制等外部机制和集群可持续发展的自组织机制。①市场扩张机制。当交易费用很大时，市场被分割成规模有限的条块，由空间距离所决定的不完全竞争性质和就地供应市场的要求决定了厂商的数量有限，而有限的市场也抑制了专业化分工和产品细分，市场外部性难以体现，整个经济空间为众多分布于不同区域的厂商和分散的规模有限的市场所覆盖。当交易费用逐渐下降时，分立的小规模市场趋于融合，厂商和劳动力在更大规模的市场区域形成集聚。市场的扩大和厂商的集聚，导致加工各环节与前期供料、后期销售等专业化分工体系出现。专业化分工与交易费用下降进一步推动市场的扩张，市场外部性逐渐提升。进一步扩张的市场支持更多的厂商以更低的成本规模生产和开发细分产品，产业链不断分解、拉长，产品越做越精。市场外部性的显著提升，使得区域对更多的厂商形成吸引，从而形成"市场扩张 - 生产专业化/产品细分 - 外部经济加强 - 厂商集聚 - 市场扩张"的循环累积效应，最终导致较大规模的中小企业集群的成长。②成本递减机制。集聚企业成本的高低是直接决定中小企业集群形成的重要因素之一。企业"扎堆"能使各自的成本不断下降，企业就有集中"群居"的激励。成本递减与市场一样是产业群形成的重要基础。首先，企业的集聚带来交易费用的节约，直接降低了企业的运行成本。其次，竞争对手的存在迫使企业不断降低成本，改进产品与服务，获得比较成本优势。最后，竞争对手的集聚将通过专业化分工获得外部规模经济，区域经济的外部性增强，企业成本下降。集聚企业的成本下降将激励更多的企业在本地出现，而更多企业的集聚将进一步增强区域经济的外部性，企业成本进一步降低，从而形成"企业集聚 - 专业化分工/区域经济外部性增强 - 企业成本降低 - 企业集聚"的循环累积效应，较大规模的集群得以形成。③可持续发展的自组织机制。集群具有完整性、开放性和环境协调性、内部协同性及复杂性等自组织系统的特征[①]。通过系统思维方法，中小企业集群的自组织过程见图 5 - 4。

Martin and Ottaviano（2001）综合了克鲁格曼的新经济地理理论和罗默的内生增长理论建立了经济增长和经济活动的空间集聚兼自我强化的模型，证明了区域经济活动的空间集聚由于降低了创新成本，因而刺激了经济增

---

① 王进富：《产业集群可持续发展的自组织观研究》，《价值工程》2007 年第 10 期，第 25 ~ 28 页。

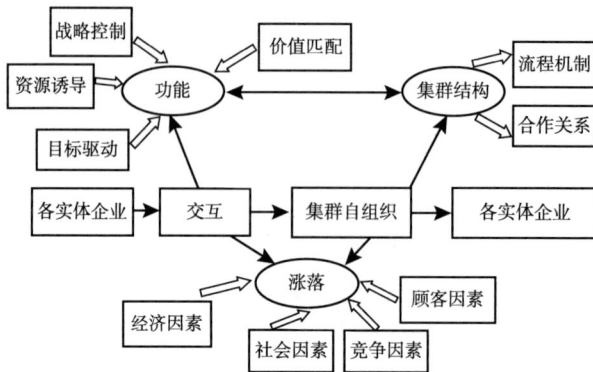

图 5-4　中小企业集群自组织过程

长。反过来，由于向心力使新企业倾向于在该区域选址，经济增长进一步推动了空间的集聚，进一步验证了缪尔达尔的"循环累积因果理论"。由此，集群对经济增长的推动作用便可以通过其动力机制和传导机制来实现。

1. **动力机制**

由上面的分析可知，集群能够为区域经济的发展带来许多正面的经济效应。比如人口集聚带来的集聚区第三产业的发展及产业结构的优化升级；集群的特殊地理性和产业关联的区域带动效应；企业家资源和信息的共享效应；等等。中小企业集群－区域经济增长动力机制的原理见图 5-5。

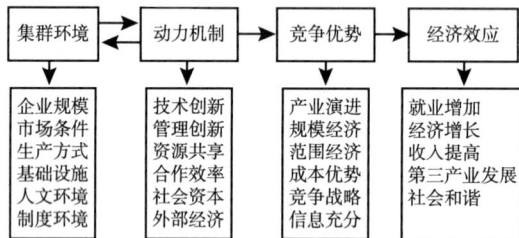

图 5-5　中小企业集群－区域经济增长动力机制

2. **传导机制**

集群的效应是通过一系列传导机制实现的。从大的方面来说，集群能够提升企业和产业的经济效益，而产业效益的提高必将进一步带动区域经济的发展。具体来说，集群对企业和产业经济效应的提升是通过四个方面来实现的。中小企业集群－区域经济增长传导机制见图 5-6。

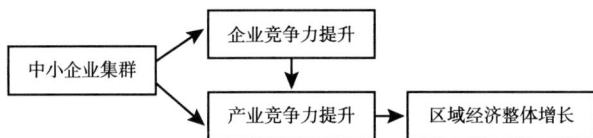

图 5 - 6 中小企业集群 - 区域经济增长传导机制

图 5 - 6 中，集群对企业竞争力的提升主要表现在：集群内企业由于使用公共设施可减少分散布局所需的额外投资，同时利用空间接近性节省了运输和信息传递费用；专业化分工还提高了企业的生产效率；以合作和信任为基础的社会网络有效地降低了交易成本；集群合作创新，降低了创新风险。集群对产业竞争力的提升主要表现在：集群实现了产业技术的创新，产业核心优势凸显，从而促使产业竞争力持续提升。产业竞争力的提升对区域经济增长的贡献在于产业集聚的强大规模经济优势、持续创新动力促进下的产业更新升级等区域经济增长效应。

综上，中小企业集群式成长与区域竞争力相互促进，集群实现了市场扩张、运输成本降低、创新能力提高、生产成本降低、利润空间扩大，从而使集群内企业迅速成长。企业的成长壮大，又带动相关支持产业和互补产业的发展，最终实现地区经济的增长、地区经济综合实力的壮大和地区竞争力的自然提升。

（二）中小企业集群式成长与区域传统产业竞争力提升的关系

结构经济学分析经济结构时，往往将经济结构分为传统产业部门和新兴产业部门。所谓传统产业，是指食品加工工业、纺织服装工业、农林畜牧业、建筑建材业、机械设备工业、汽车工业、冶金工业等[1]。可见，传统产业是相对于新兴的高技术产业而言的，一般来说，发展历史比较长、比较成熟的，劳动密集型和技术含量较低的产业都可以看成传统产业[2]。

中小企业集群按照其主导产品技术含量的高低，可分为低成本集群和创新集群。其中，低成本集群多为劳动密集型或劳动 - 资源密集型，技术含量低，附加值也低，其产业竞争力主要来自廉价的生产要素，如廉价的劳动

---

① 魏杰、张桂鸿：《入世后中国传统产业战略调整》，《国有资产管理》2002 年第 2 期，第 4 ~ 8 页。

② 梅丽霞、陈树文、章进、聂鸣：《创新集群与传统产业竞争力的提升》，《科技管理研究》2005 年第 2 期。

力、靠近原材料产地，或者规模经济带来的低成本等，并通过大批量生产来获取"薄利多销"的利润空间。典型的低成本集群如浙江温州的打火机集群、河北清河的羊绒产业集群、湖北彭场的无纺布集群、河南虞城的钢卷尺集群等。创新集群是 OECD 在国家创新系统（NIS）之后推出的又一个重要概念[1]，强调在区域创新系统中各种要素的整合与协同，一般属于技术密集型或者技术－资本密集型，主要通过区域创新系统中的产品设计、R&D、营销、服务等对创新要求较高的高端增值环节实现超额利润，并且在长期的协作发展过程中形成本地创新网络和社会资本。典型的创新集群如美国的硅谷高技术产业集群、芬兰的 ICT 产业集群[2]、意大利的时装产业集群等。创新集群不仅发生在高新技术产业领域，也发生在传统产业领域，它们与本地经济环境密切关联，形成嵌入地方的产业集群，是提升传统产业竞争力、实现地方传统产业在全球价值链上升级的重要途径之一[3]。

农区产业集群所属产业大多是所在区域的支柱产业[4]。据调查，集群所在产业的产值占其所在区域工业总产值的比重均在 80% 以上，占 GDP 的 70% 以上。这些专业村、专业镇的人口虽然大多仍是地地道道的农民，但他们收入的 90% 来自产业生产，而农耕则成了他们的"副业"。

第三节　中原经济区企业集群式成长的制约因素及借鉴

中原经济区在争取国家政策的同时，如何建立长期的自我发展机制、提高自生能力是中原崛起、河南振兴的关键。

首先我们来看中原经济区存在的问题。中原经济区作为大多是地处内陆的传统农业地区，在资源禀赋、产业结构、劳动力就业、收入水平、居民消费类型和科技文化素质等方面存在很大的相似性（山西省略有不同），这是被实践证实了的。而中原经济区人均国民生产总值和农民人均纯收入不但大大低于浙江、广东等东南沿海省份，而且均低于全国平均水平，均存在着工

①　肖广岭：《创新集群及其政策意义》，《自然辩证法研究》2003 年第 10 期，第 51～54 页。
②　骆静、聂鸣：《创新集群及其分类研究》，《科学学与科学技术管理》2003 年第 3 期，第 27～30 页。
③　宁钟、司春林：《创新集群的特征及产业结构演进过程中的技术能力和生产能力》，《中国科技论坛》2003 年第 5 期。
④　李二玲、李小建：《农区产业集群、网络与中部崛起》，《人文地理》2006 年第 1 期，第 62 页。

业发展水平低、农业比重大、乡村人口多、国有经济比例过大、中小企业数目少、开放程度和市场化程度低等问题。因此，在中原经济区推进农村地区的工业化、城镇化，转移农村剩余劳动力，增加农民收入，解决"三农"问题是中原崛起的关键。而国内外的理论研究与实践经验表明，实施集群战略是解决这些问题的有效途径。

近年来，我国浙江、广东等省份的经济发展令人瞩目，其重要原因就是能提高区域和企业竞争力的"集群经济"在起作用。目前，中原农区工业虽具有一定的发展基础，并有接受东部产业转移的区位和资源上的竞争优势及进一步发展的巨大潜力，但中小企业数量较少，布局分散且各自为战，集群式水平低，劳动密集型的传统产业居多，总体的竞争力比较低。从浙江、广东两省的经验来看，在中原农区培育产业集群、构建中小企业网络是实现中原崛起的有效途径[①]。而中小企业集群正是中小企业网络构建的最佳选择形式，中小企业集群式成长是中原崛起的有效模式。

中小企业集群为什么在浙江、广东等省份能形成强大的竞争优势，极大地提升区域经济竞争力，并带动整个地区经济的发展？中小企业集群与区域经济增长之间的关联性及互动发展是怎样的？这需要从中原崛起的影响因素、集群的竞争优势特征以及国内外成功集群的经验去探讨，这无疑是区域经济学的重要课题。

一 影响中原崛起的企业集群因素分析

由前所述，2011 年 10 月《指导意见》的出台，无疑为中原崛起、河南振兴带来了极大的发展机遇，这是影响中原崛起的一个客观存在的外部因素。但现如今，我们不能仅仅依靠国家政策来发展地区经济，我们要进行创新式发展，寻找中原崛起的新支点、新途径、新契机。中原经济区中小企业集群发展有其雄厚的资源和传统文化基础，部分集群发展已达到较高程度，具备了集群的基本功能，正在为区域经济发展发挥着重要的作用。但我们也要看到，中原地区近年来中小企业集群发展的基础——民营中小企业等非公有制经济虽然获得了长足发展，但与沿海发达地区相比，无论是规模、数量还是质量、效益都有不小的差距。2011 年 8 月，全国工商联发布中国民营企业 500 强榜单，河南省仅有 9

---

① 李二玲、李小建：《农区产业集群、网络与中部崛起》，《人文地理》2006 年第 1 期。

家企业入围。其中有 3 家民营企业营业收入总额超过 100 亿元,仅占全国百亿民营企业的0.1%[①]。若以河南省民营经济的注册资本总量除以个体数量,会得出一个平均值。这个平均值在全国的位置,对于考量河南省民营经济的成色更具价值。2010 年底,河南省私营企业户均注册资本为 204.81 万元,比全国平均水平少 11.71 万元,72.06% 的私营企业注册资本在 100 万元以下;河南省个体工商户户均资金数额仅为 2.81 万元,比全国平均水平少 0.92 万元。并且,河南省中小企业的管理水平、科技水平、产业层次比较低,产业集中度、外向度和市场竞争力还有待进一步提高。在对中原经济区中小企业集群调研过程中,也发现存在一些严重问题,有些和发达地区产业集群相比,问题还十分突出。

(一) 企业集群多处于发展初期,尚缺乏必要的规范和指导

中原经济区各地区目前虽然也零星散布着一些历史形成的产业集群雏形,但多处于发展初期,尚未形成有竞争优势的特色企业集群。产业区内企业间既没有形成真正的专业化分工和基于共同的地域文化背景之上的相互认同和协同关系,也没有形成上下游产业及支撑产业相互关联的互补作用效应,造成产业分工层次低,产业缺乏既竞争又合作的创新动力。

浙江省是国内企业集群发展比较成熟的省份,目前已形成了拥有年产值亿元以上的企业集群 519 个,年产值 6000 亿元,占全省产值的 50% 以上,平均每个县有 3 个产业集群。其中,比较著名的产业集群有温州的打火机、义乌的小商品、绍兴的轻纺、永康的五金等。这些集群的产业不是全国同行业最大就是最强的,如温州市区的打火机占世界总产量的 70%,产业集群已成为浙江省经济发展的强大推动力。而比较中部人口最大的省份河南省,有特色的企业集群数量非常有限,在全国有影响的更是屈指可数,在全省范围内仍处于星星点点状态,集群产值在全省经济中的比重过小,对全省经济发展的贡献不大,远远赶不上广东和浙江等省份,总体上还处于起步阶段。2010 年河南省主营业务收入超过 300 亿元的产业集聚区仅有 3 个,固定资产投入超过 80 亿元的仅有 4 个,与广东、浙江、江苏、山东等先进地区相比差距很大。从资源条件和人口条件看,河南和浙江等东南沿海省份有许多相似之处,即人口众多、人均资源拥有量偏低。但对于浙江、福建等省份来说,由于地处东南沿海,属于我国最先开放的地区之一,与外界的接触广

---

① 万军伟、李世顶:《第一方阵,速写河南民营图景》,《大河报》2011 年 11 月 3 日。

泛，人们具有较强的商品意识及自主创业精神。因此，这些地区产业集群的发展更多的是自发形成，政策面的重视也只是在最近几年。对于河南这样的内陆省份来说，人们的思想大多偏保守，依赖性严重，商品意识及自主创业精神不足。这样，企业集群仍然寄希望于自主发展是不现实的，要有必要的指导和规范，以促进企业集群在全省范围内的普遍发展。

（二）围绕各地市优势企业形成的企业集群数量太少

中原经济区各地市企业组织结构不合理，相互支撑、相互依存的专业化分工协作体系尚未形成，区内的许多中间投入产品还需从区外进口，更未出现专业化分工的地方性合作网络。各地市大中型骨干企业大都集中分布在中心城市和工矿城市，生产协作链条大部分甩在区外，而地方性中小企业产品主要在本地区寻找出路，很少得到大中型骨干企业的辐射效应。大中型骨干企业的远辐射性和地方中小企业的内向性导致了两个关联程度极弱的循环体系双轨运行，无法通过企业间的共生互补效应来促进形成高度灵活的专业化分工与协作的地方合作网络。

以河南省为主体的中原经济区各产业集群内部的企业产业链不完整，上下游企业衔接不紧密。大部分地区产业集群的核心产业不完整、产业链条过短，供应链的各个环节衔接不紧密，产品生产配套能力不强，产业集中度较低，市场销售较为分散，主导产业和名牌产品较少，上下游和外围服务企业配套不紧密，整体市场竞争优势不突出。而且企业之间行业关联度不高，群内企业之间的创新与合作意识淡薄。加之产业集群内部环境建设滞后，许多产业集群内企业间缺乏必然的产业联系，难以形成各种能够推动企业有效互动和相互促进的公共机制，由此导致行业自律差、竞争无序、恶性竞争现象时有发生。产业集群文化层次较低，信用状况较差，违约现象屡见不鲜。产业氛围不够浓厚，企业家精神缺乏，知识共享和相互学习的机制不健全。

浙江、福建等省份企业集群的形成与发展是以中小企业为主，以自主创业精神为主要动力的，很少出现以优势企业带动而形成的产业集群。这种现象同这些省份原有的经济结构也有很大关系。因为这些地区在改革开放以前，长期定位在所谓的"前线地区"，国家在这些地区的重大经济建设项目非常少。因此，企业集群的发展道路一般是首先出现众多的群内企业，发展到一定规模，优势企业开始形成，并形成全国影响力。中原经济区在这些方面又和这些省份很不相同。例如，在"一五"及其后的一段时间内，河南省也是国家重点建设的地区之一，在农机、轴承基础件、矿山设备、有色金属、纺织及建材等领域建设了至今在全国同行业中仍居于前列的大型企业，如一拖、洛玻、中信重机、洛轴等公司。同时，改革开放以来，经过市场选择，也出现了许多具有全国影响力的大型企业，如宇通、新飞、安彩、双汇、北方易初等。但围绕这些企业，除双汇外并没有形成大的产业集群，企业在地区内基本处于"一枝独秀"状态。这些企业所处的产业，许多具有较长的产业链条，具备以企业为核心或围绕企业形成产业集群的产业条件，但这些配套企业链条却多在区外。究其原因，也许同地方政府过度支持地方优势企业，以及大企业的专业化分工协作不够，从而间接抑制了中小企业的发展有一定的关系。与此相反，有些企业的资源却为其他地区的产业发展提供了很大支持，比如从洛轴流失的大量轴承人才，成为江苏武进等地的上千家中小轴承企业争相聘请的对象。因此，政府对地方优势企业的支持应把握一定的尺度，并创造一定的条件，鼓励相关中小企业的发展，不要过分防范和排挤可能出现的优势企业的竞争对手，比如康佳之后出现的 TCL、创维及乐华并没有削弱广东的彩电业实力，相反却使其在全国彩电业中的地位大大提升。

（三）产业集群层次低，竞争优势难持久

从集群的整体水平上看，中原经济区绝大部分产业集群尚未发育成熟。主要表现在：集群企业的竞争优势大多建立在低成本、低价格，特别是劳动力成本低廉的基础上；个体、家庭企业小生产管理方式占有相当大的比重，不仅工艺设备普遍较为落后，而且技术熟练工人匮乏、技术水平不高。企业集群的低层次使其竞争优势难以持续，目前中原经济区有些地区企业集群的发展已经开始呈现衰退的迹象[①]。部分地区企业集群出现衰退的原因，主要是产学研合作机制不完善，集聚区内企业与科研机构缺乏合作机制与合作氛围，低水平的产业结构不能适应需求的变化，区内产品同质化现象严重，极易引发恶性竞争。从需求角度来看，产业结构以劳动密集型的轻纺工业为主，因近年来金融危机造成的外需不足问题的长期存在，这些集群企业要想继续扩大市场份额、增加国内需求，难度很大；从供给角度来看，由于劳动密集型产业的进入门槛较低，导致中低档的纺织服装、食品等行业的竞争日

---

① 白小明：《河南产业集聚区发展中政府配套服务问题探析》，《经济视角》2010 年第 11 期，第 9~11 页。

趋激烈，而各生产企业之间的竞争主要以成本竞争为主，集群内不可避免地频发"价格战"，严重影响了企业集群的可持续发展。

美国著名管理学家迈克尔·波特认为，"当一个国家把竞争优势建立在初级生产要素上时，它通常是浮动不稳的，一旦新的国家踏上发展相同的阶梯，也就是该国竞争优势结束之时"。为避免出现这种后果，中原经济区的企业集群要树立危机意识，注重提升产业结构水平，逐步改变低成本竞争策略，转而为客户提供独特而优异的价值和服务的差异型竞争策略。特别是应通过培养高素质劳动力、举办商品博览会以及提供市场信息服务等举措，来创造培育企业集群升级所需的高级生产要素。

（四）自主创新能力弱，产业易大却难强

中原经济区与发达地区相比，由于高素质人才缺乏、产业配套不完善、公共产品供给不足等原因，区内企业集群大多尚未形成集群应有的创新机制，中小企业缺乏自主技术创新的人才、资金、体制和环境基础，发展方式依然粗放，产业发展面临着大而不强的隐忧。产业集群技术创新能力薄弱，主要表现为"两个缺乏"，即企业缺乏自主创新能力、产业集群缺乏创新平台。自主创新能力弱，产业能做大却难做强。由于缺乏高素质人才、自主创新能力不足、产业配套不完善等原因，河南省产业集群大多尚处于模仿阶段，产品长期停留在低档次、老品种、粗加工阶段，直接影响产业集聚区的发展和升级。从整体上看，河南省的研发主体主要是高等院校和科研院所，域内企业特别是众多中小型企业普遍缺乏自主创新能力，企业尚未成为技术创新的决策、开发、投资和应用主体。另外，产业集群内部也缺乏创新平台，缺乏完善的中介服务机构。服务体系不健全，没有充分发挥各种行业协会、商会、中介机构等社会化服务组织对产业集群的服务作用。产业集群普遍缺少资产评估、项目咨询、人才培训、信息网络、产品检测、物流配送、物业管理等服务组织，现有中介组织的服务水平、服务质量满足不了产业集聚区发展的需要，直接制约了产业集群的发展。

从结构上看，河南省2010年民营集群企业第三产业增速高于第一、第二产业，民营企业中服务业发展迅速，符合三次产业结构优化的总体趋势。但是，一个不容否认的现实是，河南省的民营集群企业主要集中在劳动密集型且技术含量低的采掘业、加工制造业、建筑业、批发零售业和服务业。2010年，河南省30多万户私营企业中，从事采掘业、加工制造业、建筑业、批发零售业的企业达19.85万户，占私营企业总数的65.68%；从事金融业的只有 1507 户，占私营企业总数的 0.50%；从事科学研究、技术服务和地质勘查业的有 5667 户，占私营企业总数的 1.88%[1]。由此造成多数企业没有核心技术，很多集群企业投入产出效率低，核心竞争力不强，大多停留在低水平的往返式生产上，产业层次偏低，产品仍以低端加工为主，大部分企业集中在传统的第三产业和加工制造业，高投入、高消耗、高污染、低效益的发展模式尚未根本转变，抗风险能力较差。

此外，一些集群企业主业不突出，缺乏自主知识产权和知名品牌，市场竞争力偏弱[2]。自主研发能力偏弱，制约了对作为技术创新基础的劳动力技能的培训与提升，制造业集群区出现严重的"技工荒"，不少企业存在"一流设备、二流管理、三流产品"的现象。随着知识产权保护越来越严格，我国产业集群进行自主技术创新的压力会变得更大。显然，失去创新动力的产业集群是不可能有持续发展能力的，这不仅指高科技产业群，像食品、纺织服装业这样的传统产业集群，若忽视技术创新，不重视采用高新技术，也必将在竞争中走向衰败。提高集群内部的创新能力，既做大又做强产业，当前要采取以下多种措施，解决技术创新过程中的资金瓶颈：鼓励企业增加 R&D 投入；政府部门要搭建技术创新的公共平台，建设包括社会化中介服务在内的区域创新体系；应以高新技术园区为重要载体，优化创新环境；大力支持民营科技企业的发展（尤其是在证券市场上融资）。此外，要扩大国际科技交流与合作，吸引跨国公司的研发中心在中原经济区集群区域落户。

（五）地方网络残缺，企业难有根植性

产业链缺损，没有形成产业自身良性发展的内在机制。中原经济区轻工业及重工业内部加工工业发展水平低，导致上下游产业之间的技术断层，以及原材料产品结构与加工工业对原材料需求结构之间的严重错位，无法通过上下游产业之间的互动和研发外溢机制来促进区内产业关联群的形成与发展。中原经济区目前存在的许多准集聚区，其产业与技术关联性不强，通常是实行税收、土地等优惠政策以及劳动力价格优势来吸引企业集聚的，有的是地方政府直接投资创办的，这种集聚不是以内在的机制和产业关联为基础的，因而缺乏强烈的根植性。随着市场经济的进一步发展和政策的趋同，集

---

① 万军伟、李世顶：《第一方阵，速写河南民营图景》，《大河报》2011 年 11 月 3 日。
② 《2010 年河南省中小企业、非公有制经济运行情况》，http://test61.nowtime.com.cn/ newscontent.aspx？id=196。

聚效果不明显，同时将日益表现出脆弱性。

中原经济区企业集群中的地方网络是指特定区域内行为主体间的正式合作关系，以及它们在长期交往中所发生的相对稳定的非正式交流关系。地方网络的行为主体通常包括消费者、具有共通性和互补性的企业及其他机构，如大学、科研机构、金融机构、中介组织及政府等。传统产业集聚理论着重强调外部经济的效应，而现代集群理论却证明，地方网络才是产业集群竞争优势来源的重要内部机制。美国的硅谷就是一个建立在地方网络基础上的高技术产业集群，网络中的主体密切联系，企业与企业之间有着丰富多样的交流与合作，并促进各个专业制造商集体地学习和灵活地调整一系列相关的技术。因此，中原经济区企业集群在促进集群发展，特别是通过引进外资或外省优势企业形成产业集群中，要注重通过完善地方网络，解决其"落地生根"的问题。主要包括以下几方面：寻求区内各经济主体交流和互动的"胶"，促进集群区内本地企业与外来（外商）企业的整合，以增强地区性黏结或凝聚力；构建集群区域内部学习型合作网络以提高集体学习能力和创新能力，从而营造区域创新环境；要在集群中形成由中介服务机构、科技服务机构、教育培训机构组成的社会化服务体系，这是构建地方网络的重要环节。植根性好的产业集群会表现为一种区域品牌，从而会进一步强化集群的竞争优势。但要注意避免的是，地方社会网络下形成的家族制、准家族制企业关系，在促进集群发展的同时也可能产生一种排外的力量，并削弱集群创新的动力。

（六）产业链条短，企业外包意识差，分工及产业链不完善

大量研究表明，中小企业集群形成竞争优势的一个重要缘由，是集群企业的专业化分工带来生产效率的提高，这种分工既包括产品上下游之间的纵向分工，也包括相关支持企业的横向分工，从当今国际经验看，"外包"是促进专业分工的一个最有效的途径。目前，中原经济区企业集群内企业的"外包意识"普遍较弱，大量"小而全"的企业在同一个集群中，其原因在于没有形成产业自身发展的内在机制。尽管行业特色明显，但行业内部专业化分工程度低，大中小企业间没有建立良好的分工合作关系，企业间互补效应很差，没有形成一种良性的共生互补关系，缺乏规模经济效应。多数产成品及其零部件都只在单一企业内部完成，而配套企业"吃不饱"。这样，不仅分工得不到细化，阻碍了产业链的延伸，而且出现相互争资源、争市场的局面，危及集群的自我发展和竞争力的提升。集群区内企业偏好"小而全"，开展企业合作和联合较为困难。原因是多方面的，除了受传统思想的

制约、地域文化的局限，以及企业只知竞争不知联合外，更大的可能在于整个社会信用的缺失。对合作伙伴的信用度不够，仅仅把信用限制在血缘或亲缘关系上，以致社会信用半径小，集群难于走向更广阔的天地。

通过外包等途径促进分工及产业链的完善，是中原经济区企业集群亟待提升的重要方向。一方面要使企业认识到，致力于发展企业的核心业务和专长，有助于降低成本，提高竞争力。集群企业之间只有合作才有双赢，就像杜邦公司只生产原料，却为下一道企业产品大做广告，它深知只有下一道产品好，面料和原料企业才会更好。另一方面要注重培育全社会的诚信意识，使失信企业付出高额代价。此外，企业要及时掌握国际商情和了解国内外企业的外包动向，在承接国内外外包业务中学习先进技术、操作理念和管理方法，这样也有利于弥补和加强产业链条的薄弱环节。

这些问题的产生主要是受特定历史条件的影响，以及不合理的体制因素和市场化限制的因素所致，因此要解决这些问题，还需要体制机制创新和加快市场化进程。

二 国内外区域中小企业集群的发展成因与经验

国内外中小企业集群发展的实践表明，作为发展地方经济的重要载体，中小企业集群这种产业组织形式已为各国的地方政府所重视。完善的政府服务功能在中小企业集群发展中具有不可替代的重要作用。很多国家通过在中小企业集群发展中实现信息、融资、科技、人才培训、市场交易等全方位服务功能，并通过针对中小企业集群发展的政策导向、支撑体系建设、人才储备及区域品牌形象塑造等战略层面的制度设计和政府服务功能完善，来形成促进中小企业集群要素集聚和发展的长效机制。

（一）国外发达国家中小企业集群发展的成因研究

根据马歇尔的考证，早在1250年就有生产集中现象的记载（马歇尔，1994）。在马歇尔时代，不仅在英国的曼彻斯特、兰开夏等地出现了多个不同的产业集群，在德国的奥芬堡与海德堡也已形成了较大的印刷机械产业集群（波特，2002）。随着欧美一些国家陆续进入并完成工业化，产业集群在这些国家大量出现并成型。半个多世纪以来，美国政府十分重视小企业的发展。根据美国小企业管理局的统计，2002年美国共有2200万个小企业，占全美企业总数的99.7%，其增加值占国内生产总值的39%，产品销售额比重占54%，对外贸易额占全美出口总额的31%，从业人员占全美就业人数的 25%，特别是新增就业岗位的 75% 是由小企业提供的。2004 年 1 月，美国总统布什代表政府提出了 6740 亿美元的刺激经济方案，其中帮助小企业发展是单列的重要内容。该方案使小企业在投资新设备上所获得的最大优惠从 25000 美元增加到 75000 美元。他认为，小企业是美国经济的命脉，唯有振兴小企业才能振兴美国经济。

美国小企业局（SBA）成立于 1953 年，目前 SBA 每年提供的各种组合贷款、债券担保以及救济贷款高达 450 亿美元，另外还有 130 亿美元的风险投资，是美国最大的针对小企业的独立融资机构。私人经营的小企业投资公司（Small Business Investment Companies，SBICs）是美国政府与私人机构的合作组织，在一定程度上填补了美国小企业在资金筹措方面的空缺。由于政府的积极促进，在 1958～1969 年的 11 年间，SBICs 项目对新创立的小企业的资金供给高达 30 亿美元，超过同期私人风险投资的 3 倍，可见政府扶植的巨大作用。美国 SBICs 的运作流程见图 5 - 7。

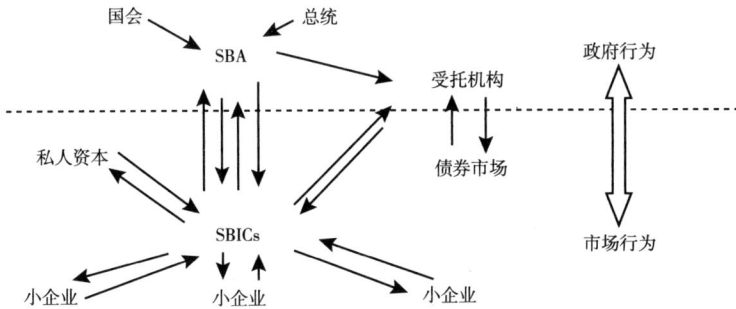

图 5 - 7　美国 SBICs 的运作流程

目前，全美 2500 万个小企业雇用了 50% 以上的私人劳动力，GNP 的一半以上由小企业创造，全美 70% 以上的新增就业岗位由小企业提供，67% 的劳动力的初次就业和最基本的职业训练也是由小企业提供的。同时，由于 SBA 的促进，近 20 年来，美国小企业保持了全美最低的破产率。由众多中小企业形成的产业集群构成了美国经济的命脉，在 20 世纪 90 年代中期，美国 380 个产业集群就实现了全美接近 60% 的产出。美国不仅在底特律有 20 世纪 20 年代就已形成的汽车产业集群，更有在 20 世纪 60 年代出现、80 年代成形而被誉为"经典产业集群"的加州硅谷 IT 产业集群，美国绝大多数州都有一个或多个某类产业集群。

在日本 500 多万家企业中，中小企业数占 99%（日本《中小企业基本法》规定：从业人员在 300 人以下或资本金在 1 亿日元以下的工矿企业、从业人员在 100 人以下或资本金在 3000 万日元以下的商业批发企业，以及从业人员在 50 人以下或资本金在 1000 万日元以下的零售业属中小企业）。日本中小企业从业人员有 4200 万人，占整个企业从业人员数的 78%，占日本总人口的 1/3。中小企业在推动日本经济持续快速发展、一举成为世界第二经济强国、人均收入进入世界前 5 位中所起的作用举世公认。

意大利是除美国之外产业集群发展得最成熟且特色明显的国家。意大利每年 200 多亿美元的出口额主要由 66 个产业集群生产。1996 年意大利的产业集群就有 199 个，分布在 15 个州。意大利的产业集群主要是消费品产业集群，也有一部分资本品产业集群。2002 年，威尼托大区按照地方法律认定了区域内的 15 个各具特色的产业区和 4 个子部门，主要有纺织品服装、家具、室内装饰品、冶金、机械、眼镜等产业。其中，纺织品集群 69 个，占 34.7%；皮革与鞋业集群 27 个，占 13.6%；家具业集群 39 个，占 19.6%；机械业集群 32 个，占 16.1%；食品业集群 17 个，占 8.5%。此外，还有金属制品集群 1 个、化学制品集群 4 个、造纸与印刷集群 6 个、首饰集群 4 个（见表 5-6）。

表 5-6　意大利产业区分布

专业化领域	产业集群	数量（个）	从业人员总数（人）
食品	食品业集群	17	109528
纺织-服装	纺织品集群	69	733514
皮革-制鞋	皮革与鞋业集群	27	198274
木材-家具-装饰	家具业集群	39	377384
冶金	金属制品集群	1	2354
机械	机械业集群	32	588364
石油化工	化学制品集群	4	65508
造纸-出版	造纸与印刷集群	6	17534
首饰-乐器-玩具	首饰集群	4	81341
总　　计		199	2173801

资料来源：Howkins, John, *The Creative Economy*, London：Penguin Press, 2001。

意大利产业区可以被称为基于创新的产业集群（王缉慈，2004）。与高新技术产业区主要通过加强研究与开发实现创新不同，基于创新的产业区主要通过知识密集的产业服务，使产品具有强烈的文化感和知识特性，从而赢得竞争优势。

意大利产业区企业平均规模见表 5-7。

表 5-7　意大利产业区企业平均规模

大　区	产业区数目（个）	企业（家）	企业总人数（人）	企业平均人数（人）
阿布鲁佐	3	859	11100	12.9
巴西利卡塔	1	350	11000	31.4
坎帕尼亚	6	3240	53708	16.6
艾米利亚-罗马涅	11	11316	251700	22.2
弗留利-威尼斯·朱利亚	3	1426	15900	11.2
拉齐奥	3	334	5940	17.8
利古里亚	4	7272	36000	5.0
伦巴第	16	23415	210403	9.0
马尔凯	6	4984	40952	8.2
皮埃蒙特	6	3240	69507	21.5
普利亚	2	380	6000	15.8
撒丁	4	590	4502	7.6
西西里	4	2713	15600	5.8
托斯卡纳	9	15855	110420	7.0
特兰提诺-阿尔托·阿迪杰	1	450	3000	6.7
翁布里亚	4	603	3900	6.5
威尼托	17	11836	146528	12.4

资料来源：Howkins, John, *The Creative Economy*, London：Penguin Press, 2001。

德国产业集群出现的时间仅晚于英国，早在 19 世纪初就在海德堡附近出现了印刷机制造产业集群。

（二）发展中国家的中小企业集群发展状况

近年来，发展中国家的中小企业集群也在不断涌现。如亚洲的印度、印尼等国家都有大量的中小企业集群。拉丁美洲企业集群的发展历史比较短，集群也并不是很多，但企业集群的发展计划却是惊人的，几百个区域政府，大约 15000 个城市，几乎都有集群发展计划。集群发展计划比较多的有秘鲁、巴西、墨西哥、委内瑞拉、洪都拉斯、尼加拉瓜、牙买加等国家。在非洲，南非、肯尼亚、津巴布韦和坦桑尼亚等国家也都有集群存在。南非的企业集群是从 20 世纪 90 年代初才开始的，并且是由中央政府机构发动的，而地方政府却缺乏积极性。在东欧的一些国家，如波兰、匈牙利、克罗地亚和斯洛文尼亚等也都在积极地发展中小企业集群。

（三）我国中小企业集群的发展现状及规律

我国中小企业集群的发展源于改革开放。20 世纪 80 年代初，广东省一些市（县）如深圳、珠海、中山、顺德、南海、东莞等利用优惠政策吸引本地在海外、港、澳的众多亲朋回乡开展"三来一补"业务，在此基础之上，逐渐形成了一些专业品镇，在浙江、福建、江苏、河北、河南、江西等许多省份都有分布，其中以浙江省和广东省最为集中。浙江和广东两省对集群的发展十分重视，而类似集群的现象在我国分布已经非常普遍，如河北省唐山市的钢铁业、福建省晋江市的鞋业、重庆市的摩托车制造业、河北省清河县的羊绒加工业和文安县的木材加工业、河南省偃师市翟县的针织业、江西省万载县和湖南省浏阳市的花炮制造业等都呈集群状分布。

其一，广东省中小企业集群的发展格局。近年来，广东省产业集群发展迅猛。以珠江东岸的深圳、东莞、惠州及广州为主体，形成了著名的电子信息产业走廊，经济规模近 4000 亿元，成为全国规模最大的电子信息产业集群区；在珠江西岸形成了涵盖佛山、中山、江门、珠海、广州等地，经济规模达 1000 多亿元的电器机械产业集群，使电子信息产业和电器机械制造业成为广东省的第一、第二大产业，同时名列全国首位，并带动了全省产业优化升级。2003 年三大新兴支柱产业实现产品销售收入 10031 亿元，占全省工业比重的 48.3%，对工业增长的贡献率达到 66.5%。与此同时，以纺织服装、建筑材料、食品饮料、玩具等为主的传统产业，依靠集群的优势，也得以进一步发展。产业集群经济的发展，使广东省九大支柱产业的规模和效益逐年提高，有力地支撑了全省工业的快速发展。2008 年九大支柱产业的产品销售收入为 24939 亿元，占全省工业的比重达到了 71.96%，占全国同行业比重的 5.98%。

广东省已形成有一定规模的专业产业区 30 多个。特别是在经济发达的珠江三角洲地区，以产业集群为特征的专业镇占了 1/4。深圳市形成了电子信息制造业产业集群。佛山市发展成为广东省最大的电器机械生产基地，石湾的陶瓷、南海西樵的纺织，以及顺德区龙江、乐从的家具生产和销售，都形成了研、产、销一体的产业集群区域。中山市产业集群基本形成一镇一业、一村一品的布局：古镇有灯饰企业近 2500 家，已成为国内最大的灯饰生产基地和销售市场，是世界四大灯饰专业市场之一；小榄镇的小五金制品及音响、沙溪镇的休闲服装、大涌镇的红木家具等，已经成为当地经济发展的主要支柱。在东西两翼及山区，也形成了产业集群发展的好势头：云浮市云城区的石材、潮州市枫溪镇的陶瓷、汕头市澄海区的玩具、汕头市潮阳区的服装和化妆品、茂名市怀乡镇的竹编等也形成了特色产业集群（见表 5－8）。珠三角地区吸引的外国直接投资占全国的 26%，2001 年，珠三角地区实现电子信息产业产值 3043.86 亿元，电气机械产业产值 1327.69 亿元，机电产品出口 500 多亿美元（占全国的 45%），其重要原因是集群经济的发展，在电子信息产业、电气机械制造业和传统劳动密集型产业中形成了产业配套能力。这些产业集群，大大促进了当地经济的发展，成为拉动经济增长的新形式。

表 5－8　广东省部分专业镇及其特色产业

城市	专业镇及其特色			
中山市	古镇,灯饰	小榄镇,小五金制品及音响	沙溪镇,休闲服装	大涌镇,红木家具
东莞市	厚街镇,家具	清溪镇,计算机及周边设备	虎门镇,服装	大朗镇,针织服装
汕头市	澄海区,玩具	潮阳区,服装和化妆品		
佛山市	张槎镇,针织	石湾镇,陶瓷		
花都市	狮岭镇,皮革皮具			
顺德市	伦教镇,木工机械	陈村镇,花卉	乐从镇,家具	
高要市	金利镇,小五金			
南海市	官窑镇,布绒玩具	平洲区,制鞋	盐步区,内衣	大沥镇,铝型材
江门市	蓬江区,摩托车及零配件	新会区司前镇,不锈钢器具		
潮州市	庵埠镇,食品加工	彩塘镇,不锈钢器具	枫溪镇,陶瓷	
汕尾市	海丰县可塘镇,珠宝首饰加工			
梅州市	丰顺县汤坑镇,电声设备			
云浮市	云城区,石材			
茂名市	怀乡镇,竹编			

广东省已经初步形成了以技术、品牌和市场为主的产业集群服务平台，产业的竞争力和根植性逐步得到提高。在产业集群发展较早的地方，各地政府对产业集群的扶持，已经从减地价、提供优惠政策的简单扶持，逐步向提供技术、品牌、信息、市场、融资扶持等各方面的公共服务转变。如中山市小榄镇建立了汉信快速成型技术服务中心，引进国外先进的快速成型设备，

解决了中小企业因缺乏技术和设备导致五金制品模具不过关的难题。中山市古镇建立了中山市照明工程技术研究开发中心，重点解决灯饰产品质量标准化问题，使"古镇制造"成为灯饰质量保证的代名词。中山市沙溪镇则把服务平台的焦点聚集在名牌产品的创造上，建立了服装设计开发技术中心，为企业设计新产品、开发新工艺，并吸引了张肇达、刘家强、赵彦伦等华裔服装设计师来沙溪镇，力求改变以生产 OEM 产品为他人做嫁衣裳的局面。在南海西樵创办了中国纺织产业升级示范区，为纺织企业构建了具有"五大支柱"（开发创新、咨询培训、质量检测、信息化、第三方物流与电子商务）功能的公共服务平台，从而促进了纺织产业的优化升级，进一步提高了产业集群的竞争力。

其二，浙江省中小企业集群的发展势头迅猛。改革开放后的 20 世纪 80 年代初，在浙江省号称"百工之乡"的温州市，农村实行联产承包制后，一些农民在人多地少的压力下，转办家庭工业，从而逐步形成了一些专业品镇，形成了一些特色产业集群。如温州市苍南县金乡镇的标牌集群、永嘉县桥头镇的纽扣集群等。温州市产业集群的成功发展，让浙江省其他地方也纷纷效仿，在浙江省迅速崛起了一大批以产业集群为特征的专业品镇。如诸暨市山下湖镇的珍珠集群、诸暨市大唐镇的袜业集群、湖州市织里镇的童装集群、杭州市的女装集群等。目前，浙江省年产值在 10 亿～50 亿元的民营企业群落有 118 个，年产值在 50 亿～100 亿元的民营企业群落有 26 个，年产值在 100 亿元以上的民营企业群落有 3 个，其中 53 个区块产值在国内市场的占有率在 30% 以上，很多都是浙江省乃至全国的专业生产加工出口基地。例如，占世界总产量 70% 以上的防风打火机生产企业集中于温州市的鹿城区和瓯海区，海宁市的许村镇许巷工业区的装饰布占全国市场份额的 35% 以上，永康市的衡器产量占全国衡器总产量的 2/3，等等，举不胜举。据国家统计局 2001 年的统计，全国 532 种主要工业产品的产量，浙江省有 336 种进入前 10 名，56 种特色产品产量居全国第 1 位，109 种居全国第 2 位，154 种居全国第 3 位。浙江省有 4000 多家民营企业获得自营进出口权，近万家个私企业从事出口商品加工，产品销往世界五大洲的 150 个国家或地区。

一是浙江省中小企业集群已经形成较大的经济规模。2001 年，浙江省产业集群经济总产值达 5993 亿元，约占当年全省工业总产值的 49%。2002 年，江苏省 60 个产业集群的产出规模达到 2566 亿元，占全部中小企业产出总量的 19.2%。中国纺织工业协会命名的 29 个纺织特色城（镇），全口径合计的纺织工业总产值为 2378 亿元，占到全国纺织工业总产值的 1/6。一些产业集群已经成长为相关行业的产业基地，产品外向度不断提高。二是覆盖到大部分的传统行业。浙江省 800 多个产业集群经济（又称块状经济）分布于纺织、制衣、制笔、电器、机械制造、医药等 175 个大小行业。目前，化纤、纺织、丝绸、服装、制鞋、电子、信息、医药、塑料、汽摩配件、精细化工、五金制品等是出现产业集群最多的几个行业。三是以中小企业和微型企业为构成主体。如浙江省诸暨市大唐镇的袜子产业集群，集聚了相关企业 3500 家、从业人员 5 万人，每个企业平均仅 14.3 人。当然，产业集群机制并不排斥出现大型龙头企业。在某种程度上，龙头企业的出现和发展，有助于产业集群的升级和竞争力的提高。

浙江省各地市专业化产业区的部门结构及典型专业化产业区见表 5 - 9。

表 5 - 9　浙江省各地市专业化产业区的部门结构及典型专业化产业区

地区		产业部门	典型专业化产业区
浙东北环杭州湾	杭州	大型机械及成套设备、电子、通信、家用电器、医药等	杭州旅游汽配城；萧山衙前化纤业；新塘羽绒业；南阳制伞业
	宁波	服装、机械、石化	鄞县服装产业、蔺草加工、横街水表及配件、姜山燃气灶具、咸祥金融箱柜；余姚模具城、玩具城、塑料城、汽车配件、水暖设备、电动工具
	绍兴	纺织、印染、机械、医药、化工（如纺织印染助剂）、化纤等	绍兴县中国轻纺城、诸暨市衬衫、五金、袜业；嵊州市领带城；新昌县轴承、胶丸业；上虞市劳保用品、伞件业；越城区家具业
	嘉兴	纺织、皮革、机械仪表等	海宁皮革、经编；平湖服装、箱包；秀洲区丝织品；海盐紧固件、玩具；桐乡羊毛衫业
	湖州	纺织（丝绸、毛纺、印染）、服装（童装）、建材等	织里童装业；城区纺织业；南浔建材业；安吉竹制品加工业；菱湖养殖业
	舟山	水产品加工、海洋药物、机械等	舟山水产品中心批发市场、水产品精深加工、海洋药物、船舶修造、机械制造、电器电子、玩具等，同时已经形成了螺杆、微电机、小五金和水产品加工等
东南沿海	温州	机械、塑料、包装印刷、仪表仪器、日用电子等	平阳县萧江镇中国塑编城；苍南县标牌制作；瑞安市塘下镇汽摩配；乐清市柳市镇低压电器城、虹桥电子元件、芙蓉钻头、磐石服装
	台州	汽摩配件、工艺品、鞋业、塑料制品等	椒江兆桥塑料制品；临海屈家村彩灯业；三门高枧铆钉

续表

地区		产业部门	典型专业化产业区
浙中及西南内陆	金华	机械、五金工具、农产品加工、纺织、服装等	市区量具、东阳市磁性材料和西服；义乌市服装、针织、饰品、林业等八大行业及义乌中国小商品城；浦江针织服装产业；永康中国五金城
	衢州	化肥、建材（水泥）、机械电气（矿山设备、变压器）等	吴村镇羽毛球生产；常山狮子口乡轴承加工；衢县上方、常山辉埠石灰钙加工；龙游梧村、庙下竹制品加工；龙游湖地圩村扑克纸加工、江山清湖弹簧加工；峡口铸造业
	丽水	木材加工、工艺制品、农产品加工等	龙泉太阳伞业；青田鞋革业；云和县木制玩具业等

资料来源：参见朱华晟《浙江产业集群发展机理研究》，北京大学博士学位论文，2002。

采取中小企业集群集聚方式提高区域的竞争力，显著强于没有采取这种方式的区域，而且出现了其他区域的企业向产业集群区域转移的势头。对大多数制造业而言，在具有产业竞争力的地方，总是存在着一定形态的产业集群，我国已经进入产业集群与产业竞争力密切关联的阶段。更为重要的是，产业集群的发展是我国乡村工业化的重要途径和载体。以浙江省为例，产业集群的发展打破了城乡分割的"二元结构"，促进了城乡之间人口和各种生产要素的流动和重组，形成了人口和生产要素向产业集群中心或城镇集聚的趋势。1978年，浙江省有建制镇167个，2002年增加到824个；小城镇镇区人口超过1000万人，占全省人口的1/4；转移农村劳动力近300万人，占小城镇就业人口的30%，这些小城镇的GDP占浙江省整个农村GDP的80%以上。浙江省产业集群实践为我国各地的农村城镇化和工业化提供了极为宝贵的经验借鉴。

其三，我国高新技术中小企业集群的发展格局。由于改革开放政策的激励，大批科研人员和大学教师纷纷走出原单位，在一些高校与科研单位集中地区周围创办企业，形成了一些高技术产业集群。其中，发展得较好并具有代表性的是北京的中关村IT产业集群。1980年10月，中关村诞生了第一家高技术企业，到1987年底，中关村10平方公里的地面上聚集了148家高技术企业，其中97家为电子信息技术企业，占中关村企业总数的65.6%（杨荣兰，2000）。到2004年，中关村规划占地面积217平方公里，企业总数突破1万家[1]，并脱颖而出了联想、方正、紫光、同方等一批在国内市场居领头地位的大型IT企业。

---

[1] 资料来源于中关村科技园区海淀园管委会网站。

三　国内外中小企业集群发展的结论与启发

国内外实践证明，将中小企业集群作为中小企业政策的重要载体，对中小企业尤其是小企业健康发展创造了良好的投资环境，是提高区域经济竞争力的有效途径，也是工业化发展到一定阶段的必然趋势。作为一种行之有效的生产组织方式，中小企业集群在我国现阶段的经济发展过程中将发挥越来越重要的作用。

中小企业集群的空间集聚优势可以从三个不同角度加以分析：首先从纯经济学角度看，主要着力于外部规模经济和外部范围经济，认为不同企业分享公共基础设施并伴随垂直一体化与水平一体化利润，大大降低了生产成本，形成产业集群价格竞争的基础；其次从社会学角度看，主要从降低交易费用角度，认为建立在共同产业文化背景下的人与人之间信任基础上的经济网络关系，可以维系老顾客，并吸引新顾客和生产者前来；最后从技术经济学角度看，研究集群如何促进知识和技术的创新和扩散，实现产业和产品创新等。在世界经济地图上，产业集群区域都显现出异乎寻常的竞争力，其竞争优势来源于生产成本、基于质量基础的产品差异化、区域营销以及市场竞争优势等方面。产业集群是区域竞争力的重要标志，改革开放以来，对我国大多数制造业而言，在具有产业竞争力的地方，总是存在着一定形态的中小企业集群。我国已经进入中小企业集群与产业竞争力密切关联的阶段。更为重要的是，中小企业集群的发展是我国乡村工业化的重要途径和载体。国内外的产业集群实践给我们带来的启示有以下几点。

（一）从战略上高度重视中小企业集群的发展

从国际上看，对于中小企业集群发展十分重视，20世纪90年代中期以来，很多国家的政府在总结国际经验的基础上，都把公共政策重点转向了促进集群的培育、发展、升级和创新上。国际上的一些经济组织如联合国工业发展组织（UNIDO）、经济合作与发展组织与世界银行等都有着一个共同的认识，即产业集群对于欠发达国家消灭贫困、发展经济有着重要的作用。日本、澳大利亚、加拿大、芬兰、新西兰等国家都制订实施了国家中小企业集群发展计划。2004年2月法国国家改革及国土整治部、工业部、研究及新技术部出台的八大产业政策，前两条就是关于中小企业集群的。英国贸易与工业部与其他政府机构共同组建了"英国产业集群促进组织"。

从这一方面看，我国缺乏对中小企业集群理论和实证方面的深入研究，在各级政府尤其是在中央政府层面尚未对中小企业集群现象引起足够的重视，也没有形成专门的集群发展规划和扶持政策。为此，建议中原经济区要加强对中小企业集群的研究和政策引导。

（二）加强对中小企业集群的研究和政策引导

我国中原地区的中小企业集群基本上是自发形成的，集群发展中出现的诸多问题未能及时纠正，理论研究严重滞后，这在一定程度上制约了我国中小企业集群的发展。中原一些地区在区域经济发展或招商引资中，也没有把中小企业集群作为重要战略，陷入了盲目搞工业园区的误区。建议对中原经济区的中小企业集群进行一次系统调查，绘制中原经济区的主要中小企业集群分布图谱，为下一步的中小企业集群的管理与研究提供基础资料。同时，适当的时候在中部召开全国性和国际性的集群发展研讨会以及经验交流会，推动中原经济区中小企业集群知识的普及和提高。中小企业集群发展为农村的城镇化和工业化进程提供了强大动力和物质基础，浙江经济实际上描绘了中原经济区未来农村城镇化的美好前景。

在政策引导上，要加快推进产业集群的结构调整。一是要加快推进产业集群企业的传统技术改造。认真落实重点产业调整和振兴规划，以改造和提升传统产业为重点，鼓励集群企业使用新技术、新工艺、新材料、新设备，加快产业信息系统建设，实现区域重点产业合理布局、集约发展，推动区域传统产业优化升级。二是政策制定的目标要吸引那些具备产业带动优势、有关联效应或配套协作功能的项目进入集聚区，加快集群企业发展战略性新兴产业。在新能源、新材料、信息网络、节能环保等领域选择具备突破条件的关键技术作为主攻方向，科学制定规划，明确发展重点，强化政策支持，加大资金投入，引导集群企业进入，着力培育新的经济增长点。三是要加大对集群企业的扶优汰劣力度。完善投融资制，特别是对于高科技产业区，制定政策鼓励风险投资直接进入区内。要按照国家产业政策，防止盲目投资和低水平重复建设，坚决淘汰高耗能、高污染、低效益的产业集群企业。同时，坚持疏堵结合，引导集群企业通过技术改造提升产业水平，走经济效益、社会效益、生态效益相统一的路子，实现可持续发展。

（三）加快推进自主创新，提高集群内中小企业产品的核心竞争力

自主创新是中原经济区改造提升传统产业、发展壮大先导产业、破解资源环境约束加剧等问题的治本之策。中小企业集群是一种介于市场与企业之间的组织形态，它既有产业属性又有区域属性，同时它的微观构成是以中小企业为主的，"集聚成群"的产业集群发展战略应是中小企业的发展方向。中小企业量多面广，扶持以中小企业为主体的集群更为有效。各级政府要进一步加强对集群内中小企业技术创新的扶持力度，将促进集群内中小企业技术创新作为重点扶持类型。一方面，要制定产学研合作的政策，为集群内中小企业技术开发与创新提供各种财政税收优惠政策；对当年直接用于研发新产品、新技术、新工艺发生的费用实行税前扣除；进一步运用金融政策，为集群内中小企业的研究与开发等提供资金支持和信贷担保；要建立面向集群内中小企业的技术创新服务机构。另一方面，依托中小企业集群实施中小企业政策，建立各类服务体系，加快培育创新主体，促进集群内中小企业加大科技投入，引导集群内中小企业开发高新技术产品，提升产品、产业结构和技术创新能力，并大力推动科技创新和成果转化。此外，建立区内相互依存的产业体系，充分发挥产业的关联作用。特别是在新兴和支柱产业上要树立产业集聚的思想，构建完整的产业链，促进产业的长期可持续发展和不断创新。

（四）将为集群内中小企业提供公共服务作为地方政府转变职能的切入点

特色产业是一个地区长期发展形成的、具有一定比较优势的产业，中小企业集群的发展也往往有益于特色产业的发展。忽略本地区的自然资源优势、缺乏可持续发展的战略思想、盲目效仿发达地区的开发经验，均不利于欠发达地区的发展。区域经济尤其是县及县以下经济，首先应该是特色经济。县域经济的发展规模和水平已直接关系到我国工业化、城镇化以及全面建设小康社会的总体进程。十七届三中全会指出，要"切实把政府经济管理职能转到主要为市场主体服务和创造良好发展环境上来"。政府的职责不仅是培育和发展大企业，而且还要扶持和帮助小企业。随着市场经济的发展，政府的服务职能突出地表现在中小企业和弱势群体的服务体系建设以及提供的公共服务上。如依托中小企业集群开展创业基地建设，可以增强创业辅导、创业扶持的针对性，提高创业的成功率。要发展以中小企业为主体的企业集群，地方政府的职能转变显得十分必要。

（五）加快完善中小企业集群服务体系建设

在推动中小企业集群发展的过程中，政府要不断帮助集群发展并完善社会化服务体系和自组织体系。要以中小企业集群为依托，通过市场化的方式提供公共服务，主要包括如律师事务所、会计事务所、生产力促进中心、创新中心、信息服务中心、科技成果交易中介、检测中心、试验中心、调研机构、网络中心、融资担保机构、行业协会、商会等各种规范的咨询和中介服务组织，这是政府部门应尽的责任。尤其在后金融危机时期，各级政府应设立专门为中小企业提供金融服务的政策性银行或者在现有的政策性银行中设立专门机构，为中小企业提供金融支持，进一步协调金融机构扩大针对中小企业的贷款额度，积极组织银行和信用担保机构按行业、分层次、不定期地召开银企洽谈会，促进政府、企业、商业银行、担保机构之间的沟通与协作，着力解决中小企业的融资难题。值得注意的是，促进中介服务机构的发展或建立中小企业贷款专门机构，要坚持政府引导与市场化结合的方式，地方政府、行业协会、各类服务机构、骨干企业共同参与，国家要加大对非法人机构的财税支持力度。此外，还要加强职业培训体系建设，包括各种层次的技校、职校以及与大学合作创办的培训基地等，能为企业培训员工，从而为企业提供人才保障。而对于高科技企业，区内还应设立创业服务中心。

第六章

空间组织动力：区域开发与
中原经济区协调发展

随着经济全球化的发展，我国区域经济一体化程度不断加深。但是，受地方行政壁垒及地方保护主义的制约，我国区域产业内部同构现象严重，导致相互竞争压力加大，良性合作关系并不稳固。实现区域经济一体化必须加强区域产业发展规划，构建协同、共生、共赢的区域发展机制，引导和促使资源要素的合理流动和配置，形成合理的区际产业结构和分工体系[①]。

按照国家对中原经济区建设的要求，中原经济区是以全国主体功能区规划确定的重点开发区域为基础，以中原城市群为支撑，涵盖河南全省、延及周边地区的一个特定的经济区域。加快建设中原经济区，不仅对促进河南省经济社会又好又快发展，而且对促进全国区域的协调发展和支持我国整个现代化进程都具有十分重要的意义。中原经济区要成为以城带乡、以工促农、新农村建设的示范区，就要寻求一条适合中原经济区发展的新路子，打破行政壁垒，统一产业政策，顺畅要素流动，合理空间布局，共建基础设施，统筹社会发展。郑州市要不断增强核心城市的综合实力和集聚辐射功能，通过核心城市的带动作用，利用各城市的比较优势，壮大一批中小城市，使不同层次的城镇功能在比较密集的空间范围内优势互补、相互联动。通过现代化、大容量的交通缩短时空距离，形成交易快捷频繁、产业集群十分发达的相对密集的新兴城市群，成为东呼应长三角，北呼应环渤海，南呼应珠三角，辐射中部和大西北，融入全球化，促进国家东、西、南、北、中宏观区域协调发展的重要支撑点和纽带。

---

① 魏澄荣：《推进区域产业分工和协调发展的路径选择》，《亚太经济》2011年第5期。

第一节 影响中原经济区空间布局的主要因素

一 中心城市及其首位度

中心城市或城市群在区域经济发展中起核心作用。中心城市的规模实力、发展状况和辐射能力，在很大程度上决定着经济区的范围和稳定性。在其他条件不变的情况下，如果中心城市发展水平高、辐射能力强，经济区的范围就会相对大，经济区就会相对稳定；如果中心城市的首位度低，发展水平较低和辐射带动能力较弱，即中心城市正处于成长期，经济区的范围就会相对较小，经济区就会相对不稳定。按照这个标准，长三角、珠三角因为拥有比较成熟的中心城市而处于相对稳定状态；西安市因为在该区域内首位度较高，因此也使得关中－天水经济区获得了相对稳定的存在。相对而言，辽宁沿海、江苏沿海等经济区处于相对不稳定状态，都面临着强化和提升中心城市的任务。就中原经济区而言，作为河南省省会的郑州市显然担当着中心城市功能，然而就其本身的规模和发展水平来看，存在着首位度偏低和需要带动辐射空间范围过大的问题。2008 年郑州市经济首位度仅为 16.3%，位居中部省会城市之末，与其战略定位还有很大的差距。考虑到以郑州市为中心的处于"半小时交通圈"以内的 9 个城市空间位置相近，经济往来也比较密切，一体化程度正在不断提高，尤其是进入 21 世纪以来河南省不断强化中原城市群建设，中原城市群的辐射带动能力明显大于郑州市和郑汴新区，因此，中原城市群担当中原经济区的增长极更为现实，但是也存在着继续发挥其集聚效应、进一步发展和强化的问题。

二 产业空间布局

空间经济学的一个突出特征是区位的黏性，也就是"路径依赖"。就一个区域来看，历史上如果选择了某种产业分布模式或发展路径，那么在较长的历史过程中，各种经济活动已经适应了这种模式或路径，紧紧地"黏上"了这种模式或路径，要改变这种模式或路径需支付很大的成本。正因为这种黏性存在，区域经济在短期内都具有一种相对稳定的存在，如果没有这种黏性或量变过程，那么任何经济区都是不稳定的，任何区域规划和经济政策也都没有了意义。基于"路径依赖"理论，以上几个经济区的空间布局无一不是围绕现有的产业基础展开并强化的。中原经济区目前有东西两大产业基地，一是京广线以西的以能源原材料工业、装备制造业为主的重化工业生产基地，二是京广线以东的以粮食、畜产品等主要农产品生产加工为主的农区，呈现明显的"西工东农""西重东轻"的布局特点，这是对该地区进行空间布局的一个现实基础。

三　主要交通线

点轴开发理论认为，随着经济的发展，产业和人口将逐步向交通干线聚集，使交通干线连接地区成为经济增长极，沿线成为经济增长轴。随着增长极和增长轴的影响范围不断扩大，将会在较大区域内形成要素和产业的流动网，从而带动整个区域的发展。点轴式开发对内可以通过加强点线面之间生产要素交流的广度和密度，促进地区经济一体化；对外可以通过向外延伸和拓展，加强与区外其他区域的联系，在更大的范围内配置生产要素。中原经济区有三条依托交通线形成的"轴"，即陇海产业带、京广产业带和京九产业带。其中，京九产业带处于成长初期，产业集聚程度较低；陇海产业带和京广产业带较为成熟。不仅如此，陇海产业带与沿黄文化带重合，增加了其在全区经济社会发展中的分量；京广线或者说京广产业带还是东西两大产业基地的分界线，重要性也大大加强，这两条呈十字交叉状的交通线或经济带共同构成了中原经济区的骨架。

四　自然环境和自然资源

自然环境和自然资源对经济布局的作用不容忽视，其中对农业的影响尤为明显，因为它提供了农作物生长所需的光、热、水、土等资源。自然资源对其他产业布局的影响也不容小视。一般来说，地下矿产资源丰富的地区更易于形成以矿产资源开发和加工为主的产业类型，交通方便的地区如港口就易于形成商贸物流中心。空间经济具有一种自组织作用，依托于特定自然因素的新的专业化区域一旦形成，它便通过自我强化不断扩大规模。在中原经济区内部，京广线不仅是一个交通线，而且也是一个地理分界线和经济分界线。京广线以西为丘陵山地，地下矿产资源丰富，以能源原材料产业和装备制造业为主；京广线以东是广阔的平原地带，土层深厚，气候条件适宜，是全省乃至全国重要的粮食生产加工基地。其中，处于豫西南南阳盆地的南阳市是一个相对独立的地理单元和经济单元，区内农业资源、地下矿产资源和旅游观光资源都比较丰富，三次产业发展的协同性好，长期远离河南省的政治、经济、文化中心，形成了相对独立的经济体系。地处豫东及东南地区的黄淮四市（商丘、周口、驻马店、信阳）和皖北的亳州、淮北、宿州和阜阳四市，也是一个具有相对独立性的地理单元和经济单元，是一个极其典型的传统农区和贫困地区。近年来，河南省出台了一系列促进黄淮四市地区加快发展的政策，并在信阳市设立农村改革发展综合试验区，试图在解决"三农"问题和促进地区经济发展上取得突破，但一直没有大的进展。

五 全国经济布局和周边区域的影响

随着全球一体化、区域一体化进程的加快，作为一个子系统，中原经济区的布局必须充分考虑周边区域和全国经济布局带来的影响。一是《促进中部地区崛起规划》中"两纵两横六组团"的布局必须得到贯彻和落实；二是东与京津冀、江苏沿海经济区、长三角、海西、珠三角和港澳台等发达地区的对接，西与关中－天水、成渝等西部重点开发地区的合作；三是与周边省份的联系，涉及安徽、山东、河北、山西等省份。

第二节 中原经济区空间开发的总体要求及布局选择

中原经济区的空间格局和区域开发态势对中原经济区一体化协调发展产生重大影响。优化中原经济区空间发展布局，就是形成以郑州市和与之毗邻城市为核心区，以全省18个省辖市为主体区，与周边地区联动发展的合作辐射区。相对以往的城市格局描述，《指导意见》明确指出要按照"核心带动、轴带发展、节点提升、对接周边"的原则，形成放射状、网络化的空间开发格局。①核心带动。提升郑州市交通枢纽、商务、物流、金融等服务功能，推进郑（州）汴（开封）一体化发展，建设郑（州）洛（阳）工业走廊，增强引领区域发展的核心带动能力。②轴带发展。依托亚欧大陆桥通道，壮大沿陇海发展轴；依托京广通道，拓展纵向发展轴；依托东北西南向、东南西北向运输通道，培育新的发展轴，形成"米"字形重点开发地带。③节点提升。逐步扩大轴带节点城市规模，完善城市功能，推进错位发展，提升辐射能力，形成大中小城市合理布局、城乡一体化发展的新格局。④对接周边。这是《指导意见》新增的内容，就是强调要加强对外联系通道建设，促进与毗邻地区融合发展，密切与周边经济区的合作，实现优势互补、联动发展。河南省与周边的联动，有天然的、市场的基础。例如，在河南省东部，有豫皖苏鲁四省 24 个地市组成的"黄淮经济协作区"；在河南省北部，有晋冀鲁豫四省 13 个地市组成的"中原经济协作区"（后改称"中原经济区"）；在河南省西部，有晋陕豫三省 4 个地市组成的"晋陕豫黄河金三角区域协调发展综合试验区"。前两者从 20 世纪 80 年代开始建立协作关系，目前区域内已先后组建了 30 多条行业网络，涉及交通、旅游、商业、金融等行业，已达成了多项实质性合作成果。

根据《指导意见》对中原经济区的空间开发格局的总体要求，中原经济区的城市布局在以往的体系上有所扩充。

一　提升中原城市群的核心地位

优化空间发展布局。按照新型城镇化的要求，构建以郑州市为中心，洛阳市为副中心，开封、新乡、焦作、许昌、平顶山、漯河、济源 7 个省辖市为支撑，大中小城市相协调，功能明晰、组合有序的城镇体系。

继续强化郑州市的中心地位。以建设国家区域性中心城市为目标，加快经济转型步伐，大力发展先进制造业和现代服务业，加强城市基础设施和公用设施建设，进一步提高其在国内外的知名度和在河南省的首位度，使其成为中原城市群的龙头和增长极。

加快人口和产业集聚。以客运专线和城际快速轨道交通等重要交通干线为纽带，以郑汴新区为核心，加快发展洛阳新区，发展壮大郑汴洛工业走廊，整合区域资源，加强分工合作，推进区域内城市空间和功能对接。

促进"三化"、城乡协调发展。以新型城镇化支撑新型工业化、带动农业现代化，率先在统筹城乡协调发展的体制机制创新方面实现新突破，构建城镇支持农村、工业反哺农业的长效机制，全面提升区域整体竞争力和辐射带动力，将中原城市群建成沿陇海经济带的核心区域和重要的城镇密集区，形成中西部地区经济发展的重要增长极，带动中原崛起，促进中部崛起。

二　强化陇海经济带和京广经济带的支撑作用

增强沿陇海经济带实力。发挥亚欧大陆桥的优势，加强与江苏沿海经济区、长江三角洲地区和西北地区的交流合作，进一步扩大东西双向互动、对内对外开放，发挥郑州市中心城市的作用，培育形成郑汴洛工业走廊，壮大能源原材料、现代制造、汽车等支柱产业，实现老工业基地振兴。

提升沿京广经济带水平。提高京广通道综合运输能力，依托沿线的人力资源优势和产业基础，大力发展原材料工业、装备制造业、高技术产业和食品工业，形成我国重要的制造业基地。进一步巩固加强与京津冀和武汉城市圈进而和珠三角地区的经济联系，发挥中心城市的引领和支撑作用，构建沟通南北的经济带。

三　壮大京广线以西和以东地区

加快京广线以东地区经济发展。充分发挥中原城市群和陇海经济带、京广经济带的辐射和带动作用，以濮阳、商丘、周口、信阳、菏泽、聊城和皖北四市共10个省辖市为依托，发挥农产品和劳动力资源丰富的优势，继续加强国家粮食生产基地建设，深入调整农产品结构，大力发展农产品加工业和农用工业，建设现代农业产业体系。利用该地区处于沿海发达地区产业转移前沿阵地的优势，充分发挥京九线的通道作用，以产业集聚区为载体，加强与京津冀、长三角、珠三角和海峡西岸地区的联系，积极承接产业转移，培育壮大沿京九经济带。以河南省现有的黄淮四市为基础，连接毗邻的淮北、亳州、宿州和阜阳四市，扩展河南省信阳农村改革发展试验区，形成一个"4+4"的跨省区的农村改革综合试验区，对加速农区发展、改善农村民生、破解"三农"问题进行探索和试验。

全面提升京广线以西地区的产业层次和经济实力。充分发挥中原城市群和陇海经济带、京广经济带的辐射和带动作用，以网络化的交通线路为依托，以焦作、济源、三门峡、平顶山、安阳和河北两市、山西三市为节点，充分发挥矿产资源优势，利用现有的产业基础，有序推进煤化工产业化，实现煤、电、铝、路、港、化工相关产业一体化发展，建成全国重要的能源原材料基地。围绕装备制造优势行业，以核心技术、关键技术研发为着力点，推动传统制造业优化升级，建成全国重要的现代装备制造及高技术产业基地。利用南阳市经济社会和三次产业发展协同性较好的优势，设立南阳市"三化"协调推进试验区，按照科学发展的要求，发展壮大非金属矿产开发利用、农产品加工、文化旅游等支柱产业，全面加快南阳市的经济发展、社会进步和生态建设，把南阳市打造成为"三化"协调推进的示范区、可持续发展的试验区和国际国内知名的文化旅游区。

第三节　"双核""双环"并立互动，
推进中原经济区协调发展

一　强化"双核"：实施郑州－洛阳"双核"带动战略

所谓"双核"，主要是指郑州市和洛阳市两大核心区[①]。郑州市的产业主要在产业链的中下游，尤其是在食品制造、汽车生产、纺织、高新技术等方面具有突出的产业优势。洛阳市的产业主要处于产业链的上游，已形成装备制造、能源电力、有色金属加工、石化及后加工、硅光电等优势产业。而且郑州市坐拥高校集中的优势，洛阳市掌握科研院所众多的优势，两市合作不仅可以相互拉长产业链，相互壮大产业，变科技优势为产业优势，还能推进产学研军的融合发展，为全省高技术产业发展提供重要支撑。

（一）提升郑州全国区域性中心城市地位

作为省会，郑州市是中原经济区不二选择的核心，但是，作为支撑和带动中国战略腹地发展的核心增长极，其首位度、综合竞争力和影响力与长三角的上海市和浙江省、珠三角的深圳市和广州市，以及环渤海的北京市和天津市等相比，还不足以在更高层次、更大范围上辐射和带动整个中原经济区乃至中部地区的快速发展和未来崛起。数据显示，郑州市作为拥有1亿人口大省的省会，中心城区户籍人口只有330多万人，远低于武汉市、西安市等周边城市，经济总量占全省的比重只有17%，也明显低于武汉市的35.2%、西安市的33.3%。郑州市作为中原的经济增长核心，也显露出其在首位城市的实力不强等问题[②]。国务院批复的《郑州市城市总体规划（2010～2020年）》，要求将郑州市定位为中部地区重要的中心城市、国家重要的综合交通枢纽，要求到2020年把郑州市建设成为我国中部地区重要的中心城市。所以未来一段时期，郑州市必须不断增强对中部地区的区域中心服务功能和对中原经济区的辐射带动能力，提升其全国区域性中心城市的地位。

---

① 吴美芳：《智囊出招　河南省社科院发布12策助推中原经济区建设》，《东方今报》2011年6月24日。

② 许燕：《中原经济区发展中的郑汴洛一体化建设研究》，《科学教育前沿》2011年第3期，第16～17页。

(二) 加快郑州都市区建设

作为中原经济区的核心城市,郑州都市区的影响力和辐射带动能力决定着中原经济区的发展水平和一体化程度。郑州都市区要真正担负起组织和引领中原经济区发展的龙头作用,必须从战略的高度调整思路、找准定位、拓展空间,以新的举措加快整合周边县市发展,通过合理的分工协作,形成功能互补的一体化都市区,壮大经济规模,增强经济实力,成为工业化、城镇化和农业现代化"三化"协调发展,并在全国有较大影响力的经济区域。

建设郑州都市区,是实施中原经济区战略之必需,是建设中原经济区最为重要的措施、支撑和载体。郑州都市区以中心城区、郑州新区为核心,以发达的联系通道为依托,以一体化的规划为指导,以组团发展、产城融合、复合型、生态型为发展路径,辐射带动其他区域快速发展,促进各功能区之间相互联系与协作,构筑功能布局合理、空间利用高效、产业特色突出、社会和谐友好、承载能力较强、带动作用明显的现代化大都市,打造中原经济区核心增长区和全国区域性中心城市。世界许多国家的城市发展经验表明,主城区、多组团、多点的都市区发展理念是现代城市建设的一般共识,是规避大城市发展弊端的有效途径。加快郑州都市区建设,有利于克服单个大城市自身发展的局限,有利于拓展城市发展空间,完善区域城镇体系,促进城市健康发展。通过都市区整合发展,有助于发挥核心城市与组团和中小城镇的比较优势,引导组团及各功能区根据自身优势和特点,合理定位城市功能,错位发展,特色发展,实现主城区与组团及中小城镇的协调发展。通过加快建设郑州都市区,有利于发挥龙头、重心和示范带动作用,推动中原经济区快速发展[1]。

建设郑州都市区,必须进一步加快郑州新区建设。围绕复合城市理念,积极发展电子信息、物流、金融、临空经济等高端产业,吸引跨国公司或大型企业集团建设区域性总部基地,加快基础设施建设和景观营造,把郑州新区建设成为现代产业集聚区、现代复合型新区、城乡统筹改革试验区、对外开放示范区、环境优美宜居城区和区域服务中心。

建设郑州都市区,必须提升城市发展理念,树立组团发展、产城融合、提升周边的概念,把郑州市周边的县(市)纳入郑州城区,作为一个大都

---

① 成燕:《郑州都市区建设纲要 打造中原经济区核心增长区》,2012 年 2 月 6 日,http://www.fccs.com。

市来规划建设。与此同时，郑州市将加快和周边省辖市的呼应、联动，以交通一体化为突破口，建设干线铁路、干线公路和城际轨道交通、城际快速客运通道、城际快速货运通道"两干三城"交通体系，积极推进产业链接、服务共享、生态共建，尽快实现与开封、许昌、新乡、焦作、洛阳等城市的发展对接。

（三）加强洛阳副中心城市建设

洛阳市作为河南省的副中心城市，在河南省乃至整个中原经济区中占据重要地位，在中原经济区建设中发挥着重大作用。洛阳市是航空航天领域企业的集中地，同时也是众多中央企业驻地，是装备制造业、高新技术产业、资源勘探业的生产基地。大中型骨干工业企业集中是洛阳市的一大特色。洛阳市现有5000多家独立核算工业企业，拥有机械电子、石油化工、冶金、建材、轻纺、食品六大支柱产业。目前，洛阳市提出了"一中心五组团四支撑"作为洛阳市"十二五"发展的总体布局，即做大做强洛阳中心城市，实现与中心城市紧邻的吉利区、新安县、孟津县、宜阳县、伊川县抱团发展，充分发挥汝阳县、嵩县、栾川县、洛宁县的潜在优势和后发优势，形成洛阳市整体发展的强力支撑。洛阳市要打造更加名副其实的河南省副中心城市；还要进一步提高中心城市承载能力，在做强、做优、做精的同时，构建现代综合交通体系；还应和周边的三门峡、济源、焦作以及其他周边城市进行呼应发展、立体发展，形成一个联动发展的经济增长板块。成为河南省经济增长的新引擎，洛阳市在以下领域可大有作为。

"三化"协调做示范。按照中原经济区建设的战略定位，以新型工业化、特色城镇化、农业现代化"三化"协调发展先行先试来呼应和辐射周边，打造中原经济区"三化"协调发展的示范板块。

六项工作领域的示范带动。加强在项目建设、经济转型、机制转换、城建提升、民生改善、环境创优等方面先行先试，既是洛阳市实现科学发展、率先发展、跨越发展的重点和难点问题，也是为中原经济区其他地区示范带动的主要方面。

发挥三大特色，扩大副中心城市的影响带动力。就是要突出洛阳市的特色和优势，着力在城乡统筹发展、工业自主创新、河洛文化传承三个方面形成独具洛阳特色的"三张名片"。近年来，洛阳市通过统筹三次产业，统筹农业现代化、特色城镇化和新型工业化，在提升、融合、转型之中不断实现兴市的目标。同时，通过实施项目引资双带动战略，洛阳市不仅对现有的产业结构进行调整和优化，也促使老工业基地完成转型升级，焕发新生；通过整体产业的提升发展和转型发展以及提高产业的核心竞争力，把工业自主创新作为洛阳市发展的根本动力。洛阳市作为河南省的副中心城市，已具备文化的资源优势，未来关键要构建与文化产业融合发展的产业基础，文化产业的发展要以本土文化资源为依托，与产业结构相配套，可发展文化创意、文化会展、休闲旅游等关联产业，形成一批新兴业态的文化产业项目。

（四）强化郑洛"双核"联盟

郑州市、洛阳市都是中原地区的交通枢纽，铁路、公路、航空综合交通优势明显，形成了四通八达的交通网络。郑西高铁将两市的通勤时间缩短为半小时，新郑机场－登封－洛阳的城际轻轨将为两市提供另一条便捷通道。《全国主体功能区规划》明确把中原经济区列入重点开发区域，并提出要"提升洛阳区域副中心的地位"。洛阳市应抓住机遇，进一步提升在中原经济区的副中心地位。

所以，郑州市、洛阳市要抓住这次机遇，结成"双核"战略联盟，实施郑州－洛阳"双核"带动战略，最大限度地降低行政区域划分对战略联盟造成的障碍。只有实施"双核"驱动，才能产生"1＋1＞2"的效果，从而增强中原城市群的发展力、创造力和影响力，不断增强对中部地区的区域中心服务功能和对中原经济区的辐射带动能力，提升全国区域中心城市地位。

特别是面对第四次产业转移大潮，郑州市、洛阳市同为沿海产业转移承接地，只有集聚各自优势、强强联手、抱团出击，才能吸引更多关注的目光，形成更加强大的人流、物流、资金流和信息流。

二 构建"双环"：培育环郑州、环洛阳两大经济圈

所谓"双环"，是指以郑州市为主核心区构建的环郑州经济圈和以洛阳市为副中心构建的环洛阳经济圈。郑州经济圈是以郑州市为核心，包括开封、许昌、新乡城市经济圈，这些地区已形成跨区域联合融城的良好态势。洛阳市作为副中心城市，济源市、三门峡市都在主动向洛阳市靠近，并谋划跨区域构建"洛三济"经济区的战略合作。因此，洛阳经济圈是以洛阳市为核心，包括济源、三门峡、焦作三市的城市经济圈。环郑州经济圈拥有28个城市，环洛阳经济圈拥有24个城市，两个经济圈紧密相连，推动两大

经济圈的融合互动，对中原经济区的建设意义重大。

无论是国际还是国内，实施轴线开发都是经济建设的成功经验。所谓轴线开发，是指把开发重点放在一定地域内由点与轴有机组合而成的带状核心区位上。开发的轴线在区域竞争中具有明显的比较优势，基础设施条件优越，交通、能源、水资源等供应体系完善。加强轴线开发，旨在通过促进城市间的发达交通走廊沿线的发展来补救单个增长极的有限吸引力和活力，使其在区域发展中发挥较大的带头和辐射作用。

作为连接郑州、洛阳两大经济圈的纽带，郑洛工业走廊在实现"双核""双环"并立融合发展格局中具有重要地位。郑洛工业走廊，是指以郑州市区和洛阳市区为两大支点，自东向西包括郑州市区、荥阳市、上街区、巩义市、偃师市、洛阳市区、孟津县、吉利区、新安县、义马市、渑池县，东西绵延约200公里。郑洛工业走廊在区域布局上告别"遍地开花"办企业的老路，突出工业园区建设和工业集群化、规模化、集团化发展。郑洛工业走廊一带是中原地区的核心地带，不仅集中了中原城市群的中心城市和副中心城市，科技水平相对较高，是河南省的创新中心，而且集中了中原城市群发展最好的小城镇和县域经济。郑洛工业走廊一带矿产资源丰富，产业基础雄厚，区域优势明显，交通、通信发达，能源供给充足，工业文化浓厚，规模效益突出，已形成了一个以能源原材料工业、机械装备制造业和高新技术产业支撑的实实在在的工业走廊，并具备了较强的区域竞争力，对周边地区的带动作用也初步显现，在河南省最具发展潜力。要加快推进郑洛工业走廊转型升级，提高区域资源配置效率，增强辐射带动能力，并对中部地区的工业经济发展起到重要的带动和示范作用，进一步强化其在中原经济区构建"双环"格局中的纽带作用，努力将其培育成中原经济区发展的加速器和中原崛起的脊梁。

郑洛工业走廊发展和升级的战略核心，是增强企业自主创新能力、建设创新型区域。促进郑洛工业走廊沿线县市和园区面向全国与科研机构和高校建立长期的交流合作关系，积极鼓励企业与科研机构合作进行科研攻关和技术改造，引进、消化、吸收和创新提高先进适用技术；积极鼓励科研人员领办企业，通过技术入股、自主创业等方式发挥自身潜力；大力推进科研中心、产学研基地以及孵化器建设，加快科技成果转化；加大对循环经济的支持力度，推进生态园区建设，促进企业间的关联共生，推动企业延伸产品链条，综合高效利用资源；各级政府掌握的高新技术产业专项资金、技术改造专项资金等，应优先支持郑洛工业走廊有优势的企业和产业发展。

让民营经济成为郑洛工业走廊建设的主力军。在创新机制体制上，放手发展民营经济，不断优化创业环境，激发民间巨大的创业潜力和强烈的创业热情，激活民间资金，不断壮大民营经济规模。民营经济具有动力足、经营灵活和市场适应能力强的优点，加大对民营经济和非公有经济的保护力度，积极引导民营经济围绕核心龙头企业加强产业配套，发展"专、优、特、精"企业。把发展民营经济与工业升级结合起来，突出重点、集中力量，促进民营经济向科技型、外向化、现代化发展。

推进区域管理制度创新，建立高层协调机构。在组织领导机构上，可由省有关领导牵头，郑洛两市政府负责人组成，尽快建立郑洛两市统一的协调机构，以解决郑洛工业走廊发展中出现的各种矛盾和问题。可设立郑洛工业走廊市长联席会议制度，讨论和实施郑洛工业走廊协作的重大问题。并在两市间设立若干专业委员会，为有关部门、各类企业、民间组织、社会团体创造良好平台，促进横向联系和合作。应对地方性政策法规进行梳理和整合，特别是在市场准入、地方标准等方面尽可能实行统一标准，在功能、城区、空间、产业、服务、生态等方面进行一体化建设，推进金融、旅游、交通、通信、会展、物流、管道等方面的无障碍连接，组织一些重大基础设施项目的联合投资和建设，打破行政区划和条块分割，实现区域公共服务均等化。

第四节 "一极两圈三层"空间布局的辐射带动

一 培育"郑汴新区"核心增长极

"一极"即构建带动河南省经济社会发展的核心增长极，就是"郑汴新区"，由"郑州新区"和"开封新区"两个部分构成，涵盖中牟县。"郑汴一体化区域"中的郑州、开封两市区域将成为河南省的核心层，"大郑东新区"和"汴西新区"将成为河南省经济社会发展的核心增长极。

郑汴新区东起开封市金明大道，西至郑州市中州大道，南起中牟县、尉氏县南县界，北至黄河南岸，规划范围包括沿黄生态文化旅游产业带部分地区、郑东新区、郑州经济技术开发区、郑汴产业带、郑州航空港区、郑州九龙国际产业（物流）园区以及汴西新区，面积为1700～2100平方公里。

通过在区域内大力推进改革创新，使郑汴新区成为"五区一中心"，在河南省工业化和城镇化进程中发挥引领作用。具体来说，即现代产业集聚区（重点发展现代服务业、高新技术产业、现代农业，引领全省现代产业体系建设，使之成为中西部最大的产业集聚区）、城乡一体发展的现代复合型新区、城乡统筹改革发展核心试验区、对外开放示范区、环境优美宜居区和为全省乃至中西部地区服务的区域服务中心。

加快郑汴新区发展，必须加快郑汴一体化。根据《郑州市城市总体规划（2010~2020年）》的要求，加快建设新区各组团，加快建设现代综合交通枢纽，全面提升环境质量，着力推进产业结构向高端发展，不断增强郑州都市区对中部地区的区域中心服务功能和对中原经济区的辐射带动能力。要加快推进郑汴新区规划建设，努力把郑汴新区打造成中原城市群核心增长极，2015年郑汴一体化区域城镇人口力争超过600万人，2020年达到800万~1000万人。可从以下三方面着手。其一，最重要、最根本的就是要在率先建立健全"三化"协调发展的体制机制上下功夫，这是推进郑汴一体化的关键。在郑汴新区乃至整个郑汴都市区，都要首先着力建立"三化"协调发展的体制机制。"三化"协调发展的核心就是要解决工业化、城镇化发展和粮食安全的矛盾。必须探索这样一条路子，即河南省搞工业化、城镇化不仅不影响粮食安全，反而有利于粮食安全，有利于为粮食安全做贡献。其二，要做大做强郑汴两市本身。目前，中原城市群、高速公路、产业规划，更多注意的是城市之间的联系，却忽略了中原城市群城市的自身发展。开封市要把体制机制改革、做大做强自身作为一体化的基础性工程来抓。要解放思想，更新观念，深化改革，强力推进招商引资，打好郑汴一体化的牌子，吸引全国、全省的资源聚集到开封。其三，要着力打造特色产业集群和基地。一定要把工业放在特别重要的位置，既要发展污染少的劳动密集型产业，更要发展高新技术产业。主导产业选好以后，要发展产业集群，为郑汴一体化打下坚实的基础。同时，要建设国际知名高校，联手建设高端的教育园区。新老城区要一起上，老城区上不去，新城区也搞不好。总之，推进经济快速发展，要靠产业、靠人口、靠政策、靠环境。

二　加快"两圈"交通体系建设

"两圈"即加快城市群轨道交通体系和高速铁路建设，在河南省形成以郑州综合交通枢纽为中心的"半小时交通圈"和"一小时交通圈"。"半小时交通圈"就是以城际快速轨道交通和高速铁路为纽带,实现以郑州市为中心,半小时可以通达开封、洛阳、平顶山、新乡、焦作、许昌、漯河、济源8个省辖市;"一小时交通圈"就是以高速铁路为依托,形成以郑州市为中心,一小时可以通达安阳、鹤壁、濮阳、三门峡、南阳、商丘、信阳、周口、驻马店9个省辖市的快速交通格局。

三 促进"三层"各自功能发挥

打造"一极两圈三层"的中原城市群框架,推动中原城市群交通一体化,形成以郑州市为中心,以客运专线为骨架、城际轨道交通为支撑的"半小时交通圈"和"一小时交通圈",形成多种运输方式高效衔接的现代综合交通网络[①]。

"三层"即中原城市群核心层、紧密层、辐射层。中原经济区内部综合竞争力分析表明,中原经济区发展整体上呈现西北高、东南低的状况,郑州市具有明显的竞争优势,其次是洛阳、焦作、许昌、三门峡等市。核心层指郑汴一体化区域,包括郑州、开封两市市区和"郑汴新区",主要是通过加快郑汴一体化进程,逐步发展成为中原城市群发展先导区、全省城市统筹发展引领区。紧密层包括洛阳、新乡、焦作、许昌、平顶山、漯河、济源7个省辖市,在郑汴一体化区域先行试验的基础上,建立包括核心层和紧密层在内的中原城市群城乡统筹改革发展试验区,逐步发展成为全省对外开放、东引西进的主要平台。辐射层包括南阳、鹤壁、濮阳、三门峡、安阳、商丘、信阳、周口、驻马店9个省辖市,通过加快郑西、石武、郑徐、郑渝等高速铁路建设,密切辐射层与紧密层的经济联系,共同构建全省城市向心发展、开放型城镇体系。

中原经济区"一极两圈三层"的城市群框架,其功能发挥的核心是构筑现代产业体系、现代城镇体系、自主创新体系。通过集中人流、物流、资金流等生产要素,以降低交易成本,形成规模效益和集聚效益。因此,一要推动区域内的产业对接,夯实城市群发展基础,大力实施中心城市带动战略,以产促城、以城带乡、产城融合,加快推进复合型、紧凑型中心城市建设,着力做大做强主导产业,促进资源共享、环境共建,形成核心层、紧密

---

① 马俊曹:《"一极两圈三层"开发中原经济区 鼓励民资进入》,《河南商报》2011年2月4日。

层、辐射层分工协作和互动发展的新格局，全面提升城市群综合竞争力。二要实现城市群服务联通、资源共享，打破各自为政的行政壁垒，坚决消除相互设卡的市场障碍，积极探索资源要素跨区域有偿使用的新途径，优化内部各种生产要素的配置，促进各种要素自由流动，塑造城市群整体发展优势。促进结构优化和环境保护、生态共建和环保同治，提高城市群资源环境承载能力和可持续发展能力。

第五节 "点轴"呼应与"三区"互动的协同效应

一 "点轴"呼应的协同效应

（一）提升两轴，对接周边

"两轴"指沿陇海经济轴和京广发展轴，在河南省经济发展中具有重要支撑作用。按照国家"两横三纵"城市化战略格局，依托陆桥通道，强化郑州、洛阳、开封等城市的重要支撑作用，发挥商丘、三门峡等城市的支撑作用，形成沿陇海发展轴。依托京广通道，发挥安阳、鹤壁、新乡、许昌、漯河、平顶山、驻马店、信阳等城市的支撑作用，形成沿京广发展轴。发挥濮阳、周口、南阳、焦作、济源等城市连接周边的重要作用，依托出省通道，拓展对外联系。提升商丘、周口等城市在淮海经济协作区中的地位，增强三门峡市在黄河金三角地区的影响力，凸显安阳、濮阳、焦作、济源等城市在晋冀鲁豫毗邻地区的作用，密切区域合作。推动与长三角、京津冀、长江中游经济带、关中 - 天水等周边经济区的有效对接，实现优势互补、相互促进、联动发展，增强中原经济区战略腹地和核心枢纽效应。

（二）贯通东西，服务全局

完善"四纵五横"大能力铁路货运通道、"米"字形高速铁路、"四纵三横"国家高速公路网和现代航空网络，加强枢纽建设，形成东融西拓、服务全国的战略大通道和全国重要的综合交通枢纽。推动与东部主要出海口和西部陆桥通道多方式便捷高效衔接，加强与世界各国特别是发达国家的经济往来和技术交流，提升开放层次，提高外向型经济发展水平，建设内陆开放高地，为服务全国、扩大内需和对外开放大局做出更大贡献。

（三）提升中原城市群的辐射带动能力

依托郑州核心城市和区域中心城市，完善功能，以大带小，加强分工合作，推进中原城市群一体化发展，提升整体竞争力和辐射带动能力，建成沿陇海经济带的核心区域和全国重要的城镇密集区。

提升郑州全国区域性中心城市地位。强化郑州市的龙头带动作用，完善基础设施，改善人居环境，提高城市品质，增强高端要素集聚、科技创新、文化引领能力，凸显对全省和区域发展的综合服务功能。优化城市布局，推动城市组团发展，壮大城镇集群。建立健全城市创新体系，建设高端产业集聚的国家创新型城市。深入推进郑汴一体化，加快郑汴新区建设，大力发展汽车、装备等先进制造业和高技术产业，突出发展金融、物流、会展、创意等现代服务业，建成现代产业集聚区、现代复合型新区、城乡统筹改革发展核心试验区、对外开放示范区、环境优美宜居区和区域服务中心，建设800万~1000万人的现代复合型城市。依托高速铁路、高速公路干线和城际轨道交通、城际快速客运通道、城际快速货运通道，在郑州至开封、洛阳、新乡、许昌等城市之间，形成"两干三城"便捷快速交通网，实现郑州市与周边城市联动发展。

增强省域中心城市功能。建设中心城市复合型新区，优化城市空间布局，完善城市功能，提高综合承载能力，加速产业和人口向中心城区集聚，加快城市产业特色化发展，建设一批国家级特色产业基地，壮大城市规模和经济实力，增强在区域经济发展中的承接、传导作用，成为区域经济文化服务中心。推进中心城市与周边县（市）和中心镇的交通一体、产业链接，形成组团式、集群化发展的城镇集群。2020年，洛阳城区人口达到350万人以上，其他中心城市全部进入大城市行列，基础条件好的成为特大城市。

（四）大力发展县域经济

发挥县（市）促进城乡互动的纽带作用，创新管理体制，承接产业转移，培育特色产业，加快县域工业化和城镇化步伐，推动农村劳动力向第二、第三产业有序转移，壮大县城规模和实力，带动县域经济快速发展。

提升县城发展水平。把县城发展作为推进城镇化的重点，提升规划建设标准，加强基础设施建设，提高公共服务水平，增强综合承载能力，不断增强承接中心城市辐射和带动乡村发展的能力。依托产业集聚区，发展壮大特色产业集群，强化产业支撑，提高吸纳就业能力，促进农村人口就近转移。原则上每个县（市）建设一个产业集聚区，培育一个超百亿元的特色主导产业，形成一个人口规模超20万人的城市。支持区位优势明显、产业基础较好、经济实力较强的县（市）率先向大城市发展。

加快重点中心镇发展。按照合理布局、适度发展的原则，分类推进小城镇发展。支持已经形成一定产业和人口规模、基础条件好的中心镇，通过加快专业园区建设，进一步提升发展质量，逐步发展成为10万人以上的小城市。具有资源和产业基础条件的特色镇，通过发展特色明显的矿产资源、农产品加工和文化旅游服务业，逐步做大城镇规模。其他小城镇，重点强化区域服务功能，为周边农村提供生产生活服务。

激发县域经济内在活力。坚持分类指导，统筹推进，促进经济发达的县（市）加快产业和人口向县城集聚，提升发展水平，实现率先发展；推动中等发展水平的县（市）强化产业支撑，完善城市功能，实现赶超发展；扶持经济发展水平较低的县（市）逐步增强"造血"功能，提高自我发展能力，实现跨越发展。加大对革命老区、贫困地区的扶持力度，在交通、教育、民生、生态、产业发展等方面给予倾斜支持。全面推进县域经济管理体制改革，推行扩权强县和财政省直管县体制改革，继续加大对县（市）财政的转移支付力度，推进经济实力强、发展态势好的城镇管理体制改革。优化发展环境，积极承接产业转移，提高县域对外开放水平。

（五）促进城乡统筹发展

按照新型城镇化的要求，优化城乡资源配置，促进基础设施向农村延伸、公共服务向农村拓展、社会保障向农村覆盖，缩小城乡差距。

统筹城乡规划建设。通过加强城镇体系规划与村镇体系规划的有机衔接，优化城乡建设空间布局，合理划定城镇建设、农田保护、产业集聚、村落分布、生态涵养功能分区。推动城镇交通、供水、供电、电信、环保、消防等公共基础设施向农村延伸，规划建设城乡统一的就业服务、社会保障、社会救助等公共服务设施，促进城乡公共设施共建共享。

加快农村人口向城镇有序转移。把符合落户条件的农业转移人口逐步转化为城市居民，加强和改进大城市人口管理，根据实际放宽中小城市户籍限制，积极解决进城务工人员的就业、安居、子女就学、社会保障问题，逐步使进城落户农民真正变成市民，享有平等权益。保护进城农民的合法权益，鼓励进城农民将土地承包经营权、宅基地采取多种方式进行流转。推动城市建成区内现有城中村加快转变为城市社区，同步推进社会组织形态转变，使村民真正转化为市民。推动城市新区、产业集聚区和中心城市近郊区率先实现城乡一体化，中心城市近郊区与城市开发同步推进。支持信阳农村综合改革发展试验区和新乡统筹城乡发展试验区积极探索、先行先试。

二 发挥中原经济区五大板块的重要功能

按照中原经济区点轴呼应与带动格局，可以把中原经济区分为中部板块、北部板块、西南板块、西部板块和东南板块。

中部板块主要包括郑州、开封、新乡、焦作、许昌、漯河等城市。该板块是中原经济区的核心区域，中原经济区的中心城市群均囊括其中；定位为重要的综合交通枢纽和商贸物流中心、先进制造业和现代服务业基地、重要的能源原材料基地，同时也是中原经济区的文化旅游、科技人才中心。

北部板块主要包括河南省的安阳、鹤壁、濮阳、济源，河北省的邯郸、邢台，山西省的晋城、长治，以及山东省的菏泽等城市。该板块的主要经济特征为产业结构偏重、综合经济实力较强，是钢铁与有色金属生产基地，能源、化工及装备制造业生产基地，是中原经济区北部的重要支撑。

西南板块主要指南阳市，作为一个相对独立的地理单元，产业发展协调性较好，产业体系相对独立和完整，战略定位是"三化"协调发展的示范区、可持续发展的试验区、国际国内知名的文化旅游区和西南地区的区域性经济中心。

西部板块主要包括河南省的洛阳、三门峡、济源和山西省的运城等城市，是中原经济区重要的装备制造、化工、电力、能源基地，也是与陕西、山西等省份开展区域合作的前沿阵地。

东南板块主要包括河南省的商丘、驻马店、周口、信阳以及安徽省的淮北、宿州、阜阳等城市。该板块地势平坦，农业资源丰富，是中原经济区的"粮仓"，战略定位是粮食生产加工基地，农村改革发展试验区，农业生态区，观光、文化旅游区。

通过对中部板块、北部板块、西南板块、西部板块和东南板块这五大板块之间竞争优势的有效分析发现，五大板块在旅游、能源、工业、农业等方面各有其比较竞争优势。只有将资源进行合理、有效的分配，通过国家在资金、政策方面的调节，优先发展本地区的优势产业，各地区就可形成错位竞争，减少不同地区相同产业之间的恶性竞争和资源不必要的浪费。

三　强化"三区"互动的协同效应

为优化中原经济区空间发展整体布局，可按照区域自然条件、资源环境承载能力以及经济发展基础，将中原经济区分为核心区、主体区和合作区。其中，核心区主要包括郑州市和与之毗邻的 5 个省辖市；其余 12 个省辖市为主体区；联动发展的周边地区为合作区。

强化核心区的引领功能，打造中原经济区中心地带的五城联动大"十"字形郑州大都市圈核心区。按照向心布局、集群发展的要求，提升郑州中心城市的辐射带动能力，巩固提高洛阳副中心城市的地位，联动周边城市，增强地区性中心城市综合承载带动能力，推进城际轨道交通体系和高速铁路建设，加强城市功能互补和产业分工，加快产业集聚，实现交通一体、产业链接、服务共享、生态共建，促进大中小城市协调发展，建设辐射带动能力强、经济联系紧密、城市层级分明、体系结构合理、具有国际竞争力的开放型城市群。郑州市是核心区的"心脏"，加快推动郑、洛、汴、新、许五城的空间布局和功能对接，加强五城域内的重要节点城镇建设，实现郑州市与毗邻四城的对接联动，以郑州市为中心，东连开封市，西接洛阳市，北通新乡市，南达许昌市，形成"五城一心一廊一带两圈三层"的大都市经济圈基本构架和"1 + 4 + 33"个城市的超大城市群，2010 年常住人口超过 3000 万人，到 2020 年将超过 5000 万人。大力推进郑州都市区建设，强化郑州市的龙头带动作用，提高郑州市的首位度，增强郑州市的核心竞争力。

发挥主体区的骨干作用。基于 12 个省辖市在中原经济区中不同的功能定位，各地市经济发展应互补互动、错位竞争、融合发展。其中，平顶山市突出建设中原电气城、中原化工城和全国重要的能源化工基地；漯河市致力于创建国际食品名城，创建中原经济区"三化"协调发展先行区；周口市着力构建现代农业产业体系，打造中原经济区粮食生产核心区。从保障国家粮食安全的大局出发，依托黄淮海平原、南阳盆地和豫北豫西山前平原产粮大县（市、区），实施农业综合开发，推进高标准农田建设，加快农业科技进步，提高粮食综合生产能力，形成规模效益明显的粮食主要生产区；发展现代农业，引导农产品加工、流通、储运企业向主产区集聚，建设集中连片、高产稳产的国家优质商品粮生产基地。

发挥合作区的协同效应。依托河南省周边地市与邻省交界地区合作的良好基础，加快推进区域合作，实现联动发展、合作共赢。建立有省无界、优势互补、资源共享、互利共赢的发展平台。

第六节　发挥战略腹地优势，增强辐射实力

一　发挥中原城市的腹地优势

城市腹地是指位于中心城市周围并与其存在密切经济联系的次级城市或（和）相应地区。该定义基于研究城市与区域的产业联系，以城市竞争战略为指导讨论腹地边界。腹地为城市提供初级产品、劳动力等资源供应，城市向腹地提供高级产品和服务输出，腹地成为市场区并接受城市的综合辐射，城市与腹地之间有显著的商品、技术、资金、信息或劳动力等方面的供求关系[①]。

中原腹地竞相开放新格局初步形成。洛阳市以骨干优势企业、重大产业基地为依托，2008 年以来实际利用境内外资金超过 900 亿元；新乡市围绕制冷、特色装备等支撑产业，2011 年 1～11 月引进亿元以上项目 103 个，总投资 566 亿元；洛宁县作为国家级贫困县，以资源之长，补交通区位之短，引进 20 多家大集团投资，直接带动出口翻了四番。

河南省的对外开放环境也日趋优化。全省 180 个产业集聚区成为引进外资的重要平台，2010 年引进省外资金占全省的比重达 70% 以上；河南省获准设立中部地区首个综合保税区，河南保税物流中心也通过验收，使河南省在中部地区率先打开了一条发展外向型经济的重要通道；安阳、南阳高新区和漯河、鹤壁、开封经济技术开发区均升为国家级。来豫投资的世界 500 强企业、国内 500 强企业分别达到 68 家和 128 家，河南省还与 44 家央企签署了战略合作协议，与 180 多个国家或地区建立了经贸文化联系，与 40 多个国家或地区建立了 73 对友好城市关系。

同沿海省份相比，河南省的对外开放水平仍然较低。2009 年河南省进出口总额仅占全国的 0.6%，利用外资总额仅占全国的 5.3%，远落后于江苏、广东、浙江、山东等省份。随着发展方式的转变，东部企业向中西部转移，投资拉动转变为内需拉动，中原经济区作为全国重要的经济增长板块，拥有丰富的原材料、劳动力资源，作为粮食主产区，河南省农产品加工水平

---

① 陈联、蔡小峰：《城市腹地理论及腹地划分方法研究》，《经济地理》2005 年第 5 期。

较高，加上区位、交通、文化优势明显，发展后劲很大，有望成为继长三角、珠三角、滨海新区之后新的经济增长极。

二 增强中原腹地的实力

（一）推动省域中心城市加快发展

按照规模做大、实力做强、功能做优、环境做美的原则，发挥比较优势，加快发展，壮大各省辖市规模，增强集聚和辐射带动作用，使之成为各区域空间组织的核心。加强省辖市城市建设，优化空间布局，提升城市品位，强化中心市区的综合服务功能。促进中心城市各组团产业集聚发展，完善城市基本功能，形成相对独立的城市区。构筑各组团与中心城区的便捷交通联系，推动形成以中心城市为核心、周边小城市和中心镇为依托的城镇集群，使中心城市成为区域政治、经济、文化服务中心。进一步增强洛阳市在河南省的副中心城市作用，其他省辖市城市要尽快进入大城市行列，基础条件好的要发展成为特大城市。

（二）以县城为重点加快发展中小城市

通过建设各具特色的产业集聚区，积极培育特色产业，壮大支柱产业，加强基础设施和社会服务设施建设，提升城镇功能和综合承载力。今后一个时期，力争使县城成为河南省吸纳农村人口转移的主渠道。因为不仅农民在县城落户的成本比到大城市要低得多，而且人文环境相近，进城农民有较强的归属感。要把中小城市和县城发展作为推进城镇化的重点，提升规划建设标准，提高综合承载能力，促进农村人口就近转移。为此，每个县都要努力做到"三个一"，即建设好一个产业集聚区、培育一个超百亿元的特色主导产业、形成一个人口规模超20万人的城市，有条件的县城要努力向大城市发展。

（三）因地制宜发展中心镇

发挥小城镇连接城乡的关键节点作用，合理布局，适度发展。支持已经形成一定产业和人口规模、基础条件好的中心镇，通过加快专业园区建设，进一步提升发展质量，逐步发展成为10万人以上的小城市。支持具有资源和产业基础条件的特色镇，发展特色明显的矿产资源开发、农产品加工和文化旅游服务业，逐步做大城镇规模。引导不具备产业集聚条件的小城镇逐步发展成为周边农村提供生产生活服务的社区中心。

（四）稳妥推进新型农村社区建设

积极推广新乡市建设农村社区服务中心的经验，按照"规划先行、就业为本、农民自愿、量力而行"的原则,在具备条件的农村通过"迁村并点",积极稳妥地推进新型农村社区建设。加强水、电、路、电话、广播、电视、互联网等基础设施建设,发展社会事业,以生产生活方式的改变促进农民思想观念的转变,不断提高农民素质,增加农民收入。

三 构建空间组织机制,增强中原经济区发展动力

中原经济区需要找到一个切口,找到制约中原地区经济发展的地方。这就需要河南省结合区域经济布局以及城市的原有定位,把产业发展的设想和先行先试融为一体,产生一种新的政府主导,形成新的发展思路。中原经济区要致力于提升经济增长的内生动力,激发中小企业的创造性和市场的活力,形成专业化分工和区域合理布局的规律。

依托便捷的交通通信网络,建设面向国际市场的内陆型区域性进出口商品集散枢纽。引进和培育具有国际竞争力的现代物流企业,构筑与国际国内接轨的多层次、社会化、专业化的现代物流网络体系,建设中原外向型物流的主通道、中西部地区综合性物流中心、全国物流网络重要节点,使现代物流业成为地区的优势产业。在世界范围内招商选商,建设世界 500 强和国内 200 强投资高密集区,努力成为国家内陆加快开发开放的综合试验区。

充分发挥中原经济区各大城市现有基础和优势条件,加快老工业基地改造,提高自主创新能力,积极发展新兴制造产业,加快建立参与国际国内产业分工的生产体系、面向国际国内的市场营销体系和与国际国内接轨的生产服务体系,形成我国中部地区重要的资本技术密集型制造业基地。整合产业资源,以产业集群引发虹吸效应和墨渍效应,促进高新技术产业规模化和传统产业优化升级,提升区域科技持续创新能力和产业化水平,成为我国中部科技孵化和科技扩散中心。在我国中部地区率先走出一条科技含量高、经济效益好、资源消耗低、环境污染少、人力资源优势得到充分发挥的新型工业化路子,不断提升产业竞争力,成为中部产业升级的先导区。

积极开发利用丰厚的中原文化资源和绚丽的自然风光,完善区域旅游网络和旅游精品,打造中华历史文化和自然生态旅游世界景观,使旅游景点融入国家和国际性旅游精品线路网,使旅游产业成为地区充满活力的支柱产业、动力产业、富民产业和生态产业,使中原地区成为国际知名、国内一流的旅游胜地。

Dynamic Mechanism of Regional Economic Coordinated Development in China

实践篇—机制作用

第七章
中原经济区内部区域协调
发展态势探究

经济区是在劳动地域分工基础上形成的不同层次和各具特色的地域经济单元。在经济全球化的影响下，经济的竞争将突出地表现为经济区层面的竞争，城市个体之间的单打独斗也将会被经济区之间的竞争所取代，以核心城市带动的经济区之间的竞争成为市场竞争的主要载体已是大势所趋。中原经济区在空间范围上涉及河南省的全部，从经济联系的实际来看，以河南省为主体，涵盖周边省市的中原地区，是一个经济相承、文化相连的经济区域。在2011年"两会"审议的《中华人民共和国国民经济和社会发展第十二个五年规划纲要（草案）》中提到了要重点推进中原经济区的发展问题，这标志着中原经济区正式上升为国家战略。2011年国务院《指导意见》颁布，从而更加引起了社会的广泛关注。区域合作是区域经济发展的重要战略，建设中原经济区要从区域经济发展全局出发，实现一体化协调发展，这也是区域经济发展的内在要求。而作为中原经济区主体的河南省的发展，对于贯彻落实国家战略部署，促进区域协调发展，具有十分重大的意义。

第一节　中原经济区协调发展的现实基础和困境

一　中原经济区经济发展的现实基础

经济发展是区域发展的基础保障，雄厚的经济基础有利于加快区域的社会发展与进步，它将为资源环境的维护与开发利用提供必要的科技条件与物质基础，从而有助于推动资源环境和社会可持续发展。经济发展能力越高，相应的区内总体发展能力也越强。

（一）中原经济区协调发展的经济总量和潜力

2009 年，中原经济区实现地区生产总值 29245.4 亿元，占全国 GDP 总量的 8.6%，比上年增长 11.0%，增速较全国平均水平高 1.7 个百分点；2010 年前三季度，中原经济区实现地区生产总值 24800.6 亿元，占全国 GDP 总量的 9.2%，比重较 2009 年提高了 0.6 个百分点，比上年同期增长 12.8%，增速较全国平均水平高 2.2 个百分点。作为中原经济区的主体，河南省经济社会发展在改革开放 30 余年来取得了长足的进展，经济总量攀升速度逐步加快。全省 GDP 总量跨上千亿元台阶，用了 12 年时间，由全国第 9 位跃居全国第 7 位；从 1000 亿元到 2000 年突破 5000 亿元，用了 9 年时间，由全国第 7 位跃居全国第 5 位；从 5000 亿元到 2005 年突破 1 万亿元大关，用了 5 年时间；2010 年顺利突破 2 万亿元大关。多年来，河南省 GDP 总量一直居中西部各省份之首。从"七五"到"十五"时期，河南省 GDP 年均增长速度分别比全国平均水平高 0.2、1.2、1.4、1.4 个百分点；"十一五"时期，河南省 GDP 年均增长速度比全国平均水平高 1.6 个百分点。2009 年河南省人均实际现价 GDP 为 20597 元，已基本达到人均 GDP 3000 美元的水平。显著增强的综合经济实力为中原经济区的发展奠定了坚实的基础。

与中部六省对比，"十五"时期，中部六省 GDP 年均增长 11.1%，河南省年均增长 11.4%，比中部六省平均水平高 0.3 个百分点；"十一五"前四年，中部六省 GDP 年均增长 12.8%，河南省年均增长 13.0%，比中部六省平均水平高 0.2 个百分点（见图 7－1）；"十二五"时期，随着《中原经济区发展规划》的实施，河南省 GDP 年均增长速度仍有望高于中部六省平均水平。

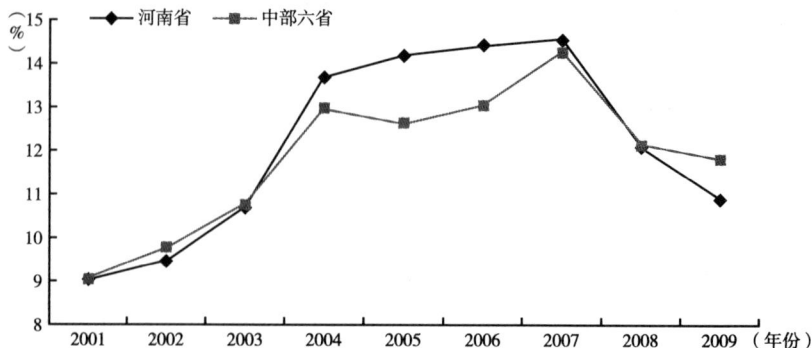

图 7－1　河南省 2001~2009 年 GDP 增速与中部六省对比

（二）中原经济区协调发展的良好产业基础

农业和农产品加工业。中原经济区是全国农产品主产区之一，尤其是河南省作为全国重要的粮食、棉花、油料、烟叶主产区，粮油和畜牧产品产量居全国首位。同时，黄河、淮河、海河、长江四大水系流经河南省，为农、林、牧、渔业的综合发展提供了有利条件。河南省粮食产量约占全国的1/10，连续多年居全国第1位。油料产量占全国的1/7，牛肉产量占全国的1/7，棉花产量占全国的1/6，小麦、玉米、烟叶、豆类、芝麻等农产品和肉类、禽蛋、奶类等畜产品产量也都居全国前列。

河南省还具有农产品加工的比较优势，食品工业已成为河南省六大优势产业之一，在全国具有重要地位。2008年全省农产品加工业实现销售收入5000多亿元，同比增长32.7%，比2003年增长了1.6倍，成为全省工业第一大支柱产业，居全国第2位。近年来，河南省农产品加工业呈现集聚发展的良好态势。漯河、郑州、许昌、周口、安阳、鹤壁6个省辖市的规模以上农产品加工业占全省的61.2%。河南省农产品加工业的优势表现为以下六大产业：以专用面粉、速冻面制品为主的粮食制品加工业，以双汇集团为龙头的肉制品加工业，以郑州花花牛、商丘科迪为龙头的乳制品加工业，以果汁、速冻蔬菜、果蔬罐头为主的水果蔬菜加工业，以及油脂业和烟酒休闲食品业。

矿业。中原经济区拥有丰富的矿产资源。其中，作为中原经济区主要组成部分的河南省，矿产资源丰富，是全国矿产资源大省之一。目前，已发现各类矿产126种（含亚矿种为157种），探明储量的73种（含亚矿种为81种），已开发利用的85种（含亚矿种为117种）。其中，能源矿产6种、金属矿产27种、非金属矿产38种。在已探明储量的矿产资源中，居全国首位的有8种、居前3位的有19种、居前5位的有27种、居前10位的有44种。其中，钼、蓝晶石、红柱石、天然碱、伊利石黏土、水泥配料用黏土、珍珠岩、霞石正长岩居首位，铸型用砂岩、耐火黏土、蓝石棉、天然油石、玻璃用凝灰岩居第2位，镁、钨、铼、镓、铁矾土、水泥用大理岩居第3位，铝土矿、石墨、玻璃用石英岩居第4位，锂、铯、电石用灰岩、岩棉用玄武岩、玉石居第5位。河南省还是重要的能源基地，石油保有储量居全国第8位、煤炭居第10位、天然气居第11位。由鹤壁、焦作、义马、郑州、平顶山、永夏6个矿区组成的河南省煤炭基地，已列入国家发改委大型煤炭基地建设规划。山西省的长治、晋城和运城三市煤层气资源丰富，是我国最重要的优质无烟煤生产基地，化工用无烟煤质量优良，以煤、电、气、化为一体的晋东基地正在形成。安徽省的淮北矿区，面积约9600平方公里，含煤面积约4100平方公里，探明储量98亿吨。河北省的邯郸、邢台地区，煤炭储量丰富，煤类齐全，煤质优良，开采条件较好。

装备制造业。近年来，中原经济区装备制造业呈现良好的发展态势，在汽车及零部件制造、输变电装备、农业机械、矿山装备、工程机械和环保机械基础件等领域具有较好的产业基础。2008年河南省规模以上装备制造业（不含汽车及零部件产业、电子设备制造业）实现销售收入3294.7亿元，占全省工业增加值的12.4%。郑州、洛阳、许昌、新乡等地具有雄厚的装备制造业基础和显著的科技优势，拥有世界上最大的自磨机和球磨机、支护高度最大的矿用液压支架、第一套特高压开关和直流输电控制保护系统等一批重大标志性产品和技术装备，汽车工业也实现了快速发展。2008年河南省生产各类汽车整车、改装车14.3万辆，摩托车173万辆，三轮汽车、低速货车25万辆，规模以上工业企业实现营业收入877亿元，比2005年增加2.45倍，年均增长51.1%，呈现快速发展态势。公路客车、高档皮卡和专用半挂车的国内市场占有率均居同行业首位，转向器总成、减振器总成、传动轴总成等10多种零部件产品产量位居全国前列。以郑州宇通、郑州日产等整车企业和新航集团、中轴集团、中原内配等零部件企业为代表的企业群体迅速壮大，产品研发能力不断提高。

高新技术产业。中原经济区的高新技术产业正在崛起。近年来，河南省高新技术产业发展迅速，已具备一定的基础。2008年河南省规模以上高新技术产业增加值达1290亿元，同比增长25.1%。2007年河南省2个国家级和9个省级高新区实现工业总产值1680亿元，同比增长33%；实现工业增加值487亿元，同比增长34%。2007年河南省高新技术企业达到2410家，其中国家级重点高新技术企业62家。从具体行业看，电子信息、新能源新材料、机电一体化、生物工程与医药、环保节能设备制造等行业在中原经济区尤其是中原城市群地区具有良好的发展基础，并具备产业链向上下游延伸的条件。高新技术产业以高新科技为支撑，目前科技进步已经成为推动河南省经济社会发展的强大动力。2000年以来，全省共取得省级奖励的科技成果2730项、国家级奖励成果108项，其中获国家科学技术进步一等奖、二等奖的科技成果均达到4项。"超薄浮法玻璃成套技术与关键设备在电子玻璃工业化生产的开发应用"获得国家科技进步一等奖，实现了历史性突破；

多晶硅、特高压输变电、纤维乙醇、动物疫病快速检测等关键技术在国内处于领先地位。2008年河南省年度专利申请量达到18411件，是1985年我国开始实施专利制度时的62.84倍；专利授权量9133件，为1985年的4566.5倍。这表明河南省高新技术产业的发展具有很强的潜力。

旅游业。中原经济区是中华文明的发源地，具有丰富的旅游资源。比如河南省的少林寺、龙门石窟、龙亭、相国寺、殷墟等历史人文资源享誉海内外，嵩山、云台山、黄河等名山大川纵横。以古（古文化）、河（黄河）、拳（少林寺、太极拳）、根（寻根觅祖）、花（洛阳牡丹、开封菊花）为特色的旅游资源，是河南省旅游业发展的一大优势。近年来开辟的"三点一线"沿黄之旅，已成为河南省旅游精品线路。河南省可供观赏和旅游的景区、景点有100多处。省内重点风景名胜区共25处，其中国家级的有鸡公山、嵩山、龙门、王屋山和云台山5处，省级的有石人山、环翠峪、黄河游览区等20处；省内自然保护区共23处。2009年河南省累计接待海内外游客2.3亿人次，实现旅游总收入1985亿元，同比分别增长17%、25%。其中，接待入境旅游者126万人次，旅游创汇4.3亿元，同比分别增长21%和16%。中原经济区内非河南省的6个地市旅游发展也较为迅速，这为中原经济区的旅游发展奠定了良好的基础。截至2010年6月，中原经济区共有五星级饭店20家、四星级饭店95家、三星级饭店272家，在建的五星级饭店超过20家。在国家旅游局2010年5月公布的优秀旅游城市中，中原经济区共有32家榜上有名。根据2009年度全国旅行社统计调查公报，河南省共有旅行社1052家，在全国排第7位。目前中原经济区共有5A景区3家、4A景区66家。由此可见，旅游业已在中原经济区的发展中扮演重要角色。

（三）工业化中期的快速发展态势

从发展阶段看，河南省目前处于快速发展期。人均GDP是对GDP按常住人口进行平均计算所得的数据，它反映一个地方的平均发展水平。国际上通常把人均GDP超过3000美元作为一个发展的重要阶段。2009年河南省人均实际现价GDP达到20597元，超过3000美元，根据国际经验，河南省正处于1000~6000美元的黄金发展期。若比照全国其他部分省份人均GDP 2000~3000美元所经过的平均时间推算，河南省将于2015年达到5000美元的水平，而在3000~5000美元这个阶段，各省份的GDP年均增速多为13%~15%，明显快于人均GDP 1000~2000美元阶段的增速（见表7-1）。根据中国社会科学院经济学部课题组关于工业化阶段指标对河南省工业化进程的测度，目前乃至"十二五"时期，河南省处于工业化中期阶段，是快速发展的黄金时期。

表7-1　全国和部分地区人均GDP变化趋势及GDP年均增长率

地 区	人均美元起始年份	人均GDP 1000~2000美元		人均GDP 2000~3000美元		人均GDP 3000~5000美元		人均GDP 5000~10000美元	
		经过年数（年）	期间GDP年均增长率（%）	经过年数（年）	期间GDP年均增长率（%）	经过年数（年）	期间GDP年均增长率（%）	经过年数（年）	期间GDP年均增长率（%）
北 京	1988	9	9.7	4	11.0	4	12.1	4	11.3
天 津	1993	7	12.2	3	13.2	3	15.0	2009年9137	
江 苏	1996	7	11.3	2	14.6	3	14.0	2009年6477	
广 东	1996	7	11.6	3	14.4	2	12.3	2009年5966	
辽 宁	1997	8	10.1	2	14.1	2	13.1	2009年5110	
福 建	1997	8	10.5		15.0	2009年4839			
山 东	1999	6	12.3		14.5	2	12.0	2009年5241	
河 北	2002	4	12.8	2	11.4	2009年3556			
湖 北	2002	5	12.1		13.3	2009年3287			
安 徽	2005	3	13.1	2009年2400					
全 国	2001	5	10.3	2	11.0	2009年3688			

注：该表主要是将人均GDP超过3000美元作为一个发展的重要阶段来设计的，表中数据均以2009年为截止日期来表示该省份人均GDP所处区间。

资料来源：根据相关年份《中国统计年鉴》有关数据整理。

从经济发展的历程看，河南省"十二五"时期经济仍将处于上升期。随着河南省调结构、转方式步伐的不断加快，有可能使得"十二五"大部分时期位于新一轮周期的上升期。河南省经济结构倚重资源、原材料工业，处在产业链前端，而国内外需求变动在向上传递的过程中会逐级加强，产生乘数效应。从以往的经验看，在经济增长周期性波动的过程中，资源、原材料大省容易"大起大落"。而"十二五"时期河南省更有可能处在"大起"的时期，从而使得河南省经济增速更有可能高于其他省份和全国平均水平。

河南省1991~2009年GDP增速变动情况见图7-2。

（四）中原经济区协调发展的综合性优势

区位优势就是区位的综合资源优势，是某一地区在发展经济方面客观存在的有利条件或优越地位，其构成因素主要包括自然资源、地理位置，以及社会、经济、科技、管理、政治、政策、文化、教育、旅游等。它是一个综

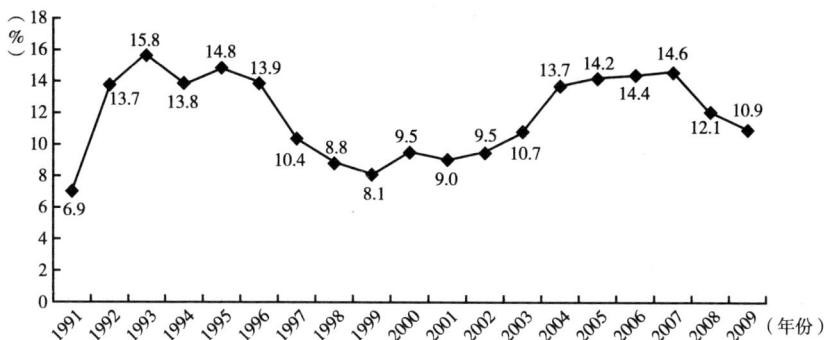

图 7 - 2　河南省 1991~2009 年 GDP 增速变动情况

合性概念，某一个单项优势不会形成区位优势。中原经济区发展的区位优势主要表现在以下几个方面。

1. 地理环境优越

中原经济区地处中原，交通便利。中原经济区的主体——河南省，更是自古就有"九州腹地、十省通衢"之美誉，是东部产业转移和西部资源输出的枢纽。河南省交通区位优势明显，拥有铁路、公路、航空、水运、管道等相结合的综合交通运输体系，是全国重要的综合交通枢纽和人流、物流、信息流中心。

在铁路方面，河南省地处全国铁路网中心，郑西高铁和京广、京九、太焦、焦柳、陇海、侯月、新月、新菏、宁西等多条铁路干线经过河南省，郑州市即将成为全国铁路路网中的"双十字"中心。郑州北站是亚洲最大的列车编组站之一，郑州站是全国最大的客运站之一。截至 2011 年底，河南省铁路通车里程达 4203 公里。

在公路方面，河南省高速公路已基本形成了以郑州市为中心的"一个半小时经济圈"，3 小时可达全省任何一个省辖市，6 小时可达周边六省任何一个省会城市。截至 2011 年底，河南省公路通车总里程 24.7 万公里；高速公路通车里程 5196 公里，连续六年居全国首位；干线公路通车里程 1.79 万公里；农村公路通车里程 22.3 万公里。

在航空方面，河南省民航事业快速发展，拥有郑州新郑国际机场、洛阳机场和南阳机场三个民用机场。其中，郑州新郑国际机场是国家民航局确定的全国八大区域性枢纽机场之一，2011 年旅客吞吐量突破 1000 万人次大关，进入国家一类机场行列。

在水运方面，河南省水路运输加快发展，2011年内河航道里程达1439公里。全省现有航道143949个，其中货运泊位33个，设计年吞吐能力407万吨；客运泊位16个，设计年吞吐能力433万人次。全省有货运船舶4000余艘、200多万载重吨，平均单船载重吨达500吨以上。开展水上交通旅游的库区达141座，已形成水上交通旅游规模的库区有31座。2008年全省水路运输完成客运量175万人次、客运周转量8575万人公里、货运量2447万吨、货物周转量125亿吨公里。

在管道方面，全国众多的能源管道在中原经济区交会。来自中国西北和中亚的石油管道将与来自中国东北和俄罗斯远东的石油管道在郑州市交会，西气东输至少有4条天然气管道在郑州市交会。另外，南水北调和北煤南运也在河南省交会。中原经济区，尤其是郑州市，将成为我国极其重要的能源枢纽。

2. 生产力基础好

"十一五"时期，2010年河南省重点培育打造的食品、有色、化工、汽车及零部件、装备制造、纺织服装六大优势行业比上年增长22.1%，高技术产业增长15.6%，均高于全省工业平均水平。煤炭、化工、建材、钢铁、有色金属、电力六大高耗能行业增长15.6%，低于全省规模以上工业增长速度3.4个百分点。在重点监测的全省59种主要工业品中，有44种产品产量较上年有所增加，增产面达74.6%。经比较，2010年河南省全年全部规模以上工业增长19.0%，同比加快4.4个百分点，高于全国平均3.3个百分点，工业产品销售率达98.3%。

2010年河南省全年生产总值22942.68亿元，比上年增长12.2%。第一产业增加值3263.20亿元，增长4.5%；第二产业增加值13226.84亿元，增长14.8%，其中工业增加值实现11950.82亿元，增长15.4%；第三产业增加值6452.64亿元，增长10.5%。三次产业结构比例为14.2：57.7：28.1。

河南省有发展速度较快的郑州、洛阳等中心城市，有南阳、新乡等具有一定经济实力的区域中心城市，中心城市与腹地的距离适当，布局较为合理，经济联系密切，为中原经济区的发展奠定了生产力基础。

3. 文化积淀深厚

自古以来，中原地区就是中华文明和中华民族最重要的发祥地，深厚的历史文化积淀在文物、戏剧等方面表现尤为突出。河南省现已查明的各类文物点约3万处，其中有3处世界文化遗产、98处全国重点文物保护单位、

666 处省级文物保护单位、5000 余处县级文物保护单位。全国有八大古都，河南省居其四（洛阳、开封、安阳、郑州）；全省有 8 座国家级历史文化名城（洛阳、开封、安阳、南阳、商丘、郑州、浚县、濮阳）、21 座省级历史文化名城。全省有文物保护管理科研机构 130 个、各类博物馆 75 个，收藏各类文物藏品约 140 万件，占全国总数的 1/8。少林武术已被文化部列为申报"世界非物质文化遗产代表作"重点项目。少林寺、龙门石窟、黄帝故里、清明上河园、殷墟和云台山、白云山、伏牛山、石人山、鸡公山等是河南省有名的旅游景点。河南省还是戏剧大省，有豫剧、曲剧、越调三大剧种以及蒲剧、坠剧、宛梆等 20 多个小剧种。

4. 人力资源优势

第六次全国人口普查结果显示，河南省常住人口达到 9400 万人。丰富的人力资源，具有超强的劳动力供给能力，蕴藏着巨大的市场潜力，与全国平均成本相比具有明显的劳动力成本优势。人口的聚集诱致产业的聚集，以及相应的生产生活服务业的衍生，从而又为产业发展提供基础设施和服务系统的支撑，进一步降低产业成本，对产业形成更强的吸附能力，促进产业及人口的进一步聚集。

从全球范围看，凡是完成了工业化从而高度发达的国家或地区，要素都高度聚集在少数城市群区域。美国是分别聚集在大西洋沿岸及五大湖地区的波士顿、纽约、芝加哥，以及太平洋沿岸的旧金山、洛杉矶等少数几个城市群区域。日本更是高度聚集在以东京、名古屋、大阪为中心的三大城市群区域，尤其是以东京－横滨为中心涵盖周边几个县的首都圈，人口聚集规模达4300 万人，占全日本人口的 1/3 以上。

从全国范围看，改革开放 30 多年来沿海地区的率先崛起对产业和人口产生了越来越强的吸附能力，并形成了珠三角、长三角、环渤海三大城市群。相信在未来若干年内，在我国整个现代化进程中，要素向沿海地区三大城市群聚集的趋势都不会停止，三大城市群的规模和要素聚集密度只能会越来越大。由此得出结论，中原经济区的庞大产业规模和人口数量，必将对各种要素产生强大的吸附能力。

5. 国家政策扶持优势

从理论上讲，区域政策就是一切旨在缩小地区差距、促进落后地区发展的政策。《指导意见》的正式出台，将建设中原经济区正式上升为国家战略，加大资源投入量、扩大政策扶持面等优势将随之而来。同时，以河南省为主体的中原经济区还面临着承接国际国内产业转移、国家扩大内需战略深入实施、进一步加快城镇化建设、后危机时代加快产业结构优化升级等机遇，这些都为中原经济区的发展提供了历史契机。

建设中原经济区为河南省发展开放型经济塑造了区域优势，也必将带来经济社会发展的重大机遇，并产生积极影响。如何将区位优势转化为经济优势，加快中原经济区一体化发展是一个急需解决的迫切问题。

二 中原经济区协调发展的制约因素

尽管目前中原经济区的经济整合有着得天独厚的优势，但在现时经济发展中，却又不可避免地带着传统行政区经济的影子，具体体现在以下几个方面。

(一) 区际经济联系与要素流动具有明显的行政导向性特征

从中原经济区的实际情况来看，存在着双重区际经济联系：一是以各级地方政府为利益主体的行政性区际经济联系；二是以地方企业为利益主体的市场性区际经济联系。在现行体制背景下，由于各级地方政府作为一级利益主体的地位非常突出，因而在客观上，行政性区际经济联系就掩盖、削弱了市场性区际经济联系，甚至对市场性区际经济联系产生经常性的行政干预。显然，这两种区际经济联系的不协调，将直接影响该区域的经济联系与要素的合理流动。

(二) 产业结构高度化较低，一体化协调效应弱化

中原经济区内部各地区产业发展自成体系，加之区域资源禀赋相近，同构问题突出。不仅邻近省份各城市间缺乏合理分工，同一省区范围内各城市之间亦然。经济区内部各产业对中原经济区一体化的协调效应弱化。

1. 农业问题突出，一体化联动效应弱化

农业问题突出表现为农业基础设施薄弱、传统农业比重大、现代农业发展滞后；农村问题突出表现为农村社会事业发展滞后；农民问题突出表现为农民增收。这些问题在中原经济区都具有典型性。从农业问题看，以河南省为例，农业从业人员人均耕地面积仅为3.8亩，全省还有6000多万亩中低产田，占耕地面积的55%以上；旱涝保收田和有效灌溉面积仅占耕地面积的54.3%和68.3%，农业生产的基础还比较脆弱。从农村问题看，河南省有158个县（市、区）、1892个乡镇、4.75万个行政村。但与城市相比，农村在水、电、路气等基础设施和教育、卫生、文化等公共服务设施方面，

还存在着相当大的差距。2008年河南省农村初中的生均预算内教育事业费排在全国倒数第3位，农村小学的生均预算内教育事业费排在全国倒数第1位。全省农村自来水受益村仅占行政村总数的47%。从农民问题看，以河南省为例，2009年农民人均纯收入4807元，比全国平均水平低346元。2000～2009年，河南省城乡居民收入的绝对差距由2780元扩大到9525元，城乡居民收入之比由2.4∶1扩大到3∶1。建设中原经济区，支持中原地区加强农业基础设施建设，改善农村社会事业，多渠道增加农民收入，有利于为中西部地区解决"三农"问题的突出矛盾提供示范，积累经验。

2. 工业竞争力、区域竞争力仍存在较大弊端和缺陷

其一，高耗能行业比重高，受国家宏观调控政策影响大。2009年河南省高耗能工业占规模以上工业的比重高达42.6%，明显高于湖北、湖南和安徽等省份（见表7-2）。"十二五"时期，中央宏观调控控制"两高"行业的政策对河南省的抑制作用更为明显。其二，国家扩大内需政策短期内对河南省经济的带动作用相对较弱。"十二五"时期，国家将实施一系列持续扩大内需的政策，不断提高国内消费需求对经济增长的贡献水平。但与中部其他省份相比，河南省消费品工业产品种类偏少、档次偏低、竞争力偏弱，国家刺激消费的一系列政策措施在短期内对河南省的拉动作用较小。以"家电下乡、汽车下乡"为例，河南省在全国排名靠前的工业产品主要是煤、铝、纱、水泥等初级产品，汽车、空调、冰箱等终端工业品产量较少，如2008年河南省汽车产量尚不足安徽奇瑞汽车一个季度的产量，仅相当于东风集团一个月的产量。因此，国家实行的"家电下乡、汽车下乡"等一系列刺激消费的政策措施，对河南省经济的即期带动作用较弱。

表7-2　2009年中部省份工业结构

单位：%

工业结构比重 　　　　　　省份	山西	河南	江西	安徽	湖南	湖北
能源原材料工业占规模以上工业的比重	89.5	52.1	50.7	44.2	42.2	37.7
其中：高耗能工业占规模以上工业的比重	79.1	42.6	43.5	39.4	36.7	30.8
装备制造业及消费品工业占规模以上工业的比重	10.2	47.3	48.6	54.3	56.8	61.5

3. 科技创新能力较弱，经济发展缺乏高科技人才的有利支撑

河南省是人口大省，但相应的教育资源并不丰富。2009年河南省普通高等学校数在中部地区排在第4位，且高质量的重点院校较少。目前河南省进入"211"工程的大学仅有 1 所，而湖北省 7 所、湖南省 4 所、安徽省 3 所、江西省 2 所，至今河南省尚没有一所高校进入"985"院校行列。从 R&D 经费投入看，2008 年河南省 R&D 经费支出占 GDP 的比重居全国第 23 位，还不足国家平均水平 1.5% 的一半，在中部地区排名最后。2008 年在科技部发布的《全国及各地区科技进步统计监测报告》中，河南省综合科技进步水平指数排名第 25 位，中部地区仅高过江西省，排在第 5 位。据中国社会科学院对全国各地综合竞争力的研究结果，近年来河南省综合竞争力在全国的位次呈现下移的态势。

（三）区际经济传递"市属"观念强、"市域"观念差

在中原经济区内部，还存在着各种层次的经济落差，因而客观上也存在着区际经济联系的梯度转移。但受行政区划体制的束缚，这种区际经济传递的规模与范围十分有限，普遍存在着"市属"观念强、"市域"观念差的问题，即看问题只看到行政上属于本市辖区的地盘，却极少把眼光扩展到市属以外的地方。一些中心城市在处理产业扩散问题时，大多舍不得放弃原有的既得利益部分，害怕"肥水流入外人田"，严重阻碍了不同城市间的区际经济传递。

（四）外向型经济发展各自为政，未能形成整体优势

区域内各城市在发展外向型经济时，多表现出强烈的"独立意识"，特别是在招商引资过程中，土地竞相压价，优惠恶性比拼，将周边城市的种种投资者吸引到自己的地盘上来，从而严重削弱了外向型经济的总体竞争力。以开发区建设为例，尽管在舆论宣传上，中原经济区各地政府都一致呼吁要呼应郑州市，迎接辐射，但实际上各市与郑州市之间存在着明显的争投资、争项目、争人才、争原料等现象。这不仅客观上弱化了郑州市的中心优势，而且由于各自分散，形不成规模经济，致使地区整体利益受损。

（五）经济发展的软硬环境有待进一步优化

近年来，河南省的发展环境不断改善，但软硬环境仍存在不尽如人意的地方，严重阻碍了经济社会的发展。基础设施不能适应发展需要的状况仍比较严重，教育、医疗、卫生设施普遍不足，一些城市车辆堵塞的情况时常发生；现有产业多处于产业链的前端，与东部转移出的产业对接程度相对较弱；由于商务服务业、现代金融业等生产性服务业发展水平低，现代管理人才少，难以适应高端产业发展的需要；在一些地方仍然存在缺乏市场意识、缺乏诚信意识等现象，存在对企业服务意识差、服务能力差，甚至对企业"吃拿卡要"等问题。

此外，中原经济区协调发展过程中还存在不少亟待解决的矛盾和问题。主要是：区域内各城市发展定位和分工不够合理，各地比较优势和区域整体优势没有得到充分发挥，产业结构趋同化，过度竞争现象比较突出；区域政策缺乏衔接，行政界限阻隔，市场体系分割，造成生产要素难以在区域间自由流动，影响资源合理配置和资源利用效率的提高；区域竞争大于协作，区域协调发展的机制不完善；一些重大基础设施建设缺乏有效的配套与衔接，资源浪费与短缺并存；资源、环境约束日益明显，土地、能源资源紧张，环境污染较为严重，治理和保护环境压力增大；自主创新能力相对不足；等等。中原经济区一体化发展在面临重大机遇的同时，也面临严峻挑战，但机遇大于挑战。只要中原经济区各地区站在全局和战略的高度，坚持合作共享、互利共赢的方向，必能共同推动中原经济区实现率先发展、科学发展。

第二节　中原经济区协调发展的运行分析

中原经济区各地市之间的协调性和整合度较差，利益难以协调，产业结构不合理现象普遍，产业之间互补性不强，地区比较优势难以发挥，地方保护主义严重，区域市场难以建立，商品与生产要素难以在区域之间自由流动与优化组合。其直接原因是缺乏一套有效的联动机制和统一的区域协调机构。中原经济区一体化协调发展需要三大运行机制的保障，这三大机制包括分工机制、合作机制和利益协调机制。

一　中原经济区内部各区域的分工博弈分析

决定区域分工的因素不外乎来自区域之外和区域本身，可以将区域分工的动力机制概括为外力作用和内力作用。当然，外力作用与内力作用并非彼此孤立的，而是相互联系、相互渗透、共同促进区域分工。中原经济区区域分工的外力作用是应对国际经济和国内其他经济区竞争压力的外在促动，内力作用是加快地区经济自身发展的内在驱动。当然，中原经济区的区域分工还包括政府引导和企业参与的积极推动。尽管中原经济区存在区域分工的动力，然而一些区域博弈行为的存在也弱化了区域分工。

（一）区域利益主体博弈行为的具体表现

非合作博弈强调的是个人理性、个人最优决策，其结果可能是有效率的，也可能是无效率的。改革开放以来，地方政府已成为相对独立的经济主体，这必然促使地方政府不断追求当地利益的最大化。特别是在我国各经济区域板块经济差异明显拉大的情况下，各省区之间的非合作博弈屡见不鲜，主要表现在以下几方面。

1. 区域产业结构选择的博弈

我国在 20 世纪 80 年代曾经出现过重复建设的现象，由此而引发的区域经济冲突尚未得到根本治理，新的重复建设苗头就重新显现。从经济的总体趋势、未来的战略重点、产业的发展方向三个方面来分析，重复建设死灰复燃的可能性非常大。随着地方政府调控能力和投资能力的扩大，出于追求政绩的内在冲动和发展本地经济的外在压力，地方政府在执行中央相关产业政策时，往往偏重于发挥其选择、过滤功能，导致中央政策在地方实施中的阻力增大。区域间差距的扩大，加强了地方政府追求和保护地方利益的冲动。各地区纷纷在价高利大、投资周期短的工业领域进行激烈竞争，盲目引进，重复建设，结果在经济发展的同时出现了严重的区域产业结构趋同化。

2. 资源博弈

随着改革的深入，过去中央利用行政权力配置资源的方式逐渐淡化，地方逐步拥有了本地区资源的调控权力。各地区为保护本地资源，除采用一些正当策略外，还采用罚款、交通管制等地方保护主义手段在区域资源流动之间设置障碍，防止"资源外流"，于是，资源争夺战在区域之间展开。与此同时，一些地区以发展本地经济的名义，设置种种障碍限制本地区企业把资金、技术转移到其他地方，这对一些有潜力的企业进行市场扩张和规模经营产生了消极作用，也影响了产业的梯度转移。

3. 市场博弈

资本逐利的本性会促使企业在本地市场容量接近饱和的情况下寻求别的市场空间。然而，在既定的全国市场容量中，一个地区的一个企业产品的市场份额的增大必然导致别的地区的企业产品市场份额减少。因此，一些地方设置贸易壁垒，抬高市场准入条件，并对外来产品征收不合理税费。正是由于地方保护主义的存在，我国各地几乎都有自己的酒类、烟草产品等地方企业，这也是区域产业结构趋同的一个重要原因。

4. 执法博弈

在管理和执法方面，各地区利益主体都不同程度地存在为了本区域利益而失去公正执法的情况。一旦涉及跨区域的经济纠纷，地方政府一般都是偏袒本区域的企业，甚至运用工商、税务、公安、司法等方面的力量来维护本区域企业的利益。

上述行为弱化了区域分工，不利于区域比较优势的发挥，削弱了规模经济，宏观上阻碍了经济区域的一体化发展。

（二）中原经济区区域分工的博弈分析

中原经济区各地区资源禀赋、经济发展水平存在差异，具有进行区域分工与合作的客观基础和需要。通过区域分工与合作，可以优化资源配置，充分发挥各地区的比较优势，进而带来巨大的整体效益。但是在当前我国的区域经济关系中，区域之间的分工与合作还很不够，各自为战、区域产业"同构化"现象十分严重。当出现一个有增长潜力的新兴行业时，各地区不顾自身情况，一窝蜂地跟进，很容易造成严重的重复建设。区域之间重复建设造成了严重的后果：一方面，造成行业内的巨大内耗，限制了企业规模效益的发挥；另一方面，使各区域陷入重复建设→原料大战→市场封锁→价格大战的不良发展轨道。在中原经济区协调发展中应尽量避免此现象。

中原经济区各区域产业空间结构呈现不同特征，各地区都存在相对优势产业，而区域分工是区际经济联系的一种重要表现方式，是区域经济利益增长要求在空间的具体体现，是突破单个区域资源与生产率限制的一种有效途径。中原经济区区域内部分工形成的客观基础是区域差异和对区域整体利益的追求，即利益是驱动区域分工合作的根本动力。

传统的区域分工理论主要有亚当·斯密的绝对利益学说、大卫·李嘉图的比较优势理论以及俄林的生产要素禀赋理论。绝对利益学说认为任何区域都有生产某种产品绝对有利的生产条件，使生产成本低于其他区域；比较优势理论认为如果某地区在两种产品的生产上都存在成本优势，则主要生产具有相对优势的产品；生产要素禀赋理论则认为不同地区的自然资源禀赋差异是导致产品生产成本不同的根源。三种理论都认为成本优势是形成区域分工合作的动力基础[①]。下面将用博弈模型进行探讨。

假设中部地区 A、B 两个子区域都生产 X、Y 两种产品，但生产成本不同。表 7-3 中，在 X、Y 产品生产上，A 区域都拥有绝对优势，但根据 A、B 两区域 X、Y 产品的相对成本比较，A 区域在 Y 产品生产上具有比较优势，B 区域在 X 产品生产上具有比较优势。根据李嘉图的比较优势理论，

---

①　张敦富：《区域经济学原理》，中国轻工业出版社，1999，第 160～180 页。

A、B 两区域会进行生产分工，A 区域专门生产 Y 产品，B 区域专门生产 X 产品。但是，如果进行区域利益的博弈分析会得到不同的结果。

表7-3 A、B 两区域生产 X、Y 产品的单位生产成本

单位：元

地区	单位产品生产成本	
	X	Y
A	2	20
B	5	120

从中原经济区角度考虑，假设 A、B 两区域对 X、Y 产品的需求都为 5。分工前，为满足需求，两区域的总成本为 735 元（见表 7-4）。若分工后，X、Y 产品的生产成本由生产所在地确定，则 X、Y 产品的单位生产成本分别为 5 元与 20 元，于是两区域生产 10 个 X 产品和 10 个 Y 产品的总成本降低（见表 7-5）。

表7-4 分工前两区域为满足需求所耗费的成本

单位：元

地区	X 产品成本	Y 产品成本	总计
A	10	100	110
B	25	600	625

表7-5 分工后两区域为满足需求所耗费的成本

单位：元

地区	X 产品成本	Y 产品成本	总计
A	—	200	200
B	50	—	50

分工后，A、B 两区域以 250 元的投入满足了原来 735 元的投入才能满足的需求。这样，分工使区域整体降低了生产总成本，所以整体区域支持区域分工。

从区域合作各利益主体的角度考虑，假设 X、Y 产品的利润比率是 $1:M$。分工前，A、B 两区域各生产 1 个单位的 X、Y 产品（即一共各 2 个单位的 Y、X 产品）然后全部拿到市场上交换，所得利润以 X 产品的价格

利润表示。设 X 产品的单位价格是 N，则 A 区域的投资收益率为 $(1+M)$ $N/(20+2)$，B 区域的投资收益率为 $(1+M)N/(120+5)$。分工后，A、B 两区域各增加 2 个单位的专门化产品生产（总体上还是保证各 2 个单位的 Y、X 产品），然后交换，假设 X 产品的价格不变，那么 A 区域的投资收益率（生产了 2 个 Y 产品）为 $2MN/(20×2) = MN/20$，B 区域的投资收益率为 $2N/(2×5) = N/5$。这样，就可得到 A、B 两区域分工前后的收益博弈决策模型（见表 7-6）

表 7-6　A、B 两区域参加分工的博弈决策模型

地区 A		地区 B	
		分工前	分工后
	分工前	$[(1+M)N/22, (1+M)N/125]$	$[(1+M)N/22, N/5]$
	分工后	$[MN/20, (1+M)N/125]$	$[MN/20, N/5]$

如果 A、B 两区域都是理性的，那么它们参与分工的前提是分工后的投资收益率要大于分工前的投资收益率，而且一个区域是否参与分工是在假设对方也是理性的基础上做出的最优选择。对于 A 区域讲，其参与分工的基础是分工前与分工后的投资收益率之比要小于 1，对于 B 区域也是同理。以方程式表示为：

$$\begin{cases} [(1+M)N/22]/[MN/20] < 1 \\ [(1+M)N/125]/[N/5] < 1 \end{cases} \tag{7-1}$$

式（7-1）中，$M > 0$，$N > 0$。通过对不等式方程求解，得出只有当 $10 < M < 24$ 时，两区域才会达成一致意见实行区域分工，否则分工合作将无法实行。

综上分析，中部区域分工形成的客观基础是区域差异和对区域整体利益的追求。中部区域各省区是否主动参与分工，不仅取决于地区是否具有比较优势，而且取决于参加分工能否增加地区收益。如果分工后的收益大于分工前的收益，那么区域各省区会主动参与分工，否则可能不参与分工。

二　中原经济区内部各区域的合作博弈分析

在市场经济条件下，我国各区域逐渐成为独立的利益主体，各区域的经济发展转为以本地利益为导向。但由于各区域之间存在差异性，彼此之间又不能完全封闭，各区域或是难以承受巨大的投入和风险，或是

难以解决资源的有效匹配问题，因此区域靠自身的力量很难在市场上取得长远发展，需要建立一种既有制度约束又有利益驱动作用的区域经济合作机制。这种机制要既有利于市场经济原则发挥作用，又有利于发挥地方政府发展区域经济的积极性。然而令人不解的是，人们普遍倡导的区域经济合作为何难以实施？在单个主体经济利益的驱动下区域经济合作的目标如何实现？下面用博弈论的方法来探讨中部地区区域经济合作的实现机制。

（一）"囚徒困境"与区域经济合作机制的必要性

任何利益主体，无论是个人、企业还是政府，都是有限理性的，总是要通过各种努力尽量使自身或相关主体的利益最大化。然而必须注意，人们在追求自身利益时，其理性是有限的。在理性有限时，利益主体间，包括区域利益主体间，既可能合作也可能冲突。在区域经济领域，"囚徒困境"导致的局部利益与总体利益间的矛盾是市场难以解决的，这是政府运用区域政策干预区域发展的重要理由[1]。在这里我们引用博弈论的观点加以分析和解释。显然，我们可以把各区域主体的行为看作一个重作博弈的过程。所谓重复博弈，实际上就是同一个博弈反复进行所构成的博弈过程。由于重复博弈不是一次性的选择，而是分阶段、有先后次序的一个动态选择过程，因此它属于动态博弈的范畴。

基本模型：假定有 A、B 两区域，每个区域都提供私人产品与公共产品，且都存在对这两种产品的需求。这里只分析公共产品生产，假设生产公共产品的成本为 $2X$ 个单位，若公共产品生产出来，则每个区域都获得 Y 个单位的利益。

若 A、B 都有两种选择，即合作生产公共产品或不合作生产公共产品，则可得区域公共产品生产"囚徒困境"博弈的得益矩阵（见表 7-7）。

表 7-7　两区域博弈的得益矩阵

地区 A	地区 B	
	合作生产	不合作生产
合作生产	$Y-X,Y-X$	$Y-2X,Y$
不合作生产	$Y,Y-2X$	$0,0$

---

[1] 杨开忠：《中国区域发展战略研究》，海洋出版社，1989，第 52~59 页。

若 A、B 两区域都选择积极的合作态度并分摊成本，那么就会丧失"搭便车"而引起的发展本地经济的机会，但是能够因此而取得合作机会来发展地方经济。由于中原经济区内部各地区的资源优势、主导产业、生产力发展水平比较接近，实力相当，则每个区域的总利益为 Y，每个区域的成本为 X，净利益为 $(Y-X)$，各获预期收益 $(Y-X)$。若一方合作而另一方不合作，则合作方的净利益为 $(Y-2X)$，而不合作方的净利益为 Y，这是一种典型的"搭便车"选择，即一方让另一方生产公共产品而坐享其成的激励。在一方策略给定的情况下，另一方使自身利益最大化的最佳选择是不合作，如果双方只合作一次，则最终导致的结果是 $(0，0)$，即都不投资生产公共产品。

"囚徒困境"问题在公共产品生产领域的表现是公共产品供应不足。当公共产品生产领域生产不足时，每个区域都会期望上级或省级政府的财政分配能向本区域倾斜，在财政分配领域展开利益争夺，或者实力不强的区域采取机会主义态度，期望别的区域提供公共产品而自己"搭便车"。当相邻区域没有一个愿意投资区际公共产品，如跨界道路、输电设施等的生产时，政府必须直接投资或采取一定的政策诱使私人资本进入，并采取一定的政策措施限制甚至打击"搭便车"的区域机会主义者。这些只不过是众多影响区域经济一体化行为中的一部分而已。社会整体利益最大化的合作局面，在存在机会主义倾向时是无法达成的。在这种情况下，通过一定的区域机制的安排，实施区域合作的政策很有必要。

（二）模型的扩展：中原经济区内部各区域持续合作的条件

上述的分析展现给我们一个现实存在的困境：一方面，区域经济一体化合作发展是中原经济区内部各区域的必然选择；另一方面，在现有的市场体制和利益分配下，各区域之间进行合作又不太可能。如何使各区域间实现合作是我们要讨论的问题。根据博弈论的原理，纳什均衡的战略组合是由所有参与人的最优战略组成的，没有人会主动选择其他战略。我们可以通过博弈得益的改变对上述模型进行扩展，使各区域选择最优策略，从而改变均衡结果。

我们可以通过中央政府或省级政府在财政上补贴采取合作策略的地区（假如补贴 L，$L > X/2$）而惩罚采取投机策略的地区的办法来改变博弈得益（假如惩罚 L），改变得益后的矩阵见表 7 - 8。

表 7 – 8 　改变得益后的矩阵

地区 A		地区 B	
		合作生产	不合作生产
	合作生产	$Y - X + L, Y - X + L$	$Y - 2X + L, Y - L$
	不合作生产	$Y - L, Y - 2X + L$	$-L, -L$

由于 $L > X/2$，则 $(Y - X + L) > (Y - L)$，因而无论对方采取什么策略，合作是自己的最佳选择，双方最后都会选择合作，因此在此收益约束下，改变策略的动机不强。现实意义在于合作实现了宏观经济的最优收益状况，并具有相对的稳定性。在此博弈模型中，双方合作成为纳什均衡解，这使得在现实中实现最优策略组合，相对于双方不合作提高了宏观经济效益。

（三）模型的启示：中原经济区内部各区域合作规则的构建

区域经济合作的目的，从根本上说，就是通过行政性力量基于对市场规范的共识，扫除行政壁垒，促进区域内部要素的流动，实现资源的有效配置。在市场经济深入发展和各地方政府利益独立化的制度背景之下，区域经济合作是一种利益驱动下的战略选择。

通过以上对区域经济行为主体之间的博弈分析，可知在区域经济活动中，合作是有风险的，风险来自两个不对称：一是信息不对称；二是利益不对称。区域经济合作是有条件的，条件由两个内容组成：一是要有利益驱动；二是要有对不合作行为的约束。所以，区域经济合作机制的设计就应按照这个思路展开。我们把区域经济合作机制的内在构建概括为信息沟通机制、利益补偿机制、激励机制和约束机制。

1. 良好的信息沟通机制

实际上，由于资源禀赋等的差异，各地区之间客观上存在着通过互利合作而实现利益最大化的相互需要。只要能进行良好的信息沟通，建立双边或多边协商机制，降低交易费用，在一个相对规模较小的组织中，实现集体行动应该是可能的。信息经济学认为，达到帕累托效率最优状态的条件是完全信息。区域经济主体的行为决策是否有利于双方合作的展开，同样依赖于区域之间信息的对称性。为了使区域间的资源配置达到最优状态，首先要克服区域间信息不对称的缺陷。

各区域之间经济政策和相关措施的尽可能公开，可使任何一个地区增加经济合作中的可预测性，最大限度地减少由于相互信息封锁而导致的合作风险。

因此，区域经济合作机制的建立，首先就是要建立各个经济区域之间经济政策及其变化的政策信息沟通机制。信息公开，特别是地方性局部区域政策信息的公开是建立区域经济合作机制的基础性措施。

2. 区域经济合作的利益补偿机制

当前区际利益的矛盾，突出表现在地区间的利益分配上，按照博弈论的观点，作为制度交易博弈的行为主体，各方关注的都是自己一方的现实和未来利益。

仅靠合作中的诚信是不能维持长期合作局面的，因此，需要有一种促进合作的利益补偿机制来提高中原经济区内部各地区参与合作的积极性。加工制造业不发达地区长期处于向加工制造业发达地区提供廉价能源、原材料的地位。由于价格体系不合理，特别是某些矿产品和原材料价格偏低，能源、原材料在产业结构中占比重较大的地区，高成本的原材料往往以低于其价值的价格在市场上交换，这等于把这类地区的部分利益无偿地转移给资源加工地区。这些原材料在加工制造业发达地区经过深加工后，再以高价返回原材料产区。这种利益分配上的不平等，必然影响某些地区合作的积极性。因此，要促进区域经济合作就得建立利益补偿机制，协调区际利益分配，即重视原材料产区的经济利益，调动原材料产区的积极性，加工地区要主动让利，将利润的一部分返还给原材料产区，向原材料产区输出技术、资金和人才，强化相互之间的关联性和互补性。

3. 区域经济一体化合作的激励机制

区域经济问题是宏观经济问题，中原经济区又是涉及 5 个省 30 个地级市的经济区域，没有中央和省级政府的宏观区域政策规范，区域一体化合作发展是不可能持续、有效地推进的。中央和省级政府要强化对区域合作关系的支持力度，要用政策手段对区域合作给予鼓励和支持。例如，对区域合作项目的投资给予工具性政策的倾斜，对跨区域的企业给予工具性政策的优惠，对跨区域的产业给予目标性政策的扶持，对跨区域的合作开发给予制度性政策的肯定，等等，这一切将成为区域合作的原动力。同时，对于积极推进区域合作的部门和领导的政绩评价也应通过量化指标予以认可，以鼓励和推动区域合作。区域经济的主体发展本地经济的积极性无可非议，也不可挫伤，在市场经济条件下的区域间经济问题的解决既要靠市场机制，又要靠宏观干预。

4. 区域经济一体化发展合作的约束机制

为了防止区域经济合作中的机会主义行为，保障区域经济合作关系的健康发展，需要建立一种区域合作的约束机制。在我国，经济区域内缺乏一致性的规则，各地区在招商引资、土地批租、外贸出口、人才流动、技术开发、信息共享等方面的政策都存在很大的差异，这个问题不解决，区域政府合作就缺乏必要的制度保障。因此，在区域合作的进程中，区域政府间针对区域整体发展所达成的共识，必须要以制度性的合作规则来保证。这种区域合作约束规则的形成是地方政府间相互博弈的产物，体现了参与者的一致同意，应对违反"游戏规则"者与采取机会主义者予以充分的惩罚，以使违规者望而生畏。

三　中原经济区内部各区域的利益协调分析

在中原经济区内部各区域协调发展中不可避免地存在着一些冲突和障碍，因此必须建立区域利益协调机制。例如，中原经济区自古以来就是农业发达地区和粮食主产地，因而中央《指导意见》要求中部地区在加快工业化和城镇化进程的同时加快发展农业和加大粮食生产。中原经济区各地区就应该服从国家整体利益，不要盲目地争抢工业项目，更不要为了上新项目而占用大片耕地。为了调动各个区域的积极性，实现中原经济区的经济一体化，中央制定的农业生产补贴和转移支付之类的政策应该加大力度，给中原经济区内部粮食核心生产区牺牲的利益以足够的补偿。只有依靠中央和省级政府强有力的宏观调控手段，才能建立区域利益协调机制。

（一）利益协调机制的构建

区域经济合作中的协调机制是指参与合作的各方通过协商、谈判以及建立各种形式的经济组织等方式对相互间的政策及利益进行联合调节。目的是通过协调，彼此间能交换观点和信息，求得对共同利益的共识，以便采取相应的措施和行为，克服存在的矛盾、纠纷和冲突，保证合作的顺利进行。其实质是通过牺牲部分眼前的局部利益来谋取长远的更大的整体利益。

中原经济区各地区区域经济协调发展作为一种经济现象，其经济协调应通过不断的尝试进行动态修正。政策协调的本质是利益协调，中原经济区各地区区域协调中的利益包括两个方面：一方面是参与方各自的自我利益，另一方面是中原经济区的共同利益。前者是中原经济区各地区区域经济协调发展的出发点，其行为的基本准则是最大限度地实现自我利益；后者是前者的集合，是前者得以实现的基本保证。在实际的区域经济联动中，一方面，由于每一方都是从自我利益的角度从事活动的，利益上的差别和结构上的不平衡必然产生各行为主体利益上的差别和合作过程中的矛盾；另一方面，各成员又是共同利益实现的推动者。由于每一成员要求自我利益的实现得到有效的保护，中原经济区各地区区域联动的协调机制必须能做到按共同利益基础的必然要求对现实合作中所发生的矛盾进行调解，这种调解的基础是合作各方之间可以进行有效磋商。

合作成员可以进行有效磋商是指，如果合作成员各自策略的一个可行变化可以使所有合作成员都受益，那么在实际磋商中，他们就会同意做出这样的策略变化。能否进行有效磋商是区别合作博弈与非合作博弈的关键之一。通过有效磋商，中原经济区各地区区域经济联动各方可以建立一个利益平衡机制，使得合作中获益较少的成员确信暂时的获益受损可以从长期稳定的合作中得到补偿，而获益较高的成员会自愿在某些方面为其他成员的利益承诺一定的让步。也就是说，从长期看，一种稳定的经济联动会使所有合作成员分得大致公平的收益。

建立中原经济区各地区区域协调机制，中原经济区五省应建立促进中原经济区发展协调领导小组，统一规划、协调中原经济区发展，制定相关的扶持政策，避免低水平重复建设和结构趋同。各省应在协调领导小组统一规划指导下制定发展蓝图，组织定期的经贸洽谈会、地区政府间工作会议来协调地区制度的差异。

（二）利益协调机制的可行性

中原经济区各地区区域经济联动的利益协调，实际上就是参与合作的各方通过谈判进行讨价还价的过程。为了实现各自利益的最大化，各地区在谈判中是不可能完全将自己的实力暴露给其他各方的。在本书研究的中原经济区各地区区域经济协调发展中，参与联动的各方最终必须要达成有约束力的协议。我们假设中原经济区各地区区域经济联动协调是已经建立起的区域经济协调，因而协调机制着重解决的是"不利选择"问题。因此，中原经济区各地区的经济协调机制是对应参与合作各方对合作利益的不同要求，从而达成各种可能的谈判结局。

如果各地区都忠实地报告自己的类型，并遵守达成的协议，则中原经济区各地区各方可获得它的期望效用值，这一期望效用值反映了各地区对各种可能的利益分配方案的不同看法。由于中原经济区各地区各方的博弈类型真实与否无法证实，并且各方的行为是互相独立并由其自己控制的，因此中原经济区各地区区域经济联动的协调机制只能是激励相容的，"如实报告"才是由其所引致的贝叶斯谈判问题的解。由于中原经济区各地区区域经济联动的协调者是全体合作者共同利益的代表，因此在协调各方利益时必须既考虑各地区各自的利益，同时也要考虑全体合作者的共同利益（共同利益实现的前提是各方必须愿意参加合作）。当中原经济区各地区区域经济联动的协调机制可以保证各地区区域经济联动获益较多者承诺对合作中获益较少者给予合理的利益补偿，并且这种承诺可信时，都讲真话的策略便对全体合作者有利，即这时的协调机制是激励相容的。对中原经济区各地区区域经济联动的协调者而言，只有各方如实报告自己的类型，协调者才能准确把握其真实利益之所在，做出使合作者各自所追求的利益目标与全体合作者共同追求的利益目标趋于一致的利益协调。

如果中原经济区各地区区域经济联动协调机制是个体理性的，当且仅当它满足下列的参与约束条件，即只有当参与协调至少与不参与协调的结果一样好时，了解自己类型的合作者才会同意参与协调。不失一般性，我们可以认为，只有对中原经济区各地区区域经济联动所有类型均得到满足的协调机制才是合作者能够认可的机制。

如果一个中原经济区各地区区域经济联动的协调机制是可行的，当且仅当它是激励相容的和个体理性的，这里"可行"的含义就是可实现。上述分析给出了中原经济区各地区区域经济联动的协调机制在协调利益时应该满足的条件，也就是中原经济区各地区区域经济联动协调者在协调各方利益时应遵循的基本原则。

（三）利益协调机制的有效性

从上述分析中我们可以看到，可行的中原经济区各地区一体化协调机制不是唯一的。显然，不同的中原经济区协调机制对参与合作各成员的福利影响是不同的。因此，我们有必要进一步研究可行的协调机制是否是有效的。

必须明确，我们要从一个局外人的角度来分析信息不完全情况下中原经济区各地区协调发展博弈的局中人的行为是否有效，分析不能基于中原经济区各地区区域经济联动局中人的私人信息（类型）。一个中原经济区协调发展局外人也许能够明确说明谈判结局是如何与局中人的类型有关的，但在不知道各地区协调发展联动局中人真实类型的情况下，一般他是无法预测实际的谈判结局的，他可以分析协调机制，但不是谈判结局。在信息不完全的博弈中，有效性的概念应该是针对机制，而不是结局，确定一个实际各地区一体化联动机制有效与否的标准应该只依赖于各地区区域经济联动博弈的公开结构，而不是只有各地区一体化联动局中人个人才了解的私人信息。

中原经济区各地区区域协调机制有效的定义就应有如下含义：各地区区域经济联动协调机制是有效的，当且仅当不存在其他可行的机制使得有些局中人福利状况变得更好，同时也不使另外一些局中人的福利状况变坏。但是，这样的定义在形式上显得太宽泛。在实际中，我们必须说明，在确定各地区区域经济联动局中人福利状况是变得更好或更坏时，应该考虑需要哪些信息。

由于在信息不完全博弈中，在选择各自的行动和策略之前，中原经济区各地区各方只知道自己的类型而不知道任何其他各方的类型，因此最合适的有效性概念应当是在可行的激励相容协调机制集合中的暂时有效性概念，简称为激励有效性。

也就是说，中原经济区各地区区域经济联动协调机制应该是在不断地修复和完善的，没有永恒不变的协调机制。

四　结论与讨论

由以上中原经济区协调发展运行机制的分析可以看出：目前我国经济区经济还是行政区经济，行政区与经济区之间的各种矛盾，使区域内统一的共同市场难以形成，最终导致这个区域的经济增长的成本加大，增长速度放缓，严重地阻碍了经济区的进一步发展。在经济全球化和区域经济一体化的新阶段，这种以行政区划捆死各地手脚、阻碍地区间一体化发展的格局，再也不能继续下去了，必须打破行政区障碍，实现从行政区经济向经济区经济的转变，才能整合经济区内的各种资源，使经济区在全球区域经济竞争中发展成为辐射力更强大的经济圈，成为世界最具活力的经济区域，从而提高整个区域的竞争力，提高整个国家的竞争力。

在构建中原经济区一体化联动发展的运行机制过程中，要处理好以下几个关系。①行政区与经济区的关系。区域经济发展，既要跳出行政区，又必须依托行政区。跳出行政区，就是要消除地方保护主义，突破行政区划的界限，建立统一开放的市场体系，跨越行政区组织区域经济发展；依托行政区，就是要充分发挥地方政府的引导和推动作用，营造有利于经济合作与发展的氛围，改善投资和发展环境。中原经济区必须积极探索行政区管理和经济区组织区域经济发展有机结合的新模式，在破除市场壁垒、加强统筹规划、共建共享基础设施、协调发展政策等方面进行有益的尝试。②整体和局部的关系。区域发展既要注重整体利益，也要发挥局部的积极性。没有整体观念，就不能共同构成一个经济区域；局部得不到充分发展，整体利益也就难以保证。推进区域经济协调发展，关键还在于整体利益能否得到充分重视。中原经济区各省市都应当把各自的发展放到整个经济区整体经济格局中去审视、去对接、去融合、去推进，加强发展战略、目标和任务的衔接协调，促进整体发展。③竞争与合作的关系。区域合作并不是不要竞争，没有竞争反而会失去活力，失去活动也就不会有发展，但竞争过度又会形成内耗。加强区域合作，不能回避竞争，但一定要避免过度竞争和恶性竞争，区域之间的竞争应当是发展质量的竞争。因此，要处理好竞争与合作的关系，通过整合资源、合理分工、发挥优势，实现共同发展。

从总体上说，经济区是各省各地区的经济联系，不应该过分强调行政区划。行政区是相对固定的，而经济区可以是交错的。在市场经济条件下，对资源配置起基础性作用的不是行政手段，而是市场导向。生产要素的流向，不是行政区划所能约束和改变的。我们不是不要行政区划，而是不要画地为牢，互相封锁。在经济活动中，应该按照市场经济的规律，弱化行政区概念，强化经济区概念，打破地域界线，扫清体制障碍，完善各项服务体系，以开阔的视野、开放的胸襟，探索优势互补、利益共享、多边联动的协作机制，实现人流、物流、资金流的畅通，提升整体经济发展水平。

第八章
郑州新区三次产业融合
发展及前景展望

产业融合是建立在科技发展并不断融合基础之上的新型产业革命，它将导致社会经济系统的深刻变化。产业之间的渗透融合日益清晰地向人们展现 21 世纪产业的发展趋势。郑州新区产业融合发展模式对郑州市转变经济发展方式、加快城乡一体化发展将起到重大作用，对河南省其他地市的城市建设也将会起到极大的示范和引领作用。

第一节　郑州新区三次产业融合的背景

通过加快城市或城市群发展从而带动地区的经济发展，是发达国家现代化进程中的一条重要经验，也日益成为一些发展中国家或地区实现经济社会跨越式发展的必然选择。

一　郑州新区的战略地位

2008 年 2 月，《郑汴产业带总体规划》由河南省政府批准实施。2009年初，河南省委、省政府做出规划建设郑汴新区的重大战略决策。2009 年 1月，河南省十一届人大二次会议审议通过的《政府工作报告》中，确定了中原城市群"一极两圈三层"的战略构想。其中，"一极"就是指构建带动河南省经济社会发展的核心增长极，即"郑汴新区"（规划面积约 2077 平方公里，其中郑州新区约 1840 平方公里，约占总面积的 89%）①。

---

① 根据规划，郑州新区西起郑州市主城区的中州大道，东至中牟县东边界，南至航空港区，北至黄河大堤，下辖郑东新区、郑州经济技术开发区（含郑州出口加工区）、郑州航空港区、中牟产业园区、郑州九龙国际产业（物流）园区和中牟县，即"五区一县"。

郑州新区作为郑汴新区的主要空间区域，是中原城市群建设的重中之重。规划建设郑州新区，是河南省委、省政府加快建设中原城市群、培育河南省经济社会发展核心增长极、加快中原崛起的重要战略举措。

依托郑州市，加快建设郑州新区，是作为内陆省份和全国综合交通枢纽的河南省加快构建现代城市体系、现代产业体系和自主创新体系的重要载体，是加快"两大跨越"、实现中原崛起的必然选择。

二 郑州新区的产业定位

早在 2003 年，河南省委、省政府就为加快河南省及郑州市的发展，制定实施了《中原城市群总体发展规划纲要》，明确提出建设以郑州市为核心的中原城市群。2006 年 3 月，河南省政府批准实施《中原城市群总体发展规划纲要》。为加快建设中原城市群，实现中原崛起，河南省委、省政府审时度势，抓住机遇，深入贯彻落实党的十七大精神，将郑州新区建设成"复合型城区""三化两型示范区"，通过建立产业合理布局与有序发展的导向机制，打造一流的现代产业体系。其产业发展战略定位为构建中部战略崛起的核心产业基地、培育河南战略提升的主导产业体系、打造郑州战略转型的功能示范区域。

三 复合型城区理念的内在要求

郑州新区作为改革发展的重要窗口，其建设的最大特点就是坚持集聚拉动，以此来推动产业与城市融合发展，通过农业、工业和服务业之间的相互关联，形成产业与城乡相互依托、相互循环的良性发展格局，最终促成整个郑州新区产业结构的高度化、合理化，并架构出融合性的产业新体系，将郑州新区规划建设成为城中有乡、乡中有城的现代复合型新城区。

四 郑州新区产业发展规划建设的特点

以产业融合、生态轴线联结等功能所形成的复合型城区。郑州新区规划建设的定位是力争在"复合型城区""三化两型示范区"核心理念的指导下，采取轴线组团发展模式，形成"两轴两带八组团"的发展格局，建立产业合理布局与有序发展的导向机制，通过实现产业链的横向和纵向延伸扩展，形成第一、第二、第三产业的循环发展，走出一条不以牺牲农业和生态为代价的"三化"协调发展示范之路。

产业生态系统与自然生态系统镶嵌融合。产业生态系统是社会－经济－自然复合生态系统。郑州新区各组团之间专门设置了生态走廊，生态走廊里不准搞建设，保持区域的环境畅通。同时，统筹配置商业金融、文化娱乐、体育、医疗卫生、教育科研、社会福利等社会服务设施，实现城乡资源共享、社会服务均等化，以最终推进经济、社会和生态环境的可持续发展。

第二节　"十一五"时期郑州新区三次产业的
业态分布及发展状况

郑州新区具有良好的产业资源基础和产业发展态势，"十一五"期间，通过加快推进新型工业化、新型城镇化和社会主义新农村建设，国民经济保持高速增长，人民生活进一步改善，经济总量翻了一番，综合实力快速提升，区域发展的聚集吸引力、带动辐射力、发展协调性进一步增强，表现出充满活力、快速崛起的发展态势。

一　郑州新区产业资源分布及现状基础

（一）郑州新区产业资源总体分布优势明显

从经济发展上看，郑州新区处于发展初期，区域经济贡献度相对较低，尚未发挥核心经济增长极作用，但近些年呈现较快发展势头。2007 年底，郑州新区总人口约 110.9 万人，占全市人口的 15.1%；城镇人口约 52.1 万人；城镇化率为 47%。

郑州新区三次产业的业态分布主要集中在郑东新区、经济技术开发区、中牟县及航空港区建成区内，其他区域以农业为主，金融、汽车及零部件制造、医药制造、物流、电子信息、食品加工等具备一定产业基础。郑州新区产业发展现状及产业资源见表 8－1。

2010 年，郑州新区着力培育汽车、物流、电子信息、食品加工等六大产业，新开工项目 58 个，总投资达 1800 亿元。郑州东部经济一体化、建设大郑州等一系列重大战略举措的出台，为郑州新区的发展带来了前所未有的历史机遇，郑州新区的产业资源优势得到充分发挥。

表 8 - 1　郑州新区产业发展现状及产业资源

功能区/行政区	发展现状	主要产业	代表项目/企业
郑东新区	截至2009年,建成面积累计达到60余平方公里,银行、保险、证券、企业总部等400余家企业入驻,规划建设14所高校	金融、会展、专业服务、教育、物流	国际会展中心、会展宾馆、综合交通枢纽
经济技术开发区	发展较为成熟,基础设施覆盖面积30余平方公里,聚集各类项目1506个	汽车及零部件制造、食品加工、装备制造、新能源及节能环保	海马汽车、郑州日产、益海嘉里、雅士利、郑煤机
出口加工区	A区位于经济技术开发区,目前共计开发面积约0.9平方公里;B区5平方公里位于航空港区,尚未开发	半导体、电子信息、超硬材料精细加工、轻纺服装	晶诚科技、硕大、台钻、朝歌精纺
九龙国际产业(物流)园区	属于中牟县,由经济技术开发区托管,未大面积开发	—	规划有新加坡国际物流园区
航空港区	依托新郑机场,目前入驻企业以食品加工与医药制造为主	食品加工、农副产品加工及制药、物流	好想你、统一
中牟产业园区	原郑汴产业带,未大面积开发,有大量职业学校入驻,白沙组团有少量项目,官渡组团几乎没有	农副产品深加工、医药制造、职业教育、电子信息	紫光科技、宇通
中牟县	大型龙头带动项目少,汽车产业园与中小企业创业园入驻项目少	汽车、医药、农副产品加工等	海马、日产、红宇

(二) 三次产业总体发展态势良好

"十一五"期间,郑州新区地区生产总值总量在2005年突破100亿元的基础上连年迈上新台阶,2007年达220.27亿元,2009年突破300亿元,达347.88亿元,占郑州市经济总量的10.5%。"十一五"前四年,郑州新区地区生产总值年均增长20.3%(按可比价格计算,下同),比全市年均增速高6.1个百分点。其中,第一产业年均增长5.0%,第二产业年均增长22.3%,第三产业年均增长25.5%。经济呈现高速增长和跨越式发展的良好态势(见图8-1)。

(三) 产业结构优化升级趋势凸显

近年来,郑州新区不断致力于经济结构调整,产业结构发生明显变化。三次产业比例由2005年的22.0:45.4:32.6,调整为2009年的11.9:49.9:38.2。2009年全部工业增加值为140.2亿元,年均增长20.9%,

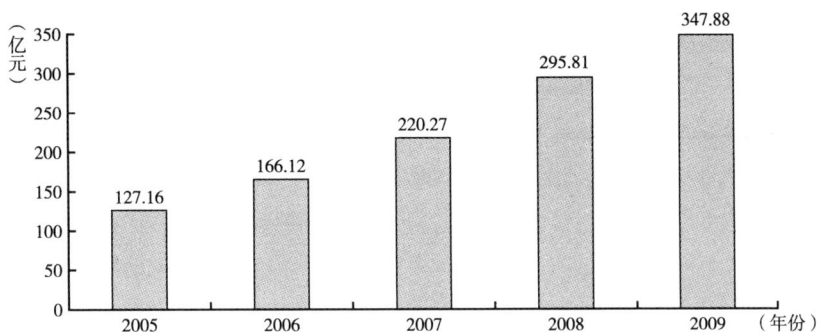

图 8 - 1　"十一五"期间郑州新区经济总量完成情况

工业拉动经济增长作用显著；第三产业增加值达到 132.92 亿元，年均增长
25.5%，金融业、房地产业、会展等现代服务业发展势头强劲；农业经济规模
化、产业化经营进程加快，现代农业示范园区和龙头企业发展取得新成效。第
二、第三产业快速增长，农业经济比重剧降，产业结构不断优化（见图8 - 2）。

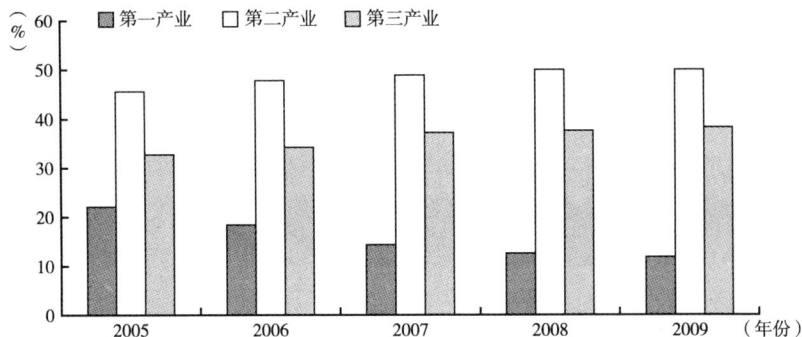

图 8 - 2　"十一五"期间郑州新区生产总值中三次产业的比重变动情况

（四）工业经济效益指标向好

"十一五"期间，随着大力推进经济发展方式的转变，郑州新区工业经
济效益总体呈现不断上升的良好态势。2009 年郑州新区规模以上工业完成
主营业务收入 410.70 亿元，实现利润 43.87 亿元，上缴税金 20.44 亿元，
分别比 2005 年增加 298.15 亿元、37.09 亿元、14.81 亿元，前四年年均分
别增长 38.2%、59.5% 和 38.0%。内部结构上，交通运输设备制造业和非
金属矿物制品业是主导行业，其主营业务收入占规模以上工业的 31.9%
（见表 8 - 2）。

表8-2 "十一五"期间郑州新区规模以上工业主要经济指标发展情况

单位：亿元，%

年份	主营业务收入				利润				利税			
	规模以上工业		非金属矿物制品业	交通运输设备制造业	规模以上工业		非金属矿物制品业	交通运输设备制造业	规模以上工业		非金属矿物制品业	交通运输设备制造业
	绝对值	比上年增长*	绝对值	绝对值	绝对值	比上年增长*	绝对值	绝对值	绝对值	比上年增长*	绝对值	绝对值
2005	112.55	—	33.86	6.10	6.78	—	0.88	1.26	12.41	—	1.33	3.04
2006	164.29	44.5	40.16	12.38	11.25	58.4	1.34	1.95	19.78	54.2	1.96	4.44
2007	224.78	35.8	51.64	23.93	18.80	67.1	3.81	2.70	32.51	64.4	5.37	6.11
2008	337.85	50.7	63.45	43.69	35.66	67.7	7.51	4.17	53.21	62.1	10.19	8.10
2009	410.70	20.8	76.60	54.53	43.87	22.0	8.04	3.09	64.31	19.9	10.77	2.39

注：*为按可比价格计算。

二 "十一五"时期郑州新区各区域三次产业的业态分布及总体评价

（一）郑东新区服务业集聚效应逐步呈现

"十一五"期间，郑东新区城市建设日新月异，经济总量迅速扩大，综合实力不断增强，形成了以第三产业为主体，金融业为重点，文化、教育、卫生医疗齐备的宜居新城区，进入发展提高阶段。截至2009年，建成区面积达60余平方公里，绿化面积达1173万平方米，中央商务区绿化率突破51%，成效显著，入住人口突破24万人。

郑东新区各功能区产业发展呈良好态势。其一，CBD（中央商务区）金融、会展、商务、文化中心作用日益明显。2009年郑东新区金融业实现增加值22.25亿元，占郑东新区经济总量的43.1%，成为郑东新区第一支柱产业。其二，龙湖南区成为功能齐全的高品位宜居区域。2009年郑东新区支柱产业之一的房地产业，实现增加值13.07亿元，占第三产业增加值的28.2%，"十一五"期间年均增长72.4%。其三，商住物流区成为行政办公和物流产业集聚区。30余家行政事业单位先后入驻，形成了以金水东路为轴线的行政办公区。其四，龙子湖区成为集教育科研为一体的人才聚集区。第一批进驻的7所高校一期工程投入使用，开发建设面积达192万平方米，入住师生突破 6 万人。其五，科技物流园区成为科技创新基地和现代物流中心。科技物流园区 2008 年已完成投资 9.3 亿元。

郑东新区各功能区产业发展呈多元化趋势。随着郑东新区城市功能的逐步完善，金融保险、会展物流、文化及商业服务业项目纷纷入驻，郑东新区产业呈现多元化发展趋势。一是金融保险、总部经济初具规模。15 家省级金融机构、30 余家企业总部入驻办公，金融保险、咨询中介、文化传播、商业贸易等一批特色产业逐步形成。二是房地产业快速发展。随着全国知名房地产企业云集，郑东新区房地产业得到飞速发展。三是会展物流业水平不断提高。郑州国际会展中心先后承办了 120 余次大型展会，并带动了相关产业的快速发展。四是文化产业基础扎实。会展中心、艺术中心等已成为郑东新区新的文化亮点。中原出版传媒投资集团、世界客属文化中心、河南报业集团传媒大厦等项目的建设，为打造新的城市文化中心区奠定了基础。

（二）郑州经济技术开发区主导产业、新兴产业优势突出

郑州经济技术开发区是河南省唯一的国家级经济技术开发区，是一座具有产业集聚功能和配套服务设施的工业新城，是郑州市外资企业、工业企业和出口加工企业的聚集地。经过 10 多年的建设发展，郑州经济技术开发区实现了阶段性的跨越，站到了一个新的战略起点上。2009 年郑州经济技术开发区总收入达到 60 亿元，工业总产值 77.578 亿元，实现利税 1.6378 亿元，出口创汇 1.8538 亿美元，全口径财政收入 22 亿元，地方一般预算收入 4.8 亿元。

"一区多园"格局形成。郑州经济技术开发区以龙头项目为主导，全力培育 8 个销售收入超百亿元的产业集群，目前已形成了以郑州出口加工区、河南留学人员创业园、科技创业园三个政策性园区和汽车工业园、信息产业园两个产业园区为主体的"一区多园"发展格局，初步形成了电子信息、电力器材、机械装备、印刷包装等支柱产业。

主导产业、新兴产业后发优势明显。郑州经济技术开发区进一步发展壮大四大主导产业，即汽车及零部件、食品加工、装备制造、电子信息和现代物流业。截至 2009 年底，四大主导产业已经形成规模，在产值、利税、产业升级等方面带动作用日益明显，并呈现竞相发展、交相辉映之势。总投资 80 亿元、年产 30 万辆整车和 30 万台发动机的海马汽车项目已正式下线；总投资 30 亿元、年产 30 万辆商用车的郑州日产第二工厂项目相继开工建设。同时，积极培育新能源及节能环保产业、现代服务业两大新兴产业，积蓄了产业发展的后发优势，使两大新兴产业成为全区、全市乃至全省工业发展的亮点。

（三）郑州航空港区临空产业和临空经济初具规模

郑州航空港区是围绕郑州新郑国际机场开发建设起来的一个重要的经济发展区域，已初步形成了食品饮料制造、印刷包装、精细化工、电子信息、药品制造和物流业等支柱产业。郑州航空港区各产业发展主要呈现以下几个方面的快速发展态势。

现代物流、交通运输等产业快速发展。郑州航空港区具有四通八达、十分便捷的交通优势，郑州机场高速、开封机场高速、郑州少林高速、京港澳高速、连霍高速、绕城高速、洛南高速以及 107、310 国道均在航空港区交会，市区至机场快速路、轻轨六号线、"四港"联动大道等将航空港区与郑州市区连为一体，可实现航空、轻轨、公路之间"零"换乘。

临空产业和临空经济初具规模。目前，累计入驻境内外投资企业 108 家，其中外（台）资企业 29 家，实际到位资金 40 亿元（不含机场建设和航空公司基地建设投入），初步形成了食品、印刷、制药、物流四大产业集群，呈现国际与国内知名品牌、台（外）资与内资企业良性互动，共同发展的良好局面。

（四）中牟产业园区：搭建优势产业集聚的良好平台

中牟产业园区作为郑州新区的重要组成部分，以大项目建设为龙头，推动优势产业集聚。据统计，截至 2009 年底，中牟产业园区已先后签约项目 49 个，协议总投资 308 亿元，其中国内 500 强项目 5 个，投资 30 亿元以上项目 4 个，其余单个项目投资均在亿元以上。

中牟汽车工业园是河南省重点产业集群之一。在中牟汽车工业园起步区，错落排列着郑州日产、海马商务、河南红宇 3 家汽车整车制造企业，占全省汽车制造的半壁江山。而围绕这 3 家工厂，星罗棋布着郑州泰新、江铃底盘、重庆华达等 10 多家汽车零部件生产企业。据调研，为确保汽车工业园区与城市发展协调一致，中牟县专门委托中国城市规划设计院编制总体规划，设置了汽车整车生产区、汽车零部件生产区、标准化厂房示范区、仓储物流区、商贸展示区、行政服务区、生活服务区七大功能分区。中牟产业园区已逐渐打造成集汽车及配件生产、销售、维修、展览为一体的重要基地，是一座真正的汽车城。

（五）郑州九龙国际产业（物流）园区：物流产业示范基地带动效应明显

郑州九龙国际产业（物流）园区是郑州市新规划的 15 个物流园区之

一，该项目的规划已经完成，并在 2009 年 11 月获得河南省政府的批准实施。目前规划区招商进展顺利，中外多家知名物流企业进驻。该区通过大力发展和引导运输型物流企业、仓储型物流企业和综合服务型物流企业入驻园区，将使其逐步成为中西部地区优势突出的国际贸易窗口、一流的物流产业示范基地和全国重要的商品集散地。

2010 年 7 月，新加坡物流产业园[①]作为郑州九龙国际产业（物流）园区的一部分，选址在郑州经济技术开发区东部、郑州九龙国际产业（物流）园区内，控制面积约 10 平方公里。该项目作为我国河南省与新加坡两地政府重点合作项目，双方将共同投资 30 亿 ~ 50 亿元，用 5 年的时间建成。

（六）中牟县三次产业快速发展，产业层次不断攀升

中牟县位于郑州市的最东端（见图 8 - 3），农业发展基础好，拥有中牟大白蒜、中牟西瓜、雁鸣湖大闸蟹等特产，是河南省最大的奶源和水产基地。工业在国民经济中已占据主体地位，形成了汽车制造和农副产品加工两大优势产业，目前已形成了以郑州日产、红宇机械、康立制药等为龙头的一大批工业群体。其历史文化悠久，拥有丰富的文化旅游资源。"十一五"以来，中牟县经济社会得到了长足发展，经济社会发展成效显著。2009 年中牟县实现地区生产总值 222.58 亿元，财政一般预算收入突破 9 亿元，规模以上工业增加值 76.6 亿元，全社会固定资产投资 258.09 亿元，城镇居民人均可支配收入 1.3 万元。

其一，中牟县三次产业结构不断优化，经济素质整体提高。中牟县近年来产业快速发展，产业层次也不断提高。2004 年中牟县实现生产总值 71.1 亿元，三次产业比例为 28.4∶43.0∶28.6，城镇化率为 29.9%；2008 年全县实现生产总值 193.3 亿元，三次产业比例为 19.6∶52.4∶28.0，城镇化率为 34.12%；2009 年全县生产总值完成 220 亿元，三次产业比例为 15.5∶57.7∶26.8。经济结构更趋优化，综合实力不断提升。

其二，农业基础地位得到加强，农村经济稳定增长。目前，"县南林果牧、县中瓜蒜菜、县北水面种植和水产养殖"的产业布局已经形成，设施农业、精品农业、标准化农业、无公害农业、生态农业相继形成规模效应。2009 年中牟县农业增加值达 36.7 亿元，比 2005 年增加了 12.3 亿元。

---

① 李凌：《郑州国际物流产业园吸引新加坡企业入驻》，《东方今报》2010 年 7 月 2 日。

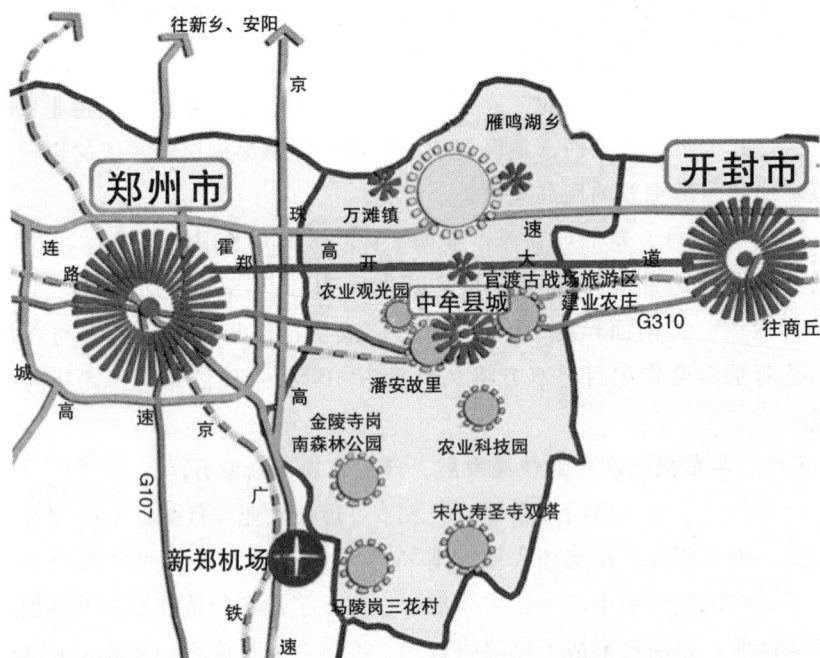

图8-3 郑州新区所辖中牟县区位

其三，工业化进程明显加快，项目建设硕果累累。中牟县承接和吸纳了大批技术设备先进、竞争实力强的优秀企业入驻，使工业经济规模迅速膨大，2009年全县新签约项目60个，协议资金617亿元，其中超亿元项目34个。全年合同利用外资1.17亿美元，实际利用外资6120万美元，同比分别增长724.7%、24%。2009年中牟县完成工业增加值101.1亿元，工业增加值占全县生产总值的比重由2004年的38.2%提高到49.5%。

三 "十二五"时期郑州新区产业发展的阶段性特征

一个地区的产业发展具有明显的阶段性特征。对区域产业发展阶段的分析，有利于从区域发展的实际出发，了解区域产业发展的趋势和规律，从而为区域发展决策提供依据。判断一个地区的经济发展阶段，必须建立比较科学的评价指标和选择适当的判断标准。在这方面，西方学者库兹涅茨、钱纳里等进行了大量的分析研究，得出了经济发展规律性的一般结论。为了便于分析和进行国际比较，我们将以上述经济学家的研究结果，作为衡量和判断郑州新区经济发展阶段的标准，以三次产业结构和城镇化水平等主要指标，进行比较和判断。

（一）三次产业结构所呈现的经济发展阶段特征

产业结构水平是一个地区的经济实力和技术进步的重要标志，产业结构的优化，是实现经济跨越式发展的前提。因此，产业结构水平是衡量一个国家或地区经济发展水平的不可缺少的重要指标。美国著名的经济学家库兹涅茨在其代表作《各国的经济增长》一书中，研究分析了国民生产总值、产业结构等在经济增长不同阶段的变化，总结出了现代经济增长的条件、方式、内容、趋势和规律。表8－3反映了库兹涅茨三次产业结构与经济发展阶段的关系。

表8－3　库兹涅茨三次产业结构与经济发展阶段的关系

三次产业 GDP 结构			工业化时期	经济发展阶段
第一产业比重	第二产业比重	第三产业比重		
＞33.7	＜28.6	＜37.7	前工业化阶段	初级产品生产阶段
＜33.7	＞28.6	＞37.7	工业化初期	
＜15.1	＞39.4	＞45.5	工业化中期	工业化阶段
＜14.0	＞50.9	＞35.1	工业化后期	
＜10.0	＞50.0	＞40.0	后工业化阶段	经济稳定增长阶段

资料来源：参见〔美〕西蒙·库兹涅茨《各国的经济增长》，常勋等译，商务印书馆，1999。

2009年郑州新区三次产业比例为11.9：49.9：38.2。在三次产业的构成中，第一产业比例与工业化后期阶段的水平相符，第二产业比例与工业化中期阶段的水平相符，第三产业比例达到了工业化初期的标准值。因此，从产业结构水平来看，目前郑州新区的经济发展阶段可基本判断为已进入库兹涅茨模式的工业化中期向工业化后期过渡的阶段。

（二）城镇化水平所呈现的经济发展阶段特征

城镇化水平一般用城镇化率来衡量。钱纳里等经济学家曾如此概括经济发展与城镇化之间的对比关系：当城镇化率在20.0%以下时，被认为是非城镇化；城镇化率超过20.0%低于32.0%时为工业化准备期；超过32.0%低于36.4%时为工业化初期阶段；超过36.4%低于49.9%时为工业化中期阶段；超过49.9%低于65.2%时为工业化成熟期阶段；在后工业化阶段，即经济稳定增长阶段，城镇化率在65.2%以上；当城镇化率超过70%时，被称作高度城镇化。表8－4反映了钱纳里城镇化率与工业化发展阶段的关系。

表8－4 钱纳里城镇化率与工业化发展阶段的关系

单位：%

城镇化率	工业化时期	经济发展阶段
<32.0	工业化准备期	初级产品生产阶段
<36.4	工业化初期	工业化阶段
<49.9	工业化中期	
<65.2	工业化成熟期	
>65.2	后工业化阶段	经济稳定增长阶段

资料来源：参见〔美〕H. 钱纳里等《工业化和经济增长的比较研究》，吴奇等译，上海三联书店、上海人民出版社，1989。

"十一五"期间，郑州新区的城镇化水平发展非常快，平均每年提高3.5个百分点。2009年郑州新区城镇化率为50.4%，按照钱纳里等人的研究理论，郑州新区城镇化水平所呈现的经济发展阶段为刚走完工业化中期。

综上所述，各项指标进展并不平衡，滞后与趋前形成一定的落差，难以同各种"标准模式"一一对应。郑州新区地处中原腹地，从发展的现实来看，工业化和城镇化还在持续扩张，工业转换升级还在持续进行中。因此，从整体上判断，郑州新区经济发展水平还是处于工业化中期阶段，但距工业化后期阶段越来越近。因此，"十二五"期间，郑州新区将继续致力于充实和提高工业化中期的发展水平，走完工业化中期后半阶段，通过产业融合促进制造业服务化，为向工业化后期、后工业化转变做好充分准备，到2015年接近后工业化期的发展水平，形成以消费和服务业带动为主的经济增长模式，实现郑州新区的快速发展。

第三节 "十二五"时期郑州新区三次产业融合的重点关联产业及目标

大力实施以现代产业体系建设为重点的郑州新区产业融合规划建设，通过所辖各区县的优化整合，由三次产业各自发展向三次产业融合协调发展转变，将大大增加区域规模，极大丰富产业种类，更加完善经济社会结构，发挥出强大的系统效应。最终实现郑州新区所辖各区县由产业节点向产业链条转变，由产业分散发展向产业集群发展转变，实现生态、自然和可持续发展，真正形成现代化的经济社会发展格局和现代化的城市新区框架。

一　郑州新区产业融合提升产业结构高度化的作用机制

产业融合对产业结构升级具有明显的提升作用。产业融合作为生产力进步和产业结构高级化的必要条件，通过产业间的联系和渗透，将促使产业结构不断调整以适应新兴技术变革的要求，从而达到资源优化配置和产业结构提升的效果。根据产业结构理论，在工业化和城镇化发展的中后期，产业结构的转型和升级开始出现了一种被称为"去边界化"的趋势，而这种趋势实际上就是我们要研究的产业融合的发展趋势。产业融合正成为传统产业创新的重要方式和手段。郑州新区产业融合对产业发展将产生较大的影响。

（一）"片区＋轴线＋组团"发展模式将使区域产业结构呈现多元替代融合

根据该区域的空间构架和产业分布特征，整个郑州新区产业构成"一轴三带八组团八片区"的布局发展模式，改变了传统产业结构高度化的线性部门替代的发展路径，必将出现多元产业替代现象。郑州新区"片区＋轴线＋组团"各产业规划建设的同步性，将会使各产业部门的技术进步周期基本上处于同一步调，并具有相同的技术进步速率。与此同时，数字技术在各产业部门的运用，与其专用技术相结合，也会在不同程度上影响和改变其专用技术的生命周期及其阶段性，从而延缓和减轻技术进步速率下降的程度。这就意味着导致产业增长减慢的技术因素被削弱了，通过产业融合将促进行业结构的升级。

（二）产业融合化发展将完善郑州新区制造业和服务业的产业链

郑州新区的产业发展规划从一开始就由注重现代制造业向现代制造业与现代服务业和现代农业并重转变，优化了郑州新区的产业结构，使郑州新区各功能区中的产业链更加完整。现代制造业基地的生产活动，要求辅之以现代物流与信息手段。加快郑州新区国际物流中心和金融商贸中心的建设，有利于提高制造业的生产和流通效率，特别是伴随第三方、第四方物流而来的专业化服务外包业务和生产性服务业已渗透到供应链的各个环节，发展空间十分广阔。

（三）郑州新区产业的组团化、模块化将创建产业融合的良好"产业生态"

郑州新区健康发展要求形成良好的"产业生态"，这不仅需要吸引大公司，引进大项目，还要加快启动民营性质的中小企业的发展。小企业与大企业的协调关系主要表现在三个方面。其一，联系密切。如一个汽车制造厂有许多生产配件的小企业围绕着它。其二，助推同类企业集聚形成群落，组成一个企业集群。如整个中牟汽车工业园规划建设了七大功能分区，这些功能分区涵盖了集汽车及配件生产、销售、维修、展览为一体的重要汽车群落，是一座真正的汽车城。其三，企业间的合作充满活力。现代制造业实际上是一个企业群落，这意味着区域内不同企业，通过在产业网络上的协作和分工，一方面将促使区域内现有的中小企业、民营企业不断提升自身与大企业的链接、协作、配套能力，另一方面将导致以"模块化"方式组合起来的产业合作加快发展。

此外，新型业态的出现，如管理咨询等生产性服务，电子商务、城市物流配送等新业态，既降低了整个经济的交易成本，同时也作为新的产业部门为经济增长做出了贡献。

二 郑州新区重点关联融合产业选择及目标定位

立足郑州新区产业发展战略定位，顺应产业发展演替规律，借鉴国内外先发地区复合型城市建设的典型模式与成功经验，构建郑州新区"1-2-1（2）-3"核心产业体系。通过重点发展现代服务业、先进制造业、高新技术产业、都市型农业，特别是高端制造业和创新型产业，以产业的集聚发展和现代产业体系支撑，带动现代复合型新城区的发展。

（一）发展三次产业融合与联动发展的基础产业集群——现代都市农业

在农业发展领域，产业融合的类型可以从两个层面进行考察。第一个层面，农业内部子产业之间的融合。最典型的表现是农业内部的种植业、养殖业和畜牧业之间以生物技术融合为基础，通过生物链重新整合，形成生态农业这样一种新的业态。第二个层面，农业与外部产业的融合。它可以表现为高新技术产业对农业的渗透融合，比如基因农业、数字化农业；也可以是三次产业之间延伸的融合，比如农业的服务化和现代农业生产服务体系的建立；还可以是外部产业与农业之间的交叉融合，比如农业与旅游业的交叉融合而催生的旅游农业或观光农业、休闲农业等。

郑州新区现代都市农业的发展要依托现代农业示范园区，围绕农业的生产、生活、生态和文化传承诸功能的开发，全面促进观光休闲农业向都市农业的转型升级。重点聚焦现代都市农业"接二连三"发展，关注"一二联动"，发展精品绿色种植、新型食品加工与特色农产品精深加工；关注"一三联动"，提升现代都市农业的生态功能、服务功能、休闲娱乐功能、商贸流通功能，打造现代农业要素市场，建设现代农业科技研发基地、商贸流通基地、生态示范基地，构建城市生态"绿肺"。

目标定位：立足基础优势，重点发展现代生态农业，兼顾片区用地现状、耕地保护、生态涵养，联动绿色种植、新型食品加工及农产品精深加工、农业服务与商贸流通，打造现代都市农业产业化示范基地，统筹解决农业、农民、农村问题。

（二）助推先进制造业与高端现代服务业相融合的主导产业集群

主导产业集群聚焦先进制造优势主导产业、高端生产性现代服务业两大领域，充分发挥先进制造业高增长、高效益、产业链长和资本技术密集等特点。同时又与高端生产性现代服务业相互联系、互为支撑，重点聚焦以现代综合物流为主导的高端生产性现代服务业集群培育，同时配套支持以现代装备制造产业占主导的现代制造业发展，实现装备制造业与现代综合物流业二者的融合与发展，引领区域经济实现规模扩张、结构升级及功能转型。

目标定位：发挥现有装备制造业基础，集聚交通运输装备、特种装备、数控装备、大型成套装备等重点领域与细分行业；形成航空、铁路、公路立体式物流服务和城市配送体系，集聚第三方和第四方专业物流，培育电子商务与虚拟经济，打造物流节点城市，发展物流专业服务，形成综合物流产业体系。

（三）培育产业融合的战略性新兴产业集群

把握国家战略，前瞻性引导集聚新兴产业，改造升级传统产业，配套支撑主导产业。高新技术产业对提升郑州新区工业主导产业，实现由产业节点向产业链条转变、由产业分散发展向产业集群发展转变，将发挥重要作用。郑州新区要着力发挥现有高新技术产业的优势，在电子信息、生物工程及制药、新材料、光机电一体化、节能与环保等行业打造国际国内高新技术领域的骨干企业、拳头产品。通过创新科技企业投融资模式，破解高科技初创企业发展资金瓶颈，鼓励国内外高等院校、研发机构、科技人员在郑州新区创办高新技术企业。

目标定位：聚焦现代农业、优势制造、高新技术、现代服务（尤其是生产性现代服务业），关注传统产业与高新技术产业联动融合发展（高新技术产业改造传统产业＋传统产业孕育新兴产业），提高自主创新功能，推动原始创新、集成创新和引进消化吸收再创新，使航空航天、电子信息、生物技术、新能源和新材料等战略性新兴产业集群成为未来产业的核心推动力。

（四）培育支撑产业融合的服务配套产业集群

与大力发展现代制造业相配合，郑州新区必须加快现代服务业发展，推动产业升级，加速城市化进程。一是依托区位、交通和产业优势，构建以铁路、高速公路为中心，陆空相结合的现代物流体系。二是加大金融开放力度，开办离岸金融业务，建设金融创新实验基地。发挥郑州市在商贸上的传统优势，建设大型交易市场，不断创新商业理念，建立联系东西、承接南北的全国最大的商贸服务中心。三是重点关注行政服务、科教文卫体等社会服务（含社区服务与生活性服务）、市政基础服务三大领域，提升郑州新区城市软硬环境，支撑配套新区产业发展、城市生活、创新创业。

目标定位：以打造区域性金融中心、商贸中心、会展咨询中心、科教研发中心为核心，以专业服务、文化、旅游为支撑，发展生产性服务、消费性服务及城市公共服务，打造高端现代服务产业集群，推动现代服务业融合发展，提升城市生活品质与城市功能，配套支撑郑州新区城市化进程。

三　郑州三次产业融合的主导关联产业发展目标预测

（一）总体思路及目标

坚持以科学发展观为统领，坚持产业兴区，加快经济结构战略性调整，强力推进产业升级和布局优化。遵照河南省委、省政府对中原城市群及郑汴新区发展的要求，依据《郑汴新区空间发展战略规划》《郑汴新区总体规划（2009～2020）》，以产业集聚区为载体，以"复合城市"为理念，围绕郑州新区建设国际物流中心、区域性金融中心及具有国际竞争力的现代产业集聚区的发展目标，构建郑州新区产业发展"点－面－体"相结合的战略定位，以提升产业综合竞争力为核心，以构建现代产业体系为重点，以科技进步为支撑，大力发展先进制造业、高新技术产业、现代服务业和现代农业，改造提升传统产业，着力探索产业融合、功能复合的新型城市发展模式，走循环经济、低碳经济发展之路，着力构建（国家）中部战略崛起核心产业基地。

经过10～15年的努力，把郑州新区建设成为"三区一中心一平台"，即全省产业集聚融合的核心区、城乡一体新型现代复合城区、全省综合配套改革核心试验区；面向全省乃至更大范围的区域经济社会发展服务中心；河南对外开放的主平台，使之成为全国新型现代城镇体系、现代产业体系的典范。

重点推动先进制造业核心产业群、现代服务业核心产业群、高新技术产业核心产业群、现代都市农业核心产业群的形成和融合，以产业集聚发展和现代产业体系支撑，带动现代产业融合的新型现代复合城区的发展。

（二）各主导产业阶段性重点任务及发展目标

1. 郑州新区先进制造业

发展初期集聚阶段（2010～2015 年）。该阶段重点推进先进制造业内部资源整合与效率提升。快速集聚超 100 家汽车制造、采矿设备、轨道交通装备等先进装备制造业企业和工程机械等传统优势制造业企业，初步显现交通运输装备制造业的规模优势，工业总产值超过 1500 亿元，成为郑州市重要的先进制造业基地。

中期提升发展阶段（2016～2020 年）。重点发展郑州新区核心功能组团，大力发展现代服务业，完善各片区生活服务配套；进一步集聚发展现代物流、现代金融、交通运输装备制造、高新技术等产业，形成产业集聚规模；发展现代农业市场、完善公共服务体系。

远期转型完善阶段（2021～2030 年）。形成交通运输装备制造产业集群与现代综合物流产业集群集聚态势，主导产业格局形成；发展郑州新区非核心组团；片区城市功能完善，现代服务业发达，形成集科研、教学、生产、管理、社会服务和居住设施为一体的新型城市。

发展目标：至 2015 年，工业总产值达 1600 亿元，增加值占郑州市工业增加值的比重达 15%；至 2020 年，工业总产值达 3500 亿元，增加值占郑州市工业增加值的比重达 25%；至 2030 年，工业总产值达 8500 亿元，增加值占郑州市工业增加值的比重达 40%（见表 8-5）。

表 8-5 郑州新区先进制造业发展阶段性目标

大类	细分产业	近期目标(2015 年)		中期目标(2020 年)		远期目标(2030 年)	
		总产值 （亿元）	增加值占全市 工业增加值 比重（%）	总产值 （亿元）	增加值占全市 工业增加值 比重（%）	总产值 （亿元）	增加值占全市 工业增加值 比重（%）
现代装备 制造	交通运输设备	500	4	1200	8	3000	15
	成套设备	150	1	400	3	1000	4
	特种设备	100	1	300	2	600	3
	数控设备	50	1	100	1	400	2
传统优势 加工制造	食品加工	300	3	700	5	1700	7
	工程机械	300	3	500	4	1200	6
	仪表仪器	200	2	300	2	600	3
总　　计		1600	15	3500	25	8500	40

2. 郑州新区现代服务业

现代服务业产业体系初步形成时期（2010~2015 年）。该时期重点构建郑州新区主体突出、功能全面、特色鲜明的"主导－辅助－特色"多层次现代服务业体系。主导服务业：重点发展现代物流、城市和区域金融、商业商贸、文化旅游，其中以现代物流、城市和区域金融为核心。辅助服务业：重点发展商务服务、科技服务、房地产、公共服务，兼顾服务产业与服务事业，提升郑州新区城市环境与生活品质，推进郑州新区城市化进程与创新创业。特色服务业：重点发展会展、职教、服务外包、软件，打造中部地区特色鲜明的区域服务中心。

发展目标：至 2015 年，服务业总产值达 1300 亿元，增加值占郑州市服务业增加值的比重达 15%；至 2020 年，服务业总产值达 3500 亿元，增加值占郑州市服务业增加值的比重达 25%；至 2030 年，服务业总产值达 12000 亿元，增加值占郑州市服务业增加值的比重达 35%（见表 8－6）。

表 8－6　郑州新区现代服务业发展阶段性目标

大类	细分产业	近期目标(2015 年)		中期目标(2020 年)		远期目标(2030 年)	
		总产值 （亿元）	增加值占全市 服务业增加值 比重（%）	总产值 （亿元）	增加值占全市 服务业增加值 比重（%）	总产值 （亿元）	增加值占全市 服务业增加值 比重（%）
生产性 服务业	金　　融	200	3	700	6	3000	10
	现代物流	500	5	1500	9	4000	10
消费性 服务业	商业商贸	300	3	550	4	2000	6
	文化旅游	150	2	400	3	1500	4
特色现代服务业		150	2	350	3	1500	5
总　　计		1300	15	3500	25	12000	35

3. 郑州新区高新技术产业

构建以信息产业为核心，生物医药、新能源、新材料为重要组成的高新技术产业集群。着力将郑州新区打造为中部地区高新技术产业集聚地、中部地区战略性新兴产业孵化地。

信息产业聚焦信息传输与数据处理、信息设备制造及信息服务，生物医药聚焦新医药与生物技术，新材料聚焦特种超硬材料与光纤光缆材料，新能源聚焦太阳能、风能等领域。

发展目标：至 2015 年，高新技术产业总产值达到 600 亿元，增加值占郑州市工业增加值的比重达 6%；至 2020 年，高新技术产业总产值达到 1500 亿元，增加值占郑州市工业增加值的比重达 13%；至 2030 年，高新技术产业总产值达到 4500 亿元，增加值占郑州市工业增加值的比重达 19%（见表 8 - 7）。

表 8 - 7　郑州新区高新技术产业发展阶段性目标

大类	细分产业	近期目标（2015 年）		中期目标（2020 年）		远期目标（2030 年）	
		总产值（亿元）	增加值占全市工业增加值比重（%）	总产值（亿元）	增加值占全市工业增加值比重（%）	总产值（亿元）	增加值占全市工业增加值比重（%）
高新技术产业	信息	200	2	500	4	1500	6
	生物医药	200	2	500	4	1200	5
	新材料	100	1	200	2	800	4
	新能源	100	1	300	3	1000	4
总　计		600	6	1500	13	4500	19

4. 郑州新区现代都市农业

构建现代都市农业"1 + 2 + 3"产业体系。"1"指绿色种植与特色养殖，改造第一产业。重点发展良种培育、绿色粮油、特色瓜果、无公害蔬菜、园艺盆景、花卉苗木种植及特色水产养殖与精品畜牧等。"2"指特色农产品精深加工及大规模现代农产品加工，提升第二产业。重点发展粮食、蔬菜、水果、家禽畜牧特色农产品精深加工，大规模发展现代农产品加工制造以及新型食品加工制造等。"3"指农业商贸流通与农业服务，发展第三产业。重点培育国家级农业要素市场、国家级农业科技研发中心、河南省农业商贸流通集散中心、郑州市观光休闲体验农业中心等，重点提升农产品国际定价、农业专业人才流动、农业投融资和农业专业服务能力和水平。

根据河南省、郑州市、郑汴新区经济社会发展目标，确定郑州新区产业发展引导性指标。

四　郑州新区产业融合化的阶段任务及重点方向

产业融合发展时序判断主要根据产业吸引力、产业辐射带动力和郑州新区发展该产业的竞争力以及郑州新区的实际情况，同时结合郑州新区产业发展战略定位，具体分阶段目标见表8－8。

表8－8　郑州新区产业发展阶段性引导性指标

产业集群	细分产业	近期目标(2015年)		中期目标(2020年)		远期目标(2030年)	
		总产值(亿元)	相对水平(增加值占全市GDP比重)(%)	总产值(亿元)	相对水平(增加值占全市GDP比重)(%)	总产值(亿元)	相对水平(增加值占全市GDP比重)(%)
主导产业	现代装备制造	800	3.0	2000	5.0	5000	6.0
	现代综合物流	500	2.0	1500	4.0	4000	5.0
	合　计	1300	5.0	3500	9.0	9000	11.0
优势制造	食品加工、工程机械等	800	2.5	1500	3.0	3500	4.0
新兴产业	信息、生物医药	400	2.0	1000	3.5	2700	5.0
	新材料、新能源	200	1.5	500	2.5	1800	4.5
	合　计	600	3.5	1500	6.0	4500	9.5
服务配套产业		800	4.0	2000	7.0	8000	10.5
总　计		3500	15.0	8500	25.0	25000	35.0
产业结构		10∶53∶37		8∶50∶42		3∶44∶53	
工业总产值占全市比重		20.0		25.00		35.0	
工业增加值占全市比重		25.0		30.00		40.0	
高新技术产业总产值占全市比重		15.0		30.00		55.0	
高新技术产业增加值占全市比重		20.0		35.00		60.0	

（一）优化布局，统筹组团阶段（2010～2015年）

这一时期是"十二五"时期，为产业融合筹备期与起步建设期。重点整合提升现状用地功能，完善基础设施建设；明确项目战略目标、空间规划、实施方案和推进计划；完成重大产业集群项目前期论证和统筹规划，推进重大项目落地；培育主导和基础产业集群，重塑整合已有基础产业。主要任务就是以产业融合战略推动新城区规划建设，以产业集聚推进产业融合。

依托"十二五"时期，注重三次产业的协调发展，以产业集聚推进产业间的融合互动。以此为主攻方向重点发展大集群，招引大项目，着力建设"八大组团"的功能产业集聚区①，发展产值大、现状产业基础好、起步较

① "八大组团"的功能产业集聚区：先进制造业核心集聚区、现代服务业核心集聚区、战略性新兴产业集聚区、国际物流园区、空港经济集聚区、综合产业发展、沿黄生态文化旅游区、现代农业产业化示范区。

容易、见效较快等特色优势产业，导入能衔接和发挥区域产业优势、顺应最新产业政策、体现地方经济特色的产业。以生产低成本和核心配套能力来"集结"项目，以区域和产业品牌来促进产业间的融合升级与集群发展。重点发展产业：汽车及装备制造业、食品制造业、电子通信设备制造与生物医药为主的高新技术产业、物流商贸及文化旅游为主的服务业。

（二）巩固提高，快速融合阶段（2016～2020年）

在"十二五"的基础上，通过主导产业推进产业链延伸与竞争优势提升，发挥主导产业辐射带动力，促进产业融合。该阶段要重点围绕先进制造业核心产业群和现代服务业核心产业群、高新技术产业核心产业群和现代都市农业核心产业群四大支柱产业群，抓好产业龙头的培育，以龙头项目带动产业的集群发展，通过产业龙头带动下的嵌入式产业集群大融合，由"量"的扩张转向"质"的提升，实现由节点式分散产业群发展向产业链条式集群发展的转变。力争到2020年，产业结构明显优化，主导产业簇群板块凸显，产业高级化进程加速，三次产业融合取得重大成效。

依托"十三五"时期，在发展优势产业基础上促使产业链向前后端延伸，推动高新技术改造提升传统优势产业，重点发展战略性新兴产业及现代服务业。重点发展产业：汽车及装备制造、信息、新能源、新材料等高新技术产业，现代物流、金融、专业服务、科技研发等现代服务业。

（三）主导产业链条延伸加速产业融合，产业融合带动力放大阶段（2021～2030年）

在"聚焦"和"放大"的双重作用下，郑州新区先进制造业、高新技术产业、现代服务业、现代农业协同发展，形成以地方经济资源为特色的生态产业链系统和各产业融合发展的产业运行体系。各核心支柱产业之间，通过产业结构调整、新兴产业培植以及高端产业融合，加快促进现代都市农业与工业、三次产业的融合互动和协调发展，以工业的理念促进农业产业化，以现代农业的发展促进第二、第三产业升级，以现代服务业的发展推动产业融合。

第四节 "十二五"时期郑州新区产业融合的可行性及可能障碍

郑州新区是大郑州都市圈的核心区和重要拓展区，在"十二五"及以后一段时期，通过产业融合实现该区域的跨越式发展，郑州新区面临着难得的历史发展机遇，具备了实现一体化和整体崛起的基础。

一　郑州新区"十二五"时期发展面临的机遇与挑战

"十二五"时期，国内外经济形势依然十分复杂，发展环境虽然有可能好于金融危机期间，但面临的形势极为复杂，各种积极变化和不利影响此长彼消，短期问题和长期矛盾相互交织，国内因素和国际因素相互影响，经济社会发展中"两难问题"增多。实施"十二五"推动郑州新区科学跨越，既面临机遇，更面临挑战。

（一）全球产业大调整、大变革孕育郑州新区产业融合新机遇

"十二五"时期，主要发达国家竞相发展新能源和节能环保等新兴绿色产业，预示了未来全球产业调整发展的方向。全球产业结构的快速重组，以及产业融合的加速推进，将不断催生新的融合产业或新型产业业态，促使产业结构动态高度化与合理化，拓宽产业发展空间。这为"十二五"时期郑州新区赶上新一轮产业调整步伐、缩小与世界和国内先进地区的差距提供了重要契机。发展现代产业体系，加快发展现代都市农业、先进制造业，大力发展现代服务业，大力推进三次产业融合、实现产业转型升级，对郑州新区提高产业竞争力至关重要。

（二）国家结构调整和工业化、城镇化等举措将促进郑州新区产业融合

"十二五"时期，将是经济结构调整和经济发展方式转变的黄金调整期。"加快产业结构调整""推进城镇化和户籍制度改革""持续扩大内需"及"进一步促进消费和改善民生"等政策措施的加强和完善，将有利于新兴产业的发展、城镇化的推进和消费需求的持续扩大，增强经济发展新的内生动力。"十二五"时期，郑州新区产业结构既面临着工业向高加工度化后期阶段推进、加快转型升级的机遇，也有着服务业特别是生产性服务业、现代服务业加快融合发展的巨大空间。国家大的发展环境对加快郑州新区规划建设、推进三次产业融合发展尤为有利。

（三）承接产业转移速度加快将为郑州新区产业发展提供新动力

中央经济工作会议明确提出，2010年引导外资更多地向中西部地区转移和增加投资，加大信贷政策对产业转移等方面的支持，引导产业有序转移。更为重要的是，伴随着中国经济由出口导向型向内需拉动型的转换，东部地区产业转移的能动性将进一步增强，步伐将进一步加快。未来一段时

期，河南省将坚持中心城市带动战略，围绕"一极两圈三层"布局，全面加快全省城镇化进程。郑州新区优势资源富集，区位优势独特，产业配套能力强，产业结构调整升级潜力巨大，国内外调整产业结构为郑州新区各产业组团更好、更大规模地承接产业转移带来了新机遇。

（四）郑州新区战略地位、产业优势将获得更多的政策扶持和要素配置

随着国家中部崛起、河南省加快中原经济区建设等一系列区域发展战略的实施，郑州新区作为区域发展的增长极和重点拓展区域，将获得更多的政策扶持和要素配置。郑州市作为中原城市群的龙头城市，郑州新区作为郑州市新的发展重点和郑汴洛工业走廊、新漯大农业带重要支撑节点，将获得新的发展契机。尤其该区汇聚了金融、保险、会展物流、文化及商业服务、现代制造、都市农业等多种产业业态，经过"十二五"时期及以后一段时期的培育和发展，产业生态必将呈现多元融合发展趋势。

（五）区际竞争激烈加大郑州新区发展压力

珠三角、长三角、环渤海、成都－重庆统筹城乡经济发展区、广西北部湾经济区、海南岛国际旅游区、福建海西经济区、辽宁沿海经济带，加上刚刚设立的新疆喀什经济特区，都正在成为新兴产业的集聚区，成为区域经济发展的加速器。河南省周边大多数省份都有自己的经济区、试验区，山东省有黄河三角洲高效生态经济区，安徽省有皖江承接产业转移示范区，陕西省有关中－天水经济区，江西省有鄱阳湖生态经济区，湖北省、湖南省分别拥有武汉和长株潭"两型"（环境友好型、资源节约型）社会试验区，有的已经进入国家战略层面，在促进当地经济社会发展中发挥了强有力的辐射效应和集聚效应。郑州新区不属于国家级的试点改革区域，自主创新能力较弱、高技术和新兴产业发展不足等，使郑州新区快速发展面临新的压力。

（六）传统产业层次低和资源环境的约束使郑州新区快速发展面临挑战

一方面，郑州新区支柱产业优势不突出，高新技术产业规模小，传统产业层次相对较低，这极不利于"十二五"时期实现产业融合和跨越发展；另一方面，加速发展与节约资源、保护环境仍然是"十二五"时期的现实矛盾，国家将以节能减排为重点，对各地提出能源消耗强度和二氧化碳排放强度的约束性指标要求。郑州新区如何在资源环境约束力加剧的环境下保持快速发展是一个必须面对的问题。

二 郑州新区三次产业融合现状分析

郑州新区是郑州市新的经济增长点，是郑州市经济的重要组成部分，因而对郑州市的经济发展现状及产业之间的联系进行分析研究，可以更好地加强郑州新区内产业间的融合与区域外相关产业的关联，促进区域产业间不断融合，从而促进郑州新区的"复合城市"建设。

（一）郑州新区三次产业总体情况分析

1. 农业综合生产能力增强

"十一五"以来，郑州新区积极推进新农村建设。农业规模化、产业化经营进程加快，现代农业示范园区和龙头企业发展取得新成效，主要农产品产量保持稳定增长。2009 年郑州新区农林牧渔业增加值达到 414353 万元，比 2005 年增加 135064 万元，按可比价格计算，"十一五"前四年年均增长达 5.0%。2009 年粮食总产量达到 412814 吨，与 2005 年相比增加 29870 吨，年均增长 1.9%（见表 8－9）。

表 8－9　"十一五"时期郑州新区农业产值及主要农产品生产状况

年份	农林牧渔业增加值		粮食总产量		蔬菜总产量		肉类总产量		禽蛋总产量		奶类总产量	
	绝对值（万元）	比上年增长*（%）	绝对值（吨）	比上年增长（%）	绝对值（吨）	比上年增长（%）	绝对值（吨）	比上年增长（%）	绝对值（吨）	比上年增长（%）	绝对值（吨）	比上年增长（%）
2005	279289	—	382944	—	1311139	—	73175	—	28079	—	74841	—
2006	305886	7.2	372241	－2.8	1218234	－7.1	65642	－10.3	26397	－6.0	132822	77.5
2007	308701	1.8	398011	6.9	1316869	8.1	65621	0	28206	6.9	167520	26.1
2008	365100	6.8	410870	3.2	1451090	10.2	94520	44.0	30084	6.7	174590	4.2
2009	414353	4.1	412814	0.5	1342556	－7.5	107627	13.9	31950	6.2	201781	15.6

注：*为按可比价格计算。

2. 工业发展持续快速

随着新型工业化建设步伐的不断加快和自主创新能力的不断增强，工业发展的基础逐步稳固，步伐明显加快。2009 年郑州新区规模以上工业企业数达 350 家，比 2005 年净增 169 家；规模以上工业增加值达 105.2 亿元，比 2005 年增加 74.5 亿元，按可比价格计算，年均增长达 26.8%（见表 8－10）。

表 8 – 10 "十一五"时期郑州新区规模以上工业增加值及主要工业产品产量

年份	规模以上工业增加值		汽车		饮料类		变压器		家具		混合饲料	
	绝对值（亿元）	比上年增长*（%）	绝对值（辆）	比上年增长（%）	绝对值（万吨）	比上年增长（%）	绝对值（千伏安）	比上年增长（%）	绝对值（万件）	比上年增长（%）	绝对值（吨）	比上年增长（%）
2005	30.7	—	21879	—	10332	—	401985	—	1.51	—	188468	—
2006	44.2	35.0	32292	47.6	18608	80.1	273405	− 32.0	19.83	1213.2	197701	4.9
2007	61.0	31.5	39532	22.4	18185	− 2.3	397960	45.6	90.03	354.0	360172	82.2
2008	88.8	24.7	47931	21.2	17713	− 2.6	198985	− 50.0	74.11	− 17.7	356499	− 1.0
2009	105.2	20.1	84532	76.4	28160	59.0	367795	84.8	239.9	223.7	271707	− 23.8

注：*为按可比价格计算。

3. 服务业高速发展势头强劲

"十一五"时期，郑州新区服务业呈现持续高速发展的良好态势，已逐步形成了以金融业，房地产业，交通运输、仓储和邮政业为支柱，批零贸易、餐饮、旅游休闲、社会服务、商务服务、会展经济等新老行业竞相发展的新格局，服务业在国民经济中的地位和作用日益显著。2009 年郑州新区服务业增加值为 132.92 亿元，比 2005 年增加 91.48 亿元，按可比价格计算，年均增长 25.5%；社会消费品零售总额 124.14 亿元，按可比价格计算，年均增长 33.8%（见表 8 – 11）。"十一五"以来，金融业、房地产业企业快速集聚，实现增加值年均增速分别达到 69.1% 和 39.6%。2009 年金融业，房地产业，交通运输、仓储和邮政业占第三产业的比重均超过了 15%，其支柱产业地位显著。

表 8 – 11 "十一五"时期郑州新区服务业增加值及主要服务业指标发展情况

年份	服务业增加值		社会消费品零售总额		第三产业城镇固定资产投资额		全社会客运量		商品房销售面积	
	绝对值（亿元）	比上年增长*（%）	绝对值（亿元）	比上年增长*（%）	绝对值（亿元）	比上年增长（%）	绝对值（万人）	比上年增长（%）	绝对值（万平方米）	比上年增长（%）
2005	41.44	—	35.14	—	93.14	—	1279	—	73.43	—
2006	56.37	13.7	51.66	45.0	109.19	17.2	1383	8.1	112.96	53.8
2007	80.26	17.7	79.80	46.3	136.28	24.8	1602	15.8	188.83	67.2
2008	111.32	12.4	111.22	31.4	144.17	5.8	1938	21.0	124.18	− 34.2
2009	132.92	12.3	124.14	11.8	205.98	42.9	2185	12.7	264.72	113.2

注：*为按可比价格计算。

郑州新区近年来三次产业结构的变化呈现以下特点。一是三次产业结构的变化符合产业结构演变的规律，即第二、第三产业比重上升，第一产业比重下降。二是第二产业特别是工业的增长构成了郑州新区经济高速发展的主要内容，2009 年规模以上工业增加值达 105.2 亿元，比 2005 年增加 74.5 亿元，按可比价格计算，年均增长达 26.8%。第二产业特别是工业已经成为郑州新区经济增长的主要支柱。三是第三产业对经济增长的贡献逐步增强，2009 年郑州新区服务业增加值为 132.92 亿元，比 2005 年增加 91.48 亿元，按可比价格计算，年均增长 25.5%，在郑州新区增加值中所占比重呈稳定上升趋势。

（二）郑州新区三次产业投入产出分析

通过分析《2007 年郑州市投入产出调查文件及资料汇编》和 2008 年《河南统计年鉴》数据，计算得出三次产业投入产出系数（见表 8 - 12），并测算出直接消耗系数（见表 8 - 13）和完全消耗系数（见表 8 - 14），在此基础上，分析了郑州新区三次产业的投入产出状况。

表 8 - 12　郑州新区三次产业的投入产出系数（2007 年）

三次产业结构	第一产业	第二产业	第三产业
第一产业	0.0183	0.0866	0.0185
第二产业	0.2252	0.5504	0.2679
第三产业	0.0438	0.1815	0.2056

表 8 - 13　郑州新区三次产业的直接消耗系数（2007 年）

三次产业结构	第一产业	第二产业	第三产业
第一产业	0.1606	0.0655	0.0167
第二产业	0.1869	0.5418	0.2879
第三产业	0.0581	0.0953	0.1962

表 8 - 14　郑州新区三次产业的完全消耗系数（2007 年）

三次产业结构	第一产业	第二产业	第三产业
第一产业	0.2477	0.1972	0.0971
第二产业	0.6764	1.4406	0.8538
第三产业	0.1622	0.3016	0.3484

从表 8 - 12 可以看出，第一产业对三次产业的投入产出系数分别为 0.0183、0.0866、0.0185，说明第二、第三产业对第一产业的产品利用较

少，农产品加工业还不发达；第二产业对三次产业的投入产出系数分别为 0.2252、0.5504、0.2679，说明制造业本身吸收自身 55% 左右的产品，被第一产业吸收 23% 左右的产品，第三产业吸收 27% 左右的产品，制造业应当加强对第一、第三产业的装备与服务。

在投入产出表中，产业 i $(i = 1, 2, \cdots, n)$ 的产出记为 x_i。从产出的角度看，符号 x_{ij} 表示产业 j 对产业 i 的中间需求，即产业 j 在经济活动中所消耗掉产业 i 产品的数量；从投入的角度看，x_{ij} 表示产业 i 对产业 j 的中间投入，即产业 i 的产品在经济活动中作为投入而被产业 j 所消耗掉的数量。而 $a_{ij}(a_{ij} = x_{ij}/x_j, \ i, j = 1, 2, \cdots, n)$ 则表示产业 j 在生产单位产品中所消耗掉产业 i 的数量。在投入产出分析中，把 a_{ij} 称为投入系数（Input Coefficient）或直接消耗系数。

直接消耗系数反映某一部门生产单位产品直接消耗各部门（包括本部门）产品的数量关系。从表 8-13 可以看出，郑州新区每生产 1 亿元的第一产业产品需要直接消耗第三产业提供的劳务 581 万元；每生产 1 亿元第二产业产品，要直接消耗第三产业提供的劳务 953 万元。可见，第三产业发展对第二产业发展的影响非常大。每生产 1 亿元的第三产业产品则要消耗第一产业提供的劳务 167 万元，消耗第二产业提供的劳务 2879 万元，说明第三产业对第二产业的直接消耗也很大。因此，第二产业与第三产业之间存在密切的相关性。同时，各产业对其自身的直接消耗也较大，要进一步优化产业结构，调整三次产业比例，必须考虑第二、第三产业的融合以及各产业部门之间的融合。

直接消耗系数反映了某产业在生产单位产品的过程中对其他产业产品的直接消耗。但在一般的经济活动中，各产业产品的生产不仅有直接消耗，而且还有间接消耗。在投入产出理论中，称某产业在生产单位产品的过程中对其他产业产品的直接消耗和全部间接消耗之和为完全消耗，以 C_{ij} 表示，即国民经济中第 j 个生产部门生产单位最终产品对第 i 个生产部门产品的完全消耗量。并从理论上证明了完全消耗系数矩阵 B，矩阵元素表示为：$C_{ij} = a_{ij} + \sum_{k=1}^{n} C_{ij}a_{kj}$，第一项为单位产品 j 对产品 i 的直接消耗，第二项为 j 部门单位产品对 i 部门产品的间接消耗。

从表 8-14 可以看出，第二产业是三次产业最终产品需求最大的产业，尤其是对第二产业本身和第三产业的贡献远远超出其他数值，表现出第二产业在郑州市经济发展中的重要地位，标志着郑州新区完成了产业结构调整的第一阶段，已经进入产业优化与升级的重要时期。

（三）郑州新区布局产业与区域内外三次产业的互动关联分析

郑州新区产业之间的融合不仅要注重区域内的产业布局，还要区分区域内产业与区域外产业之间的联系，以促进三次产业的更好融合。通过选取郑州新区规划的食品加工业、交通运输装备制造业、生物医药业、现代服务业等行业，通过《2007 年郑州市投入产出调查文件及资料汇编》对规划产业与郑州新区区域内外三次产业的联系进行分析，测算出相关产业之间的联系，见表 8 - 15。

从表 8 - 15 可以看出，在郑州新区所布局的相关行业中，除了综合服务业以外，大多数产业都对某一产业依赖度较高。例如，生物医药业对第二产业的消耗系数为 0.7269，文化娱乐业对第三产业的消耗系数为 0.6059。相对于其他行业来说，综合服务业对三次产业的消耗系数较为平均，说明综合服务业对三次产业的发展起到了很好的促进作用。

表 8 - 15　郑州新区部分相关产业的消耗系数

三次产业结构	农副产品加工业	汽车及零部件制造业	文化娱乐业
第一产业	0.5468	0	0.0153
第二产业	0.2120	0.7449	0.0617
第三产业	0.0216	0.0379	0.6059

三次产业结构	生物医药业	通信、电子设备制造业	综合服务业
第一产业	0.0068	0	0.0203
第二产业	0.7269	0.6771	0.4039
第三产业	0.0942	0.1671	0.3600

近年来，郑州新区所布局的行业取得了长足的发展，业务范围不断扩大，产业融合和竞争力不断提升。但是，一方面，这些行业的产业融合多是以产业内融合为主，产业间的融合以及相关产业链条建设还比较薄弱；另一方面，作为郑州新区重点培育的新材料、电子信息和生物医药等高新技术产业对于三次产业结构升级的作用还未体现出来，从技术融合的角度对三次产业进行产业内和产业间融合的能力还比较弱。以表 8 - 15 中的生物医药业为例，对第二产业的消耗系数为 0.7269，而对第三产业的消耗系数仅为0.0942，这说明第三产业对生物医药业的支持能力还比较弱，第三产业中的现代物流、科技研发等行业对生物医药业的支持还比较少，并未形成相应的研发→生产→物流→消费等产业链条和价值链条。

三 郑州新区三次产业融合的可行性

产业相互融合、协调发展是郑州新区产业结构优化的必然趋势。通过郑州新区产业融合，能够促进郑州新区产业结构变革，突破不同功能区产业分立限制，打破传统工业化生产方式纵向一体化的市场结构，并将导致整个社会经济系统的深刻变革，塑造出新型横向结构，产生边缘、交叉的新兴产业，促使现有产业向新的产业领域延伸，产生新的经济式样，形成新的经济增长点，聚集并释放出郑州新区产业内部所具有的巨大发展潜力。

（一） 郑州新区各功能区产业互补性较强

中牟县属于远郊区，是现代农业示范、现代制造业基地和郑汴一体化的腹地。郑东新区（包括郑州经济技术开发区）和郑州加州工业城为新兴城区和城市开发区，是郑州东部地区的核心地区，是高新技术产业与先进制造业基地、中央商务区和高档住宅区，未来将成为郑州市的经济、文化中心。郑州航空港区作为郑州新区总体规划的一个重要组成部分，是河南省经济社会发展的核心增长极和改革发展综合试验区之一，也是河南省对外开放的重要窗口和基地。郑州经济技术开发区是河南省唯一的国家级经济技术开发区，是一座具有产业集聚功能和配套服务设施的工业新城。区域功能的不同和互补，地缘相接、各有所长的特点，决定了本地区产业相互融合、协调发展是必然趋势。

（二） 郑州新区统一规划、产业融合发展将促进该区更好更快发展

第一，郑州新区所辖各区县统一规划建设产业，将促进本地区不同板块之间人员、生产要素的合理流动和优化配置。第二，将有利于本地区不同板块功能定位的差异化细分和重新整合，有利于本地区基础设施和城市建设的衔接与优化。第三，将促进本地区薄弱环节——中牟县的崛起。第四，将加速郑州东部各区县产业的相互融合和一体化发展，最终实现郑州东部整体崛起的目标。

（三） 产业融合将促进郑州新区成为大郑州都市圈核心增长极

郑州新区所辖各区县统一规划、协调发展、加速融合，将形成一体化的郑州东部经济区，实现郑州东部崛起的目标。在这一地区将形成一座规模庞大、功能完善、分区明确、经济发达、社会和谐的现代化新城，成为未来郑州市的经济中心、科教文化中心、高新技术产业与先进制造业基地和中央商务区，在中原城市群的中心——大郑州都市圈中发挥核心带动作用。

四 郑州新区三次产业融合可能存在的问题分析

（一）郑州新区实现三次产业融合的外围环境存在一些不利因素

郑州市制造业占国内生产总值的比重虽然持续上升，但服务业总量不足，特别是生产性服务业不发达，与制造业的关联度低，新兴服务业处于发展的初级阶段，服务产品的数量和质量都不能满足需求的问题仍很突出。从产品结构看，高消耗产品、粗加工产品、低端产品占主体地位；从企业组织结构看，落后工艺技术所占比重很大，企业规模化经营水平不高，配套协作能力不强；从三次产业结构看，第一产业的规模化、市场化、组织化程度低，对第三产业的影响有限。这些都将成为制约郑州新区各产业之间以及郑州新区与郑州市产业之间实现深层次融合的外部不利因素。

（二）郑州新区高新技术产业自主创新能力亟待提高

在郑州新区所布局的高新技术产业中，大多数企业高新技术供给和技术装备匮乏，尤其是具有自主知识产权的关键性技术的供给和储备十分匮乏，技术和装备的匮乏不利于产业结构的优化升级，也不利于高新技术产业与传统产业的融合。一些重要领域还存在着大量依靠进口的现象，如信息产业、核心硬件、系统软件等领域；在制造业领域，欠缺先进制造工艺技术装备的规模开发能力，重大装备的设计制造能力也存在明显的不足；医药产业缺乏自主开发和研制能力。一些高新技术企业生产的产品技术含量低，附加值也较低，这些企业主要对进口的零部件进行组装或者加工，在国内外竞争中处于劣势地位。这些企业自主创新能力不强的现状影响了产业的融合发展。如何加快发展高新技术产业，促进高新技术对传统产业的渗透、改造和升级，进一步增强高新技术产业与传统产业的融合，是郑州新区实现产业融合必须关注解决的一个重要问题。

（三）郑州新区传统产业水平不高将影响产业融合和结构升级进程

就目前的情况来看，郑州新区内的传统产业技术装备水平落后、产品档次低、竞争力不强，以致对传统产业进行高新技术改造的起点就比较低，影响了传统产业的高新技术产业化进程。虽然近年来河南省各级政府加大了郑州新区内传统产业支持和改造的力度，但从总体而言，传统产业技术装备水平落后、产品档次低、竞争力不强的局面没有根本改观。郑州新区内原有的优势传统产业较少，由于企业发展的投入不足，传统产业的技术装备日趋陈旧落后，生产的产品高档次的较少，加上传统产业技术创新能力不够，高新技术人才缺乏，引进先进技术存在资金上的困难，这些因素都阻碍了传统产业高新技术产业化改造的进程。

（四）郑州新区高新技术产业带动传统产业升级的作用尚未充分发挥

郑州新区的高新技术产业集中于电子信息、生物医药、新材料等相关行业，而与高新技术产业配套的服务业的发展却严重滞后，如产品的设计、研发、物流等环节都处于薄弱的地位。高新技术产业带动传统产业升级的作用尚未完全发挥，产业链经济的效能尚未形成，而技术创新往往是产业融合的内在驱动力。技术革新开发出了替代性或关联性的技术、工艺和产品，这些替代性或关联性的技术、工艺和产品通过渗透、扩散而融合到其他产业之中，从而改变了原有产业产品的消费特征。因此，如何发挥高新技术产业本身产业链条长、对其上下游产业带动作用强的作用，使之成为第二、第三产业融合的桥梁，是郑州新区高新技术产业发展亟待解决的问题。

（五）郑州新区各功能区产业优化任务艰巨

在建设郑州新区的过程中，需要认真地考虑各个产业的布局以及与该产业有关的上下游之间的联系，使之联系更加紧密。在产业布局的同时，研究该产业周围应该布局哪些传统产业，这一产业对周围的传统产业是否能起到较强的带动作用。更重要的是，在各个产业布局的同时，还要注重各个产业在产品设计、生产、销售、运输等各个环节对基础设施、交易场所、中介机构等各个服务机构的建设，这些对于郑州新区的三次产业融合发展至关重要。

第五节　"十二五"时期郑州新区三次产业融合的主要模式路径

在对产业融合的内涵与特征分析中已指出产业融合的产生是一个过程。这个过程是如何产生的？其本质又是什么？本节将从自组织理论的视角，对郑州新区产业融合产生过程的本质与产生阶段等内容进行分析，在此基础上，构建产业融合产生的过程模型。同时，运用数学模型对产业融合产生过程进行数学推理与分析，以便更深入地研究产业融合产生过程的自组织本质。

一　郑州新区三次产业融合的过程阶段

产业系统是由技术、企业、产品、市场与制度等要素构成的，其中企业是主体，产业系统中其他要素都是通过影响企业的行为来影响产业发展的。同样，通过这些要素的相互作用与融合，也能促进产业融合的产生与发展。

产业融合的产生过程是在一个开放系统中的自组织过程，要立足郑州新区产业发展战略定位，把握郑州新区产业发展功能诉求，推动郑州新区产业融合发展。系统理论家阿希贝认为自组织有两种含义：一是组织的从无到有；二是组织的从差到好。为了进一步理解产业融合产生过程的特征与内在规律，下面以融合型产品创新为标志，把产业融合的发展分为两个阶段，即产业融合从无到有、产业融合从出现到实现（见图 8 - 4）。

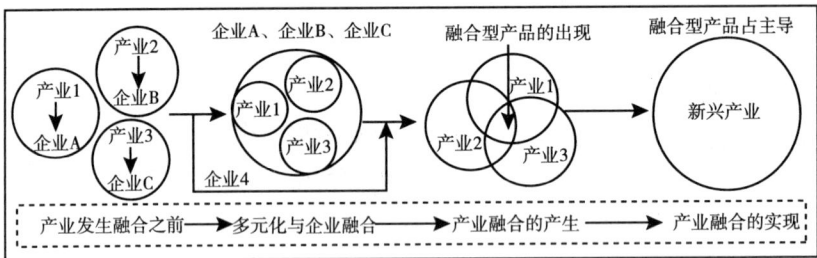

图 8 - 4　产业融合产生的过程模型

（一）产业融合从无到有的过程

产业融合从无到有的过程是指产业融合首次出现的过程，其根本的标志是融合型产品的创新。在产业融合产生之前，不同产业都有着各自特定的技术、产品、企业与市场，共同构成了一个产业的边界（鲍德温、克拉克，2006；周振华，2003），不同产业之间是不相关的。例如，图 8 - 4 中的产业 1、产业 2、产业 3，分别对应着企业 A、企业 B、企业 C，企业 A 从事产业 1 的生产经营活动，企业 B 从事产业 2 的生产经营活动，等等。

多个产业从封闭系统向开放系统转变的过程中，会促进不同产业企业主体间的相互渗透，从而促进不同产业企业的融合。例如，第一产业内部的种植业、养殖业、畜牧业等子产业之间可以生物技术融合为基础，通过生物链重新整合，形成生态农业等新型产业形态。

（二）产业融合从出现到实现的过程

产业融合从出现到实现的过程是指融合型产品产生后，像"序参量"一样，发挥"役使"功能，役使着技术、产品、企业、制度与市场等构成要素向同一个方向发展，并对现有多个产业中的产品进行替代，促进原有产品退出市场，形成以融合型产品为主导的新兴产业，并促进新兴产业发展进入稳定发展期。

可见，从产业融合出现到实现是一个替代的过程。其中，制度融合、融合型产品功能的完善及价格的降低、市场融合等对于产业融合的实现起着非常重要的作用。

（三）郑州新区产业融合过程重在实现制度、市场融合

制度融合对产业融合的影响主要表现在两个方面：①宏观层次的制度融合。现有产业管制政策是以企业的经营范围即产品为主要管制对象的，只有放松产业管制，促进不同产业产品的竞争，才能促进市场的融合。②微观层次的制度融合。不同产业在整合其他产业产品功能的过程中是以原有产业为基础的，这就会导致融合型产品的非兼容性，即不同产品尽管具有相似的功能，但不同市场规模有限，会影响到市场的融合。

市场融合可以促进不同消费者共享相似的产品资源，实现网络效应，提高消费者的福利水平。同时，通过市场融合，可以扩大融合型产品的市场规模，为不同企业整合其他产业资源提供规模经济的内生性激励。

二　郑州新区三次产业融合的内在机制设计

（一）构建产业融合激励机制：建设信息技术服务平台和推进片区组团的模块化分工[①]

作为新兴主导产业的信息产业，使得不同产业具有了共同的技术知识基础，从而为不同产业企业互动提供了技术支持。目前，随着信息技术的快速发展，第一产业与第二产业的交叉融合，第三产业对第一、第二产业的渗透，以及各大产业内部不同行业间不断出现的相互融合，使产业融合进一步

[①] 模块具有层次性。如制品、设计和任务占据了这个复杂系统的最低一层，企业和市场是上一层，金融机构、资本市场和政府机构构成更高一层（鲍德温、克拉克，2006，p. 81）。其中，设计是指对一个制品的完整的结构和功能的抽象描述（鲍德温、克拉克，2006，p. 19）。

拓展到更广的范围。郑州新区要推进信息技术的快速发展和在现有产业领域的广泛应用，以促进各主导产业的融合与升级。例如，促进信息技术在先进机械制造、电子设备制造等制造业的广泛应用，将使服务价值的比重超过实体价值的比重，可提高产品附加值和促进制造业的服务化。推进信息技术应用服务业，还可使大量的服务物化（如软件光盘、影像制品和电子书籍等），使服务向产品化的趋势发展。

目前，郑州新区在产业布局上"片区、组团"的产业发展模式，有利于不同产业企业间的互动，以促进企业对不同产业模块的整合，导致模块化产业结构的产生与发展，从而促进产业融合的出现。产业结构的模块化使得原来不同产业的企业经营环境发生了根本的变革，而企业战略行为的变革又进一步模糊了不同产业属性，促进了产业发展方式的变革。

（二）实现郑州新区区域内部产业的共生①协同

郑州新区组团式、功能片区式等新的产业发展环境为促进产业内企业行为的变革提供了内生性激励。处于这一环境中的不同企业只有采取"共生"战略，相互依存，协同发展，才能够更好地适应新的环境。根据《郑汴产业带总体规划》和《郑州新区产业发展战略规划》，郑州新区通过规划建设基础产业群、主导与新兴产业群以及服务配套产业群三者之间产业互动和协同发展，共同推进郑州新区产业融合发展。

1. 基础产业群的协同发展

通过对郑州新区基础产业的规划布局②，构建"农业种植→农业加工→农业商贸→农业服务"产业链条，以实现郑州新区内部基础产业的联动和协同发展。

---

① 共生（Symbiosis）是生态学中的一种常见现象，生态学的共生关系是经历了长时间的进化才形成的。共生的概念也适用于产业系统，产业生态学的共生既可能在一定的机会下自然地发生，也可能通过规划形成。与未经规划的产业共生相比，经过规划的产业共生显然为开发对环境更加有利的产业生态系统提供可能。

② 基础产业群规划布局——农业种植：重点在姚家乡、三官庙、八岗乡等地形成特色农产品绿色种植与良种培育基地。农业加工：重点在郑州经济技术开发区、航空港区及中牟县城周边承接区域内特色农产品精深加工，发展新型食品加工。农业商贸：依托区域内物流体系，形成姚家镇、雁鸣湖等农业商贸流通中心，建成区域性高等级特色农产品专业市场。农业服务：重点在郑东新区围绕郑州商品交易所，形成农产品服务集聚区，涵盖检测、投融资、农业教育和研发等。

2. 主导与新兴产业群的协同发展

通过对郑州新区不同组团进行功能模块分工①，构建"创新研发设计→原材料→配套件→制造装配→产品流通"完整的产业链，以实现郑州新区主导与新兴产业的联动和协同发展。

3. 服务配套产业群的协同发展

通过对郑州新区不同组团服务配套产业的功能模块分工②，构建区域协同产业链，实现郑州新区产业发展急需的公共服务、商业商贸商务、专业服务、城市和区域金融服务，并推动服务配套产业群与基础产业群和主导与新兴产业群的产业联动和协同发展。

（三）促进郑州新区与郑州市的产业协同

1. 郑州新区与郑州中心城区、远郊县市基础产业群的协同发展

郑州中心城区和远郊县市是郑州新区绿色种植、特色农产品精深加工及新型食品加工的流通和消费市场；郑州中心城区和远郊县市居民是郑州新区的观光休闲、体验农业的第二梯度消费者；郑州中心城区和远郊县市是郑州市打造国家级农业要素市场的重要支撑，为郑州新区国家级农业要素市场建设提供人才和资金。

2. 郑州新区与郑州高新区、远郊县市主导与新兴产业群的协同发展

郑州高新区是郑州创新资源集聚地，郑州新区可以成为郑州高新区电子信息产业、生物医药产业等创新成果的规模化生产加工区；郑州新区的交通运输装备、特种装备、大型成套设备、数控装备将进一步扩大郑州先进制造业规模，提升制造业的整体技术水平；郑州新区立体物流体系（四港联动）盘活和带动郑州中心城区、高新区和远郊县市的产业发展；郑州新区重点发

---

① 组团功能模块分工——创新研发设计：在郑东新区形成生产性服务业集聚区，涵盖研发、设计、培训等。原材料：在郑州经济技术开发区，白沙、刘集组团内形成主导产业与新兴产业的原材料生产区。配套件：在中牟组团、航空港区以及刘集组团内形成主导产业与新兴产业的配套件集中制造区。制造装配：在郑州经济技术开发区形成汽车整车、大型成套设备集中装配区。产品流通：依托郑东新区的公路港、铁路港、信息港及空港形成立体产品流通体系。

② 服务配套产业功能模块分工——公共服务：在郑东新区打造公共服务平台，涵盖成果转化、产权交易、行政服务等综合服务平台。商业商贸商务：在郑东新区打造高端现代服务业集聚区（CBD），在中牟县打造商业商贸次中心。专业服务：在郑东新区打造软件、服务外包、职业教育、科技研发等专业服务业融合发展区，形成产学研联盟。城市和区域金融服务：在郑东新区打造城市和区域金融核心服务区，多业并举和各类机构并存，并在中牟县、航空港等地设置城市和区域金融服务分支机构。

展的新型化学合成药、数字化医疗设备和器材、生物育种、遗传工程与细胞工程等生物医药行业，将从技术上升级和改造郑州生物医药产业；郑州新区信息产业重点发展信息传输与数据处理、信息设备制造及信息服务，在规模和效益上将引领郑州信息产业发展。

3. 郑州新区与郑州中心城区、高新区、远郊县市服务配套产业群的协同发展

郑州新区的郑东组团是郑州城市形象和高端现代服务业的集中展示区，郑州中心城区将在生活居住、商贸流通、行政办公等方面为郑州新区提供辅助；郑州新区的城市和区域金融为老城区提供银行借贷、战略投资、资产重组、价值评估等金融服务；郑州新区会展业为郑州高新区、远郊县市提供产品展示、宣传和交易的平台；郑州新区专业服务业为郑州高新区提供人才培训、法律、咨询、信息等服务，成为郑州高新区企业发展的重要支撑。

（四）积极推进郑州新区与中原城市群、河南省不同区域之间的产业协同

1. 郑州新区与中原城市群及河南省的基础产业群的协同发展

其一，郑州新区的农业科研为中原城市群输出技术和人才；郑州新区的农业商贸流通平台及区域性高等级特色农产品专业市场为新乡、许昌和漯河农产品提供展示和交易的平台，新乡、许昌和漯河成为郑州新区农业科技成果推广的腹地。其二，郑州新区依托郑州商品交易所，形成农业定价中心和农业投融资服务中心，补缺河南省乃至全国农业金融创新功能；郑州新区的农业科技研发基地，强化河南农业大省的农业科技研发能力。

2. 郑州新区与中原城市群及河南省的主导与新兴产业群的协同发展

其一，郑州新区汽车装备制造产业提升中原城市群汽车产业规模，开封、新乡、焦作为郑州新区汽车整车产业的发展提供刹车部件、金属盖件、铝合金轮毂等关键零部件；郑州新区立体物流体系为中原城市群提供多式联运、专业物流、城市配送等服务，焦作、平顶山和济源为郑州新区各类信息产业、生物医药产业、新材料产业等提供原材料；郑州新区的信息产业提升中原城市群加工制造业的整体技术水平，新乡和平顶山为郑州新区生物医药产业的重要原材料基地。其二，郑州新区打造国家现代装备制造业核心集聚基地，弥补河南省高端制造业引领示范区块的缺失，引导河南省从"农业大省""人口大省"向"新兴工业大省"转变；郑州新区的信息产业、生物医药产业和新材料产业，弥补河南省战略性新兴产业规模、门类上的缺失。

3. 郑州新区与中原城市群及河南省的服务配套产业群的协同发展

其一，郑州新区的城市和区域金融为中原城市群提供银行借贷、战略投资、资产重组、价值评估等金融服务；郑州新区会展业为中原城市群各城市提供产品展示、宣传和交易的平台；郑州新区专业服务业为中原城市群提供人才培训、法律、咨询、信息等服务，成为中原城市群企业发展的重要支撑。其二，郑州新区的郑东组团（CBD）重塑河南省内的大城市形象，中西部地区区域金融中心弥补河南省金融服务与创新不足。

三　郑州新区三次产业融合的具体模式路径

产业融合作为一种新的经济发展范式，其含义在广泛的产业领域得到扩展。我国学者厉无畏（2002）认为，产业融合是指不同产业或同一产业内的不同行业相互渗透、相互交叉，最终融为一体，逐步形成新产业的动态发展过程。他认为高新技术及其产业的作用是产业融合的强大助推器，"1＋1＞2"的生产效益和经济效益则是产业融合的高能发动机。从这个层面上来理解，产业融合具有内在成长性，它使现代都市农业、先进制造业和现代服务业的功能扩展到新的领域。

郑州新区现代都市农业空间布局见图 8－5。

（一）现代都市农业功能拓展的产业融合模式

现代都市农业功能的拓展，是农业产业融合所带来的产业创新效应的体现。农业产业融合或者发生于农业子产业之间，或者发生于农业与高科技产业之间，或者发生于农业与传统的第二、第三产业之间。产业融合下的农业成为多功能的农业，产业融合化发展是现代都市多功能农业建设的基本路径。

1. 强化都市农业的生态环境保护功能，以城区都市农业产业核、郑州新区沿黄生态绿轴等片区，发展生态农业

农业与高新技术产业融合发展成为生态型农业。以城区都市农业产业核、郑州新区沿黄生态绿轴等片区发展生态农业。相对于农业内部各子产业独立的传统产出模式，基于产业融合的生态农业强调农业产出的系统性和融合性，这将极大地拓展农业的生态保护功能。

2. 拓展都市农业的文化功能，以郑州新区沿黄生态绿轴和远郊都市农业产业带，发展基于产出结果改进的休闲农业

休闲观光型农业是农业与旅游业交叉融合而催生的新业态。该模式是以农业为主题，利用自然环境、农事活动、农村生活等农业自然文化资源，以

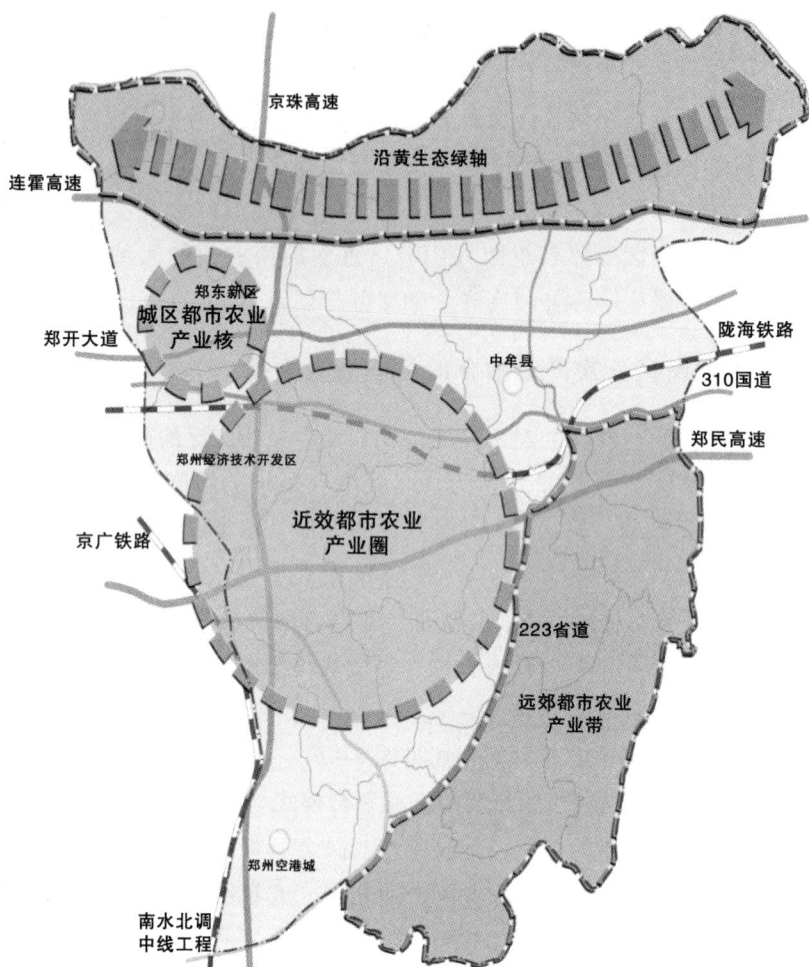

京珠高速

沿黄生态绿轴

连霍高速

郑东新区
城区都市农业
产业核

郑开大道

陇海铁路

中牟县

310国道

郑州经济技术开发区

郑民高速

近效都市农业
产业圈

京广铁路

223省道

远郊都市农业
产业带

郑州空港城

南水北调
中线工程

图 8-5　郑州新区现代都市农业空间布局

观光、休闲、增进人们对农业的体验为目的的农业与旅游业相结合的一种新型产业。农业与旅游业的产业融合把旅游业的极高的产业关联性注入农业中来，为农业产业结构优化、农民增收提供了新的路径。它既在横向上增加了农业的产业幅度，使农业的产业体系得以拓展，又使得农业的综合产业效益得到提高，是对农业文化、教育功能集中产业化的利用和发挥。

3. 以郑州城区都市农业产业核、近郊都市农业产业圈，发展都市农业与高新技术产业高度融合的生物质产业和科研农业

生物质产业直面我国"三农"、能源和环境三大主题，是世界发展之大

势和新兴的朝阳产业。生物质产业的发展模式是把能源农业（包括林业）
和能源工业相结合，构成从原料到产品的生物质能源生产一体化体系。一方
面，生物质产业种质资源的培育和开发，是现代科学技术融入农业的表现，
具有高新技术渗透传统产业的融合特性；另一方面，生物质产业体系本身是
农业（包括林业）、工业（能源工业、化学工业）等产业的整合，具有产业
（第一、第二、第三产业）分工内部化的融合属性。

生物质产业体系中，农业本身成为工业的前期工序，工业成为农业的延
伸环节，农业和工业之间通过产品、技术、市场的整合最终融合为一体化的
新型产业。生物质产业的发展对于拓展农业的功能而言，具有丰富的内涵。

郑州新区现代都市农业空间分布及其功能定位见表 8 – 16。

表 8 – 16　郑州新区现代都市农业空间分布及其功能定位

片　区	范　围	功能描述
城区都市农业产业核	主要分布在郑东新区,围绕郑州商品交易所,体现都市农业的服务功能	重点发展新区绿色生态廊道,以及以农产品服务为主的四大中心拓展区——信息中心、投融资中心、检测中心和服务中心
近郊都市农业产业圈	主要分布在城市近郊地区,包括经济技术开发区、航空港区和中牟县城周边	重点发展农耕体验区和农产品加工,包括特色产品精深加工和大规模农产品加工
远郊都市农业产业带	位于中牟县南部姚家乡、官渡镇、三官庙、黄店镇、八岗乡、韩寺镇和刁家乡7个乡镇	重点发展新区生态农庄、特色农产品及各类果蔬的绿色种植、畜牧业及水产品的特色养殖
沿黄生态绿轴	主要沿黄河分布,位于中牟县及金水区北部	重点发展旅游观光、都市农业、休闲度假等,体现生态涵养和保育功能,郑州新区的绿色旅游通道和生态屏障,提供生态旅游和"都市绿肺"功能

4. 发挥现代都市农业产业融合化发展的复合经济效益，构建三次产业相融合的综合产业体系

不同产业的交叉重组融合形成综合型农业，综合型农业的特色是种植
业、养殖业、加工业、仓储业、运输业、销售业和服务业的有机结合，把农
业产业链中生产、加工、销售各环节紧密联系起来，逐步形成以产业链、产
业带、产业群为基础的种养加、产供销、贸工农一体化的生产经营方式。农
产品的生产与加工、流通联结起来，拉长了农业的产业链，增加了农产品的
附加值，提高了农业的比较效益。通过产业融合，推动和促进郑州新区农业
关联产业的发展，既是发展多功能农业的出发点和重要目的，也是多功能农

业自然延伸的重要结果。

（二）通过多种融合发展模式促进先进制造业与现代服务业融合

先进制造业与现代服务业相互依存，它们同是工业发展到较高阶段的产物，现代服务业因先进制造业的产生而产生，因先进制造业的发展而发展，先进制造业是现代服务业发展的基础和支撑。同时，现代服务业的发展促进了制造业专业化水平的进一步提高，降低了制造业部门的中间服务成本，从而为先进制造业的发展创造了条件。随着信息通信技术的发展和广泛应用，先进制造业与现代服务业的产业融合趋势越来越明显。

郑州新区先进制造业空间布局见图 8 - 6。

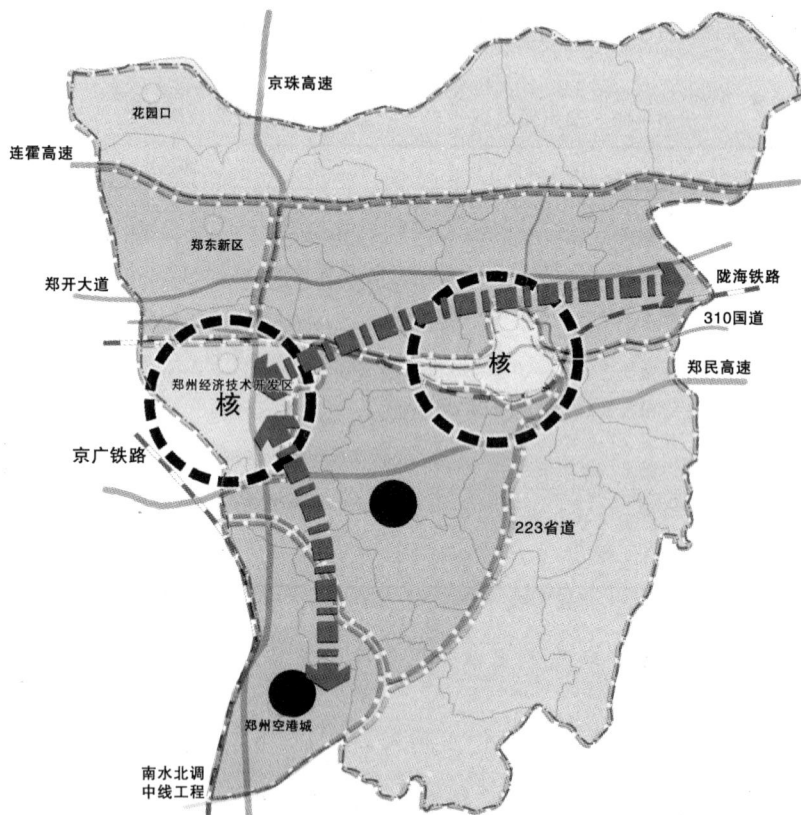

图 8 - 6　郑州新区先进制造业空间布局

1. 大力推进先进制造业与现代服务业互动发展，实现先进制造业与现代服务业项目规划建设的齐头并进

实施项目带动战略是实现郑州新区经济又好又快发展的一条重要经验。

要结合产业项目规划、园区经济发展、产业集群培植和招商引资活动，将先进制造业与现代服务业一起谋划、一起推进，为先进制造业发展提供服务配套，为现代服务业发展提供产业基础。在郑州新区开发和各功能片区组团建设中，要以协调发展和国际化的眼光，将一系列重大项目合理地配置于工业园区、高新技术开发区，建设区域性先进制造业基地，并设计规划好为之服务的金融、物流、研发、信息等项目，提高产业配套能力，发挥产业集群效应，营造跨国公司和大型企业落户郑州新区的产业环境。

根据《郑州新区城镇体系规划》，郑州新区先进制造业呈现"双核双带双点"总体空间布局。其一，"双核"——郑州经济技术开发区与中牟县。依托现有制造业产业基础，构建郑州新区先进制造业核心发展区域。同时，实现郑州经济技术开发区与中牟县适度梯度发展，郑州经济技术开发区为最主要的核心区域，中牟县为支撑承载区域。其二，"双带"——郑州经济技术开发区－航空港区发展带，为先进制造业核心发展带；郑州经济技术开发区－白沙－刘集－官渡发展带，重点体现产业升级和区域协同。其三，"双点"——航空港区和九龙国际产业（物流）园区。满足近期发展要求，体现传统优势制造业基础，各制造业功能片区通过与服务业组团嵌入融合，实现二者的对接与联动。

郑州新区先进制造业片区分工见表 8－17。

表 8－17　郑州新区先进制造业片区分工

片　区	重点发展产业
郑州经济技术开发区	汽车整车制造、大型成套设备、轨道交通设备
中牟县	汽车整车及零部件、大型成套设备、大型数控装备
航空港区	航空零部件制造、轨道交通设备、大型成套设备、食品加工等
九龙国际产业（物流）园区	新型食品加工、工程机械等
郑州经济技术开发区－航空港区发展带	汽车、轨道交通设备、成套设备、特种设备、食品加工等先进制造业
郑州经济技术开发区－白沙－刘集－官渡发展带	汽车、成套设备、特种设备、数控设备、食品加工等先进制造业

制造业挖潜的最大领域在物流业，而物流业的最大市场在制造业。郑州新区物流园区的规划布局与制造业互相镶嵌进行。制造业与物流业的对接与联动，切入点在制造企业实施供应链管理，将企业内部物流与企业上下游及

社会物流联结起来，从而使制造业与现代服务业对接。

2. 加快从生产型制造向服务型制造转变，推进制造业企业功能服务化

制造业的服务化主要表现为两种情况：一是由于制造业领域原有的服务性活动大幅度增加而导致的制造业的服务化，我们称之为制造业的内生型服务化；二是由于被并入制造业领域的外部服务活动大幅度增加而导致的制造业的服务化，我们称之为制造业的外延型服务化。世界制造业正孕育着根本性转变，即从生产型制造向服务型制造转变。近年来发展迅猛的生产性服务业，正是服务业与制造业"结合型"融合的产物，服务作为一种软性生产资料正越来越多地进入生产领域，导致制造业生产过程的"软化"。

服务型制造是制造与服务相融合的新的产业形态。这种制造模式要求制造企业的形态是"两头在内、中间在外"，即研发设计、销售服务两头在企业，中间的制造尽可能利用社会的生产能力。大量企业内部服务职能外包，或在产业链上制造业以外包的形式实现与服务业的融合。

3. 产品与装备中融入信息技术，推进制造业硬件产品的软件化

郑州新区先进制造业的规划建设要紧紧围绕制造业生产、加工、装配所开展的服务活动，构成现代制造服务业的业态。其主要内容可概括为：设计、研发、管理咨询以及各类中介等制造的前端活动；围绕制造过程的下料配送、维修、检测、备件配件供应、生产线的上线物流、供应链管理、设备改造等；从单机提供到设备成套、工程总承包、交钥匙工程，以及提供整体解决方案；还包括从产品全生命周期着眼，废旧产品的回收等服务活动。

（三）推进郑州新区现代服务业与其他产业融合发展

从发达国家服务业的发展经验看，现代服务业的发展也是通过与制造业的产业互动主动承接生产性服务发展起来的。在制造业不断提升生产效率、企业能力、产业素质过程中，其原有的研究设计、生产管理和营销开发等功能逐步从生产过程中游离出来而分别积聚。这些重新积聚的服务业逐渐演变为生产过程中与服务相关的生产性服务业，并最终可以成长为服务业中的支柱产业。

运用产业融合的理论规律，推进郑州新区服务业与制造业的融合发展，对实现郑州服务业尤其是现代服务业跨越式发展，具有重大战略意义。

郑州新区现代服务业空间布局见图 8 - 7。

京珠高速

花园口

连霍高速

⑦

⑥

郑开大道

①

⑤

⑦

③

陇海铁路

310国道

郑民高速

⑤

⑤

②

京广铁路

⑤

223省道

⑤

④

郑州空港城

南水北调
中线工程

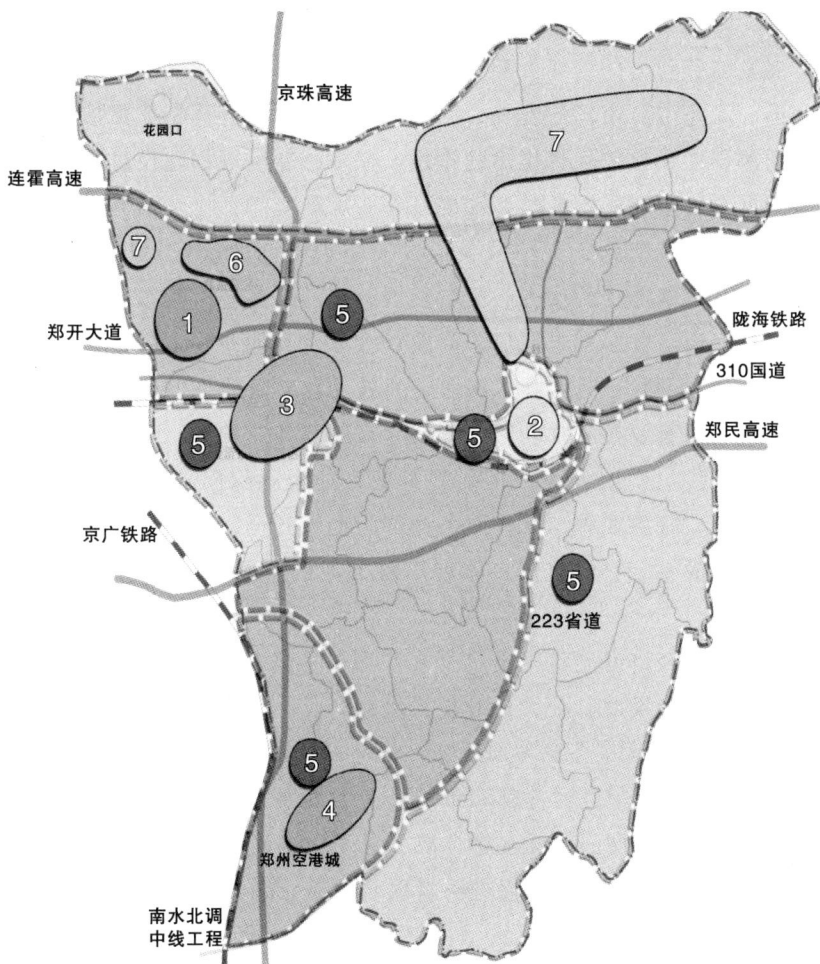

图 8 - 7　郑州新区现代服务业空间布局

1. 加快现代服务业向郑州新区集聚，推进现代服务业集群化发展

以集聚为特征的城市是服务业的需求基础，反过来，郑州新区在城市化过程中的信息建设、交通设施也为服务产品的"生产"提供基础。从郑州新区城市化进展和服务业的发展关系可见，郑州新区规划建设的加快，将会推动很多现代服务业在该地区集聚。

郑州新区城市化进展的加快，将诱发服务业新兴行业的出现及传统服务行业的发展。郑州新区规划建设的过程首先是工业化的空间集聚过程，从而引起交通、通信、金融保险等各类市场的发展，进一步引致相关服务业的集群式发展。郑州新区城市化过程中的人口集聚还促进服务业中生活服务业规模的扩展及与劳动力的培训、配置相关的教育、科学文化、卫生事业和各种人才培训、人才中介市场的发展，使服务业发展的集群化特征更加明显。由于资源的差异性和比较优势规律的作用，在郑州新区规划建设过程中，城市服务业发展会集聚成不同的类型和规模①（见图 8-8）。

不同规模的城市化集聚使服务业发展呈现不同的服务业集群。一般来说，由工业化集聚产生的次中心区域发展起来的服务业，其核心产业是流通部门，包括交通运输、邮电通信、商业饮食以及其他一些生产服务业和生活服务业，如金融保险、综合技术服务、科技文化教育等，服务业的比重要低于第二产业。而重要核心功能区域发展起来的服务业的核心部门主要是外部效应较高的现代生产服务业和生活服务业，如金融保险业、信息咨询服务业、房地产业、旅游业等，其他服务业部门也较齐全，从而与生产服务业和生活服务业构成一个有机整体，体现出服务业的"离制造业的集群化"发展趋势。

郑州新区的经济发展状况决定了现代服务业的发展必须与制造业互动，在产业互动中融合发展、壮大，成长为优势产业。

2. 密切郑州新区服务业与制造业之间的产业联系，扩大产业规模

随着生产社会化程度的提高和市场经济的发展，各种服务在第二产业中的分量和作用将不断增强，相互融合成不分彼此的新兴产业体系。密切服务业与制造业之间的产业联系，促进两者融合发展，能够有效提升制造业对服务业中间投入产品的需求，从而扩大服务业特别是生产性服务业的产业规模，打破产业发展中的"棘轮效应"，即制造业越是发展得多就越是发展，由此导致制造业的发展挤压服务业发展的效应。目前，在制造业发达的国家，以制

---

① 主要包括以下几种类型。①郑东新区。郑东新区是高端现代服务业集聚区（CBD），如金融保险、商务会展、高端商业商贸等现代服务业，是郑东新区的服务"核"。②中牟商业商贸次中心（位于中牟县城）。发挥中牟细分业态门类齐全优势，是郑东新区商业、商贸、特色产品交易的重要节点。③国际物流枢纽（位于圃田乡、白沙镇一带）。利用公路物流港、铁路集装箱货运中心、郑州东站等现有资源，打造现代物流枢纽。④空港物流中心。发挥新郑机场航空资源优势，将其建成国家重要的航空货运物流中枢。⑤特色产业产品交易中心。在郑州经济技术开发区、航空港区、中牟县、白沙镇、姚家镇等地形成 4~5 个特色产业（先进制造、农产品等）产品交易中心，活跃区域商贸流通。⑥特色服务业综合基地。发挥大学城优势，在郑东新区北部（金水区）打造特色服务业综合基地（涵盖软件、服务外包、职教等），形成产学研联盟。⑦文化旅游服务区。串联郑州森林公园、雁鸣湖、中牟森林公园和官渡古战场等重要文化旅游节点，丰富片区服务业功能和结构。

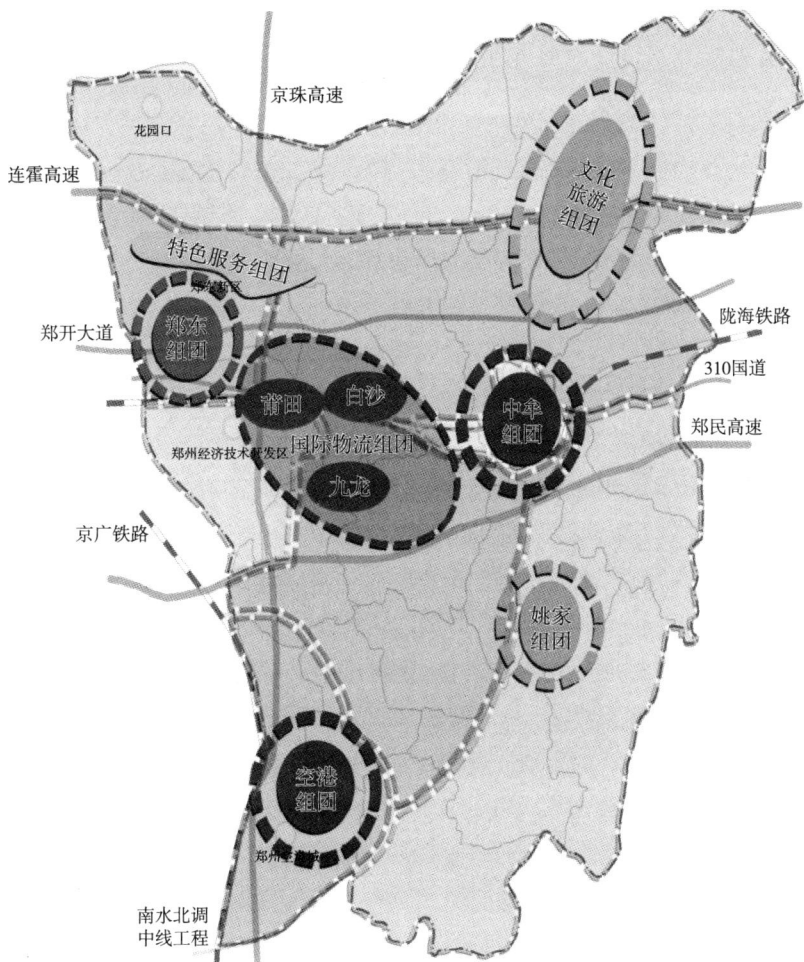

图 8 - 8　郑州新区现代服务业核心项目布局

造服务业为主的生产性服务模式平均已占到服务领域总额的50%以上。

郑州新区现代物流业核心项目布局见图 8 - 9。这样的物流业规划建设布局①，不但可以分层次推进郑州新区现代物流业的规划建设，密切郑州新

---

① 在郑州铁路公路物流枢纽①和郑州空港国际物流枢纽②，规划组建核心物流枢纽；以中牟物流枢纽③，规划组建次核心物流枢纽；以九龙国际（物流）园区④、出口加工区/保税中心⑤和进口保税区⑥，规划组建物流园区；以郑东新区文化物流中心⑦、花园口旅游物流中心⑧、雁鸣湖旅游物流中心⑨、白沙高新物流中心⑩、姚家镇农产品物流中心⑪和中牟装备制造物流中心⑫，规划组建专业物流中心。

区不同功能组团服务业与制造业之间的产业联系，促进两者融合发展，而且也能够有效提升制造业对服务业中间投入产品的需求，从而扩大现代物流等生产性服务业的产业规模。

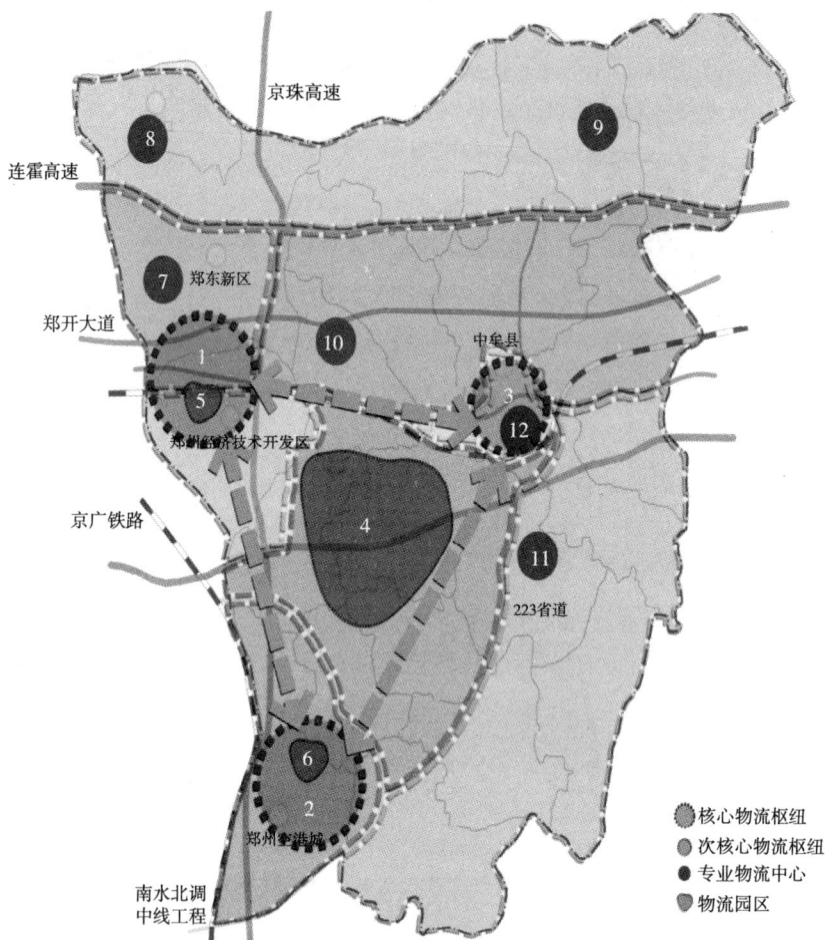

图8－9 郑州新区现代物流业核心项目布局

3. 加快服务业与制造业之间的业务融合，扶持业务外包业态加快发展

业务外包成为制造业与服务业融合的添加剂，进而形成占服务业乃至国民经济较大比重的生产性服务业。郑州新区在规划建设过程中，要以新一轮国际服务业转移为契机，培育引导高端服务产业，在大力承接物流外包的基础上，逐步扩大业务流程外包规模，把郑州新区建设成全国重要的现代物流中心和区域服务外包中心。

4. 推动服务行业融合发展，增强服务业自主增长能力

以往人们往往强调高技术制造业与现代服务业在第二、第三产业间的融合互动发展，而忽视服务业内部各行业新业态、新企业、新模式的快速发展。其实，文化旅游、创意产业、旅游地产等，无一不是产业融合发展的典型。因此，推动服务行业融合发展、增强服务业自主增长能力，同样是服务业发展路径的现实选择。

第九章
国内外经济区建设实践及
协调发展经验借鉴

　　在经济全球化和区域经济一体化的世界经济发展潮流推动下，中国国内区域经济一体化的趋势日益明显。所谓国内区域经济一体化，是指国内同一区域内的毗连地区通过一定的组织和协议以及一定的联合方式，实现合理分工，促进生产要素自由流动，加速产业的整合与重组，实行地区经济联合与协作，从而谋取共同的经济利益。其实质就是打破行政区划界限，按比较优势原则统一规划布局，统一组织专业化生产，建立统一的大市场，结成经济联盟和利益共同体。通过区域经济一体化协调发展，有效形成规模经济和范围经济，降低交易成本和违约风险，扩大市场份额，刺激投资贸易，提高区域整体竞争力。珠三角、长三角、环渤海经济区相继成功地推进了经济一体化，在中国沿海地区形成了三个经济增长极。特别是随着长三角、泛珠三角、环渤海以及更多跨区域协作体的组建，区域经济作为一种国家战略的趋势将更加明显。全国一些地区，如成渝经济区、海峡西岸经济区、武汉城市圈、湛江都市圈等，都通过加速区域经济一体化协调发展，争夺中国经济第四增长极或新的增长极。

　　长期以来，推进区域经济合作一直是实现区域经济协调发展的重要手段，也是推进我国经济体制改革的重要步骤。党的十六大指出，要"加强区域经济交流与合作，实现优势互补和共同发展，形成若干个各具特色的经济区和经济带"，"建立统一、开放、竞争、有序的现代市场经济体系"；党的十七大又强调，要"遵循市场经济规律，突破行政区划界限"，"引导生产要素跨区域合理流动"。而诸多研究表明，"十二五"期间，我国区域经济将呈现蓬勃发展的态势，以区域经济取代行政区经济的特征将变得更为突出。

关于区域合作，不论是国内还是国外，都有成功的模式和经验。我国珠三角、长三角等国内几大经济合作区和欧盟等国际性区域合作组织的成功模式和经验都值得中原经济区借鉴。

第一节　欧盟经济区

在区域经济合作方面，一些国际性区域合作组织给中原经济区提供了丰富而宝贵的经验。在这方面，世界上进行得最早、做得最好的当属欧盟。

一　欧盟经济区概况

欧盟作为当今世界上成立最早、成效最卓著和一体化程度最高的区域经济合作组织，其50多年的发展历程中最显著的特征即以严密的制度体系为导向，由上而下地推动一体化。自从法国、联邦德国、意大利、荷兰、比利时和卢森堡六国自1957年成立欧洲煤钢共同体和欧洲经济共同体以来，欧洲一体化已走过了半个多世纪的历程。冷战结束后，欧洲经济共同体发展成为有27个成员国的欧洲联盟，形成了由16个成员国组成的欧元区。进入21世纪以来，欧盟拟定并在2004年通过了《欧盟宪法》的最后文本，2007年经德、法两国积极斡旋，欧盟各国首脑在葡萄牙首都里斯本通过了《简版宪法条约》，并在当年12月的欧盟峰会上签署了《里斯本条约》①。其发展经历了以下阶段。

（一）孕育准备阶段

1946年，英国首相丘吉尔率先提出需要建立起"某种类似于欧洲合众国的东西"，这是欧洲一体化的最早构想。1951年，欧洲统一之父——让·莫内在设计欧洲煤钢共同体时也强调了欧洲统一的前景。1951年4月18日，法国、联邦德国、意大利、荷兰、比利时和卢森堡在巴黎签订了建立欧洲煤钢共同体的条约，该条约于1952年7月25日生效。1957年3月25日，以上六国又签订了建立欧洲经济共同体和欧洲原子能共同体的条约，统称为《罗马条约》，该条约于1958年1月1日生效。欧洲经济共同体和欧洲原子能共同体是欧洲共同体（以下称欧共体）的前身，也是欧共体成立的前期准备阶段。

---

① 《欧盟一体化的挑战》，《环球》2009年第22期。

（二）欧共体成立及扩大阶段

在法国、联邦德国、意大利、荷兰、比利时和卢森堡六国签订《罗马条约》之后，1965 年 4 月 8 日，六国又签订了《布鲁塞尔条约》，决定将欧洲煤钢共同体、欧洲经济共同体和欧洲原子能共同体合并，统称为欧洲共同体。三个组织仍各自存在，具有法人资格。《布鲁塞尔条约》于 1967 年 7 月 7 日生效，欧共体成立。在其成立以后，共经历了 5 次扩大[①]。

第一次扩大：1972 年 1 月 22 日，欧共体迎来了第一批新成员，英国、丹麦、爱尔兰三国在布鲁塞尔签字加入，欧共体成员国增加到 9 个。

第二次扩大：1981 年，欧共体吸收希腊成为会员国，欧共体实现了成员国的第二次扩大。

第三次扩大：1986 年，西班牙及葡萄牙成为欧共体会员国，欧共体第三次扩大。同年，欧共体卢森堡首脑会议通过了《单一欧洲法令》作为《罗马条约》的附件。1991 年 12 月，欧共体与匈牙利、波兰和捷克斯洛伐克签署了"联系国"协议，三国获得了 10 年入围候补资格。1993 年，欧共体首脑会议在哥本哈根召开，会议表明欧共体准备接纳波兰、捷克、斯洛伐克、保加利亚和罗马尼亚成为会员国，这为欧共体再次扩大奠定了基础。

第四次扩大：1995 年 1 月 1 日，奥地利、瑞典和芬兰三国正式加入欧盟，欧共体成员国达到 15 个。1997 年 7 月 16 日，欧盟委员会提出首批东扩名单，东扩的首批国家为：塞浦路斯、匈牙利、波兰、爱沙尼亚、捷克和斯洛文尼亚。1998 年，欧盟与以上六国开始入盟谈判。1999 年 1 月 1 日，欧洲统一货币——欧元启动，这再次表明欧盟扩大的趋势势不可挡。

第五次扩大：欧洲的一体化呈现发展过程的渐进性、协调性和妥协性，以及组织运作机制的超国家性和均衡性[②]。由于 1999 年的科索沃危机，欧盟为了欧洲地区的稳定，决定采取措施加快东扩的速度。2002 年 10 月 9 日，欧盟委员会在布鲁塞尔正式公布 2004 年前欧盟东扩的十国名单——塞浦路斯、捷克、爱沙尼亚、匈牙利、拉脱维亚、立陶宛、马耳他、波兰、斯洛伐克和斯洛文尼亚。2004 年 5 月 1 日，欧盟完成第五次扩大，如今已成为一个经济实力超凡、合作程度最高、区域内各国家或地区经济发展水平最为接近的囊括 27 个国家或地区的区域联合体。

---

① 丁原洪：《欧盟扩大和欧洲一体化建设》，《和平与发展》2004 年第 2 期。
② 高小升：《欧洲经济一体化发展模式评析》，《商场现代化》2008 年第 2 期，第 9 页。

欧盟伴随着 5 次扩大,从煤钢共同体到关税同盟、欧洲经济共同体,再到统一大市场,以至如今的欧洲经济与货币联盟,其成员国不断增加,各成员国之间经济政策领域的合作不断得到加强,最终成为世界上最大的单一市场,是经济区域化和集团化进程最快、范围最广、层次最高、成绩最大的区域组织。

(三) 欧共体一体化阶段

在欧共体一体化过程中,统一大市场的形成可以说是促使成员国加强合作和经济快速发展的关键一步。欧洲统一大市场的形成消除了成员国之间贸易的非关税壁垒,实现了要素在区域内的自由流动,形成了比美、日等国更为广阔的范围安排,从而极大地促进了成员国之间贸易量的提高和合作程度的加深,使区内产品的竞争力不断得到提高。特别是欧盟东扩后,欧盟成为目前世界上最大的单一市场,实行单一贸易制度即实行统一的贸易规则、统一的关税、统一的行政手续,这必然会进一步加大欧盟的贸易量,繁荣欧盟各国的经济,提高其经济效益。在管理机构及其协调机制设置和运行方面,欧盟也堪称典范。从性质上讲,欧盟是一个高度一体化且带有超国家性质的新型区域性合作组织,它具有严密的法律体系,定期更选出一个成员国作为轮值主席国负责欧盟整体的内外事务。欧盟实行的是混合代表制,并设有四大主要机构,即作为咨询和监督机构的欧洲议会、作为立法决策机构的部长理事会、作为执行机构的执委会,以及负责解释和实施欧洲法律的欧洲法院。此外,欧盟还组建区内中央银行,发行统一货币——欧元,形成了超越主权国家而行使管理权力的组织机构。

二　欧盟经济一体化发展的特征

欧洲一体化模式包含以下内容:第一,一体化进程以"舒曼计划"为起点,启动了从煤、钢、原子能领域到共同农业政策领域,直至货币联盟、共同立宪;第二,法、德两国冰释前嫌,共同推进一体化;第三,社会化国际治理的超国家性合作理念构成了欧洲走向联合的地区主义基石,国家的能力和条件越来越受到限制[1],国家向超国家机构让渡权力,这期间一直充斥着欧共体争取超国家权力与成员国争取保留更多主权、成员国相互之间维护

---

[1]　汪丽萍:《东亚区域合作与欧洲一体化的发展模式比较》,《南京师大学报》(社会科学版) 2007 年第 5 期,第 40~41 页。

各自国家利益的争斗①；第四，严密的制度设计和机构设置，是实现区域经济一体化、提升区域竞争力的重要支持体系，欧盟通过凝聚政策，帮助欧盟内的经济落后地区发展，缩小地区差异，提高经济落后地区以外的其他地区的竞争能力和吸引力，改善就业结构，促进跨区域（境）合作，其主要工具是结构基金（Structural Fund）和凝聚基金（Cohesion Fund）；第五，超国家、国家和非政府组织等行为体共同参与欧盟政策的制定和执行（即多层治理），实现参与合作各方利益，弥补了区域合作中出现的诸多缺陷和不足②。

作为国际经济区域化、集团化趋势的集中代表，欧共体具备更高层次的经济一体化措施，它的特殊之处在于确立了一整套具有超国家调节色彩的体制结构，成员国在一定程度与范围自愿限制或向欧共体一级转让了国家主权。或许也正因为它涉及更深层面的合作问题以及更多元的利益群体，其制度安排才更加缜密，更具匠心。我国的区域经济合作属于同一主权下的地区之间的合作，当然不存在国家层面的问题。因此，对其他经济区而言，可以学习借鉴的是其在经济一体化过程中的指导思想和具体利益协调机制，包括机构设置、决策方式、法律控制体制、财政体制等。

总体上来讲，欧盟所有制度构建的目的都是切实保证整体利益，有效协调各方特殊利益。欧洲经济圈之所以成为当今世界经济一体化程度最为发达的区域，绝非偶然，而是有着极为深远且复杂的历史背景。最根本的历史原因是在欧洲经济、政治、文化、社会等各种因素的长期交互作用下，发达资本主义民族国家群体在工业革命的背景下于欧洲最先形成，由此导致了区域经济国际化与民族主权国家之间的合作与冲突，最后在战后特定历史条件下促成了西欧经济圈的确立。因此，西欧各国既有整体认同感，又有最大限度实现自己利益最大化的诉求。这就是合作制度构建的出发点，维护整体利益、协调特殊利益也成为指导思想贯穿在制度设计与实施的始终。

（一）区域协调发展政策

欧盟非常注重区域内各成员国的协调发展，为此不断调整，目前已形成以下一些区域平衡发展政策③。

---

① 王玉玮：《欧共体与GATT/WTO的法律关系若干问题研究——兼论区域经济一体化对多边贸易体制的影响》，中国政法大学博士学位论文，2004，第11～17页。
② 王再文、李刚：《区域合作的协调机制：多层治理理论与欧盟经验》，《当代经济管理》2009年第9期，第48页。
③ 吴旋：《欧洲经济圈——形成、发展与前景》，当代世界出版社，2001，第49页。

一是"有问题地区"政策。即针对经济和社会基础结构需要得到援助来促进经济长期增长的地区给予帮助。例如，通过直接投资促进新兴工业，调整产业结构；通过中短期经济援助，帮助受到世界经济波动影响或共同体政策影响的地区；等等。

二是建立地区发展委员会，建立地区基金。地区发展委员会每两年提出一份地区状况报告，作为比较成员国地区发展规划的基础。

三是协调成员国与共同体地区政策。共同体的地区政策是成员国地区政策的补充。

（二）机构设置

欧盟机构设置方面的基本原则是各利益主体相互制衡协调，具体来讲，欧共体主要机构包括执行委员会、部长理事会、欧洲议会和欧洲法院，此外还设有经济和社会委员会、常设代表委员会等70多个专门性或附属性机构。

其中，执行委员会是欧共体的执行机构，独立于各成员国政府。执行委员会成员经各成员国一致同意后任命，一经任命就成为专职欧共体官员，不再受本国政府约束，只对欧共体负责，而且部长理事会无权将其撤职，除非欧洲议会以2/3多数票迫使执行委员会集体辞职。执行委员会职权很高，包括至关重要的立法创意权、对欧共体条约实施的监督权，以及对成员国政府及团体和个人的调查权、规劝权、强制性罚款权等。

部长理事会是欧共体最高决策机构，负责协调成员国的一般经济政策，讨论并决定与欧共体相关的所有重要问题，对立法草案享有最终决定权。部长理事会实际上具有双重职能：它既是各国利益的代表，反映各国的立场和需求，又是欧共体整体利益的协调者，必须寻求整体利益的表达途径。通过对其进行法定工作程序的约束，可以保证它的权威性。

在此之下，欧共体还设置了普通部长理事会、预算理事会、经济事务理事会、农业部长理事会等机构，以适应协商事务的多样性。这些理事会分别由各成员国派相关专业的部长出席，进行洽谈和协商，并最终提出该领域的决策性意见。这些决策性意见具有针对性，也形成不同层级的约束力。例如，法律效力直接适用于所有成员国、团体和个人的称作条例；仅在立法应达到的效果方面具有普遍约束力，而具体实施措施由各成员国自行裁量的称作指令；仅对某特定成员国或团体或个人有约束力的称作决定；不具约束力仅有指导意义的称作意见；等等。

欧洲议会是欧共体的咨询机构。议员由成员国各国公民直接投票选举产生，具备民主合法性，能够代表公民意愿。欧洲议会不具有立法权，但可以在立法程序中发表意见，这个机构并不是一个空头机构。它有权以 2/3 多数不信任票迫令执行委员会集体辞职，并具有对欧共体预算的有效控制权。

欧洲法院建立在欧洲各国司法独立的基础上，享有独立性。它对《罗马条约》及欧共体机构各项法规享有唯一解释权，负责裁决欧共体内部的各种有关纠纷。

（三） 法律规范

欧洲经济一体化进程的根本特征之一就是它建立在法律保障的基础之上。欧盟法律体系的主要渊源包括以下两点。

其一，源本法，即由各成员国政府直接签订的创造欧共体的诸条约及其修订文件，明确规定了经济一体化的基本目标、范围与欧共体的建立，特别是各机构与成员国在一体化建设中的权利与职能。

其二，派生法，即实施源本法派生的大量具体决定，也就是所谓的条例、指令、决定等。这些不同形式的规范性文件因其实施范围与效力不同而有所差异，使得任何具体决定的实施都具有了约束力和规范性，在相当程度上避免了成员国因自身条件、利益不同而对决定实施采取随意性的态度。

欧共体法律的适用原则有三：一是优先适用原则，当成员国法律与欧共体法律相抵触时，应优先适用欧共体法律，这一原则的意义在于维护欧共体法律的权威性、统一性与一致性，保证一体化措施的普适性；二是直接适用原则，即法律一经通过或欧洲法院案例一经做出，就可以在各成员国直接适用，成员国无须再进行重复立法或采取其他任何措施；三是直接效力原则，即欧共体法律的某些特定条款可以直接适用于某些个人，给予其权利或义务，成员国法院必须承认和执行。

（四） 财政体制

这是欧共体的又一特色。欧共体拥有自有财源，最初由各成员国捐助，之后改革为用农业税、关税及增值税取代。同时，欧共体机构负责预算的制定与管理。具体的程序是：每个财政年度前，执委会预拟预算草案上报部长理事会，经部长理事会修改通过提交欧洲议会审议，而执行委员会负责年度财政的管理。

与成员国相比，无论是绝对额还是份额，欧共体预算所占的比例都很小。但从其开支构成看，对于维持和强化欧共体的存在基础，即平衡成员国利益、保证商品自由流通，仍然至关重要。以 2006 年为例，其构成与比例分别为：农业保证基金约占 1/2，结构基金约占 1/3 以上，另外还有研究、能源与工业、回扣与储备、发展与合作、人员与管理等方面的开支。其中，结构基金是用以维持商品自由流通，在一定程度上采取措施抑制区域发展不平衡、调整产业结构的部分。结构基金自建立以来，占欧盟预算的比例不断提高。1988 年占欧盟当年预算的 17.5%；2006 年已占欧盟当年预算的 30% 以上；在 2007～2013 年的预算中，达到 3076 亿欧元，占欧盟当年预算的 36%。综上所述，在机构设置、决策方式、法律和财政等方面的独到设计是欧共体实现较高经济一体化目标的有力机制保证，这些机制对我国区域经济合作具有重要的借鉴意义。

三 结论与启示

不同国家对区域经济的干预程度与表现形式是不同的，其中一个重要因素就是市场经济发达程度。市场经济发达的国家，政府与市场的定位比较准确合理，行政对市场干预有限且到位，政府的行政行为法制化、规范化，不同层级政府分工明确，利益协调机制健全。市场竞争的规则也是显性的、稳定的、有制度保障的。市场经济不发达的国家，政府与市场分工不清，职权不明，缺乏有效的调控机制，不是管得太多就是管不到点子上。各级政府权责不明，中央政府权力不敢下放给地方，地方也因而没有自治传统和自治经验，又缺乏专门机构处理中央与地方、地方与地方之间的利益冲突。

欧盟的政府间合作正是建立在其发达的市场经济基础上，借助于准确有效的行政干预手段来实现的。而对于中国来说，由单一制计划经济向市场经济转轨的过程尚未完全结束，在协调区域经济发展方面是摸着石头过河，还没有形成合理的制度设计，在宏观制度层面，缺乏指导思想。这一点可以向欧盟学习。首先，要将切实保证整体利益与有效协调各方特殊利益确立为双重目的；其次，区域合作不应该由中央政府"拉郎配"，进行指令性、政策性的强行结合，而应是地方政府建立在合作、平等、协商基础上的自愿组合。在这方面，欧盟已提供了可供参考的模式。再比如具体制度设计上，立法机构、执行机构、咨询机构的设置及其相互协作、制衡都是很精细的制度设计，值得好好研究和借鉴。另外，我们是否也可以考虑除在国家预算中增设结构基金用于补贴发展不平衡的落后地区外，在经济合作区内也可以设置专项基金。由参与区域合作并受益的地区缴纳一定款项，形成专项基金，用于本区域内公共事务开支，使更多的人直接享受到区域合作带来的经济效益与社会效益。

第二节　长三角经济区

一　长三角经济区概况

长三角经济区是指长江入海而形成的扇形冲积平原上，以苏浙沪毗邻地区的 16 个市组成的经济区域，该区域以上海市为龙头，由江苏省的南京、苏州、扬州、镇江、泰州、无锡、常州、南通 8 个市，浙江省的杭州、宁波、湖州、嘉兴、舟山、绍兴、台州 7 个市所组成的城市带。行政区域面积为 10.96 万平方公里，占全国行政区划面积的 1.1%。现有常住人口近 1 亿人，占全国人口的 7.5%，人口密度 900 人/平方公里左右，高出全国平均水平 5.6 倍。其形成既得益于历史的影响和区位条件的便利，也得益于区域经济发展的推动。改革开放以来，上海凭借自身的地理优势和经济实力以及对周边地区产生强大的辐射作用在长三角的形成过程中扮演着龙头角色。随着上海的辐射作用越来越明显，区域内其他 15 个城市为了强化辐射效应对本地的作用，均从不同角度做出回应，主动接轨上海，寻求进一步协作。而且，由经济合作引发的区域政府间合作渐渐深入，又进一步加强了地区之间更加目的化、规范化的分工合作，这又推进区域行政向更高的层次发展，从而形成良性循环。

长三角经济区各个城市之间地域相连、文化相近、人缘相亲、经济相融，目前已成为我国工业基础雄厚、商品经济发达、科技创新领先、城市体系完备、水陆交通方便的经济区。该地区集中了全国 7.25% 以上的地级城市，在我国经济实力最强的 35 个城市中占有 10 个，在全国综合实力百强县（市）中占了半壁江山。2008 年，长三角经济区实现 GDP 5.40 万亿元，地方财政收入 5794.79 亿元，贸易出口达 5306.80 亿美元，实际利用外商直接投资额为 415.45 亿美元，即长三角经济区以全国 1.1% 的陆地面积和 7.5% 的人口，创造了相当于全国 17.9% 的 GDP、20.2% 的地方财政收入、37.1% 的出口总额和 45.0% 的外商直接投资，在全国经济增长中的龙头地位进一步巩固[①]。

---

① 根据长三角 16 城市 2008 年统计公报数据加工整理。

二 长三角一体化发展特征

一是协调机制层次分明。目前，长三角区域间政府的合作机制已经形成，主要在三个层面推进区域经济联动，并已逐步实现了制度化。其一为长三角两省一市主要领导沟通与协商机制。2001年初，长三角建立了"沪苏浙经济合作与发展座谈会"制度，会议主席方每年轮流，组织召开由两省一市主要领导和有关方面代表参加的会议，共同就合作内容、合作机制、近期工作重点等进行协商。其二为长三角城市经济协调会机制。1997年长三角区域15个城市通过平等协商，共同成立了"长江三角洲城市经济协调会"，协调会设常务主席方和执行主席方。常务主席方由上海担任，设联络处作为常设办事机构；执行主席方由除上海外的其他成员市轮流担任，每两年组织召开一次会议。2003年台州市被接纳为正式成员，2004年开始改为每年召开一次，并决定成立"长江三角洲城市经济协调会办公室"，驻地上海，负责协调、组织和实施区域合作的日常工作事务。截至2009年，已经召开了9次会议，该机制实现了由务虚向务实方向的转变。其三为政府职能部门对口交流与推进落实工作机制。各职能部门通过建立联席会议或联络制度，对区域大交通构筑、区域信息资源共享、区域旅游经济圈构建、区域生态环境治理、区域规划和人力资源合作等政府间合作问题，加强沟通与协商。此外，还初步形成社会各界共同参与的合作机制。区域内行业协会、中介组织和社会研究机构积极发挥作用，成立长江流域发展研究院等研究机构，形成行业沟通机制，营造全社会推动区域经济联动的良好氛围。

二是联动方式灵活多样。从联动主体看，政府、民间团体和企业界合力推进长三角区域经济联动，既有政府层面高层领导的频繁互动，又有民间学界对长三角区域研究的日益深入，更有企业层面跨省市资本流动的日趋活跃。近年来，学术界和企业界召开的长三角区域发展研讨会议超过100多次，不仅有工商企业之间的合作，而且有企业与大专院校和科研院所之间的合作，还有苏浙企业聘用上海退休专家、教授、技术工人的合作。从联动方式看，向整合生产要素、共同进行制度创新发展，有以资产为纽带的相互参股、控股以及兼并的合作，有不改变产权关系的租赁、承包经营、委托经营的合作，有上海向苏浙提供信息、技术和管理的合作，有上海出品牌及相应的技术、管理而苏浙地区出资金和劳动力的加工生产型合作，还有以上海为销售窗口、苏浙地区为生产基地的"前店后厂"式合作，等等。商业企业间的连锁营销合作、产权交易合作呈现良好的发展态势①。

三是联动领域不断拓宽。政府层面致力加强合作协调，共创良好发展环境，降低经济发展成本，不断深化区域经济联动的推动重点。1997～1998 年着力推进旅游和商贸；1999 年着力推进国有企业改革；2003 年主要集中促进生产要素的自由流动；2004 年开始转向重大基础设施投资建设，如城市交通、通信信息、江河整治、生态环境等；2008 年区域经济联动重点包括港口合作、旅游标志规范设置、交通卡互通、协调会建设、统一大市场、世博主题体验之旅、环境保护七方面专题。接轨上海，实现共赢，推进长三角经济一体化，已成为长三角区域内各地政府的共识，区域大联动、大融合的态势已经形成。

联动领域全方位拓展。长三角区域经济联动已从一般产业协作向资本融合方向发展，从单一的生产合作向科研开发、加工制造、市场营销整体合作方向过渡，从以工业领域为主的联动向金融保险、商贸流通、房地产、旅游、会展、科技、信息、商标、信用、质检、环保、要素市场、人力资源等方面拓展，并正在由浅入深地向产业规划、政策法规、金融服务等高层次的合作联动。区域交通体系日臻完善，基础设施领域联动全面展开，产业领域联动稳步推进，"无障碍旅行区"基本实现，生态环境保护全面推进。如近年来上海与苏浙地区进行深度合作的行业已扩展到 40 余个，对浙江的工业、农业、商业、旅游、交通等方面的投资项目有 700 多个，累计投资总额达 3275 亿元，占上海对外省市投资总额的 30%。信息共享平台不断拓展，实现了两省一市网络信息共享平台的运行、信用工作信息的相互交流和企业信息的相互查询。要素市场进一步整合，上海产权交易所于 1997 年联合西至青海、东至福建的 29 家产权交易所成立了长江流域产权交易共同市场，目前全国 200 多家产权交易机构中已有超过 1/5 被纳入。2008 年上海产权市场成交金额 1073.52 亿元，同比增长 12%，是全国首家交易规模突破千亿元大关的产权市场。2011 年上海产权市场（含下属专业平台）共完成各类交易约 5.3 万宗，交易标的涉及交易总量达 5545.3 亿元。其中，为中小企业融资服务 1334 宗，涉及中小企业 2741 家，实现融资金额 384.35 亿元②。

四是市场化推动力日趋增强。市场配置资源的基础性作用进一步发挥，

① 孙海鸣、赵晓雷：《2003 中国区域经济发展报告》，上海财经大学出版社，2003，第 453～454 页。

② 孙玉：《2011 年上海产权市场交易总金额 5545 亿》，《证券时报》2012 年 1 月 10 日。

企业跨地区的兼并、收购、控股以及跨地区的经营和发展已成为地区合作的重要方式。例如，上海汽车集团与江苏仪征汽车工业公司实行跨省市联合重组，上海英雄股份公司以品牌为依托进行资本扩张，等等。与此同时，江浙两地的优势企业也以不同形式进驻上海，或将企业的决策机构、营销机构、研发机构迁往上海，共享上海的发展机遇；或兼并、收购上海的企业，实现资产重组优化。苏浙沪"中小企业合作与发展论坛"签署了《中小企业合作与发展协议书》，标志着长三角中小企业自由流动迈出了实质性的步伐。外资大规模进入长三角区域促进了各行政区经济的发展，推动了产业结构升级，抵消了行政区经济对资源跨区域配置的阻碍力量，带动了长三角区域资源的有效整合。跨省市的资本流动日趋活跃，长三角区域各城市之间资本的互相渗透呈现资金规模大、投资领域广、投资主体多元化等特点。据相关统计，目前在上海的内地投资中，来自江浙地区的投资已占50%以上。

虽然长三角区域经济联动进程在加快，但是由于以各级地方政府为代表的诸多利益主体的存在，尚未完全形成行业布局协调、经济能量集聚、产业结构合理的理想范式，在一体化进程中也还存在行政区经济和经济区发展、区域共荣与地方利益、经济高速增长与生态环境质量等方面的协调问题。

三　长三角经济协调发展的经验借鉴

目前，长三角经济区联动的协调机制主要由三个层面组成：第一个层面为两省一市副省（市）长级别的"沪苏浙经济合作与发展座谈会"，每年举行一次，确定两省一市合作的"大政方针"；第二个层面为长三角各个城市市长级别的"长江三角洲城市经济协调会"，是最具实质性的一个工作会议，自2004年开始改为每年举行一次，及时贯彻落实座谈会精神；第三个层面为长三角各个城市政府部门之间的协调会，该层面包括交通、科技、旅游、金融等30多个专业部门建立对口联系协调机制，这种多元的、立体的合作框架，有力地促进了区域经济的共同发展。

（一）值得借鉴的经验与做法

一要重视区际重大交通基础设施建设，形成发达的基础设施和交通网络支持。基础设施的完善是推动区域经济联动的基础所在。自长三角区域形成之初，各地政府就极为重视区域内交通网络设施建设。长三角区域有着极为发达的基础设施和跨区域快速交通网络。自"十五"末期以来，先后通过《长江三角洲地区现代化公路水路交通规划纲要》和《环渤海京津冀地区、长江三角洲地区、珠江三角洲地区城际轨道交通网规划》，积极打造"三小时都市圈"，拓宽改造沪宁、沪杭两大高速公路干线，构筑了多个区域次中心交通枢纽，现已经初步形成了一个便捷的交通网络。这些完善的基础设施和发达的交通网络把以上海为中心的近 20 个接近或达到现代化水平的大中城市连成一体，把山东、安徽等邻近省份纳为自己的大市场腹地。这极大地凸显了上海这个核心城市的集聚和带动作用，提升了南京、杭州、宁波、苏州、无锡等城市在长三角经济空间中的地位，提高了区域内的企事业单位和个人的工作效率，方便了区域内外的人际沟通、往来与经济合作。

二要形成多等级中心城市空间格局。长三角各城市与上海的联系强弱从中心区向四周降低，大致形成一种圈层结构。区域内有 6 个特大城市、5 个大城市、22 个中等城市、19 个小城市，以及 1396 个小城镇，平均每 1800平方公里就有 1 个城市，不足 70 平方公里就有 1 个建制镇。特别是在总长不超过 660 公里的沪宁、沪杭、杭甬 3 条铁路线上，密集分布着 20 个城市，占区内城市总数的 38.5%，平均每 30 公里 1 个城市，城镇化水平在 55% 以上，总体上已形成了一个包括特大、大、中、小城市和小城镇等级层次明显的城镇体系，能产生较高的城市圈体联动能级效应。

三要推动产业集群式发展，发挥其联动的经济效应。尽管长三角区域之间出现了一定程度的产业同构和趋同现象，但各地能根据自身的优势和特点，注重以产业链的构建和产业的集聚，推动区域经济联动，提升区域整体实力。

在经济体制创新和政府的合理引导下，长三角区域成功地形成了电子、服装、家具及印刷包装、文具用品等产业的集群化发展模式。目前，全球 10 台电脑中就有 1.5 台的主板在该区域生产；全世界 10 部手机中就有 3 部的液晶显示屏在此制造；全球 2 只鼠标中就有 1 只由此提供。如在浙江义乌已形成了服装、饰品、针织、家具、毛纺、拉链等在全国具有很高市场占有率的八大优势产业集群，涌现出"浪莎"袜业等一批知名品牌，这些产业集群的最大优点是可以实现低成本、低技术的专业化分工，使得经济规模迅速扩大，经济效益迅速增加[①]。而宁波则形成了以西服、衬衫生产为龙头，集羊毛、羊绒、童装、针织、丝绸、皮革系列服装的生产集群，一批"拳头产品"打入国内外市场。在服装业的带动下，宁波的许多与服装相关的

---

① 何静、农贵新：《我国发达地区产业簇群发展模式及推广前景》，《城市经济、区域经济》2004 年第 3 期，第 27 页。

产业也随之发展起来。可见，长三角产业集群已初具规模，不仅通过集群化手段提高了产业的国际竞争力，而且逐渐成为推动区域经济发展的"龙头"，对全球产业趋势的发展产生了重大影响，极大地促进了整个长三角经济的发展和地区的经济合作。

此外，科技产业园区和高新技术产业园区发展也较好地发挥了区域经济联动效应。以上海浦东和苏州两个高新技术开发园区为代表的长三角科技园区是长三角经济圈最有代表和示范意义的工业园区。高新技术产业园区的崛起，使上海成为长三角"龙头"的重要基础之一。上海六个最大的产业基地，即上海浦东微电子产业基地、国家生物医药基地、上海浦东软件开发基地、上海外高桥国际物流基地、金桥现代工业基地和孙桥现代农业开发基地都在浦东。苏州新一轮的崛起及其在10多年间能迅速跃居国内城市竞争力的前列，主要得益于以苏州工业园区为代表的高新技术产业园区的迅速崛起。苏州工业园区在启动之初就有清晰的定位：建设具有国际竞争力的高科技工业园区和现代化、园林化的新城区。

四要发挥市场配置资源的基础性作用。长三角区域内市场整合进程明显快于其他地区，特别是在要素市场的发育和城乡市场的统一方面，总体水平要高于国内其他经济区，比如期货市场、产权市场、票据市场等的规模和覆盖范围都在国内居于领先地位，有效发挥两省一市各自的资源优势，推动长三角区域在产业层次、资本结构和经济功能上各显其长，呈现各具特色的分工体系，凸显了区域整体竞争力。

五要注重建立联动相关机制。在区域经济联动过程中，要注意处理好市场与政府之间的关系和功能区别，形成政府间合作联动的制度安排、协调机制和具体举措。

在长三角区域经济发展与合作中，政府从台后走到了台前，从被动地执行公务变成了主动为企业服务。这些地区的政府领导还通过相互走访与考察，交流经验，互通有无。政府的这种省区间的协调为企业营造了一个既充满竞争又相互帮助的"求大同、存小异"的发展环境。在达成多方共识的情况下，长三角区域内、区域间的合作都取得了相当大的实质性的进展。近年来，长三角区域经济整合出现多年企盼的积极变化，包括两省一市领导参加的"沪苏浙经济合作与发展座谈会"，"15+1"的城市领导参加的"市长论坛"，交通、旅游、人才、金融等部门的联席会议和协调机制，等等，都对长三角区域的经济发展起到了很好的推动作用。

同时，长三角区域两省一市政府部门注重在市场化进程中进一步明确联动的主体和联动的领域，注重在投资准入、市场秩序、信用监管、信息平台、金融贸易、物流运输、口岸功能等方面建立公平、公开、公正的市场环境和游戏规则，在产业规划、政策法规、金融服务等层次协调联动，理清联动发展的总体思路与对策举措。

（二）合作机制中需要避免的问题

长三角区域具有比较多边的复杂关系，也正因为如此，其中的问题比较突出。根据笔者手头掌握的资料，以及文章对比分析的需要，这里主要讨论长三角区域发展中出现的一些问题，这些问题同样存在于泛珠三角、京津冀等区域合作进程中，很具有代表性[①]。

第一，各地产业结构雷同，资源利用效率低下。由于各地政府部门的职能、目标与任务大同小异，各自为战，以自我为中心，直接导致了产业结构雷同。各地争相建立各种开发区，而大多数开发区的功能定位大同小异，缺乏产业特色，这样的后果是15座城市的产业相似系数越来越高。数据显示，长三角区域产业结构趋同率已高达70%。在15座城市中，有11座城市选择汽车零配件制造、8座城市选择石化、12座城市选择通信作为产业发展的主要方向。产业结构雷同，缺乏合理分工，导致各城市功能界限不清，地区利益发生冲突，进而使产业行业间的盲目竞争和恶性竞争加剧，也使各地区的地方保护主义抬头。如在外贸产品出口上互相压价，再如对异地投资企业实行双重征税政策，限制其资本外流，严重影响了优势企业的跨地区转移和兼并，资源配置得不到合理化。

第二，招商引资中的恶性竞争，导致资源配置的扭曲。各地招商引资中的无序状态也随着各地的激烈竞争而更加严重，从而影响了整个区域的投资环境和形象，也直接导致了国家利益受损。为了吸引外资，长三角各地区互不相让，竞相出台优惠政策，甚至不惜代价。例如，目前珠三角土地价格是25万元/亩，而苏南某些地区的土地价格仅为5万元/亩，个别地区甚至更低，如无锡地区甚至为2万~3万元/亩，上海的一些郊区也拿出了5万~6万元/亩的低价[②]。其实，成熟的开发区用于基础设施的投入和土地出让金

① 梁颖：《长三角都市圈的发展与对策研究》，《现代经济探讨》2004年第2期。

② 许庆明、杨琦：《区域经济一体化与地方政府的利益机制——以长三角为例的研究》，《嘉兴学院学报》2005年第1期。

应该在 15 万元/亩的水平，而在这样的价格下，出让一亩地，政府反而要倒贴将近 10 万元，这无疑是以牺牲国家利益的代价来迎合外商。

第三，基础设施建设方面的各自为政，导致资源的浪费。各地在基础设施建设方面存在的重复和浪费，最典型的莫过于长三角区域的"机场之争"和"深水港之争"。目前，长三角区域每万平方公里机场密度达到 0.8 个，已经超过了美国每万平方公里 0.6 个的水平，并且随着各地一系列机场建设工程的出台，长三角区域很快就将成为全世界机场密度最高的地区。机场建设欣欣向荣，但现实情况却是资源有限，江浙两地大部分机场都面临着入不敷出的局面，江苏民航机场更是无一赢利，大量的亏损最后只能由国家埋单。

"深水港之争"更是凸显了区域壁垒的弊端。上海长期以来都希望建造一个深水良港，但本地区受到长江口沙质的影响难以成为深水港。于是，上海决定在浙江东北部的大小洋山投资 300 亿元建设深水港。但与此同时，深水泊位极佳的浙江宁波北仑港（本来就是为上海宝钢而配置的）却因缺乏货源支持，设施能力一直得不到充分发挥。而江苏沿江各市则重复投资建设了大量的集装箱码头，已建和在建、计划建的万吨级泊位有上百个。从江阴到南通 60 公里岸段就有 68 个万吨级泊位，平均间距不到 0.9 公里。这样一来就造成了上海、浙江宁波和江苏各地争抢货源的完全不必要的局面，港口的利用总效率低下，造成了投资的巨大浪费。从上述这些情况可以看出，尽管目前各地政府都认为长三角一体化有必要，但面对现实往往做出了地方利益优先的选择。目前长三角一体化的深度协调发展，仍需做出更多努力。

第三节　珠三角经济区

一　珠三角经济区概况

"珠三角"的概念，是在 1994 年 10 月广东省委七届三次全会上首次正式提出的；在香港和澳门回归后，提出了"大珠三角"的概念；2003 年又提出了"泛珠三角"的概念。"珠三角"主要是由珠江沿岸广州、深圳、佛山、珠海、东莞、中山、惠州、江门、肇庆 9 个城市组成的区域，2008 年土地面积 5.46 万平方公里，总人口约 4772 万人，GDP 约 2.97 万亿元，人均 GDP 达到 62644 元。"大珠三角"，一种说法是指珠三角的 9 个城市和港澳，2008 年区域面积 5.59 万平方公里，总人口约 5525 万人，GDP 约 4.62 万亿元，经济规模已超过伦敦都市圈，成为仅次于纽约都市圈和东京都市圈的世界第三大都市圈。另一种说法是指粤港澳，2008 年区域面积 18.1 万平方公里，总人口约 10297 万人，GDP 达 5.21 万亿元，如按单一经济体计算，在亚洲仅次于日本、韩国和印度。"泛珠三角"包括珠江流域地域相邻、经贸关系密切的广东、福建、江西、广西、海南、湖南、四川、云南、贵州 9 省（区），以及香港、澳门 2 个特别行政区，简称"9 + 2"，内地 9 省（区）的区域面积为全国的 1/5、人口的 1/3、经济总量的 1/3。加上香港和澳门 2 个特别行政区，"泛珠三角"区域在全国的重要地位十分突出。2008 年"泛珠三角"土地面积 200.6 万平方公里，总人口约 46825 万人，其中 9 省（区）面积占全国的 21%，人口占全国的 35%，GDP 总值约占全国的 1/3。

泛珠三角合作实施以来，取得了显著成果①。据不完全统计，区域经济合作项目签约数超过 12000 个，总金额超过 12000 亿元。目前已举办了以"泛珠三角"为名的论坛 49 次，涉及领域约 17 个；各部门和单位共签署了 69 个专项合作协议、宣言或备忘录，形成了宽领域、深层次、多形式的区域合作新局面。内地进口港澳零关税产品的数量和品种不断增多。

经过多年的区域经济联动发展，珠三角区域已经形成由高起点发展的资金和技术密集型工业、高标准和大规模发展的第三产业所构成的竞争力较强的主体产业群，在交通、通信、金融、信息、科技、旅游、文化和对外交流等方面，形成了整体综合优势。

二 珠三角经济区发展特征

改革开放后，珠三角区域充分利用毗邻港澳的地缘优势，充分利用中央给予建立特区的优惠政策，通过 30 多年来与港澳的经济合作，形成了广佛、深港、珠澳三大都市圈互联互动、共同发展的良好态势，取得了举世瞩目的成就。珠三角区域经济联动呈现明显的阶段性特征。

一是民间合作，前店后厂。从改革开放至中央政府与港澳签署 CEPA 前是第一阶段。这一阶段货物贸易和直接投资并进，"三来一补"成为粤港联动的初始形式，以三资企业为主的产业联动成为粤港联动的主要形式。"三

---

① 资料来源于《珠三角经济区统计年鉴》和《广东统计年鉴》。

来一补"的模式是由粤港两地当时的经济结构状况所决定的，由珠三角地区负责产品加工，香港负责产品设计、生产管理、市场推广和技术开发等服务，形成一种垂直分工的产业关系，有利于粤港双方的共同发展。在这一时期，珠三角60%的制造业都体现为"三来一补"企业。"三来一补"企业大多数层次低、收益低、耗能大、污染大，不符合中国扩大开放、深化改革的内在要求。"前店后厂"的联动模式是香港的体制、资金和所掌握国际市场的优势与珠三角劳动力、土地等资源优势在中国内地市场局部开放条件下相结合的产物。但受制于当时的内地政策和制度，粤港澳区域经济联动，无论在广度和深度上都受到很大限制，且随着联动的不断展开，新的矛盾、问题和竞争也随之出现，急需由中央政府出面才能更好地解决。

二是中央政府推动制度性整合。从与港澳签署 CEPA 至今是第二阶段。这一阶段服务贸易和直接投资并进。2003 年，中央政府与港澳分别签署了 CEPA，这是中央政府顺应内地经济的进一步开放和粤港澳经济获得新一轮快速持续发展做出的一项制度安排，是在"一国两制"原则和 WTO 框架下，推进中国内地与港澳地区之间贸易和投资自由化与区域经济一体化的一项制度创新，给内地和港澳特别是港澳与珠三角地区的经济发展与经贸合作创造了新的机遇，标志着中国内地与港澳地区之间的联动进入了一个新的历史阶段。之后，中国内地与港澳又分别于 2004 年、2005 年、2006 年和 2007 年 4 次签署了 CEPA 的 4 个补充协议，进一步扩充了有关内容。自 2007 年 1 月 1 日起，享受 CEPA 零关税优惠的香港原产货物由 2004 年的 273 种增加到 1449 种。同时，内地与港澳的服务业在 CEPA 框架下的合作空间进一步拓宽。内地在 27 个领域对香港投资者提供了优惠待遇，并取得了积极成果。

CEPA 的实施，减少和消除了内地与港澳经贸领域的体制性障碍，加快了资本、货物、服务、技术和人员的自由流动，有效整合了珠三角资源，充分发挥了粤港澳三地的功能优势，进一步推动了经济资源融合和区域经济一体化，提高了大珠三角区域的区域辐射力和国际竞争力。广东发展成为世界性制造业基地，香港发展成为以金融业、物流业为核心的世界性服务业中心，澳门则成为东南亚地区的旅游中心。2009 年 1 月，国务院批复了《珠江三角洲地区改革发展规划纲要》，标志着珠三角区域的改革开放和经济社会发展从此进入一个新的阶段，标志着粤港澳三地的合作被赋予了新的内涵，开辟了更为广阔的合作前景和道路，标志着珠三角区域经济联动发展向更高层次迈进。

综合而言，在 CEPA 框架下的珠三角区域经济联动呈现新的特点：从联动的模式看，粤港澳之间制造业领域垂直性产业分工的"前店后厂"合作模式向垂直性分工和水平性分工相结合，逐步建立开放和统一的商品、服务，特别是生产要素共同市场的方向转变；从联动的内容看，以制造业为主体的联动向以服务业为主体的联动转变；从联动的路径看，三方的联动从以比较优势为基础、由市场机制引导的功能性合作向以突破政策制度障碍的制度性整合转变；从联动机制看，市场引导下的企业自发性联动向市场引导、政府推动和企业为主体的自觉性联动转变①。《珠江三角洲地区改革发展规划纲要（2008～2020 年）》和珠海《横琴总体发展规划》的逐步实施，必将推进粤港澳三地更紧密的合作，辐射和带动大珠三角地区和泛珠三角地区的发展，形成优势互补、良性互动的区域经济发展新格局。

三是泛珠三角地区建立了相应的合作协调机制。根据《泛珠三角区域合作框架协议》，泛珠三角区域合作着重在基础设施、产业与投资、商务与贸易、旅游、农业、劳务、科教文化、信息化建设、环境保护、卫生防疫十个领域推进，为保证有效开展合作，拓展合作渠道，泛珠三角区域合作制定了以下合作协调机制。

其一，行政首长联席会议制度。内地省长、自治区主席和港澳行政首长参加的联席会议制度，每年举行一次会议，研究决定区域合作重大事宜，协调推进区域合作。在行政首长联席会议下又设立秘书处，设 1 名秘书长、2 名常务副秘书长和若干名副秘书长。秘书处执行行政首长联席会议的决定，负责协调秘书长协调制度及各成员方日常工作办公室、部门衔接的落实和制度运作，起草、报送、印发区域合作有关文件等。秘书处设在广东省。

其二，政府秘书长协调制度。港澳相应人员参加的政府秘书长协调制度，负责协调推进合作事项的进展，组织有关单位联合编制推进合作发展的专题计划，并向年度行政首长联席会议提交区域合作进展情况报告和建议。

其三，日常工作办公室工作制度。各成员方设立日常工作办公室，负责区域合作日常工作。9 省（区）区域合作的日常工作办公室设在发展改革委（厅），香港、澳门特别行政区由特区政府确定相应部门负责。

其四，建立部门衔接落实制度。各方责成有关主管部门加强相互间的协商与衔接落实，对具体合作项目及相关事宜提出工作措施，制订详细的合作

---

① 胡军等：《CEPA 与"泛珠三角"发展战略》，经济科学出版社，2005，第 149～150 页。

协议、计划，落实本协议提出的合作事项。

与之配套，泛珠三角区域合作完善了各机构间分工合作的制度，对各部门及职责与权限进行了进一步明确。泛珠三角秘书处的主要职责是：执行行政首长联席会议的决定和交办事项；负责秘书长协调制度的运作和相关事项的落实；协调泛珠三角区域合作与发展论坛及泛珠三角区域经贸合作洽谈会的筹备工作；指导、协调各成员方日常工作办公室、部门衔接落实制度的运作；提出编制区域合作规划工作方案、思路，研究提出推进区域合作的措施意见；跟进并协调区域合作项目的进展，提出行政首长联席会议研究的重大区域合作问题；起草、报送、印发区域合作有关文件；编辑、印发区域合作《简报》；筹备行政首长联席会议。在秘书处下分设综合组、规划组、政策组进行进一步分工，同时还设立了各省（区）泛珠三角区域合作工作协调领导小组办公室，其主要职责是：协调落实行政首长联席会议、政府秘书长协调会议确定的涉及各省（区）的各项工作事宜，落实各省（区）泛珠三角区域合作领导小组和泛珠三角区域合作秘书处确定的各项事宜；向各省（区）泛珠三角区域合作领导小组报告区域合作的进展情况并提出工作建议；组织协调各省（区）参加泛珠三角区域合作论坛和洽谈会的筹备工作；组织协调有关单位参与编制区域合作发展规划，提出政策措施和建议；加强与合作各方泛珠三角区域日常工作办公室以及各省（区）有关单位和部门的沟通、联系，掌握推进区域合作情况；推进区域合作的其他有关工作。

总之，作为区域合作成功的范例，珠三角或泛珠三角区域在经济一体化方面取得了实质性进展。但伴随着经济全球化和区域经济一体化的深入发展，尤其是面对当前国际形势的复杂多变，珠三角区域经济发展面临着诸多困难，如国际金融危机造成的严重冲击与长期累积下来的结构性矛盾交织在一起、外需急剧减少与部分行业产能过剩交织在一起、原材料价格大幅波动与较高国际市场依存度交织在一起，"两难"选择问题增多，经济运行困难加大，深层次矛盾和问题进一步显现。主要表现为：战略腹地狭小，产业层次总体偏低，产品附加值不高，贸易结构不够合理，创新能力相对不足；土地开发强度过高，能源资源保障能力较弱，环境污染问题比较突出，资源环境约束凸显，传统发展模式难以持续；城乡和区域发展仍不平衡，生产力布局不尽合理，空间利用效率不高；社会事业发展相对滞后，人力资源开发水平、公共服务水平和文化软实力有待进一步提高；行政管理体制、社会管理体制等方面的改革任务仍然繁重，改革攻坚难度越来越大；等等。如何扩大珠三角的腹地、协调珠三角与港澳间的重大基础设施对接、加强产业合作、共建优质生活圈、创新合作方式，如何从以前简单的城市经济向区域经济协作突破，对珠三角的发展至关重要，对整个中国区域经济发展也将产生重大影响。

三　实践经验及启示

泛珠三角区域是一个包括东部、中部和西部地区，具有两种不同社会制度，涵盖中国经济最先进和最贫穷地区的区域，在这样一片国土上进行合作、展开对话，无疑是中国经济两极的碰撞。这个范例的意义已经不限于经济合作模式的探索，而是中国经济体制改革的大胆尝试，就目前发展情况看，也可以说是丰硕成果。它的成功有其特殊性，例如，该地区整体经济比较发达，也具有合作共荣的文化传统，再加上港澳台地区先进理念的传播和影响以及经济特区的成功实践，都成为合力，推动其发展。除此之外，作为中国整体经济发展的一分子，也具备可供其他区域发展借鉴的经验。

一是抢抓机遇，发挥优势。改革开放后，广东省特别是珠三角区域充分利用中央给予建立特区的优惠政策，凭借改革开放先行一步的制度创新优势、毗邻港澳的地缘优势和社会文化相通的人文优势，承接了港澳地区制造业的转移。香港和澳门的劳动密集型制造业将生产过程转移到珠三角，开启了港澳与珠三角区域的经济合作，形成了在制造业领域以优势互补为基础的"前店后厂"式跨境一体化生产与服务的综合经济体系。这种以市场为基础、以比较优势为原则、以国际市场导向为特征的区域内资源合理配置，不仅推动了珠三角区域的经济增长和工业化进程，使珠三角成为世界性制造业基地，而且使香港贸易、金融、物流、商贸服务等现代服务业得到了迅速发展，香港从制造业主导的经济结构转变为国际贸易、金融和航运中心。

二是资本引领，经贸互动。港澳与珠三角之间"前店后厂"的合作模式实际上是一种投入和产出"两头在外""大进大出"的直接投资和贸易模式。这一模式在资本的引领下推动了三地之间商品、人员和信息等生产要素的大量流动和经贸关系的日益紧密，成为区域经济联动发展的雏形和基础。正是由于投资和贸易的关联互动、相互补充和相互促进，带来了粤港之间贸易量的高速增长，使香港成为一个国际性的贸易、金融、物流和商贸服务中心，也成为珠三角改革开放和经济增长的一个发动机。仅1980～2002年的23年间，广东省累计实际利用外资1191亿美元，其中港资就达819.4亿美

元，占全部外资的 68.8％；在 1985 年之前，港资占广东省实际利用外资的
90％；2002 年，粤港澳三地进出口总额占全国总量的六成以上，粤港澳三
地 GDP 占全国总量的 1/5 以上[①]。港澳企业对广东省的投资，为广东省经济
的发展提供了充足的资本，促进了粤港澳经济的融合。

三是顺应潮流，制度跟进。CEPA 是在"一国两制"和中国内地市场全
方位开放的背景下，深化港澳与内地经贸合作关系，充分发挥香港的自由港
功能和港澳服务业优势的制度安排。进入 21 世纪，粤港澳经济面临新的发
展环境：中国成为 WTO 正式成员，亚洲区域经济合作与交流方兴未艾，中
国 – 东盟自由贸易区进程加快，融入经济全球化的程度更高。在这样的新环
境下，粤港澳作为对外依存度最高的地区，要想再次优先获得多种发展机
遇，充分发挥粤港澳三地的功能优势，则须整合大珠三角资源。顺应这一潮
流和要求，由中央政府分别与香港、澳门签署 CEPA，货物贸易自由化、服
务贸易自由化和投资便利化构成了其基本内容。这一制度安排有两个显著特
点：一是具有很强的针对性，主要考虑协助港澳尤其是香港产业结构的调整
和升级，促进港澳经济稳定发展；二是实行地区性倾斜政策，为香港和澳门
发展与内地的经贸关系创造更好的条件，进一步加快珠三角与港澳的经济融
合。在新的经济发展平台上，广东省通过引进港澳服务体系，提升了市场化
程度和国际化水平，不断满足了工业化进程加速和生活水平日益提升的需
要；港澳地区的服务业则以广东省这个制造业基地为载体，在为广东省境内
8 万多家港澳企业和更多其他企业提供服务的过程中获得了提升，实现了共
同发展[②]。

四是中心带动，布局合理。大珠三角充分发挥广州、香港和澳门的中心
带动作用，初步形成了珠三角中部城市群、珠江口东岸城市群和珠江口西岸
城市群联动互动、协调发展的新格局。珠三角中部城市群以广州为中心，包
括佛山、南海、顺德等地区，重点发展以国际金融、贸易、科研、信息咨询
与科技开发、商业贸易为主的第三产业，以汽车制造、电子机械、饮料及石
油化工为主的第二产业，成为第二和第三产业发达、门类比较齐全、功能相
对综合的城市群。珠江口东岸城市群以香港和深圳为中心，包括东莞、惠州
等，着力建设深圳通信设备、生物工程、新材料、新能源汽车等先进制造业

①　汤正仁：《"泛珠三角"区域合作的经济学分析》，中国经济出版社，2008，第 58 页。
②　陈广汉：《港澳珠三角区域经济整合与制度创新》，社会科学文献出版社，2008，第 3 页。

和高技术产业基地，重点发展能源、重化工业，强化香港和深圳国际金融、贸易和对外加工工业等的地位。珠江口西岸城市群包括澳门和珠海、江门、中山等城市，充分发挥现有的优势，发展成为以旅游和文化产业、资金技术密集型的家电和机械化工为主导的，以能源重化工业为依托的港口贸易发达的都市区。

五是建立健全市场经济体制，利用特殊区位加快市场化进程，促进经济发展。珠三角发展从启动到起飞的过程，实际上就是中国改革开放最初状况的体现。自 20 世纪 70 年代以来，珠三角地区率先在国内实行市场化取向改革和对外开放，通过一系列特殊政策允许采用各种灵活措施接受来自香港的资本主义企业，这一转型给珠三角的经济注入了活力。珠三角的起飞与其能够高密度地吸纳资本是分不开的，而其吸纳资本的能力又与它充分利用自身特殊的地理位置优势有很大关系。20 世纪 70 年代末以来，珠三角就大搞"三来一补"等外向型经济，在充分发挥地理位置优势的条件下促进了各种民间合作、地区合作以及跨省和跨国合作。改革开放以来，珠三角地区充分发挥了其地理位置优势，注重从香港等地的产业引进和替代发展，并建立起轻纺等产业的集群发展态势。珠三角经济发展态势之所以如此迅猛，最主要的原因就在于投资者对这里日益完善的市场体制和区域统一大市场有着良好的预期。没有障碍和壁垒，拥有共同的公平、有序的市场法则，使得珠三角的消费、出口和投资三大市场需求潜力放大，资源的配置效率不断提高，要素的集聚能力不断增强。

六是眼光要长远，要将远景规划与近期发展有机结合。从小珠三角发展到泛珠三角是区域经济扩展的必然。泛珠三角合作平台的搭建，又将珠三角的经济腹地一下子由 4 万平方公里扩展到中国 1/3 的国土。在此基础上，新的发展契机在国际经济区域合作的愿景里渐次呈现，环南经济合作的基本立足点也已建立，即以粤港为核心支架的珠三角经济体系，其制造业、金融服务业和贸易服务业，必须把自己的产品和服务触角向外延伸，从泛珠三角再扩展至中南半岛与整个东南亚。这个循序渐进的过程值得推崇。

作为区域合作成功的范例，更值得一提的是泛珠三角颇具特色的合作机制①。泛珠三角区域合作按照"一国两制"方针，参与合作的内地省（区）

---

① 以下资料来自《泛珠三角区域合作框架协议》等文件。

与香港、澳门开展合作，遵守中华人民共和国香港、澳门特别行政区基本法和全国统一的相关法律、法规，合作在《内地与香港关于建立更紧密经贸关系的安排》和《内地与澳门关于建立更紧密经贸关系的安排》框架内进行。合作的两大平台一是泛珠三角区域合作与发展论坛，二是泛珠三角区域经贸合作洽谈会。按照《泛珠三角区域合作框架协议》的规定，论坛和洽谈会每年举办一次，按照"共同主办、轮流承办"的原则由"9＋2"政府轮流承办。迄今为止，已经举办了三届，收到了很好的成效。

第四节　北部湾经济区

一　北部湾经济区概况

广西北部湾经济区（以下简称"北部湾经济区"）地处我国南海西北部，湾顶（北面）是广西，东面为广东雷州半岛和海南，西面是越南，总面积近13万平方公里。北部湾经济区主要包括广西首府南宁和广西沿海三市即北海、钦州、防城港，并把近海的玉林、崇左二市的交通、物流纳入经济区统筹规划，组成"4＋2"的格局。北部湾经济区面积达7.27万平方公里（陆地国土面积4.25万平方公里），占广西全区的30.7%，2005年末人口约2053万人，生产总值1712.7亿元，均占广西全区的42%。2008年1月16日，国家正式批准实施《广西北部湾经济区发展规划》，标志着北部湾经济区开放开发上升为国家战略。

北部湾经济区地处华南经济圈、西南经济圈和东盟经济圈的结合部，也是我国与东盟国家既有海上通道，又有陆地接壤的区域，是我国西部大开发地区唯一的沿海区域，区位优势明显，战略地位突出。推进北部湾经济区一体化有利于该区域发挥比较优势，加强分工协作，整合利用资源，增强综合竞争力，合力打造中国南部沿海经济新的增长极，带动广西乃至西南地区的经济发展和对外开放，进而推动泛北部湾经济合作，促进中国－东盟自由贸易区建设。区域经济一体化是衡量北部湾经济区开放开发成效的重要标尺，也是区域经济合作与发展必须面对的重要理论和实践问题。

除拥有独特的区位优势外，北部湾经济区的资源优势、交通优势、经贸优势、环境优势、政策优势也十分突出。北部湾经济区岸线、土地、淡水、海洋、农林、旅游等资源丰富，环境容量较大，生态系统优良，人口承载力较高，开发密度较低，发展潜力较大，是我国沿海地区规划布局新的现代化港口群、产业群和建设高质量宜居城市的重要区域。在推动实施由泛北部湾经济合作区、大湄公河次区域两个板块和南宁 - 新加坡经济走廊一个中轴组成的中国 - 东盟"一轴两翼"区域经济合作战略的新形势下，作为泛北部湾经济合作核心区的北部湾经济区必须加快推进区域经济一体化。

2009 年北部湾经济区经济继续保持强劲增长，经济区生产总值（GDP）达 2450.23 亿元，比上年增长 15.9%，增幅比全区高 2 个百分点，占全区GDP 的比重达 31.8%。财政收入 332.39 亿元，比上年增长 22%，增幅比全区高 7.3 个百分点，占全区财政收入的 34.4%，比上年提高 2.1 个百分点，财政收入占全区的份额明显提高。规模以上工业增加值 570.9 亿元，比上年增长 20.7%，增幅比全区高 2.5 个百分点，占全区规模以上工业增加值的比重达 25.2%。全社会固定资产投资总额 1994.51 亿元，比上年增长 54.8%，增幅比全区高 4 个百分点，占全区全社会固定资产投资总额的 35%，比上年提高 0.9 个百分点。社会消费品零售总额突破 1000 亿元，达 1042.84 亿元，比上年增长 19.7%，增幅比全区高 0.4 个百分点，占全区社会消费品零售总额的比重达 37.4%，比上年提高 0.2 个百分点。进出口总额 66.39 亿美元，比上年增长 9.6%，增幅比全区平均水平高 2.3 个百分点，占全区进出口总额的 46.7%，对全区进出口总额增长的贡献达 62.7%。新增贷款突破 1000 亿元，港口货物吞吐能力突破 1 亿吨。

2011 年北部湾经济区各项主要经济指标继续领先全区，经济发展的龙头地位日益明显，呈现六大亮点。①地区生产总值增速高于全区平均水平，增幅创历史新高。2011 年北部湾经济区实现地区生产总值 3862.33 亿元，同比增长 15.9%，高于全区 3.6 个百分点，创历史新高，生产总值占全区的比重由 2010 年的 31.8% 提高到历史性的 33.0%。②经济发展速度远远高于广西其他经济区域。北部湾经济区 GDP、财政收入、规模以上工业增加值增速，以及全社会固定资产投资、进出口等主要经济指标增速均高于桂西资源富集区、西江经济带、西江黄金水道沿江七市。其中，生产总值增速分别高于以上区域 9.6、4.7、4.7 个百分点。11 个重点产业园区工业总产值首次突破 1000 亿元。2010 年 11 个重点产业园区完成工业产值 1358 亿元，增长 1.17 倍。11 个重点产业园区中有 5 个园区总产值超过 100 亿元，百亿元园区数量占全区总数近 1/4，工业产值超亿元的企业有 119 个。③重大项目建设取得新突破。中石化北海炼油异地改造、中粮钦州粮油加工、南宁电厂、防城港中一重工等一批重大项目建成，中石油钦州炼油一期配套工程等项目开工建设，防城港红沙核电站等续建项目顺利推进，南宁至钦州高速铁路正式铺轨。④北部湾港吞吐量达到 1.53 亿吨，完成集装箱吞吐量 73.8 万标箱，同比增长 30.92%，远超湛江港。根据交通部的统计，2011 年 11 月北部湾港货物吞吐量增速在全国规模以上港口中排名第二，仅次于河北黄骅港。⑤保税物流全面建成，运营良好。钦州保税港区全面开港运营，成为我国沿海第五个汽车整车进口口岸；凭祥综合保税区一期顺利封关运营，已有 37 家企业签订协议入园发展。

预计到 2020 年，北部湾经济区将会形成 2 万亿 ~ 2.5 万亿元的投资规模，包括产业项目 9500 亿元、基础设施建设 4000 亿元、城市建设投资约 4400 亿元、城市人口增加带来的房地产投资约 3000 亿元。北部湾经济区直接连接中国和东盟，发展前景无限，将成为中国经济增长新一极。

二 北部湾经济区发展特征

加快推进北部湾经济区开放开发，既关系到广西自身发展，也关系到国家整体发展，具有重要的战略意义。加快推进北部湾经济区开放开发，有利于推动广西经济社会全面进步，从整体上带动和提升民族地区发展水平，振兴民族经济，巩固民族团结，保障边疆稳定；有利于深入实施西部大开发战略，增强西南出海大通道功能，促进西南地区对外开放和经济发展，形成带动和支撑西部大开发的战略高地；有利于完善我国沿海沿边经济布局，使东中西部发展更加协调，联系更加紧密，为国家经济社会发展战略注入新的强大动力；有利于加快建设中国－东盟自由贸易区，深化中国与东盟面向繁荣与和平的战略伙伴关系。

（一）明确的战略定位：建设成为重要国际区域经济合作区

北部湾经济区的功能定位是：立足北部湾、服务"三南"（西南、华南和中南）、沟通东中西、面向东南亚，充分发挥连接多区域的重要通道、交流桥梁和合作平台作用，以开放合作促开发建设，努力建成中国－东盟开放合作的物流基地、商贸基地、加工制造基地和信息交流中心，成为带动、支撑西部大开发的战略高地和开放度高、辐射力强、经济繁荣、社会和谐、生态良好的重要国际区域经济合作区。

（二） 功能组团互补发展①

根据空间布局和岸线分区，北部湾经济区规划建设 5 个功能组团。①南宁组团。主要包括南宁市区及周边重点开发区，发挥首府中心城市作用，重点发展高技术产业、加工制造业、商贸业和金融、会展、物流等现代服务业，建设保税物流中心，成为面向中国与东盟合作的区域性国际城市、综合交通枢纽和信息交流中心。②钦（州）防（城港）组团。主要包括钦州、防城港市区和临海工业区及沿海相关地区，发挥深水大港优势，建设保税港区，发展临海重化工业和港口物流，成为利用两个市场、两种资源的加工制造基地和物流基地。③北海组团。主要包括北海市区、合浦县城区及周边重点开发区，发挥亚热带滨海旅游资源优势，开发滨海旅游和跨国旅游业，重点发展电子信息、生物制药、海洋开发等高技术产业和出口加工业，拓展出口加工区保税物流功能，保护良好生态环境，成为人居环境优美舒适的海滨城市。④铁山港（龙潭）组团。主要包括北海市铁山港区、玉林市龙潭镇，充分发挥深水岸线和紧靠广东的区位优势，重点建设铁山港大能力泊位和深水航道，承接产业转移，发展临港型产业，建设海峡两岸（玉林）农业合作试验区。⑤东兴（凭祥）组团。主要包括防城港东兴市、崇左凭祥市城区和边境经济合作区及周边重点开发区，发挥通向东盟陆海大通道的门户作用，发展边境出口加工、商贸物流和边境旅游，拓展凭祥经济技术合作区功能，建立凭祥边境综合保税区。

（三） 发挥区位优势，明确战略重点

优化国土开发，形成开放合作的空间优势。优化空间布局，密切区域合作，强化城市间功能分工，保护生态环境，打造整体协调、生态友好的可持续发展空间结构。

完善产业布局，形成开放合作的产业优势。充分利用两个市场、两种资源，优化投资环境，以市场为导向，发挥比较优势，大力发展高起点、高水平的沿海工业、高技术产业和现代服务业，承接产业转移，形成特色鲜明、竞争力强的产业结构。

提升国际大通道能力，构建开放合作的支撑体系。加快建设现代化沿海港口群，打造泛北部湾海上通道和港口物流中心，构筑出海出边出省的高等级公路网、大能力铁路网和大密度航空网，形成高效、便捷、安全、畅通的

---

① 广西北部湾经济区，http：//baike.baidu.com/view/1876752.htm。

现代综合交通网络。

深化国际国内合作，拓展开放合作的新空间。积极参与中国－东盟自由贸易区建设，打造开放合作的新平台，进一步提升中国－东盟博览会的影响力和凝聚力；大力推进泛北部湾经济合作，继续参与大湄公河次区域合作，推动南宁－新加坡经济走廊建设，形成中国－东盟"一轴两翼"区域经济合作新格局；深化国内区域合作，加强与珠江三角洲地区的联系互动，发挥沟通东中西的作用。

着力推进改革，创新开放合作的体制机制。加快建立行政区和经济区在促进经济发展方面有机结合的体制机制，加大企业改革力度，建立生态补偿机制，深化土地管理、投融资、劳动就业等方面的体制改革，加快建立统一开放、竞争有序的现代市场体系。

（四）扩大开放合作，推进区域经济一体化

全方位、多领域扩大对外（尤其是东盟）合作。通过加快推动形成以大湄公河次区域经济合作和泛北部湾经济合作为两翼、以南宁－新加坡经济走廊为中轴的中国－东盟"一轴两翼"区域经济合作新格局，并积极推进泛北部湾经济合作，打造次区域合作的新亮点。利用区位优势，积极拓展与日、韩、欧美及其他国家或地区合作。

构建一体化交通网络。大合作依托大交通，大交通促进大合作。如果缺乏交通优势，区位优势就无法转化为现实的经济优势。一体化交通网络是北部湾经济区一体化的前提，前者必须走在后者的前列。经济区内已经规划统筹交通运输体系的建设、管理和经营，要加快构建经济区完善、畅通、便捷的一体化交通网络。加快规划建设崇左至钦州、玉林至铁山港、南宁（六景）至钦州的高速公路；加快南宁至防城港铁路复线改造，新建玉林至合浦、合浦至河唇铁路，启动沿海铁路扩能和支线铁路建设，增强防城港、钦州、北海等港口疏港能力。此外，要增强经济区交通的出海通边能力，着重推进与东盟国家和泛珠三角的公路、铁路和海路交通对接，形成开放型交通网络。加快推进南宁机场和北海机场改扩建，尽快开通南宁至东盟各国首都的新航线，并增开北海至国内主要城市的新航班。

深化交通合作。加快"两廊一圈"框架下中越合作开展交通基础设施项目建设的研究，进一步推动泛北部湾区域交通合作，逐步实现南宁至河内、胡志明市的高等级公路连接和中南半岛的铁路干线贯通；加强集装箱联运与国际中转、运输航线、物流与煤炭配送、邮轮客运等合作；增开南宁至

东盟国家主要城市的空中航线，构建连接东盟国家的陆海空立体交通运输体系。

构建一体化港口群。海洋经济的独特优势是内陆经济无法比拟的，我国沿海地区的率先崛起就是明证。北部湾经济区充分挖掘港口资源优势，构建一体化港口群。2006年9月，广西沿海港口被纳入国家规划建设的五大区域港口群之一——西南沿海港口群。其中，防城港被列为全国24个主要港口之一，钦州港、北海港被列入全国25个地区性重要港口。广西沿海港口目前共有生产性泊位168个、万吨级以上泊位29个，总吞吐能力达3690万吨，2006年共完成吞吐量4950万吨，同比增长约35%。但与其他沿海省市的港口相比，广西沿海港口整体发展相对滞后。该经济区以推进广西北部湾国际港务集团有限公司的市场化、国际化经营为动力，充分发挥广西沿海三大港口的整体规模优势，深化港口经营管理体制改革，合理配置港口岸线资源，努力建设亿吨级现代化大型组合港，形成广西沿海一体化港口群。

构建一体化产业群。产业一体化是区域经济一体化的核心内容。通过突破行政区划限制，北部湾经济区构建一体化产业群，在经济区区域空间内促进生产要素自由流动和高效集聚，建立专业化分工协作体系，围绕支柱产业和龙头企业发展配套产业，促进形成若干各具特色、协调发展，拥有自主知识产权、核心技术和知名品牌，具有国际影响力和竞争力的产业集群和企业集团。北部湾经济区依托其区位、港口和资源优势，引进国内外大公司、大集团，高起点、大规模地加快沿海石化、钢铁、林浆纸、能源、铝加工、船舶修造等重大工业项目建设，促进临海重化工业联动发展。统筹开发经济区丰富的海洋资源，重点发展海洋渔业、海洋运输、海洋生物、海洋化工、滨海旅游等海洋产业，加快海洋矿产、油气等资源勘查与开发。已规划建设以南宁为中心的区域性国际物流基地，在沿海港口规划建设物流配送中心或物流园区，并与玉林、崇左的物流园区相呼应，形成北部湾经济区物流网络。

构建一体化城市群。城市是区域经济的重要载体，构建一体化城市群是推进区域经济一体化的重要基础。北部湾经济区通过完善各城市功能，扩大各城市规模，促进人口和产业集聚，协调经济区土地资源利用、交通设施和重大项目建设、重大产业布局和生态环境保护，推进基础设施共建共享和城市经济优势互补。北部湾经济区要发挥南宁市在经济区中的核心带动作用，建设成为区域性国际城市；提升北海、钦州、防城港三市的城市承载能力，形成特色鲜明、相互支撑、富有活力的沿海城市群；完善玉林和崇左二市的城市基础设施，促进经济区的交通和物流体系对接东盟和泛珠三角。最终实现把北部湾经济区建设成为以南宁、北海、钦州、防城港、玉林、崇左为中心城市，以经济区内县城、中心集镇为卫星城镇，分工合理、功能互补、相互促进、协调发展，在中国西南地区具有重要影响力的一体化城市群。

构建一体化市场体系。构建一体化市场体系是区域经济一体化的关键。市场对于资源的优化配置发挥着基础性作用，构建一体化市场体系，就要消除区域内各地区之间的贸易壁垒和市场障碍，使区域内不同地区的生产要素能自由流动，形成统一、规范、开放、有序的区域大市场。通过构建一体化市场体系，不仅可以降低市场交易费用，有效地配置利用资源，更重要的是还能促进区域经济合理分工与互利合作，形成以市场机制为基础的区域经济一体化发展的新格局。北部湾经济区通过完善市场准入监管体系，协同制定市场规则，并充分发挥中国－东盟博览会的市场平台作用，培育一批有特色、上规模、辐射力强的大中型专业批发市场，将北部湾经济区建设成为区域性商贸基地和市场枢纽，形成以南宁为中心，以北海、钦州、防城港沿海三市和玉林、崇左为支撑的一体化市场体系。

北部湾经济区全面加强国内区域合作。通过积极参与泛珠三角区域经济合作，主动承接粤港澳产业、资金、技术转移和辐射，成为加工贸易产业转移的主要承接地，加强与粤湘黔滇周边省份交通、物流、旅游、能源资源开发和环境保护合作。依托西南出海大通道，进一步扩大与西南地区的经济协作，推动形成联系紧密、带动力强的南（宁）贵（阳）昆（明）城市带。加强与长三角、环渤海地区的经济合作，吸引资金、技术、管理和人才。

三　实践经验及启示

（一）发挥区域优势，补齐发展"短板"

北部湾经济区最大的优势就是区位优势，北部湾处于东盟经济圈和华南经济圈，能够通过发挥中国同东盟自由贸易区建设的前沿地带和桥头堡作用来参与多区域合作。北部湾经济区自成立以来，依托中国－东盟博览会和中国－东盟商务与投资峰会、泛北部湾经济合作论坛三大平台，全力推动中国与东盟的合作，促使中国与东盟的合作不断深化。独特的区位优势成就了北部湾经济区，使其在服务区域经济发展的过程中实现了自身地位的提升，进而吸引了区域内各种资源的聚集。

目前，北部湾经济区与东盟的一批交通、港口、旅游、农林渔、能源等先导产业合作正在实施。北海至越南下龙湾的海上旅游航线已正式复航，北部湾港到东盟各国主要港口航线陆续开通，港航、物流合作日益紧密。中国凭祥－越南同登跨境经济合作区、中国广西－印尼经贸合作区，以及广西北部湾港务集团与越南国家开发投资银行、造船工业集团合资全面开发建设的越南海河港等项目顺利推进。贯通整个中南半岛、连接中国与东南亚的南宁－新加坡经济走廊初具雏形，以交通设施为主要内容的前期合作已经展开。

无论是在交通基础设施，还是在产业发展等各方面，北部湾经济区都着眼于开放合作、携手共赢来建设实施，北部湾经济区正成为推动区域发展的有力引擎。

（二）优化空间布局，提升城镇群的综合承载能力和辐射联动作用

2010 年 3 月 19 日，国家住房和城乡建设部正式批复《广西北部湾经济区城镇群规划纲要》。该纲要明确了广西北部湾经济区城镇群的发展目标和城镇群的总体空间格局，规定了促进城镇协调和一体化发展、推进城乡统筹和新农村建设、构建生态网络格局、实施重大行动计划等战略思路。

目前，北部湾经济区"南宁＋沿海发展双极""南宁－滨海城镇发展主轴"，以及提升区域新功能的"玉崇发展走廊"，正形成"双极一轴一走廊"的空间发展结构。以大范围生态自然景观为背景，以网络化、开放式的交通体系为骨架，以区域经济联系主要方向为依托，以核心城市为中枢，构筑多中心、多层次的城镇体系。所构筑"一主五副多中心"的中心体系，以南宁为主中心，以北海、钦州、防城港、玉林、崇左五市为区域性副中心，以县城和重点镇为地区性中心城市（镇），重点推进南宁大都市区、钦－防联合都市区、北海都市区、玉林都市区优先发展，城市群带动功能正日趋凸显。

（三）完善社会参与和协作机制

北部湾经济区通过拓宽公众参与渠道，以法定的程序使公众能够参与和监督规划的实施。同时，推动企业和民间开展全方位、多层次的联合协作，引导社会力量参与规划实施和区域经济合作。值得其他经济区发展借鉴的机制与做法有以下几点。

1. 完善发展规划

通过编制北部湾经济区的区域规划、城镇群规划和沿海港口布局规划、综合交通体系建设规划、工业发展规划、石油化工产业中长期发展规划等重点专项规划，指导和引领经济区一体化发展。北部湾经济区各市的"十一五"发展规划和各项专题规划，都主动与经济区规划相互衔接，并及时修编完善和充实。对一些重大项目也进行统筹规划，对重大项目的布局、规模、资金和报批都做出统一安排，避免恶性竞争，兼顾各方利益，发挥好重大项目对经济区一体化的龙头带动作用。

2. 创新体制机制

按照政府推动、市场引导、企业运作的原则，建立起高效、务实、灵活的北部湾经济区一体化的体制机制。北部湾经济区规划建设管理委员会办公室具有协调解决经济区开放开发的组织、指导和监督职能，对于涉及经济区一体化的重大问题，要进行统筹安排，主动协调，加强沟通，密切配合，形成通报、会商、市长论坛和联席会议等制度。通过北部湾经济区行政管理体制改革，成立经济区行政审批中心、旅游局、商务局等相关政府职能机构或政府派出机构。通过建立联合招商引资机制，推介经济区整体形象，相互提供配套服务，共同承接东盟发达国家和东部沿海地区的产业转移。建立机制完善、协调有效的商会和行业协会体系，充分发挥商会等中介组织在促进经济区一体化发展中的桥梁纽带作用。

3. 搭建融资平台

通过政府性建设资金投入倾斜，多元化筹措资金，培植新型投融资主体，将北部湾经济区建设成为区域性金融枢纽，为经济区一体化发展提供金融服务。建立北部湾（广西）产业投资基金和创业风险基金，组建北部湾（广西）发展银行，支持企业发行债券和上市融资及扩大利用外资规模等手段多方筹集建设资金。吸引新加坡等东盟发达国家和中国的香港、广东、上海等发达地区的金融机构到经济区设立分支机构，拓展金融业务，参与金融合作。以组团贷款或集团公司形式，接受银行大额贷款扶持，同时加快建立面向经济区中小企业的融资担保机构。吸引社会资金投资经济区公路、供电、供水、污水处理等公共公用事业。

4. 加强信息交流

北部湾经济区还将通过加快城市之间信息基础设施建设，加强在信息产业、信息技术等方面的研发和应用合作，形成包括电子政务、电子商务、远程教育、远程医疗、社会公共数据库等在内的全方位、统一的信息互通大平台，促进城市之间的信息交换和共享。建立起政府和企业的信息交流协作机制，同时推动经济区新闻媒体、学术机构、社会团体、民间组织之间的沟通与联系，吸引和动员多方面的资源支持和参与经济区一体化发展。北部湾经济区充分利用在广西南宁永久举办的中国－东盟博览会的信息平台功能，开设北部湾经济区信息网，搭建经济区六城市信息交流平台，为中国与东盟经贸合作以及经济区一体化发展提供信息服务，将经济区打造成为权威和高效的中国－东盟信息发布、传播、交流和加工中心。

第五节　晋陕豫黄河金三角区域协调发展综合试验区

一　基本概况

黄河金三角区域协调发展综合试验区是在黄河中游的河南、陕西、山西三省交界地带，由河南省的三门峡市、陕西省的渭南市和山西省的运城市、临汾市共同构成的一个"三角区域"，涉及3个省份、4个地市。这片拥有5.8万平方公里土地、承载1700万人口的区域，被称作"金三角"。该区域共有47个县（市、区），其中临汾市17个县（市、区）、运城市13个县（市、区）、渭南市11个县（市、区）、三门峡市6个县（市、区）。该区域各地市不仅区位毗连，地缘、地貌相近，历史文化相融，而且资源丰富、交通便捷，这为试验区一体化发展奠定了必要的客观条件。

该综合试验区是我国中部和西部的接合点，是华北、西北、中原的接合部，也是山西、陕西、河南三省的接壤地区，还处在陇海经济带的中段，已经形成的铁路、公路、航空综合运输骨架，可以通华北、联西北、达中原。同蒲铁路纵贯南北，陇海、侯西、侯月铁路横穿东西；连云港－霍尔果斯、大同－风陵渡、运城－三门峡、焦作－侯马－西安高速公路，以及108、209、309、310等国道纵横交错，形成了四通八达的公路网。三门峡、风陵渡、禹门口黄河公路大桥的建成，使黄河金三角"一个半小时经济圈"全面形成。这里能源、矿产、农业和旅游资源非常丰富，相关产业已形成一定规模。煤炭开采生产能力约1亿吨，占全国的4%；焦炭生产能力4100万吨，占全国的14%；电力装机容量超过1400万千瓦，约占全国的3%；铝、镁、钼等有色金属材料和黄金产量也在全国居重要地位。农业产业方面，该区域苹果生产能力约400万吨，约占全国的15%；浓缩果汁产能72万吨，占全国的一半以上；芦笋的产量和销量在全国占相当比重，产品行销全球。该地区还是三省重要的粮食和棉花生产基地，该地区的空间区位见图9－1。

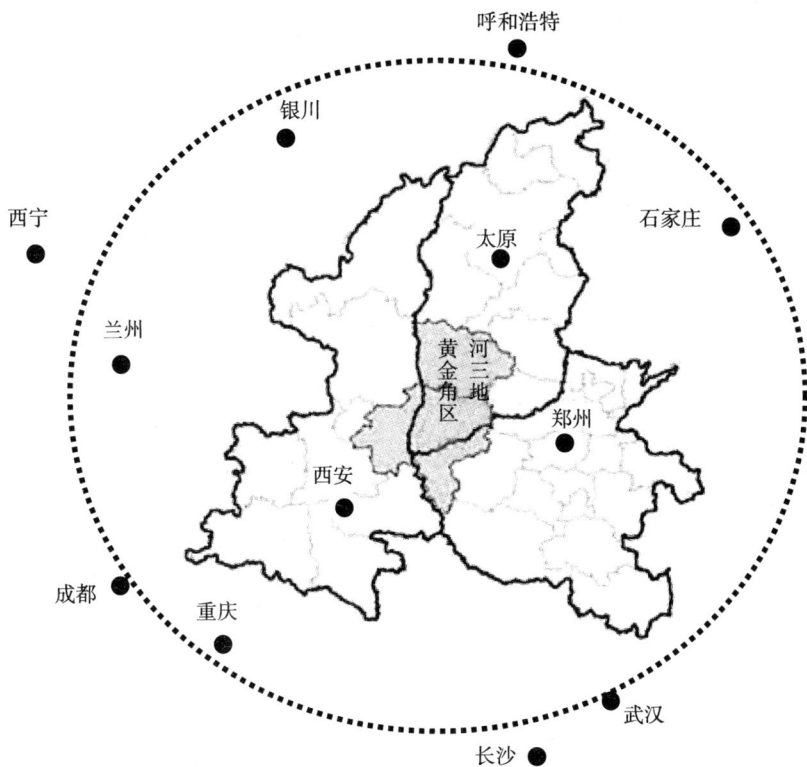

图 9-1　晋陕豫黄河金三角区域协调发展综――合试验区区位

晋陕豫黄河金三角区域协调发展综合试验区经历了以下的发展历程。

第一阶段：起步阶段。1985 年 11 月，在国务院能源基地规划办公室（以下简称"能源办"）组织召开的长治会议上，首次提出了建立晋陕豫黄河金三角经济协作区的倡议书。1986 年 9 月，三门峡、运城、渭南三市在能源办的指导下，成立"晋陕豫黄河三角经济协作区"。1990 年，在第五次晋陕豫黄河三角经济协作区专员、市长联席会议上，将协作区的名称定为"晋陕豫黄河金三角经济协作区"。在这一阶段，联席会议发挥了重要作用，为区域合作健康发展奠定了坚实的基础。在联席会议的组织下，建立了区域合作机制，明确了专员、市长联席会议的地位，成立了专员、市长联席会议领导下的联合办公室，建立了联络员制度，区域合作工作进入常态化管理。

第二阶段：探索阶段。该区域探索寻找区域经济合作发展的模式，并在实践中大胆尝试，取得了一定的成效。1992 年，该协作区率先在机电、金

363

属、轻化、木材领域进行了合作尝试，围绕这四个领域组建了四个企业集团。在这一阶段，协作区按照建设社会主义市场经济体制的要求，在探索区域合作发展的道路上进行了有益尝试，在思想观念和驾驭市场经济方面都有所收益。主要表现为：一是区域分割、行政壁垒意识有所减弱，思路更加解放，市场经济观念显著增强；二是积极组织协调协作区内部发展事宜，积极参与国内其他地区的区域合作，对外开放步伐明显加快；三是在政府行为的引导下，社会各类经济组织之间的联系更加紧密，交流、合作更加频繁，行业、协会式的群体优势发挥作用，经济实力不断壮大、增强。2001~2005年，协作区发展处于停滞状态。这期间，协作区专员、市长联席会议停止召开，政府层面的合作停滞，但部分职能部门之间的合作还在继续。

第三阶段：加速阶段。2008年，三门峡、运城、渭南和临汾四市再次提出建设国家晋陕豫黄河金三角区域协调发展综合试验区的构想。当年4月，召开第一次联席会议。当年7月，三省人民政府将《关于将晋陕豫黄河金三角设立为国家区域协调发展综合试验区的请示》（晋政函〔2008〕100号）联合上报国家发改委①。2009年初，温家宝总理、李克强副总理分别对争取建设国家晋陕豫黄河金三角区域协调发展综合试验区做出批示，由国务院交国家发改委进行研究推进。2009年3月26日，国家发改委在印发的《2009年促进中部地区崛起工作要点》中，明确要求"开展晋陕豫黄河金三角区域协调发展综合试验区相关工作"。2009年10月26日，国务院印发了《国务院关于促进中部地区崛起规划的批复》，国务院在批复的《促进中部地区崛起规划》中，明确将晋陕豫黄河金三角地区开展的区域协调发展试验纳入国务院中部崛起规划。截至2010年5月，三省四市共召开了6次市长联席会议和多次其他不同层次的联席会议，推进了试验区建设。2010年8月，国家发改委在《促进中部地区崛起规划实施意见》中提到，要"深化中部地区省际合作，支持中部地区与西部毗邻地区开展合作，指导晋陕豫黄河金三角地区编制区域合作规划"。

二 区域基本发展特征

一是经济发展方式比较粗放。试验区是一个依托资源发展的典型范例，

---

① 《晋陕豫黄河金三角地区建设国家承接产业转移示范区规划》由河南、山西、陕西三省发改委联合行文，并已呈报国家发改委，http：// www. smxfgw. gov. cn/A/？ C - 1 - 713. Html - 2011 - 8 - 18。

区域内四市矿产资源都很丰富，且特色明显。临汾市含煤面积 1.54 万平方公里，占该市总面积的 56%，总储量达 629 亿吨；运城市铝矾土和无机盐储量丰富；三门峡市和渭南市已探明黄金储量 400 多吨，预测总储量 1000 吨以上，居全国第三位。该区域产业发展的支柱为重工业，且发展还处于初级阶段。

二是特色优势产业初步形成。试验区能源、矿产、特色农业和旅游资源丰富，相关产业已经形成一定规模，为共同打造我国重要的能源、原材料、特色农业品生产加工基地和精品旅游目的地及文化产业集聚地奠定了良好基础。

晋陕豫黄河金三角地区是中华民族的重要发祥地之一。依托丰富的旅游资源，该地区的旅游业从"七五"时期起步，经过"八五""九五""十五"时期的培育，到"十一五"时期，通过实施项目带动战略，加快经济结构调整步伐，加大调整优化产业结构力度，把旅游产业作为重要支柱产业大力发展，该地区的旅游业发展驶入了产业发展的快车道。"中国"最早就指这里，"华夏"之称也源于这里。古老的黄河孕育了灿烂的根祖文化和悠久的历史文化，形成了晋陕豫黄河金三角地区"中华根·黄河魂"的旅游主体形象。区域内国家级文物保护单位 87 处，其中运城市 44 处、临汾市 28 处、渭南市 9 处、三门峡市 6 处；省级文物保护单位 233 处，其中运城市 92 处、临汾市 67 处、渭南市 49 处、三门峡市 25 处。享誉国内外的有华山、壶口瀑布、解州关帝庙、鹳雀楼、永乐宫、洪洞大槐树、舜帝陵、尧庙、函谷关、虢国墓等。

目前，晋陕豫黄河金三角地区深入贯彻落实科学发展观，以市场需求为导向，以合作共赢为纽带，以资源整合为抓手，以集约经营和质量效益型增长为核心，创新体制机制，走区域旅游的产业合作化道路，着力打造国内外知名旅游目的地，全面提升旅游产业素质和旅游核心竞争力，加快形成区域旅游经济发展一体化新格局，推动晋陕豫黄河金三角地区旅游经济全面、协调和可持续发展。

三是区域内各地市经济实力相对均衡。试验区四地市不仅产业结构相近，总体经济实力也基本在同一水平线上。

四是区域经济合作日趋成熟。晋陕豫毗邻地区地域相连、条件相近、经济相融、人缘相亲，在历史上就形成了紧密的经济联系和人员往来。经过 20 多年的区域合作实践，晋陕豫黄河金三角地区在实现规划编制、合作机制建立、基础设施建设、产业合作等方面取得了较为显著的成效，积累了丰富的经验。

三 经济协作区合作成果

(一) 规划发挥了一定作用，促进了区域经济社会快速发展

20多年来，晋陕豫黄河金三角经济协作区制定了各类规划、各种实施办法和意见20余个，对区域经济社会发展发挥了一定的指导作用，形成了区域特色鲜明的经济功能区。

(二) 基础设施共建共享，为区域经济社会发展奠定了良好基础

在山西省、陕西省、河南省和国家有关部门的大力支持下，四地市联合建设了三门峡、风陵渡等5座黄河公路大桥和其他基础设施，使该区域形成四通八达的交通网络。同蒲铁路纵贯南北，陇海、侯西、侯月铁路横穿东西，大同－太原－临汾－运城－渭南－西安和郑州－三门峡－西安铁路客运快速专线、西安－华山－运城旅游轻轨专线、运城－三门峡铁路和南同蒲复线（闻喜东镇至华山段）以及侯西铁路复线改造正在加紧建设，四市铁路运营里程达756公里。覆盖全区的高速公路网络基本建成，各地市之间公路通达、交通便捷。连云港－霍尔果斯、大同－风陵渡、运城－三门峡、焦作－侯马－西安高速公路在该区域的里程为949公里。108、209、309、310等国道纵横交错，等级以上公路41044公里，形成了黄河金三角"一个半小时经济圈"，有力地促进了该区域的经济社会发展。四地市通过协作，联手建设了三个航运区，分别是黄河三潼段（三门峡大坝至潼关）、平陆三门峡至灵宝冯佐段和黄河石禹段（乡宁县石坪至河津县禹门口）。黄河航运是协作区在解决了黄河横向交通连接后实现黄河水系纵向利用的重大举措，航运开通大大降低了河两岸的运输成本。

(三) 农业合作领域广泛，技术推广、防灾治蝗、农产品加工等方面合作成效显著，提升了该区域的农业产业化水平

晋陕豫黄河金三角经济协作区内的四地市都具有良好的农业生产条件，自然条件相近，有利于培育一种或几种优势产业和主导产业。在农业协作方面：一是联合治蝗。二是黄河滩涂开发。各地市联合研究实施了黄河滩涂综合开发项目，被国家区域办列入全国区域开发研究项目。三是农业新技术推广应用。比如，苹果产业基本上从无到有、由少到多、从小到大、由弱转强，就是协作区各地市充分利用优越的气候自然条件，扩面积、建基地、创

品牌、闯市场，既搞好鲜果销售，又注重果品深加工，拉长了产业链，增加了整体效益，从而使该区域的苹果产业在全国的地位举足轻重。

（四）旅游产业发展实现了优势互补、合作共赢

晋陕豫黄河金三角经济协作区是中华民族最早的发祥地之一，名胜古迹星罗棋布，文化旅游景点众多。协作区四地市实行区域联合，签订了《晋陕豫黄河金三角旅游合作协议书》，共同打造"中华根·黄河魂"旅游品牌，联合营造精品旅游线路，协议推行旅游景点门票一票通，实现客源互送、品牌共建，初步实现了旅游协作区域内的无障碍旅游。

第一，全面开放旅游市场。2004年，签署了《晋陕豫黄河金三角旅游合作协议书》，推进了各地市旅游业的合作与发展；2009年，运城、临汾、渭南、三门峡四地市共同推出黄河金三角旅游"一证游"。第二，建立了信息交流制度。由各地市旅游局牵头，组织各自主要的旅行社联合编制旅游线路，统一对外报价，联合制作旅游宣传品，联手开发国内外旅游市场。第三，开展旅游外延性合作。

（五）市场一体化建设方面取得显著成效

晋陕豫黄河金三角经济协作区把培育市场体系、推动市场发育放在重要位置，努力促进区内外物资、金融、技术、人才市场的发展。1991年，协作区各地市制定了《晋陕豫黄河金三角经济协作区区域经济技术合作互惠办法》。第一，强化了商品流通。成立了协作区商贸委员会，拟定了《关于建立晋陕豫黄河金三角商贸市场的初步意见》。第二，密切了物资流通。在资源流通方面经过多年的协作发展，形成了以金属、建材、木材、化轻、机电、生产资料为主的6个专业物资流通网络，并建立了金属、化轻、机电、木材4个物资企业集团。第三，金融市场联系密切。1986年6月成立了晋陕豫金三角人民银行联谊网。渭南、运城和三门峡三地市开办了同业拆迁、票据贴现、债券发行、证券市场、信誉评估咨询等业务，建立起了较完善的金融市场体系。

（六）能源资源利用初步整合，规模优势逐步显现

1988年制定了《晋陕豫黄河金三角经济协作区发展企业集群和企业集团的意见》，促成了一批颇具规模的能源化工、机械制造、新型材料、冶金建材等方面的企业迅速崛起。目前，能源企业集群已经形成，大唐、漳泽等大型企业在此投资建厂。铝生产加工企业集群在全国占有重要位置，中铝集团、英国开曼公司均在这里投资建设多个大型企业。金属镁行业一批年产5

万吨以上的规模企业迅速成长，在全国同行业中的地位举足轻重。汽车和运输设备产业集群初具规模，主力企业通达集团进入全国民营企业500强。南风、关铝、亚宝、海鑫、阳光、振兴、丰喜、金堆城钼业、龙钢、渭化、蒲电、灵宝黄金、金源晨光、戴卡轮毂、湖滨果汁等一大批企业集团和规模企业茁壮成长。这些产业集群的兴起和企业集团的建立，极大地推进了协作区各市的新型工业化进程，提高了第二产业在三次产业中的比重，为增强全区域的整体经济实力和持续发展能力做出了贡献，部分优势企业已经初步具备了实现跨越式发展的潜能。

四　进一步深化合作面临的困难和问题

一是由于行政区划的局限，使该区域内的资源配置、生产要素有序流动及产业合理分布受到了限制，与东部发达地区的经济社会发展的差距仍然呈扩大趋势。由于各市属于不同的行政区划，执行的政策有明显差异，导致各市的相同产业在不平等的市场条件下竞争，造成了重复建设、资源浪费和资源承载能力下降，不利于我国中西部地区的崛起和发展，并使我国稀有、不可再生的宝贵资源廉价流向国际市场，使国家蒙受重大损失，影响国家可持续发展战略的实施。如该区域内的金属镁目前是世界上镁合金新型材料的基础原料，对我国新型材料研发具有战略意义。且该区域内的产能占全国的50%和世界的25%以上，长期以来，多数企业却是以初级产品的形式出口国外。

二是由于行政区划的局限，导致各市在环境保护、开发、利用、建设上难以同步，环境承载能力下降。如在黄河水利资源综合利用上，由于各市分属不同省份，难以统一规划、保护、治理、建设，黄河水利资源利用效率难以提高。

三是由于行政区划的局限，致使有利于区域协调发展的管理体制和运行机制难以形成。各市分属不同的省份，区域间的基本利益关系既有共同点，又有矛盾点，一些近期具有直接利益的交通、旅游、农业方面的合作开展较好，但一些眼前有矛盾、长远有利益的产业布局合作缺乏有效的推动手段，影响了区域协调发展的进一步深化。适合促进区域协调发展的财税体制、资源配置体制、金融体制难以建立，导致各市本来相关联的经济功能不能充分发挥，不仅影响了经济效益，而且不利于经济增长方式的转变和产业结构的升级，造成了资源浪费和竞争力的下降，限制了该区域的经济社会发展。

五 黄河金三角经济未来区域合作展望

（一）提高在全国能源基地中的地位和作用

按照"总量控制、关小建大、优质低耗"的原则，淘汰落后生产能力，提升煤炭生产集中度。建设大规模现代化矿井，提高采掘机械化程度和原煤入洗率。提高煤炭利用效率，强化煤炭转化。积极发展煤层气、水煤浆等清洁能源。继续加强煤炭后备资源勘探，扩大资源储量。电力建设要稳步推动电源点建设，增加装机规模，提高外送能力。

（二）建设特色新型材料生产加工基地

大力培育以铝、镁、钼、金等为主的各种有色金属冶炼产业，严格遵循国家产业政策，坚持上大与关小、升级改造与淘汰落后相结合，加强环保执法，淘汰落后能力，优化品种结构，提高产品质量，加快技术进步，降低能耗。

大力发展有色金属的深加工，促进区域间有色金属企业的兼并、重组。铝及铝加工行业要进一步提高集中度和产品深加工，重点开发铝型材、板带箔、铝合金轮毂、压铸件、汽车专用铝合金新材料及其他系列深加工产品，推广高效率、低成本、低能耗、短流程、环保型铝加工新技术和新工艺，把黄河金三角区域建设成为全国重要的铝、铝材生产和加工基地。依托镁、钼、黄金等资源和现有生产能力，进一步增强在全国的竞争优势，重点抓好技术创新，提高企业规模效益，提升工艺装备水平，加快新材料、新品种的规模化生产，提高标准和质量，创立品牌，重点发展镁合金及其延伸产品，生产为汽车、IT产业提供配套的型材、压铸件等高端产品，在区域内形成矿山采选－金属冶炼－金属深加工产业链，建立稳定的原料供应体系，加强深加工产品间的协作分工与配套。

煤化工要按照起点高、技术新、规模大、污染轻、重效益的原则，依托骨干企业，稳步扩大规模，深入开展煤化工产业链后续产品的开发，加强区域间煤化工产业不同环节的资源利用和技术创新合作，形成煤－焦炭－煤气－煤化工等有利于资源节约和利用的产业链。

（三）加快发展机械制造业

为优化调整黄河金三角区域偏重的产业结构，加快原材料工业向制造业转移的步伐，根据区域资源优势和现有产业基础，积极开展机械制造行业的技术研发与合作，开展联合攻关、人才互用、信息同享，依托区域原材料资源优势和区外大企业大集团的机械加工技术、人才、研发优势，做大做强汽车发动机缸体、汽车零配件、火车电机、矿机、制版、印刷、环保节能设备、消防机械、家电配件等产品，延伸铸件－机加工－总成－整机装配制造产业链。积极与国内外汽车厂家建立紧密的经济联系，建立配套汽车零配件生产基地。

（四）加强区域文化旅游合作

充分利用区域独特、丰富的旅游资源，进一步加强旅游产业合作，高起点规划，大力度整合资源，共同打造具有浓郁黄河文化、根祖文化特色的旅游品牌，联手抓好"华夏民族寻根觅祖游"和"黄河风情游"两条精品线路，挖掘产品内涵，联合推出黄河水上游、寻根游、民俗游等"拳头产品"。重点提升西岳华山、壶口瀑布、死海盐湖、解州关帝庙、芮城永乐宫、永济鹳雀楼、韩城司马迁祠墓、虢国墓地车马坑、函谷关古战场、襄汾丁村人遗址等在国内外的知名度和影响力。加强黄河金三角区域与周边城市旅游线路的对接。

加强黄河金三角区域旅游产品的宣传力度，共同开拓旅游客源市场。联合开展区域旅游产品的包装、推介活动，把黄河金三角区域特有的黄河文化和黄河风光推向全国、推向世界。共同构建区域旅游营销网络和旅游电子商务服务平台，协调和管理区域旅游市场，建立跨区域旅游诚信体系，在黄河金三角区域内全面推广年票一卡通。

根据经济发展过程中产业中心下游化的一般趋势及黄河金三角区域的区域特色，制定统一的区域文化创意产业发展规划，依托现有文化资源，大力发展黄河金三角区域的文化创意产业，实施创建文化创意产业集聚园区等重大文化创意产业项目带动战略，加快区域性特色文化创意产业集群建设，培育文化创意产业骨干企业，繁荣以黄河金三角区域为核心同时面向国内国外的文化创意产业市场，增强区域文化核心竞争力，逐步提升文化创意产业在区域产业结构中的比重。

（五）大力发展现代物流业

以建设区域性物流中心为目标，在合理规划布局的基础上，通过市场化、产业化和社会化的方式，建设和发展区域性大型物流园区和具有多种功能的专业批发市场，重点培育区域性物流中心，吸引国内外大型物流企业在物流园区设立总部或区域总部。重点发展为区域大宗产品服务的农产品、煤炭、焦炭、铝镁、建材等行业物流中心。大力发展生产性服务业，增强物流仓储、配送、集散、加工、检验和信息服务等功能。通过共同协商规划，整合各城市物流资源，确定各物流园区的功能定位，合理分工与合作。

（六）建设特色农产品生产及加工基地

积极开展黄河金三角区域在农产品资源利用、产品开发、农业科技、病虫害防治、良种繁育引进、市场开拓以及企业培育等方面的合作。切实加强粮、棉、果、蔬、畜基地建设，切实促进特种小麦、苹果、芦笋、棉花等特色农产品生产和农业名牌产品保护。深化农业产业结构调整，大力发展绿色、有机、无公害农产品。加强区域农产品质量安全体系建设，保证农产品质量和安全。畅通农产品"绿色通道"，促进农产品在黄河金三角区域有序流通。

依托黄河金三角区域农产品资源丰富的优势，重点发展果品、面类、肉类、芦笋、油脂、奶类等农产品加工业。进一步推进农业产业化经营，大力培育扶持一批有竞争力、带动力强的龙头企业和企业集群示范基地，打造一批农产品品牌，提高农业综合效益。增强农产品加工能力的整合力度，提高产业集中度和整体竞争力。

第六节　各经济区协调发展的经验借鉴

一　具有鲜明的区域特色和功能定位

一个特定区域，不论其位于东部、中部还是西部，都具有优势与劣势，都面临机遇与挑战，都和周边地区存在竞争与合作关系，确定区域的战略定位对于未来的发展具有十分重要的意义。各区域规划的定位、方向、目标各不相同，体现了对不同区域的针对性和指导性，但都体现了对全国及本区域所能发挥的重要功能与作用。如黄河三角洲高效生态经济区的定位是：全国重要的高效生态经济示范区、全国重要的特色产业基地、全国重要的后备土地资源开发区、环渤海地区重要的增长区域。海西经济区的定位是：两岸人民交流合作先行先试区域、服务周边地区发展新的对外开放综合通道、东部沿海地区先进制造业的重要基地、我国重要的自然和文化旅游中心。沈阳经济区的定位是：建设国家新型产业基地重要增长区，建设老工业基地体制机制创新先导区，建设资源型城市经济转型示范区，建设以新型工业化带动现代农业发展的先行区，建设节约资源、保护环境、和谐发展的生态文明区。

鄱阳湖生态经济区的定位是：全国大湖流域综合开发示范区、长江中下游水生态安全保障区、加快中部崛起重要带动区、国际生态经济合作重要平台。关中－天水经济区的定位是：全国内陆型经济开发开放战略高地、统筹科技资源改革示范基地、全国先进制造业重要基地、全国现代农业高技术产业基地、彰显华夏文明的历史文化基地。

二　优化区域内产业结构和空间布局

各经济区将产业发展和产业结构升级作为区域发展的关键，优化区域内的空间布局，以中心城市作为核心增长极，推进区域内经济一体化发展，带动周边地区经济快速发展，形成资源要素优化配置、地区优势充分发挥的协调发展新格局。如北部湾经济区不断做大做强优势产业，为加快推进区政府重点支持的11个重点产业园区建设，在管理体制、土地、资金、政策、招商等方面都给予了重点支持。海峡西岸经济区以市场为导向、以高新技术为支撑、以产业转型升级为重点，大力推进农业产业化和新型工业化，积极发展服务业，加快培育特色优势产业，不断推动产业集聚，着力培育产业集群，形成主导产业、特色产业、高新技术产业相互配套、协调发展、具有较强竞争力的现代产业体系。

三　把生态环境保护作为重要环节

在加快经济发展的同时，各经济区都将生态环境保护放在了重要的位置，坚持把生态环境保护作为生态文明建设的基础，走经济生态化、生态产业化的发展道路，统筹生态环境保护和经济发展、社会进步、民生改善，促进生态保护和经济建设协调发展、环境优化和民生改善同步提升。鄱阳湖规划和黄三角规划更是把生态环境保护作为发展的前提和重点。鄱阳湖是我国唯一的世界生命湖泊网成员，是国际重要湿地，也是亚洲最大的越冬候鸟栖息地，享有广泛的国际关注。建设鄱阳湖生态经济区，在经济社会又好又快发展的同时，保护好鄱阳湖的生态环境，保护好江西的青山绿水。黄三角规划开宗明义提出坚持生态优先，实现可持续发展原则。牢固树立生态文明观念，在保护中开发。高效生态经济的发展，要体现可持续发展理念，推进产业结构生态化、经济形态高级化，促进经济体系高效运转和高度开放，实现开发与保护、资源与环境、经济与生态的有机统一。

四　创新体制机制和发展模式

各经济区摒弃了纳入国家战略就可以向中央要更多的优惠政策的思想，突出了体制机制创新和争当全国某一领域的改革先行试验区。国家在重庆、成都建立了国家城乡统筹发展综合试验区，允许土地的产权市场交易，对于缓解日益紧张的用地困难问题是一种新的体制机制突破。珠三角规划提出了具体的改革开放和体制创新的任务：以行政管理体制改革为突破口，深化经济体制和社会管理体制改革，健全民主法制，在重要领域和关键环节先行先试，率先建立完善的社会主义市场经济体制，为科学发展提供强大动力。如农村经济体制改革方面，支持有条件的地方发展多种形式的规模经营，逐步实现集体建设用地与国有土地同地同价，建立城乡统一的土地市场，开展城镇建设用地增加与农村建设用地减少挂钩试点，支持惠州、佛山、中山等市开展统筹城乡发展综合改革试点等；金融改革与创新方面，提出建立金融改革创新综合试验区，研究开放短期出口信用保险市场，深化境外投资外汇管理改革，选择有条件的企业开展国际贸易人民币结算试点等。

随着我国地区间经济交往的不断加深和市场经济体制的建立与完善，区域经济一体化得到了较快发展，取得了较大成就，但是衍生的问题也十分突出。我国地方府际关系、地方政府管理体制在行政区划、职能定位、机构设置和运行机制等方面与区域经济一体化存在不适应性，曾经是区域经济一体化的推动力，又成为阻碍其向纵深一体化发展的重要制度瓶颈。只有创新地方政府管理体制、转变政府职能、改革政府机构、重塑府际关系、创新区域管理运作机制等，才能解决区域经济一体化发展中的制度瓶颈问题，促进地方政府管理体制与区域经济一体化之间的和谐互动。

五　形成富有效率的组织体系和运作机制

晋陕豫黄河金三角区域协调发展综合试验区之所以成为全国唯一打破区域行政规划的试验区，关键在于形成了富有效率的组织体系和运作机制。从领导体制和组织形式来看，试验区实行了专员、市长联席会议，联合办公室和部门与行业协作网络三个层次的组织体系，实现了"政府搭台、部门联网、企业唱戏"。专员、市长联席会议是试验区重大问题的决策机构，研究协作区内的重大课题，确定重大项目，共同协商，达成共识，这是政府对跨区域经济协作宏观调控的成功典范。1986～2000 年，共召开了 13 次专员、市长联席会议。为了落实联席会议的各项决议，加强协作区各方的联络、协调等服务工作，1986年，由各地市抽调专人成立在专员、市长联席会议领导下的常设办事机构协作区联合办公室，承担协调、服务、督促、检查的职能，是专员、市长联席会议的参谋和助手。行业协作网络是各地各职能部门之间联系与沟通的纽带，通过协作网络，职能部门立足于经济合作，务实地开展活动，在金融、信息、交通、旅游、科教、文化等众多领域达成了广泛的共识与默契，收到了积极的效果。行业协作网络负责具体项目的协调实施，是实施政策与措施的最有效终端。

六　区域经济的统一大市场及区域经济合作的分阶段、渐进性

从欧盟和长三角的发展中可以看出，必须打破区域行政垄断和贸易壁垒，建立资本、人才等要素自由流动的统一市场机制。

同时，区域经济合作也是一个分阶段、渐进性的实现过程。一体化程度最高的欧盟的发展就经历了一个从相互减免关税、建立关税同盟，到实行共同农业政策、渔业政策、贸易政策和财政政策，再到欧洲货币体系的建立和实现单一货币的渐进性的过程。由此可见，区域经济合作必须是渐进性的。

七　关注地方政府的利益协调与整合

利益协调是地方政府间合作的核心，建立和完善利益补偿机制对于地方政府间和谐关系的构建至关重要。当前地方利益冲突的内容集中表现为地方官员的晋升竞赛、产业结构的淘汰与升级、技术创新的扩散效应、人力资本的流失与获取、自然环境的破坏与保护。地方合作中恶性竞争、机会主义行为时常发生，这与利益协调机制低效密切相关。利益诉求是地方政府合作关系之基础，而这种利益诉求包括政治、经济，甚至生态环境等多重利益。现实中，地方政府合作很多是围绕生产要素、产品销售、产业结构调整等经济内容而展开的，经济合作成为当前地方政府间合作利益诉求的主要内容。经济利益也成为推动地方合作的原动力，而经济成果也为进一步合作提供了物质基础。

国际经验表明，地方政府间合作关系与是否有完善的利益冲突与协调机制是直接相关的。因此，唯有健全利益协调与整合机制，才能使地方政府间合作关系持续、健康、深入发展。这就需要解决以下几个问题：一是思想观念上，实现由传统的狭隘地方主义向相互依存、既竞争又合作的新型地方主

义转变；二是地方利益的形成机制上，要妥善处理和解决中央政府与地方政府之间的权力集中与权力下放如何实现平衡、财政分税制下的税源与税种的合理化、区域经济内产业结构的合理布局等问题；三是利益协调的制度设计上，要创新一系列新型的利益分享机制与利益补偿机制，形成一整套制度化的议事和决策机制，以合理协调整个区域的经济发展利益，实现整体利益与局部利益的统一；四是机构设置上，设立切实可行的组织形式，为利益协调机制的执行提供有力保障。

此外，地方政府合作关系存在于具体制度环境背景之下，是正式制度与非正式制度共同抉择之结果。地方政府间合作关系的形成逻辑，是在一定的制度背景下活动的产物，其中正式制度包括国家结构制度、经济管理制度、政党制度等，而非正式制度包括人际关系、文化传统、地理结构等。例如，在正式制度中，单一制国家结构下地方合作的积极性和有效性，在很大程度上取决于中央政府行政权和财政权的下放程度；而在非正式制度中，同处在某个区域经济圈内的各地方政府，其合作受到区域经济生产与活动的推动，而相邻区域的人际互动也有利于府际合作的产生。因此，地方政府间合作的本质就是一种互动过程，它是政府与政府、政府与制度环境的互动过程。建立和完善有关信息交流制度至关重要，如事先告知、资讯公开和平等协商等制度，这些显然有益于合作的交流与磋商。

政策篇—机制优化

第十章
区域壁垒破除与中原经济区
协调联动发展的政策建议

区域经济合作与联动不可能一步到位，是一个循序渐进的过程。同样，中原经济区各地区一体化发展也需要有一个由小到大、由浅入深、由简单到复杂的渐进过程，需要有一个各方逐步认识和磨合的过程。

先从有基础的领域入手，再逐步拓展联动的范围和深度，最终实现全方位、多层次、宽领域的合作联动和协调发展。首先，从单一领域、具体项目合作开始，逐步转向多领域合作。具体可以先从投资办厂等生产性合作项目开始，然后逐步拓展到技术管理、市场拓展、教育培训、咨询信息等各种生产性服务领域，从而实现资金、人才、技术和信息等的双向流动，实现互补和联动发展。其次，从短期项目合作逐步过渡到长期资产纽带型合作联动。通过兼并重组、参股控股、合资合作等方式，促进资产跨地区的流动和优化组合，拓展资源优化配置的空间。这里需要指出的是，区域联动中的企业并购，必须是企业的自主行为，是基于市场的选择。最后，从松散的合作逐渐向紧密有序的联动发展推进。市场经济体制下的联动发展不能搞行政命令，因此在起步阶段，地区间的合作联动主要表现为个别企业在个别项目上的合作联动。随着联动的深入，必然会出现各种矛盾和问题，这就需要制定统一的规划和形成完善的协调管理机制来规范和约束各联动主体的行为，从而形成紧密有序的区域联动发展。而且，这种规划和协调管理机制不是从一开始就能形成的，必须在联动发展的时间中逐步摸索出来，并在未来的实践中继续得到改进。

第一节　推进中原经济区协调联动发展的原则

行政区经济，是指在既定的行政区划范围内，由行政区划对区域经济的刚性约束而产生的一种特殊经济现象，它以区域经济的行政分割为特征。经济区经济，则是指在一个自然区域内，不同行政区域以相同或互补的要素禀赋为基础，以共同发展目标为纽带的区域经济共同体，它以经济一体化为特征。前者是"分"（行政分割），后者是"合"（经济融合），两者有着迥异的运行方式与发展规律。当前，在中原经济区从行政区经济向经济区经济转换的过程中，需要考虑许多事情。就目前而言，具体有以下几个方面的原则应加以遵循。

一 推进中原经济区协调联动发展必须突破行政障碍

区域经济一体化的目标是消除区域间的各种障碍，构造实现区域经济共同发展的市场基础，并在市场规则上尽快与国际接轨，努力营造开放、规范的市场环境，为市场机制充分发挥作用创造基础条件。但是，从目前看，行政壁垒仍是中原经济区一体化最大的障碍之一，不同行政主体的政策和制度之间往往存在冲突和矛盾，这就大大提高了交易成本，制约区域经济合作的发展，更不利于区域整体利益的最大化。因此，突破行政障碍，逐步消除市场分割、地方保护、政策税赋优惠攀比等阻碍经济资源自由流动和跨区域合作的问题，是加快推进中原经济区一体化的大势所趋。为此，一要打破现有的以行政区划为主导模式下的区域功能分工，超越行政区划的界限对经济区的功能进行整体规划，统筹安排，从城市群和经济区的发展着眼，从整体上考虑全区域的发展问题。同时，对经济运行效果的度量和考虑也应当更多地突破行政区划的界限，应当引入全区域效益最大化的概念。二要通过区域内部的统一协调，打破在资金、人才、技术、资产重组、人口和产品流动方面的各种障碍，确保形成区域内部的统一大市场，实现区域内部的市场开放和要素的自由流动，促进区内以及与区外之间的交流合作，形成竞争、有序、统一、开放和面向世界的开放型经济合作区。三要共同构建经济带产业发展和布局以及环境保护方面的整体框架，在各地区之间进行合理分工，避免不必要的重复建设。四要进一步加强对沟通区域间联系的网络型基础设施，包括交通、电力和通信等的规划与建设，并统一协调基础设施建设和环境保护，对重大资源开发项目和基础设施建设进行区域协调和配合，使经济区形成各具特色、协调发展的整体优势。

二 推进中原经济区协调联动发展必须实行产业分工协作

经济全球化背景下新一轮国际产业分工为中原经济区的经济发展带来了

难得的机遇，而这个分工和产业转移过程是以区域性要素资源的竞争优势为依据展开的。对于中原经济区区域内的各地而言，机会转瞬即逝，只有在竞争的同时加强区域经济主体联动发展的自觉意识，加快区域经济联动发展的实质推进，将区域内各种要素、资源整合成为区域竞争优势，才能更好地承接国际产业转移，把握未来发展的先机。但从目前看，各经济区内产业分工协作还有很大差距，突出表现在：一是各地区之间生产力布局重复、产业结构同化现象较为突出；二是在开放引资上竞相出台优惠政策，在外贸出口上竞相压价，导致过度或恶性竞争，甚至经济区内的区际联系还要小于与国际的联系，由此损害了区域整体利益。为此，应当加强区域内产业整合。一要根据各个经济区的资源条件和工业化水平，遵循市场规律，通过制定一些共同的政策，鼓励和引导要素流动，引导和鼓励经济区内的产业分工，促进经济区内产业结构调整和生产力布局的合理化，建立合理的产业结构体系。二要以区域高速公路等快速干道建设为契机，加快城市通道的配套与衔接，共同完善交通、物流网络。关键是完善区域内以高速公路、轨道交通、内陆航运、机场为主的交通网布局的综合规划，推进城市之间的快速干道建设，消除信息封锁现象，强调信息公开、透明，强化信息资源互通共享。各地的商情和公共信息都应做到公开、透明，这既有利于共同市场的形成，又能有效降低社会交易成本，提高整个区域的综合竞争力。三要协同整合产业优势，培育若干具备国际竞争力的产业集群，以及合理分工和梯度互补的产业体系。各地区不宜强调在自身行政划内培育和形成主导产业、支柱产业，以避免重复建设和产业同构现象，要充分发挥自身优势，在区域性的产业体系中寻找自己的位置，形成具有比较优势的产业结构。与此同时，各地区要着力于发展特色产品，提高某些重要的优势产业的竞争力。

三　推进中原经济区协调联动发展必须以中心城市带动为核心

区域经济一体化和中心城市领头，是当今经济发展的两大特征。现代经济就是城市经济，绝大部分经济活动主要集中在城市，尤其是中心城市。中心城市是区域发展的极核，在区域发展中具有举足轻重的地位和作用。从全球的大背景来看，核心都市及其连绵带的发展是一大趋势。21世纪国际竞争的基本单位既不是企业也不是国家，而是大城市圈。只有大城市圈甚至大都市圈才能具备与世界进行分工交流所需的完善的基础设施，才能有足够的产业集聚和经济规模参与全球性的城市间竞争。为此，中原经济区从行政区经济向经济区经济转变，必须以中心城市带动为核心。一方面，政府必须把推进中原城市群发展作为一种城市化模式，目的是通过多个城市的经济一体化提高经济效益。根据《指导意见》，中央和地方政府需要制定必要的政策和建立中原城市群整体发展框架，提供基础设施，提升生活质量，从而增强区域的整体竞争力，吸引投资和促进经济增长。另一方面，必须花大力气夯实各城市的基础产业，不断为中心城市"强筋壮骨"，建设以道路交通为重点的城市基础设施。同时，紧紧抓住结构调整主线，加快建设具有战略意义的基础产业，精心打造生产力骨干项目，使大都市的"腰身"更加粗壮。中心城市基础产业牢固、核心竞争力加强后，就会形成高聚集的强"磁力场"。

四 推进中原经济区协调联动发展必须创造新的制度优势

改革开放以来，我国东南沿海区域经济发展走的是内生性制度创新的变革道路，无论是江苏的集体经济，还是广东、浙江、福建的民营经济，都是在计划经济体制下发生的企业产权制度创新，这种创新创造了体制优势，推动了区域社会经济快速发展。然而，新一轮发展，原有的制度创新优势已经基本消失，必须创造新的制度优势，通过要素配置方式的变革创造与形成要素优势，形成区域经济发展新阶段的着力点，形成推动区域内经济快速发展的动力机制。为此，中原经济区在推进中原经济区一体化发展中，一要在制度改革、政策协调等方面先行先试，加强相互协调，实现区域制度架构的融合；二要在市场规则上尽快与国际接轨，政府必须积极引导，努力营造开放、规范的市场环境，但市场深化过程必须通过市场行为，由各市场主体通过谈判竞争自主决定，政府引导只是为市场机制充分发挥作用创造基础条件，而不是以政府意志代替包办。

五 推进中原经济区协调联动发展必须坚持科学发展观

中原经济区在一体化发展中既要实现"三化"协调，又要实现速度和结构、质量、效益相统一，经济发展和人口、资源、环境相协调。目前，在区域经济发展中仍然存在片面追求速度和数量的倾向，存在单纯以经济收入或经济增长来衡量发展水平以及经济与政治文化不相协调的问题。这不利于中原经济区一体化的可持续发展，不符合科学发展观。为此，在加快中原经济区建设中，一要将速度与效益、数量与质量有机地统一起来，实现经济增长方式的转变，走内涵式发展道路。中原经济区与发达地区在经济、科技等方面还存在着较大差距，因此必须保持一个较快的发展速度。但这种发展速度必须以经济效益的增长为前提，让人民群众真正感受到发展的实际成效，得到实际的利益。二要做到经济与社会、城市与农村、经济与政治文化协调发展。各个地区由于起点不一样、条件不一样，发展很不平衡。要统筹推进各项改革，努力实现宏观经济改革和微观经济改革相协调、经济领域改革和社会领域改革相协调、城市改革和农村改革相协调、经济体制改革和政治体制改革相协调。尽快扭转地区之间、城乡之间、经济与社会之间等方面发展差距过大的状况，形成社会生活各方面协调发展的新局面。三要把控制人口、节约资源、保护环境放到重要位置，使人口增长与社会生产力的发展相适应，使经济建设与资源、环境相协调，实现良性循环，努力形成人与自然和谐发展的生态环境。

第二节　推进中原经济区协调联动发展的着力点

一　加强统筹规划

推进中原经济区一体化发展，必须强化规划的引领作用。通过统筹规划，一方面，明确区域内各经济圈、发展带、城市群等的功能定位、发展方向和重点，构建中原经济区都市圈发展和布局的整体框架，以协调各自加快发展的政策措施，促进形成发展合力。另一方面，优化区域内基础设施建设布局，推动发挥"同城效应"，避免和减少重复建设，避免造成资源浪费。中原经济区要以贯彻实施《中原经济区规划》为契机，展开中原经济区调查研究，尽快编制或配合国家有关部门编制实施一批包括《中原经济区综合交通运输规划》等在内的重点专项规划。同时，加强规划对接，各地通过实行联合编制规划，做好中原经济区各省市有关专项规划之间的衔接，对重大资源开发和基础设施建设进行区域协调和配合，确保在综合交通、能源供应、土地利用、环境保护、产业发展、人力资源开发、城镇发展、产业布局等方面协调一致，从而进一步增强区域一体化发展的协调性和整体优势。

二　推进重大基础设施一体化建设

中原经济区要在统筹规划的基础上，推进区域重大基础设施一体化建设。推进中原经济区一体化发展应该首先强化在区际交通、通信信息、江河整治、生态环境保护等重大基础设施建设方面的合作与协调，尤其是强化在区域整体规划上的相互衔接，实现资源共享、信息共享，不断加大跨区域基础设施建设力度，不断提高互联互通程度，从而最大限度地提高基础设施的利用率和规范经济效益。如在综合交通方面，要加强区域内高速铁路、高速公路、空港等多种运输能力之间的协作与分工，尽快形成互联式、一体化、高效、便捷的交通网络体系，大大推进一体化发展的步伐，为形成全国重要的现代综合交通枢纽和物流中心奠定基础。进一步改善中原经济区城市之间的交通联系，中原城市群之间可考虑建设城市轻轨，推进城际快速轨道交通建设，变城际交通为市内交通。信息化方面，可考虑在经济区内核心层郑汴洛内部通信、电信行业统一使用一个区号，各省市要依托各自在建的基础地理空间信息系统、信息交换平台和公共服务平台等载体，推进建设中原经济区统一的基础地理空间信息共享平台，为政府、企业和社会公众提供全方位、多层次的地理空间信息服务。

三 加强政策协调

从区域整体发展出发，推动中原经济区实行相对统一的体制制度和政策措施，促进生产要素在区域内合理流动。从理论上说，市场经济成熟度愈高，区际经济联系的关联度就愈强。因此，要推动区域经济整合，就要进一步破除地方割据与保护主义，通过对区域内部的政策协调，梳理区域内各城市现有的地方性政策和法规，规范市场行为和招商引资政策，减少在税收、市场准入、人才流动、技术开发、生态保护和水土资源开发利用等方面不合理的政策差异，打破在资金、技术、资产重组、人口和商品流动方面的各种障碍，在区域内为企业创造平等竞争的机会和条件。通过建立透明、便利、规范的涉外经济管理体制，营造公平、开放的投资环境和市场环境。建议组建中原经济区发展银行，帮助中原经济区区域内企业实现异地融资；建议在目前的各市产权交易中心的基础上，组建中原经济区产权交易中心；建议联合各市人才交流中心，组建中原经济区人才市场，等等。要通过这些区际性要素市场的建立与完善，推动区域资源整合，实现区内资源的优化配置，提升区域合作功能和效率，加快形成整个区域一体化的大市场、大流通。

四 构建合作机制

打破行政壁垒，尽快建立和完善合作机制。在行政区划下，官员们辖内执政的功能和他们所执行的区域经济功能是完全割裂的，由此造成的地方保护主义和"诸侯经济"，是制约中原经济区一体化发展的关键问题，不解决这一区域行政分属带来的种种弊病，构建中原经济区就不可能取得突破性进展，更不可能达到预期的目的。这就需要我们认真研究制定切实可行的制度和措施，提高政府宏观调控能力，形成经济区顺畅的领导体制和良好的运行机制。根据中原经济区特点，建议尽快构建"三级运作、统分结合、务实高效"的区域联动机制。三级运作包括决策层、协调层和执行层的运作。决策层即"中原经济区主要领导座谈会"，主要职能是研究制定《中原经济区发展规划》和具体政策，决定中原经济区联动发展的方向、原则、目标与重点等重大问题。协调层即由常务副省（市）长参加的"中原经济区联动发展联席会议"，主要任务是落实中原经济区主要领导座谈会的部署，协调组织区域重大经济协作活动和重要事宜，促进各市之间的密切合作与共同发展。联席会议下设办公室，办公室设在省（市）发改委。执行层即"联席会议办公室"和"重点合作专题组"，以及"中原经济区城市经济合作组"。"联席会议办公室"主要负责提出中原经济区合作重要事项等建议，并检查督促和通报重要合作事项的落实情况；"重点合作专题组"主要负责区域合作有关专项工作的实施；"中原经济区城市经济合作组"范围涉及中原经济区 30 个城市，主要推动中原经济区城市间的经济合作。其工作程序涉及四个层面：一是决策层"中原经济区主要领导座谈会"，每年召开一次；二是协调层"中原经济区联动发展联席会议"，每半年召开一次；三是执行层"联席会议办公室"和"重点合作专题组"，以及"中原经济区城市经济合作组"，由各市政府选派人员组成，其主要工作职责是落实前两个会议上形成的决策和方针，可设若干小组，如信息协调组、交通协调组、旅游协调组等；四是发挥企业的主体作用，使企业之间进行对接、联姻，推进它们的合作和生产经营活动。

五　推进重大改革试验

中原经济区要率先建成"三化"协调示范区域，全面提升区域竞争力，就要在体制机制创新上走在全国前列，成为改革开放的示范区域。为此，以河南省为主体的中原经济区各省市要根据《指导意见》的要求，加大"三化"协调发展先行先试力度，共同向国家争取在城乡资源要素配置、土地节约集约利用、农村人口有序转移、行政管理体制改革等方面先行先试的改革政策。具体为：积极探索互利共赢的财政政策，有序推动农村土地管理制度改革试点，建立城乡统一土地市场的政策；建立高校、科研院所与生产企业的联合开发与转换机制，推动创新经济发展；推动区域金融改革，积极向国家争取金融改革方面的政策，合作推进地方中小金融机构和农村金融机构改制；等等。

六 加快公共服务体系建设

要进一步健全中原经济区公共服务制度和完善社会保障体系，不断优化区域社会环境，提升区域综合竞争力。具体为：推进中原经济区社会保障体系的逐步融合，特别是解决好养老、医疗等保险关系的异地转接和衔接问题；推进以居住证为主的属地化管理制度，实现信息共享；探索实现区域内具有一定资质的医疗卫生机构检验检查结果互认制度；加快推进中原经济区高速公路电子收费系统和交通信息联网建设，尽早实现中原经济区内高速公路收费"一卡通"；推进无线网络全覆盖一体化进程，加快电信、移动计费管理改革，降低收费标准；等等。

第三节 推进中原经济区协调联动发展的保障措施

"十二五"时期，中原经济区各地市要按照"统一规划、整体布局、设施共建、资源共享、优势互补、协调发展"的原则，进一步协调城市、城郊、城镇、城乡发展空间，合理配置生产要素资源，要大力推进中原经济区的一体化，包括交通、基础设施的一体化，生态环境保护的一体化，产业布局、城乡建设的一体化。在发展经济方面，要打造一体化的招商引资、继续创新等方面的一体化平台，逐步形成同谋规划、同网交通、同享信息、同体市场、同布产业、同兴科教、同线旅游、同治环境的抱团发展趋势。

一 召开中原经济区协调联动发展的高层次会议，加强高层共识共作

各市党委、政府、各部门、各领域的共识共作，是区域一体化发展的前提和保证。应在近期召开一次由河南省主要领导和中原经济区各市主要领导参加的座谈会，分析、总结关于中原经济区一体化发展的战略研究成果以及启动经济区一体化的各项前期准备工作，研究、讨论并确定《关于推进中

原经济区一体化发展的实施方案》，商讨并提出中原经济区一体化发展的近期工作目标、发展思路和实施意见，就各市之间需要协商的其他重要问题、合作项目等进行交流，为正式启动中原经济区一体化发展做好各项准备工作。

通过高层会议，使各级领导都能充分认识到加强区域合作联动是统筹区域发展、顺应区域经济一体化发展趋势的客观需要，是寻求共同发展、提升区域整体竞争力的必然选择。从更高的站位、更宽的领域认识区域合作的重要性，充分利用党政领导联席会议和产业、交通、科技、旅游、规划、环保、商贸、物流、信息等合作平台，增进高层互访互动，加强互联互作；淡化行政区划，强化经济合作；淡化行政手段，强化市场功能；淡化单边行为，强化多方合作；加大对接力度，力求多赢共进。

二　以创新合作机制为保障，确保区域联动工作高效进行

研究制定符合主体功能区理念的区域政策体系，积极推进不同类型区区域政策研究制定工作，提高区域政策的针对性和有效性，逐步消除影响要素合理配置的体制机制障碍。总体上，一要加强党政协调机制。各市主要领导要及时有效地磋商区域发展中的主要问题，统筹部署重大区域经济活动，同时还要积极争取中央及省级有关部门的支持。二要建立健全区域合作平台。要进一步完善各部门的经常性磋商制度，定期或不定期召开会议，及时研究解决区域合作中出现的热点、难点问题，探索产业紧密合作机制，建立项目推进机制，对联席会议确定的重大项目，定期开展督察协调，共同促成各大项目在协作区内落地、延伸和拓展。各协作部门要对新形势下区域合作的内容拓展和形式创新，以及如何进一步发挥政府和市场作用等方面展开深入研究，完善促进区域合作的长效机制。

三　以推进区域规划和主体功能区规划编制工作为纽带，促进区域同城化发展

认真贯彻落实河南省"十二五"规划，按照《指导意见》《中原经济区发展规划》，进一步做好区域规划与国民经济和社会发展总体规划及专项规划的衔接，加强重大问题研究和中原经济区各兄弟市开展区域规划编制工作的指导，按照"核心带动、轴带发展、节点提升、对接周边"的原则，紧紧抓住顺畅高速的交通网络、与交通轴线一致的城市规划、多中心的城镇

功能、有机的产业带与城镇密集化相结合等主要建设内容，积极推进已有区域规划的贯彻实施，重点增强郑汴洛等中心城市的核心带动能力，逐步提升轴带节点城市的辐射能力，促进与毗邻地区的融合对接，积极培育区域增长极。围绕促进区域协调发展主线，以省会城市为核心，完善基础设施建设，形成放射状、网络化的空间开发格局，发展特色产业体系，形成若干有较强带动作用的区域性增长极。

四 以巩固、完善和拓展合作平台为渠道，进一步深化合作内容

建立拓展多种类型、不同层次的区域合作平台，形成政府、企业、社会团体等共同参与、协作互动的推进区域合作的立体网络，以工业、交通、农业、工商、旅游、物流为先行，组织各部门在产业互动上先行先合。工业部门要进一步拓展领域、深化改革，积极主动地融合到国家区域发展总体战略和主体功能区战略中，构筑区域经济优势互补、主体功能定位清晰的区域发展格局；交通部门要重点依托郑州航空港、高速公路、高速铁路、综合枢纽建设，构建区域现代交通体系，加强运输及管理合作，积极打造与珠三角、长三角和环渤海及港澳台等地区的对外联系通道，促进区域交通的交流、协作、合作和共享，提升区域对外连接能力与优势；农业部门要建立农业联席会议制度，积极开展信息交流和农业人才交流工作，扩大对台农业交流平台建设；工商部门要重点推进优化准入环境、商标专用权保护、流通环节食品安全监管、打击传销、打假维权等职能领域的信息互通、资源共享和协作协查；旅游部门要重点打造好"中原旅游"品牌，发挥在中原旅游区发展中的重要作用，推进中原经济区旅游业的持续快速发展；物流部门要加强物流合作，加快中原经济区的物流区域一体化进程，促进区域工作共同发展。最后要由中原经济区五省政府共同主持，建立中原经济区公共信息平台，及时发布各类经济和市场信息，实现资源共享，从而正确地引导区域内的产业分工、转移与优化。

五 以基础设施一体化建设为重点，提高综合服务能力

交通合作是推进区域合作的基础条件和重要内容，"十二五"时期要首先巩固提升郑州综合交通枢纽地位，按照枢纽型、功能性、网络化要求，把郑州建成全国重要的综合交通枢纽。通过加强郑州与洛阳、新乡、许昌、焦作等毗邻城市的高效联系，实现融合发展。在此基础上，改造提升洛阳、安

阳、商丘、南阳、信阳、三门峡、漯河、新乡等地区性交通枢纽，形成与郑州联动发展的现代综合交通枢纽格局。推进中原城市群内多层次城际快速交通网络建设，构建便捷通畅、安全高效、开放合作的区域现代综合交通运输体系，促进城际功能对接、联动发展。进一步加强中原经济区省际交通建设的协调与衔接，重点加快省际连接通道以及瓶颈路段建设，积极开展交通信息管理系统对接，推动内地与沿海合作开发港口建设，着力推进组建跨区域、跨行业的交通运输集团，大力支持发展集装箱集散、仓储、运输为一体的物流综合运输体系。

六　编制中原经济区联动发展规划，搞好经济区产业整合

联合编制《以中原城市群为中心的中原经济区经济社会发展联动规划》，初步建立经济区产业布局和发展的整体构架。其一，规划应立足当前，着眼长远，本着互利、互补、市场化和整体性的原则，把国家政策和整体要求与中原经济区的具体实际结合起来，认真分析和综合各市的产业优势、资源优势、发展潜力及外部环境等各种因素，保证经济区各城市之间互补互济，各展所长，避免产业同构和重复建设。规划要突破行政区划界限，以国际、国内市场为导向，扬长避短，协同整合产业优势，统筹兼顾，选择重点开发项目，确定优先发展产业，培育若干具有国际竞争力的产业群落，以及合理分工和梯度互补的产业体系。其二，规划要统一协调经济区的基础设施建设和环境保护，对重大资源开发和基础设施建设进行区域协调和配合，形成各具特色、协调发展的整体优势。实现资源的优化配置、生产要素的最佳组合，保证规划的整体性和提高经济区的整体竞争力。其三，市场建设应作为经济区规划的重点，要建立健全统一、高效、运转灵活的市场机制。为培育具有竞争优势的区域产业群落，增强中原经济区整体经济实力，必须构建统一、规范、有序和开放的市场体系，规范和优化有效竞争的市场环境。在构建经济区过程中，要重点培育一体化的消费品市场、资本市场、技术市场、劳动力市场、人才市场和产权市场，建立与国际市场接轨的市场运行机制，统一市场准入和市场退出机制，实现生产要素市场的综合利用和优化配置。基础设施建设的互通协调，信息资源、人才资源的共享、整合，是中原经济区区域经济协调发展的基础，而产业整合是区域经济协同发展的必然归宿。目前，在国内市场与国际市场相对隔离的环境中，中原经济区在国内专业化程度较高的高成长性行业，如汽车、电子信息、装备制造、食

品、轻工、新型建材等行业，具有较强的优势。因此，中原经济区的产业结构调整，一方面要通过调整税收、财政政策等利益分配机制，通过跨地区的整合真正壮大龙头产业；另一方面要充分利用中原经济区的科技优势、人才优势，整合目前较为分散的智力资源，以较低的成本建立起与世界先进水平接近的高新技术产业优势，并通过集中优势资源，发展现代服务业，推动生物、新材料、新能源、新能源汽车、高端装备等战略性新兴产业发展，改造提升具有传统优势的化工、有色、钢铁及纺织产业，培育具备国际竞争力的产业群落。

参考文献

［1］ Alex Hoen, "Three Variations on Identifying Clusters", Paper Presented at the OECD – Workshop on Cluster Analysis and Cluster – based Policy, Amsterdam, (10/11), 1997.

［2］ Armstrong, M., "Network Interconnection in Telecommunications", *The Economic Journal*, 5, 1998.

［3］ Baumol, William J., John C. Panzar and Robert D. Willing, *Contestable Markets and the Theory of Industry Structre*, New York: Harcourt Brace Jovanovich, 1982.

［4］ Dominique Guellec, Van Pottelsberghe De La Potterie, "From R&D to productivity growth: do the institutional settings and the source of funds of R&D matter?", *Oxford Bulletin of Economics & Statistics*, 2004.

［5］ Edgar M. Hoover and Frank Giarratani, *An Introduction to Regional Economics*, Alfred A. Knopf, 1984,

［6］ European Commission, "Green Paper on the Convergence of the Telecommunications, Media and Information Technology Sectors, and the Implications for Regulation towards an Information Society Approach", Brussels: European Commission, 1997.

［7］ Freeman, C. and Soete, L., *The Economic of Industrial Innovation* (Third ed.), London: Printer, 1997.

［8］ Grossman, Gene M. and Elhanan Helpman, "The Politics of Free – Trade Agreements", *The American Economic Review*, 85 (4), 1995.

[9] Greenstein, S. and Khanna, T. , "What does Industry Mean?" in Yoffie ed. , *Competing in the Age of Digital Convergence*, U. S: The President and Fellows of Harvard Press, 1997.

[10] Hoover E. M. , *An Introduction to Regional Economics*, New York: Alfred A. Knopf Inc, 1975.

[11] Howitt Peter, Aghion Philipp, "Capital Accumulation and Innovation as Complementary Factors in Long – Run Growth", *Journal of Economic Growth*, Springer, vol. 3 (2), June 1998.

[12] Jonas Lind, "Ubiquitous Convergence: Market Redefinitions Generated by Technological Change and the Industry Life Cycle", Paper for the DRUID Academy Winter 2005, Conference, 2005.

[13] Kose, P. B. and Rimmer, M. T. , *Dynamic General Equilibrium Modeling for Forecasting and Policy: A Practical Guide and Documentation of Monash*, North – Holland, Elsevier Science, 2002.

[14] Lucas, R. E. , "On the Mechanics of Economic Development", *Journal of Monetary Economics*, 22, 1988.

[15] Li Xin'an, "The Evaluative Mechanism of Regional Industrial Clusters Networks", Orient Academic Forum, June 2008.

[16] Max Keilbach, *Spatial Knowledge Spillovers and the Dynamics of Agglomeration and Regional Growth*, Physica – Verlag Heidelberg, New York, 2000.

[17] Mytelka L. , Farinelli F. , "Local Clusters Innovation Systems and Sustained Competitiveness", The Meeting on Local Productive Clusters and Innovation Systems, Brazil, September, 2000.

[18] Martin, P. and G. Ottaviano, "Growth and Agglomeration", *International Economic Review*, 42, No. 4, 2001.

[19] Mueller, Milton, *Telecom Policy and Digital Convergence*, Hong Kong: City University of Hong Kong Press, 1997.

[20] Mankiw N. Gregory, David Romer and David Weil, "A Contribution to the Empirics of Economic Growth", *Quarterly Journal of Economics*, 107, 1992, pp. 407 – 437.

[21] Nils, Stieglitz, *Industry Convergence and the Transformation of the Mobile*

Communications System of Innovation, ITS 15th Biennial Conference Berlin, September 7, 2004.

[22] Panzar, John C. and Robert D. Willing, "Economic of Scale in Multi-Output", *Quarterly Journal of Economics*, 1977, (91).

[23] P. A. Samuelson, "Spatial Price Equilibrium and Linear Programming", *American Economic Review*, 1952, (42).

[24] Piore M. and Sable C., *The Second Industrial Divide*, New York: Basic Brooks, 1984.

[25] Porter M., "Clusters and the New Economics of Competition", *Harvard Business Review*, 1998, 76 (6).

[26] Pierre J. Tremblay, *Mondialisation*, *Villes et Territoires*, Paris: Presses Universitaires de France, 1998.

[27] Romer, P. M., "Increasing Returns and Long Run Growth", *Journal of Political Economy*, 1986.

[28] Romer, P. M., "Endogenous Technological Change", *Journal of Political Economy*, 98 (5), 1990.

[29] Robert M. Solow, "A Contribution to the Theory of Economic Growth", *The Quarterly Journal of Economics*, Vol. 70, No. 1, Feb 1956。

[30] Schmitz H., "Collective Efficiency: Growth Path for Small-scale Industry", *Journal of Development Studies*, 1995, 31 (04).

[31] Sala - I - Martin, Xavier X., "The Classical Approach to Convergence Analysis", *Economic Journal*, vol. 106 (437), July 1996, pp. 1019 - 36.

[32] Williamson, J., "Regional Inequality and the Process of National Development", *Economic Development and Culture Change*, Vol. 13, 1965, p. 25.

[33] Wen, Mei, "Relocation and Agglomeration of Chinese Industry", *Journal of Development Economics*, 73, 2004.

[34] Young, A., "The Razor's Edge: Distortions and Incremental Reform in the People's Republic of China", *Quarterly Journal of Economics*, 115 (4), 2000, pp. 1091 - 1135.

[35] Yoffie, D. B., *Competing in the Age of Digital Covergence*, New York:

The President and Fellow of Harvard Press, 1997.

[36]〔德〕H. 哈肯:《协同学——自然成功的奥秘》,戴鸣钟译,上海科学普及出版社,1988。

[37]《国务院关于支持河南省加快建设中原经济区的指导意见》,2011年9月。

[38]安虎森、蒋涛:《一体化还是差别化》,《当代经济科学》2006年第4期。

[39]安筱鹏:《制度变迁与区域经济一体化》,《当代财经》2003年第6期。

[40]安筱鹏:《利益主体多元化背景下的区域经济一体化》,《人文地理》2003年第5期。

[41]敖荣军:《制造业集中、劳动力流动与中部地区的边缘化》,《南开经济研究》2005年第1期。

[42]卜琳华:《高校科研创新团队能力跃进机制研究》,《科技进步与对策》2010年第13期。

[43]毕秀水:《有效经济增长研究:资源与环境约束下的现代经济增长分析》,中国财政经济出版社,2005。

[44]〔瑞典〕伯特尔·俄林:《区际贸易与国际贸易》,商务印书馆,1986。

[45]〔美〕鲍德温、克拉克:《设计规则模块化的力量》,张传良等译,中信出版社,2006。

[46]蔡昉、都阳:《区域差距、趋同与西部开发》,《中国工业经济》2001年第2期。

[47]蔡昉、王德文、都阳:《中国经济增长条件趋同中的制度因素》,工作论文系列四,2000。

[48]曹广喜:《FDI对中国区域创新能力溢出效应的实证研究》,《经济地理》2009年第6期。

[49]陈栋生:《论构建协调发展的区域经济新格局》,《当代财经》2008年第3期。

[50]陈栋生:《中国区域经济新论》,经济科学出版社,2004。

[51]陈刚:《接受产业转移　促进经济发展——对欠发达区域发展战略的一点思考》,《思考与运用》2001年第3期。

[52]陈光、杨红艳:《中小企业集群发展的模式分析》,《研究与发展管

理》2004 年第 6 期。

[53] 陈联、蔡小峰:《城市腹地理论及腹地划分方法研究》,《经济地理》 2005 年第 9 期。

[54] 陈柳钦:《产业发展的集群化、融合化和生态化分析》,《中州学刊》 2006 年第 1 期。

[55] 陈柳钦:《产业发展的相互渗透:产业融合化》,《贵州财经学院学报》2006 年第 3 期。

[56] 陈柳钦:《产业融合问题研究》,《南都学坛》2007 年第 6 期。

[57] 陈睿洁:《泛珠三角区域经济合作模式选择及其演进》,《广东水利电力职业技术学院学报》2005 年第 4 期。

[58] 陈剩勇、马斌:《区域间政府合作:区域经济一体化的路径选择》, 《政治学研究》2004 年第 1 期。

[59] 陈秀山:《区域协调发展要健全区域互动机制》,《党政干部学刊》 2006 年第 1 期。

[60] 陈雪梅、赵珂:《南海中小企业集群的发展轨迹与共同规律》,《特区经济》2002 年第 6 期。

[61] 陈雪梅、赵珂:《中小企业群形成的方式分析》,《暨南大学学报》 2001 年第 2 期。

[62] 仇保兴:《中小企业集群研究》,复旦大学出版社,1999。

[63] 戴双兴:《产业融合与产业竞争力的提升》,《山东工商学院学报》 2004 年第 5 期。

[64] 党怀清:《论中小企业集群的演化》,《中南财经政法大学学报》2005 年第 3 期。

[65] 邓正琦、李碧宏:《区域经济联动与整合研究》,中国社会科学出版社,2009。

[66] 杜鹰:《全面开创区域协调发展新局面》,《求是》2009 年第 6 期。

[67] 〔意〕多西·弗里曼等编《技术进步与经济理论》,钟学义等译,经济科学出版社,1992。

[68] 范剑勇:《产业集聚与地区间劳动生产率差异》,《经济研究》2006 年第 11 期。

[69] 范剑勇:《产业集聚与农村劳动力跨区域流动》,《管理世界》2004 年第 4 期。

[70] 范良:《经济开放度与经济增长——基于 VAR 方法对中国的实证研究》,《财经问题研究》2005 年第 11 期。

[71] 方希桦、包群、赖明勇:《国际技术溢出:基于进口传导机制的实证研究》,《中国软科学》2004 年第 7 期。

[72] 〔奥〕冯·贝塔朗菲:《一般系统论基础、发展和应用》,林康义、魏宏森译,清华大学出版社,1987。

[73] 冯偕光:《地缘经济区视角下的行政区边缘山地经济协同发展——以渝黔湘鄂结合部的武陵山区为例》,《山地学报》2009 年第 2 期。

[74] 冯年华:《区域可持续发展创新:理论与实证分析》,中国工商出版社,2004。

[75] 高进田:《特殊经济区发展与中国区域经济发展》,《兰州大学学报》(社会科学版)2009 年第 3 期。

[76] 高煜、刘志彪:《改革 30 年我国产业发展演进的历史回顾与前瞻》,《西北大学学报》(哲学社会科学版)2008 年第 2 期。

[77] 耿明斋:《中原经济区竞争力报告(2011)》,社会科学文献出版社,2012。

[78] 郭凤典:《关于城市核心竞争力的思考》,《湖北社会科学》2003 年第 5 期。

[79] 郭剑雄:《二元经济与中国农业发展》,经济管理出版社,1999。

[80] 国家发展和改革委员会:《促进中部地区崛起规划》,2010 年 1 月 12 日。

[81] 国务院发展研究中心课题组:《国内市场一体化对中国地区协调发展的影响及其启示》,《中国工商管理研究》2005 年第 12 期。

[82] 高帆:《中国经济发展中的粮食增产与农民增收:一致抑或冲突》,《经济科学》2005 年第 2 期。

[83] 何立新:《产业融合与产业竞争力》,《河南社会科学》2005 年第 3 期。

[84] 何立新、李世新:《产业融合与产业变革》,《中州学刊》2004 年第 6 期。

[85] 胡鞍钢、熊义志:《我国知识发展的地区差距分析:特点、成因及对策》,《管理世界》2000 年第 3 期。

[86] 胡汉辉、邢华:《产业融合理论及其对我国发展信息产业的启示》,

《中国工业经济》2003 年第 2 期。

[87] 胡智、刘志雄：《中国经济开放度的测算与国际比较》，《世界经济研究》2005 年第 7 期。

[88] 洪名勇：《西部地区重工业发展构想》，《民族研究》2003 年第 4 期。

[89] 姬广坡：《论经济一体化的逻辑构成》，《财贸经济》1999 年第 9 期。

[90] 姜皓：《中小企业集群的形成、发展和衰退》，《商业研究》2004 年第 10 期。

[91] 景普秋、罗润东：《经济全球化下中国区域经济一体化的思考》，《山西财经大学学报》2002 年第 4 期。

[92] 李碧珍：《产业融合：林业产业化转换的路径选择》，《林业经济》2007 年第 11 期。

[93] 李碧珍：《中小企业产业集群竞争优势研究——以福建为例》，《东南学术》2006 年第 3 期。

[94] 李超：《从企业最佳规模理论看中小企业集群发展》，《乡镇企业研究》2006 年第 7 期。

[95] 李二玲、李小建：《论产业集群的网络本质》，《经济经纬》2007 年第 1 期。

[96] 李二玲、李小建：《农区产业集群、网络与中部崛起》，《人文地理》2006 年第 1 期。

[97] 李建强：《科技型中小企业融资方式的选择》，《中小企业科技》2007 年第 9 期。

[98] 李克强：《关于调整经济结构促进持续发展的几个问题》，《求是》2010 年第 6 期。

[99] 李培育：《落后地区产业升级战略中的需求分析》，《管理世界》2003 年第 7 期。

[100] 李世泰、孙峰华：《农村城镇化发展动力机制的探讨》，《经济地理》2006 年第 5 期。

[101] 李晓丹：《产业融合与产业发展》，《中南财经政法大学学报》2003 年第 1 期。

[102] 李欣广：《可持续区域经济发展论》，中国环境科学出版社，2002。

[103] 李新安：《产业集群合作创新的自增强机制博弈分析》，《经济经纬》

2005 年第 3 期。

[104] 李新安:《对外开放与我国区域技术进步的关联机制》,《当代财经》 2008 年第 3 期。

[105] 李新安:《经济开放、承接技术外溢与促进中部崛起》,《国际经贸探索》2007 年第 6 期。

[106] 李新安:《区域发展路径的经济系统分析》,经济日报出版社,2009。

[107] 李新安:《区域利益与我国经济协调发展》,中国文史出版社,2005。

[108] 李新安:《我国产业结构变动趋势和产业主动调整的方向与对策》, 《广西社会科学》2001 年第 2 期。

[109] 李新安:《中部地区经济发展方式的机制转变研究》,《经济经纬》 2008 年第 4 期。

[110] 李新安:《资源型产业结构约束与中部经济发展方式转变》,《理论探讨》2007 年第 6 期。

[111] 李新安:《我国中央、地方政府区域调控的利益博弈分析》,《财贸研究》2004 年第 4 期。

[112] 李新安:《从区域利益看地区的不均衡发展》,《开发研究》2004 年第 2 期。

[113] 李兴江、赵光德:《区域创新资源整合的实现机制和路径选择》,《科学研究》2008 年第 9 期。

[114] 李渝萍:《广东中小企业集群发展的模式与经验启示》,《企业经济》 2006 年第 7 期。

[115] 厉无畏、王慧敏:《产业发展的趋势研判与理性思考》,《中国工业经济》2002 年第 4 期。

[116] 厉无畏、王振:《中国产业发展前沿问题》,上海人民出版社,2003。

[117] 连玉明:《2004 中国城市报告》,中国时代经济出版社,2004。

[118] 陆立军:《变革中的中国》,中国经济出版社,2004。

[119] 陆铭、陈钊、严冀:《收益递增、发展战略与区域经济的分割》,《经济研究》2004 年第 1 期。

[120] 赖明勇、张新、彭水军、包群:《经济增长的源泉:人力资本、研究开发与技术外溢》,《中国社会科学》2005 第 2 期。

[121] 林毅夫、刘培林:《中国的经济发展战略与地区收入差距》,《经济研究》2003 年第 3 期。

[122] 林迎星：《区域创新优势》，经济管理出版社，2006。

[123] 林毅夫：《知识经济、比较优势与我国的产业发展》，《国有资产研究》1998 年第 6 期。

[124] 岭言：《产业融合发展——美国新经济的活力之源》，《工厂管理》2001 年第 3 期。

[125] 刘安国、杨开忠、谢燮：《新经济地理学与传统经济地理学之比较研究》，《地球科学进展》2005 年第 10 期。

[126] 刘怀廉：《中原蓝皮书：中原经济区发展报告（2011）》，社会科学文献出版社，2011。

[127] 刘宏松：《东亚经济一体化的约束条件与当前模式选择》，《亚太经济》2006 年第 3 期。

[128] 刘明君：《经济发展理论与政策》，经济科学出版社，2004。

[129] 刘乃全、陶云、张学良：《中国区域经济增长协整分析与区域政策选择》，《财经研究》2006 年第 4 期。

[130] 刘乃全、郑秀君、贾彦利：《中国区域发展战略政策演变及整体效应研究》，《财经研究》2005 年第 1 期。

[131] 刘树成：《我国发展的国内外环境和条件分析》，《人民日报》2010 年 3 月 30 日。

[132] 刘文海：《"十二五"期间我国社会发展面临的挑战》，《红旗文稿》2010 年第 2 期。

[133] 刘玉亭、张结魁：《省际毗邻地区开发模式探讨》，《地理学与国土研究》1999 年第 4 期。

[134] 刘勇：《2010 年我国区域经济展望与对策》，《中国经济时报》2010 年 4 月 19 日。

[135] 刘勇：《"十二五"时期进一步深化我国城乡区域协调发展的思考及建议》，《经济研究参考》2011 年第 41 期。

[136] 刘元春、罗玉波：《我国未来经济增长的制度基础》，《中国人民大学学报》2003 年第 2 期。

[137] 刘自强、李静、鲁奇：《41 个国家城乡发展演变规律总结与变革的临界点分析》，《世界地理研究》2008 年 3 期。

[138] 柳士发：《中国经济现代化的三重二元结构》，《人文杂志》1999 年第 5 期。

[139] 柳旭波：《产业融合对产业结构理论的新发展》，《长白学刊》2006年第2期。

[140] 娄源功：《中原经济区建设总览》，中国经济出版社，2011。

[141] 罗文、马如飞：《产业融合的经济分析及其启示》，《科技和产业》2005年第6期。

[142] 〔瑞士〕库尔特·多普菲：《演化经济学：纲领与范围》，贾根良译，高等教育出版社，2004。

[143] 马健：《产业融合识别的理论探讨》，《社会科学辑刊》2005年第3期。

[144] 马健：《产业融合研究评述》，《经济学动态》2002年第5期。

[145] 〔英〕R. 马歇尔：《经济学原理》（1890年英文版），商务印书馆（中文版），1997。

[146] 〔英〕R. 马歇尔：《经济学原理》，商务印书馆，1994。

[147] 〔美〕迈克尔·波特：《竞争战略》，中国财政经济出版社，1998。

[148] 〔美〕迈克尔·波特：《国家竞争优势》，李明轩等译，华夏出版社，2002。

[149] 孟庆民、杨开忠：《一体化条件下的空间经济集聚》，《人文地理》2001年第6期。

[150] 苗洁：《建设中原经济区五大战略思考》，《中国经贸导刊》2011年第18期。

[151] 倪鹏飞主编《中国城市竞争力报告No.3——集群：中国经济的龙脉》，社会科学文献出版社，2006。

[152] 聂子龙、李浩：《产业融合中的企业战略思考》，《软科学》2003年第2期。

[153] 潘世明、胡冬梅：《论产业集聚的经济效应及其政策含义》，《上海经济研究》2008年第8期。

[154] 庞诗、何晋秋：《我国研究型大学发展存在的问题及发展趋势探讨》，《世纪桥》2006年第9期。

[155] 彭荣胜：《区域经济协调发展的内涵、机制与评价研究》，河南大学博士学位论文，2007。

[156] 乔宝云、范剑勇：《政府间转移支付与地区财政努力》，《管理世界》2006年第4期。

[157] 谯薇:《中小企业集群存在与发展的理论研究》,《兰州商学院学报》2002 年第 2 期。

[158] 谯薇、汪文清、宗文哲:《论中小企业集群的形成动因及方式》,《财经问题研究》2003 年第 8 期。

[159] 秦耀辰、苗长虹:《中原经济区科学发展研究》,科学出版社,2011。

[160] 曲晨:《区域经济一体化研究动态述评》,《商业时代》2008 年第 4 期。

[161] 阎兆万等:《多区港联动——基于开放的区域发展新模式研究》,山东人民出版社,2008。

[162] 任熹真、陈红霞:《中小企业集群竞争力的优势与发展研究》,《理论探讨》2006 年第 3 期。

[163] 〔美〕约瑟夫·熊彼特:《经济发展理论》,何畏、易家洋等译,商务印务馆,1990(德文版为 1912 年版)。

[164] 银温泉、才婉茹:《我国地方市场的分割与治理》,《经济研究》2001 年第 6 期。

[165] 沈正平、刘海军、蒋涛:《产业集群与区域经济发展探究》,《中国软科学》2004 年第 5 期。

[166] 胜今、吴昊、于潇:《推动区域协调发展的几个战略》,《求是》2009 年第 6 期。

[167] 〔美〕斯蒂格利茨:《经济学》(上),中国人民大学出版社,1997。

[168] 孙海燕:《区域合作国内研究综述》,《湖南文理学院学报》(社会科学版)2007 年第 1 期。

[169] 宋彪:《公众参与预算制度研究》,《法学家》2009 年第 2 期。

[170] 孙姗姗、朱传耿、李志江:《淮海经济区经济发展差异演变》,《经济地理》2009 年第 4 期。

[171] 舒宁:《卫星遥感影像纹理分析与分形分维方法》,《武汉测绘科技大学学报》1998 年第 4 期。

[172] 潘文卿、李子奈:《三大增长极对中国内陆地区经济的外溢性影响研究》,《经济研究》2008 年第 6 期。

[173] 陶金国:《论中小企业集群的营销优势》,《财经问题研究》2003 年第 11 期。

[174] 涂晓芳:《公共物品的多元化供给》,《中国行政管理》2004 年第 2 期。

[175] 〔日〕藤田昌久等：《集聚经济学》，刘峰等译，西南财经大学出版社，2004。

[176] 王步芳：《世界各大主流经济学派产业集群理论综述》，《外国经济与管理》2004年第1期。

[177] 王慧轩、赵黎明等：《米东新区发展研究》，天津大学出版社，2006。

[178] 王慧英、季任钧：《基于区域经济角度的中小企业集群研究》，《改革与战略》2005年第4期。

[179] 王缉慈：《创新的空间——企业集群与区域发展》，北京大学出版社，2001。

[180] 王缉慈：《关于地方产业集群研究的几点建议》，《经济经纬》2004年第2期。

[181] 王健：《现代物流网络系统的建构》，科学出版社，2005。

[182] 王瑾：《技术创新促进区域经济增长的机理研究》，《经济纵横》2003年第11期。

[183] 王梦奎、李善同等：《中国地区社会经济发展不平衡问题研究》，商务印书馆，2000。

[184] 王伟光：《中原经济区核心增长极：大郑州都市区发展战略研究》，经济管理出版社，2010。

[185] 王先菊：《中原经济区建设对河南开放型经济的影响研究》，《中国商贸》2011年第24期。

[186] 王新驰：《苏南苏中苏北互动协调发展中的问题与对策》，《扬州大学学报》（人文社会科学版）2003年第5期。

[187] 王瑛：《抓住区域经济一体化机遇 实施产业集聚战略》，《改革与战略》2005年第6期。

[188] 魏澄荣：《推进区域产业分工和协调发展的路径选择》，《亚太经济》2011年第5期。

[189] 魏后凯：《现代区域经济学》，经济管理出版社，2006。

[190] 魏敏、李国平：《基于区域经济差异的梯度推移粘性研究》，《经济地理》2005年第1期。

[191] 吴季松：《21世纪社会的新细胞——科技工业园》，上海科技教育出版社，1995。

[192] 吴林海、陈继海：《集聚效应、外商直接投资与经济增长》，《管理世

界》2003 年第 8 期。

[193] 吴强、李宗植：《政府在促进区域经济协调发展中的作用》，《光明日报》2005 年 10 月 13 日。

[194] 吴添祖等：《技术创新经济学》，清华大学出版社，2004。

[195] 吴颖、刘志迎：《产业融合——突破传统范式的产业创新》，《科技管理研究》2005 年第 2 期。

[196] 吴颖、刘志迎、丰志培：《产业融合问题的理论研究动态》，《产业经济研究》2004 年第 4 期。

[197] 武剑：《外国直接投资的区域分布及其经济增长效应》，《经济研究》2002 年第 4 期。

[198] 〔美〕西奥多·W. 舒尔茨：《改造传统农业》，梁小民译，商务印书馆，1987。

[199] 徐全勇：《产业融合对区域经济一体化的推动作用》，《经济前沿》2004 年第 10 期。

[200] 许宪春、刘起运：《中国投入产出分析应用论文精萃》，中国统计出版社，2004。

[201] 许先进、陈苏白、刘永跃：《新增长理论的思想与启示》，《华东经济管理》2001 年第 5 期。

[202] 谢丽霜：《产业梯度转移滞缓原因及西部对策研究》，《中央民族大学学报》（哲学社会科学版）2005 年第 5 期。

[203] 〔英〕亚当·斯密：《国民财富的性质和原因的研究》（下卷），郭大力、王亚南译，商务印书馆，2008。

[204] 杨荣兰：《中国硅谷：来自中关村的前沿报道》，北京邮电大学出版社，2000。

[205] 〔澳〕杨小凯、黄有光：《专业化与经济组织》，张玉纲译，经济科学出版社，1999。

[206] 杨明强、李世新、郭庆然：《产业融合与产业竞争力的相关性研究》，《统计与决策》2004 年第 10 期。

[207] 杨屹：《以产业集聚区为载体推动集聚发展》，《河南日报》2011 年 12 月 15 日。

[208] 杨伟：《怎样引导和管理企业"在野团队"》，《现代营销》（经营版）2008 年第 4 期。

[209] 余东华：《产业融合与产业组织结构优化》，《天津社会科学》2005年第 3 期。

[210] 喻新安：《河南蓝皮书：河南经济发展报告（2012）——中原经济区"三化"协调发展》，社会科学文献出版社，2012。

[211] 喻新安：《建设中原经济区若干问题研究》，《中州学刊》2011 年第 9 期。

[212] 喻新安：《中原经济区研究》，河南人民出版社，2010。

[213] 喻新安、顾永东：《中原经济区策论》，经济管理出版社，2011。

[214] 员智凯：《关中－天水经济区的辐射带动作用和发展路径选择》，《人文地理》2009 年第 2 期。

[215] 祖强、梁俊伟：《外国直接投资的对外贸易效应实证分析——基于改革开放 25 年的数据》，《广东财经职业学院学报》2005 年第 6 期。

[216] 曾培炎：《推进形成主体功能区 促进区域协调发展》，《求是》2009年第 6 期。

[217] 朱康对：《温州经济发展需要进一步的制度创新》，《浙江社会科学》2004 年第 3 期。

[218] 张阿玲、黄伟、张晓华：《地区经济差距根源的区际产业经贸关系实证研究》，《财经研究》2005 年第 3 期。

[219] 张敦富：《知识经济与区域经济》，中国轻工业出版社，2000。

[220] 张海洋：《R&D 的两面性，外资活动与中国工业经济增长》，《经济研究》2005 年第 5 期。

[221] 张颢瀚：《泛长江三角洲：世界第六大都市圈未来"一体两翼"新格局》，《社会科学》2007 年第 10 期。

[222] 张华：《产业融合：制造业转型升级的重要途径》，《求是》2010 年第 8 期。

[223] 张惠华：《珠三角中小企业知识产权战略探讨》，《华南理工大学学报》2011 年第 3 期。

[224] 张平：《中国加快经济发展方式转变的政策取向》，《中国发展观察》2010 年第 4 期。

[225] 郑明亮：《产业融合模式下的中小企业竞争战略选择》，《潍坊学院学报》2007 年第 3 期。

[226] 植草益：《信息通讯业的产业融合》，《中国工业经济》2001 年第 2 期。

[227] 中共河南省委宣传部：《解读中原经济区》，河南人民出版社，2011。

[228] 钟昌标：《国内区际分工和贸易与国际竞争力》，《中国社会科学》2002 年第 1 期。

[229] 周国富：《中国经济发展中的地区差距问题研究》，东北财经大学出版社，2001。

[230] 周纪昌、陶建格：《中原经济区统筹城乡环境建设战略研究》，中国环境科学出版社，2011。

[231] 周旭霞：《产业融合：龙头企业成长的新模式》，《中共福建省委党校学报》2007 年第 8 期。

[232] 周亚庆、张方华：《区域技术创新系统研究》，《科技进步与对策》2001 年第 2 期。

[233] 周英虎：《成渝经济区与广西北部湾经济区比较研究》，《创新》2011 年第 2 期。

[234] 周振华：《产业融合拓展化：主导因素及基础条件分析》，《社会科学》2003 年第 3 期。

[235] 周振华：《产业融合与新型工业化道路》，《天津社会科学》2004 年第 3 期。

[236] 周振华：《信息化与产业融合》，上海人民出版社，2003。

[237] 朱瑞博：《价值模块整合与产业融合》，《中国工业经济》2003 年第 8 期。

[238] 朱英明：《长江三角洲地区外商投资企业空间集群与地区增长》，《中国工业经济》2002 年第 1 期。

[239] 〔美〕埃德加·M. 胡佛：《区域经济学导论》，王翼龙译，商务印书馆，1990。

后　记

　　本专著是在研究国家软科学重大项目"中原经济区发展动力机制研究"（2011GXS2D026）、国家自然科学基金项目（41171443）及教育部人文社会科学规划项目（10YJA79099）的基础上，进一步拓展延伸的阶段性成果。在河南省科技厅、河南省发改委、河南省政府发展研究中心、河南省统计局等部门的大力支持下，课题组成员在查阅大量资料、统计数据和深入调查研究的基础上，反复研讨，几易其稿，最终形成这份40余万字的综合性研究成果。

　　本研究工作自始至终得到了河南省科技厅领导的关心支持，并得到了河南省高校科技创新人才及河南省青年骨干教师等计划项目的资助。在收集资料、实地调查等过程中，河南省统计局、河南省政府发展研究中心、河南省发改委及其他有关部门给予了大力协助。在研究过程中，还得到河南财经政法大学有关领导及专家教授的帮助和指导。本专著在出版过程中，社会科学文献出版社经济与管理出版中心冯咏梅编辑也付出了很多心血，提出了许多宝贵建议。在此一并表示衷心的谢意。

　　在本专著的创作过程中，笔者参考和吸收了众多专家学者的研究成果，并尽可能地在参考文献中列出，在此，对这些研究成果的作者表示深深的谢意。

　　全书中心观点、逻辑框架、研写大纲及主要内容由李新安教授、史自力教授负责研究设计，河南财经政法大学李春花老师撰写了第三章至第六章，并在项目研究过程中做了大量的基础性工作。全书最后由李新安教授统稿。

李新安　史自力

2012 年 5 月 18 日于郑州

图书在版编目（CIP）数据

中国区域经济协调发展的动力机制：以中原经济区为样本/
李新安等著. —北京：社会科学文献出版社，2013.4
（中国区域经济发展动力机制研究系列）
ISBN 978 - 7 - 5097 - 4124 - 5

Ⅰ.①中…　Ⅱ.①李…　Ⅲ.①区域经济发展 - 协调发展 -
经济机制 - 研究 - 中国　Ⅳ.①F127

中国版本图书馆 CIP 数据核字（2012）第 308671 号

・中国区域经济发展动力机制研究系列・
中国区域经济协调发展的动力机制
——以中原经济区为样本

著　　者／李新安　王占波 等

出 版 人／谢寿光
出 版 者／社会科学文献出版社
地　　址／北京市西城区北三环中路甲 29 号院 3 号楼华龙大厦
邮政编码／100029

责任部门／经济与管理出版中心　（010）59367226　　责任编辑／冯咏梅
电子信箱／caijingbu@ ssap. cn　　　　　　　　　　责任校对／李　腊
项目统筹／恽　薇　　　　　　　　　　　　　　　　责任印制／岳　阳
经　　销／社会科学文献出版社市场营销中心　（010）59367081　59367089
读者服务／读者服务中心（010）59367028

印　　装／三河市尚艺印装有限公司
开　　本／787mm×1092mm　1/16　　　　　　　　印　　张／26.5
版　　次／2013 年 4 月第 1 版　　　　　　　　　　字　　数／460 千字
印　　次／2013 年 4 月第 1 次印刷
书　　号／ISBN 978 - 7 - 5097 - 4124 - 5
定　　价／79.00 元